国家社会科学基金项目（04XJY014）
国家社会科学基金重大招标项目（11&ZD161）　共同资助

“十二五”国家重点图书出版规划项目

长江上游地区经济丛书

三峡库区第三产业可持续发展与城镇功能恢复重建

王崇举　吴华安　邹　璇　等/著

科学出版社
北　京

图书在版编目（CIP）数据

三峡库区第三产业可持续发展与城镇功能恢复重建/王崇举等著. -- 北京：科学出版社，2016.1

（长江上游地区经济丛书）

ISBN 978-7-03-045081-4

I. ①三… II. ①王… III. ①三峡水利工程 - 第三产业 - 产业发展 - 研究 ②三峡水利工程－城市发展－研究 IV. ① F127

中国版本图书馆 CIP 数据核字（2015）第 132195 号

丛书策划：胡升华　侯俊琳

责任编辑：杨婵娟 / 责任校对：何艳萍

责任印制：徐晓晨 / 封面设计：铭轩堂

编辑部电话：010-64035853

E-mail: houjunlin@mail.sciencep.com

科学出版社出版

北京东黄城根北街 16 号

邮政编码：100717

http://www.sciencep.com

北京凌奇印刷有限责任公司印刷

科学出版社发行　各地新华书店经销

*

2016 年 1 月第　一　版　开本：720×1000　B5

2025 年 2 月第三次印刷　印张：19

字数：359 000

定价：95.00 元

（如有印装质量问题，我社负责调换）

“长江上游地区经济丛书”指导专家

（以姓氏笔画为序）

丛书序 Preface

30余年的改革开放，从东到西、由浅入深地改变着全国人民的观念和生活方式，不断提升着我国的发展水平和质量，转变着我们的社会经济结构。中国正在深刻地影响和改变着世界。与此同时，世界对中国的需求和影响，也从来没有像今天这样突出和巨大。经过30余年的改革开放和10余年的西部大开发，我们同样可以说，西部正在深刻地影响和改变着中国。与此同时，中国对西部的需求和期盼，也从来没有像今天这样突出和巨大。我们在这样的背景下，开始国家经济、社会建设的“十二五”规划，进入全面建成小康社会的关键时期，迎来中国共产党第十八次全国代表大会的召开。

包括成都、重庆两个西部最大的经济中心城市和几乎四川、重庆两省（直辖市）全部土地，涉及昆明、贵阳两个重要城市和云南、贵州两省重要经济发展区域的长江上游地区，区域面积为100.5万km^2，占西部地区12省（自治区、直辖市）总面积的14.6%，占全国总面积的10.5%，集中了西部1/3以上的人口，1/4的国内生产总值。它北连甘、陕，南接云、贵，东临湘、鄂，西望青、藏，是西部三大重点开发区中社会发展最好、经济实力最强、开发条件最佳的区域。建设长江上游经济带以重庆、成都为发展中心，以国家制定的多个战略为指导，将四川、重庆、云南、贵州的利益紧密结合起来，通过他们的合作使长江上游经济带建设上升到国家大战略的更高层次，有着重要的现实意义。

经过改革开放的积累和第一轮西部大开发的推动，西部地区起飞的基础已经具备，起飞的态势已见端倪，长江上游经济带在其中发挥着举足轻重的作用。新一轮西部大开发战略从基础设施建设、经济社会发展、人民生活保障、生态环境保护等多个方面确立了更加明确的目标，为推动西部地区进一步科学良性发展提供了纲领性指导。新一轮西部大开发的实施也将从产业结构升级、城乡统筹协调、生态环境保护等多个方面为长江上游经济带提供更多发展机遇，更有利于促进长江上游经济带在西部地区经济主导作用的发挥，使之通过自身的发展引领、辐射和服务西部，通过新一轮西部大开发从根本上转变西部落后的局面，推动西部地区进入工业化、信息化、城镇化和农业现代化全面推进的新阶段，促进西部地区经济社会的和谐稳定发展。

本丛书是“十二五”国家重点图书出版规划项目，由教育部人文社会科学重点研究基地重庆工商大学长江上游经济研究中心精心打造，是长江上游经济研究中心的多名教授、专家经过多年悉心研究的成果，涉及长江上游地区区域经济、区域创新、产业发展、生态文明建设、城镇化建设等多个领域。长江上游经济研究中心（以下简称中心）作为教育部在长江上游地区布局的重要人文社会科学重点研究基地，在“十一五”期间围绕着国家，特别是西部和重庆的重大发展战略、应用经济学前沿及重大理论与实践问题，产出了一批较高水平的科研成果。“十二五”期间，中心将在现有基础上，加大科研体制、机制改革创新力度，探索形成解决“标志性成果短板”的长效机制，紧密联系新的改革开放形势，努力争取继续产出一批能得到政府、社会和学术界认可的好成果，进一步提升中心在国内外尤其是长江上游地区应用经济学领域的影响力，力争把中心打造成为西部领先、全国一流的人文社会科学重点研究基地。

本丛书是我国改革开放30余年来第一部比较系统地揭示长江上游地区经济社会发展理论与实践的图书，是一套具有重要现实意义的著作。我们期盼本丛书的问世，能对流域经济理论和区域经济理论有所丰富和发展，也希望能为从事流域经济和区域经济研究的学者和实际工作者们提供翔实系统的基础性资料，以便让更多的人了解熟悉长江上游经济带，为长江上游经济带的发展和西部大开发建言献策。

王崇举

2013年2月21日

前言 Foreword

三峡库区是长江三峡工程建设成库的结果。三峡工程举世瞩目，是伟大的中华民族继古长城和大运河之后兴建的又一项伟大工程。然而，与前两项古代巨型工程相比，从现实的角度审视，三峡工程既是一项体现中国科技水平的现代化巨型水利工程，同时也是一项涉及百万移民迁徙的巨大社会工程。因为有了三峡工程的成功建设，千百年来给中国主要东西向经济区 - 长江流域带来持续的发展动力的长江，不时地给沿江人民带来洪水灾难的隐患被消除了，中国的东西结合部崛起了一个累计发电量已超过 8000 亿千瓦时的大型水电清洁能源基地，长江对连通全流域、尤其是对连通东西部的航运物流潜力被十数倍地发掘出来。三峡工程对提出和实施“一带一路”国家战略，促进长江经济带发展，加快东、中、西部的协调融合和中国现代化建设步伐，扮演着十分重要的战略角色，并将发挥越来越大的作用。

历史地看，由于受三峡工程建设论证期过长、建设方案不断调整、三峡库区行政治理结构数次变革的影响，三峡库区城镇化和工业化的基础非常单薄和脆弱，这不仅表现为城镇人口占全体人口和工商业占整个国民经济的比重严重偏低，而且表现在城镇功能缺失、工业自身产业结构的初级化、企业体量的小型化和产权结构不清晰等各个方面。1992 年，三峡库区库首、库腹 16 个县市总人口 1198.8 万，城镇人口 104.5 万，城镇人口比重仅为 8.7%；同年，中国人口 11.72 亿，城镇人口 3.24 亿，城镇人口占比为 27.6%，三峡库区城镇人口占比仅为全国平均水平的 1/3 弱。三峡工程建设时，国家的财力还较弱，人们对工程带来效益的预期偏低，对库区的未来发展缺乏明确和中长期的规划，这些因素又导致对库区城市功能设施和其他基础设施、城镇机关、企事业单位及移民家庭实施“就地后靠”和“三原（原功能、原面积、原构造）”的搬迁政策，对淹没工矿企业实施“关、停、并、转、迁”，因此，成库后，三峡库区经济社会发展及生态环境建设面临着一系列亟需解决的问题，大体的情况，我们在本书的第一章绪论中作了概略的介绍。

按照三峡工程“搬得出、稳得住、逐步能致富”的基本移民方针，中央和库区政府为移民安稳致富做了大量的工作。它们在库区各区县设立了特色工业园区，试图通过对口支援、招商引资来增加库区移民就业、提高库区各级政府的财政收支水平和帮助移民致富的工作能力。多年下来，总结发现，这样的工作成效是有的，有的区县成效还很明显。但问题也突出地暴露出来，主要的问题有三个，一是库区工业产业基础太差，致使引进产业难以形成产业链，也难以提供和补充有相关产业技能的技术工人，靠嵌入发展起来的产业难以扩张；二是库区缺乏应有的城镇功能，城镇生产性服务设施和功能的短缺（如金融和物流服务），致使生产企业成本居高不下，而生活性服务设施和功能的短缺（如教育、医疗、文化），又致使居民感觉不宜居，不易招纳和稳定人才，工业因此难以单独有大的发展；三是大规模发展工业致使生态相对脆弱，三峡库区还应承担三峡水库保护重任，使得资源消耗过快过大、水土流失和环境污染日趋严重。这些问题驱使我们去思考，如何在三峡库区找到一条更科学、更切合库区实际、既能够更好地衔接城镇化和新型工业化、又能够有效帮助库区人民安居就业、移民安稳致富的新路子？

《三峡库区第三产业可持续发展与城镇功能恢复重建》的研究就是在这样的背景下开始的。在大多数区县的城市中心区都是重新迁建、在基本人口主要是农村人口、在移民的生活和工作具有较大的不稳定性和整个中国正在经历农村人口大幅度向城镇转移的大背景下，库区必须首先要解决城镇怎么建，城镇功能如何定位和实现，城镇居民如何生活和就业，库区城镇应该有什么样的产业结构等问题。

城镇功能既是一个城市规划学意义上的概念，也是一个属于城市经济学范畴的概念。它的简单含义是指一个城市（镇）保障居民基本生活、生产条件，为居民提供衣、食、住、行、购、娱各种服务及为企业的经营组织活动提供保障与服务的能力。城市功能的定义可分为三个层次：第一层次为物质层次，即满足人们基本的生活和居住的需要；第二个层次是文化的层次，即满足人们精神和文化的需求；第三层次为辐射层次，也即满足区域发展对作为本区域增长极的城市功能的需求。一个城市的功能培育与实现，它的硬件建设，各类建筑、企事业实体单位和各种基础设施的数量规模、水平层次是基础性的，但保证它持续发展的经济活力、保障居民安居乐业的社会实力、服务辐射市外区域的扩散能力或许是更重要的。三峡库区的城市大多是因三峡工程的原因迁建和重建，我们也需要利用库区城市再造的机会，在重新定位的基础上恢复和重建库区城市的城市功能，用新型城镇化倒逼三峡库区的工业化，更快更好地帮助移民安稳致富。

本书的研究工作更多地着眼于把握第三产业发展与城市功能培育之间的关系，更多地着力于理清它们相互影响、相互制约和相互促进的机制和实际路径。我们认为这种特别的着眼和着力，有利于探索城市功能促进产业发展、产业发展培育城市功能的基本属性和基本要求，有利于探索城市化、信息化、工业化和农业现代化的内在关系。在三峡库区，这种着眼和着力，对于促进城乡移民就业和安稳致富，还有着特殊的意义和作用。

首先，最基本的原理是，城镇是因人类聚居、产业分工、商品交换而兴起的。中国城镇发展的历程也是和第二产业的兴起、聚集、发展紧紧联系在一起的。第二产业的聚集、发展又紧紧依赖着第三产业的发展，依赖其提供广泛而强有力的支撑及服务。因而，第三产业的发展，决定着城镇的规模和内涵，同时也决定着第二产业的规模和运行质量。

其次，我们要注意第三产业的特殊属性，第三产业与城市的治理，与政府和社会组织对居民的服务，与人们衣、食、住、行等基本生活环节，有着最密切的关系。可以说，一个城市若干功能的实现，是通过第三产业的直接或间接的服务来实现的，一个城市功能的强弱和完善的程度，事实上被它的第三产业的结构、规模和水平所决定。

再次，在一个城市里，第三产业最广泛、最灵活地给人们提供就业机会和岗位。提供充分就业是城市最基本和最重要的功能。

最后，我们特别注意到，一个城市在国家和地区的角色、地位，它参与国内外产业分工和向外辐射影响的能力，被它的城市功能所决定，实际上在很大程度上是被城市人力资源吸引和培育，城市创新活动的范畴和水平，以及金融、物流、中介和其他各种生产性服务所左右，这些都与第三产业发育水平有关。

基于上述4点判断，我们将一个城市前述三个层次的城市功能，更具体地划分为服务功能、集聚功能、发展环境功能和创新功能。并据此构建了相应的指标体系和相关数学模型，对城市功能与第三产业的关系，进行了定量与定性相结合，历史比较、横向比较与现实库区实际综合比较分析相结合的研究，得到若干可充分解读，有较强说明性和对未来政策选择有一定指导和提示意义的结论。

凡被三峡工程蓄水所波及的区县都被称作三峡库区，但这些区县有的淹没区大、移民多，有的淹没区小、移民少，有的甚至根本没有工程移民意义上的移民。在三峡库区的区县中，有的甚至因三峡工程淹没了主要的可建设用地，这使得有些本来就集聚了若干国家级贫困县和省定贫困县的区域，更是“雪上加霜”。而也是作为库区的重庆主城各区，则几乎未受三峡工程蓄水淹没的影响，相反，享受着重庆直辖带来的政策红利和三峡成库后大大提升的航运和舟楫之便，发展速度持续快于全国平均水平，通过创新和开放改革发展起“6+1”主导产业和十大新兴产业，发展起结算型金融中心和商贸物流中心，发展起沿长江经济带和丝绸之路经济带的交通枢纽。在这个意义上讲，三峡库区库首、库腹和库尾的二元结构和两极分化明显，因此本书更多地关注长江沿涪陵以下的库首和库腹地区城市功能恢复重建与第三产业发展的更多独特因素及相互关系。同时，我们还充分考虑了重庆市都市区（含重庆市主城区和渝西的城市发展新区）对它们的带动与关联。

当前，中国经济发展进入“新常态”，过去那种靠廉价劳动力，大量消耗资源、能源，不计环境成本发展制造业的时代一去不复返了，要满足人民群众不断提升的，高端化和个性化的需求需要提升城市功能，发展生产性服务业和生活性服务业；将“中国制造”变革为“中国创造”，实现创新引领的发展方式转型，需要人力资源、自然资源和财富资源的优化组合和治理结构、体制机制革命，这也要求要提升城市功能，发展现代服务业。“新常态”下，重庆制定了“五大功能区规划”，三峡库腹地区所在的渝东北地区被明确界定为“生态涵养保护区”，对这个地区实施“面上保护，点上开发”的限制性开发政策，即使是重点开发的“点”，也给出了更加严苛的产业发展“负面清单”。如何培育三峡库区有利于生态涵养保护的“特色产业”？例如在它的高山峡谷发展亲近自然的生态旅游和养老、避暑旅游。如何以服务业为引领，实现生态农业—特色农产品加工—专业渠道和网络营销结合的服务经营等三次产业联动？这些命题又给三峡库区城镇功能培育和第三产业发展的研究提出了新目标和新任务，我们已经及时地跟进，针对新形势、新情况，进行了新的研究，也取得了一些新成果。我们将持续地关注这个话题，但限于篇幅，在这里就不再赘述了。

本书能够顺利出版既得益于国家社会科学基金项目“三峡库区第三产业可持续发展与城镇功能恢复重建关系研究”、国家社会科学基金重大招标项目“三峡库区独特地理单元‘环境-经济-社会’发展变化研究”和“三峡库区百万移民安稳致富国家战略”服务国家特殊需求博士人才培养项目的资助，也离不开邹璇教授、吴华安副教授、熊萍讲师和苟靠敏讲师等教师的辛勤付出，还受益于唐路元教授、曾庆均教授、杜华山先生、殷家勤先生和刘渝春先生等学者专家以及科学出版社杨婵娟女士等的建言献策，在此均一一致谢。

目录 Contents

第一章 绪论

第一节 三峡库区城市（镇）经济社会发展态势

三峡库区是迄今为止世界上最大的移民迁建区，三峡库区的移民搬迁安置、社会经济发展、生态环境保护、移民及社会稳定等问题，都是国内外各方关注的热点。三峡库区百万移民的安置与就业及库区的建设与发展不仅仅是一个经济问题，更是一个严峻的社会和政治问题，直接影响着三峡工程和中国政府的国际形象。

自1993年三峡库区移民工作正式实施以来，大规模移民搬迁安置工作顺利推进，满足了三峡工程建设各阶段目标的需要，三峡库区经济社会也得到了快速发展。以重庆库区为例，1996年重庆库区15个区县总人口为1314.46万人，其中城镇人口157.96万人，从业人员721.45万人[①]；到2012年年底，重庆库区户籍人口增至1538.1万人，常住人口1298.53万人，其中城镇人口670.96万人，乡村人口627.57万人，城镇化率51.67%，全部就业人口达到688万人。库区产业空虚导致就业岗位严重不足，2012年重庆库区就业人口比1996年减少了33.45万人，减少了4.6%。

2010年三峡大坝前最终正常蓄水位达到175米，重庆库区的淹没已波及15个区县的324个乡镇。受淹实物包括城市2座、县城8座、集镇101个，以及其中的大量公共基础设施、专用设施和工矿企业与建筑物。因此，在三峡库区确实存在着大量淹没城镇新建迁建或半淹没城镇的复建问题，因而也存在着城市（镇）功能恢复重建问题。

---

① 参见重庆市人民政府办公厅2005年4月发布的《三峡移民和库区发展重要问题调研报告集》。此处没有包括湖北省库区内的秭归、巴东、兴山和夷陵四个县（区），这四县（区）淹没面积和搬迁人口都较小。

事实上，国家历来高度重视三峡库区在城镇迁建过程中的城镇功能恢复与重建工作。重庆市在国务院三峡工程建设委员会（简称三建委）指导下，在国家政策许可的范围内，用5年时间编制了高水平的迁建城镇建设规划。规划中的主要城镇功能指标与原城镇相比均有大幅提高。例如，各迁建城市、县城新址占地面积均比原有面积扩大了1倍多，人均用地面积从原有的40平方米左右增加到70～80平方米；主干道红线宽度从原有的10～15米增加到20～24米；人均供水量在原有基础上增加1倍左右，人均供电量也增加了1倍多。规划建设中普遍将主干道路建设与供水、排水、供电、通信、广播电视、绿化、环卫、路灯等设施的建设配套进行。《重庆统计年鉴2010》的数据显示，截至2009年年底，重庆库区移民累计完成投资567.46亿元，占重庆市的97.2%，其中重庆库腹城市、县城迁建投资196.59亿元，集镇迁建投资40.596亿元，工矿企业迁建87.22亿元，专业项目复建61.74亿元。显然，由于国家高度重视三峡工程建设，库区迁建城镇的迁建和复建获得了难得的机遇。在城市迁建、扩建过程中，至少在物质层面，库区迁建城镇的城市功能不仅能够得以重建，而且也能够得到提升，这在很大程度上提升了库区迁建城镇的服务功能。

然而，在过去几十年间，因国家建设三峡工程决策的过程较长，三峡库区的社会经济发展长期处于低速发展状态。根据《四川统计年鉴1993》公布的统计数据，1992年，移民区、县最集中的万县（万州）、涪陵两地区，全部独立核算工业企业仅有2521家，这些企业的工业总产值为51.22亿元，利税总额4.12亿元。三峡工程建设淹没搬迁的企业为1397家，这些企业在职职工人数为28万人，1991年的企业工业总产值为62亿元，利税5.6亿元。由此，我们大体上可以得出结论：即使没有因三峡工程建设而被淹没，原重庆库区的工矿企业的生存状态也非常不好。在三峡工程建设的移民工作实践中，根据绝大部分淹没企业已无产品、无市场并处于严重亏损状况的实际情况，国家对库区工矿企业的搬迁补偿政策做出了适当调整，决定对1397家企业中的1008家实施破产关闭和资产重组，保留余下的389家，调整比例高达72.2%。企业调整后，库区工业行业由11个降至食品、机电、医药、建材、化工5个行业。截至2009年，累计迁移工矿企业1632家，其中破产关闭1102家。搬迁过程中，虽然出现了一批产品好、市场占有率高、利税逐年增长的优势企业，但是，库区企业数明显减少，搬迁企业解决的就业人数也仅为搬迁前的1/4。因此，库区仍然面临着严峻的产业空虚和就业压力问题。

此外，产业空虚和就业不足导致三峡库区人均产出低下和产业结构不合理的情况在库区腹地的几个全淹没县已经到了相当严重的地步。三峡工程开始建设前的1992年，重庆库区（15个区县）地区生产总值140.3亿元，仅占重庆市的33.5%，其中第二产业增加值47.5亿元，仅占重庆市的28%，人均地区生产总值1027元，为重庆市的72.5%。1996年，重庆库区地区生产总值增加到383.62亿元，重庆市为1179.09亿元，重庆库区地区生产总值在重庆市占比下降至32.54%，重庆库区第二和第三产业的增加值分别为146.17亿元和103.74亿元，在重庆市的占比分别为29.64%和25.87%；人均地区生产总值为2663元，仅为重庆市（3914元）的68%。2012年，重庆库区地区生产总值为4530.63亿元，占同年重庆市地区生产总值(11459.00亿元)的39.54%，第二、第三产业增加值分别为2543.54亿元和1529.52亿元，占重庆市的比重分别为42.57%和34.03%；重庆库区人均地区生产总值为29456.02元（按户籍人口计算），占重庆市的85.95%。2012年重庆市三次产业结构为8.2 ∶ 52.4 ∶ 39.4，而重庆库区的三次产业比重则为10.1 ∶ 56.1 ∶ 33.8。2012年湖北库区四县地区生产总值为546.79亿元，占同年湖北省地区生产总值（22250.16亿元）的2.46%；第二、第三产业增加值分别仅为56.99亿元和25.96亿元；湖北库区人均地区生产总值为37 085.38元（按常住人口计算），为湖北省的96.32%；2012年湖北省的三次产业结构为12.8 ∶ 50.3 ∶ 36.9，而湖北库区四县的三次产业比重为16.50 ∶ 56.99 ∶ 25.96。①

上述数据说明，三峡库区的三次产业结构一直很不合理：农业比重过大，第二、第三产业尤其是第三产业比重过小，这也反映出库区迁建城镇未能发挥相应的功能。另外，处于重庆库区腹地的国家级贫困县巫山、奉节、云阳、开县、忠县、丰都、涪陵、万州8区县的状况更差：2012年，8区县地区生产总值2102.23亿元，三次产业增加值分别为259.44亿元、1085.69亿元和757.11亿元，三次产业比重为12.34 ∶ 51.64 ∶ 36.01。这8区县的人均地区生产总值为25 556.75元，仅为重庆市平均水平的65.67%，也仅为重庆库区平均水平的73.25%。

三峡库区的产业空虚、城镇发展落后还导致库区有限的资金大量外流。据统计，1998～2004年，重庆库区资金外流量超过448亿元。2012年年末，重

---

① 数据来源于《湖北统计年鉴2013》、《重庆统计年鉴2013》。

庆库区存款余额为5930.36亿元（其中上述8区县为2262.88亿元），贷款余额3908.59亿元（上述8区县为1056.80亿元）。三峡库区金融机构各项存款余额大于各项贷款余额。1998年，三峡库区金融机构存贷比为99.34%，以后逐年下降，到2012年仅为65.91%。[①] 相关研究资料也表明，三峡库区有一半以上的居民和社会单位存款流出了库区（万州商业银行课题组，2006）。

综上所述，三峡库区城市（镇）经济社会呈现如下基本发展态势：

第一，库区的移民搬迁给库区城市发展带来了空前的机遇，通过迁建，库区城市容量显著扩大，基础设施建设显著加强，基于基础设施条件的库区城市基础功能得了到恢复和加强。

第二，在移民搬迁的1992～2009年中，三峡库区的经济有了长足发展，其发展速度和质量均处于历史最好的时期。然而由于工业基础太差，工矿企业在搬迁过程中关、停、破、并的数量大，导致库区产业空虚化严重，库区城镇失业人数居高不下。而失业人口多和就业人口人均收入低又直接影响了居民消费的数量、范围和质量，从而间接影响到第三产业的发育，也进一步影响到城市（镇）功能的重建和完善。

第三，三峡库区产业结构极不合理，第二、第三产业发展滞后。在生产要素严重短缺的情况下，资金短缺问题并不是最突出的，最突出的是投资主体、技术和人才的稀缺。而吸引这些短缺资源的存留和增量进入则需要三峡库区城镇具有良好的服务功能和发展环境，这与库区第三产业和社会事业的发展密不可分。因此库区应充分利用国家优惠政策，寻求错位发展的新思路。

三峡库区发展中存在的上述问题，受到了学术界和政府有关部门的高度重视。近年来，学术界关于三峡库区问题的研究成果不断问世，如科技部的“九五”重点攻关项目“三峡库区科技可持续发展规划”中涉及了科技在库区商贸中的作用，重庆移民科技项目“三峡库区商贸企业搬迁问题与对策研究”论及了库区商贸企业搬迁过中存在的问题和对策等。此外，中央政府、湖北省、重庆市和三峡库区地方政府也相继出台了相关政策，譬如国务院批准的《三峡库区经济社会发展规划》及重庆市出台的《关于支持库区产业发展和移民就业若干政策措施的意见》等。

① 数据来源于《湖北统计年鉴2013》。

第二节 城镇功能及其与第三产业发展的关系

城镇功能本身是城市规划学意义上的概念，也属于城市经济学的研究范畴。它的简单含义是指一个城市（镇）保障居民基本生活、生产条件，为居民提供衣、食、住、行、购、娱各种服务及为企业的经营组织活动提供保障与服务的能力。

在三峡工程移民工作中，城市功能被视为一个特殊的概念，其特指为一个淹没或半淹没城市（镇）全体居民和企业提供公共服务的城市（镇）公共基础设施的能力。在这里，这个概念仅限于城市规划学，而且是非常狭义的。从这个意义上讲，城市功能恢复仅是对半淹城镇而言的，城市（镇）功能恢复就是将淹没掉的那部分公共基础设施（如道路、管网，甚至医院、学校）在迁建区重新恢复建设起来。按国家移民政策的要求是原样重置，然而在实际执行中能适当对现状做一定的放大和扩张就很不错了。因此，按此意义的城镇功能恢复只能针对湖北和重庆的十一座半淹城市和部分半淹乡镇进行。至于六座全淹县城和部分全淹乡镇，由于整个城市都要新建，也就不存在城镇功能恢复和重建的问题。

本书研究的城镇功能，对因三峡工程建设而淹没搬迁的三峡库区城市（镇）而言，首先还是城市规划学意义上的，即它们是给人们基本的生产、生活提供物质保障和公共产品服务的载体功能（或称服务功能）。但是，一个城市无论在过去、现在，还是未来，都应在国家和地区的社会经济发展和历史文化进程中承担一定的责任并发挥相应的作用。这种任务的承担和作用的发挥应能够同时惠及这个城市的所有居民和企业，使其能够安居乐业并可持续发展。一个城市在国家和地区经济社会发展中所承担的责任和义务，决定着这个城市的地位和角色，包括这个城市对周边地区发挥的经济、文化、卫生、教育、行政甚至是交通或物流方面的辐射或影响。同时这种地位和角色反过来又制约着这个城市发展的规模、水平、特色与质量，进而影响到城市全体居民的生活。因此我们认为，对于三峡库区连片淹没或半淹没的十几座城市和周边乡镇而言，这个意义上的城市功能更显重要。因此，对三峡库区的所有城市（镇），我们都将讨论其城市（镇）功能[①]恢复、重建和提升。

---

① 本书后面部分如无特别说明，将不再区分城市与城镇及它们功能的异同，而将其统称为城镇及城镇功能。

同时，本书并不单纯地对城镇功能进行研究，还将重点研究特殊区域条件下城镇功能与第三产业发展的关系问题。一个城镇的载体功能即服务功能，在很大程度上决定着该城镇第三产业发展的层次。而这个城镇第三产业发展的层次、水平和规模，又反过来影响着该城镇各种城镇功能的完善、发展和发挥。也就是说，在三峡库区，与城镇功能关系最密切的产业是第三产业；决定城镇功能大小、多少、强弱的，也是第三产业。因此，要研究三峡库区移民的安稳致富，就不得不研究三峡库区的城镇功能、第三产业及两者之间相辅相成和相互促进的关系。

城镇是因人类聚居、产业分工、商品交换而兴起的。因此，中国城镇发展的历程也是和第二产业的兴起、聚集、发展紧紧联系在一起的。第二产业的聚集、发展又紧紧依靠第三产业的发展，第一、第二产业的发展需要第三产业提供广泛而强有力的支撑及服务。因而，第三产业的发展，决定着城镇的规模和内涵，同时也决定着第二产业的规模和运行质量。

如前所述，无论我们考虑城镇的何种功能，其首要的功能就是成为居民生产、生活活动的良好载体，也即其首要功能应该是服务。经济发展与社会发展紧密联系，人群聚居于城镇并形成社会，因而城镇发展的主要表现就是社会发展，同时社会发展又离不开经济发展，其需要经济发展提供资金和需求。可以说，对城镇而言，经济增长是手段、过程，社会发展是宗旨、目的，经济增长与社会发展两者之间是互为因果、相互促进、相互依赖的。在我国，城镇的经营者和管理者往往更重视经济发展。然而，在经济发展到一定程度之后，城镇的经营者和管理者，虽也应认真考虑经济发展，但似乎应该更多地考虑社会发展，考虑如何以社会发展来引领经济发展，以经济发展促进社会发展。而这实际上也就是如何发挥和发展城镇功能的问题。

第三产业是一种特殊的产业，它的若干产业形态，尤其是其中的传统部门（如批发、零售、餐饮、交通、邮电、通信等）的经济产业部门特征十分明显，同时又与社会事业的发展密切相关。需要强调的是，在中小城市和小城镇，其第三产业门类主要还是属于前面提到的传统产业门类。近年来在第三产业中蓬勃发展的，且在发达国家国民经济中已占到相当比重的一些新兴产业（如金融、保险、中介、咨询、房地产、旅游、现代物流，甚至医疗、教育、科研、文化、娱乐、体育及各类居民和机构服务业等），其虽可归于经济产业部门进行统计，但它们更多地与社会事业的发展相关联，因而也更多地与城镇主体功能相关联。

在特大城市和中心城市，第三产业中的这类新兴业态的发育最好，在第三产业中的增长也最快、占比也越高。

综上所述，可以得到这样的结论：一个城镇的功能强弱与它第三产业的发展密切相关，只有第三产业相对发达，才可能为这个城镇的居民、机构，尤其是企业提供生存和发展的支撑，并改善人们的生活和生产质量。现代市场经济条件下，不能简单地把第三产业放在三次产业结构中去考虑它的结构和发展，还应从第三产业发展对完善和提升城镇功能的角度积极争取第三产业的适当优先发展。在这个过程中，第三产业可以发挥它在提供就业岗位特别是不同类别、不同层次工种岗位方面的特殊优势，从而缓解城镇普遍存在的就业难题。这也从另一个侧面显现出一个城镇的服务功能。

城镇类型可以从多种角度划分。从城市的规模等级来看有大城市、特大城市、中小城市和小城镇之分；从城市的产业特色来看，有工业城市、商业城市、旅游城市、交通枢纽城市之分，其中工业城市还有重工业城市、轻工业城市之分，也有产煤城市、冶金城市等；从城市的功能特色来看，有的城市更偏重于行政功能，而有的城市则可能是经济中心、文化中心或流通中心、教育科研中心。现在，人们还越来越看重城市与城市之间的联系，即功能互补（具有一定互补功能关系）的城市如何构成城市群。然而不管如何划分，对于不同大小、不同特色的城市，一方面要看到它们功能的共性并兼顾它们功能的个性；另一方面也要注意到任何一个城镇功能的发育和发挥，都同该城镇第三产业的发育和发展密切相关，也应注意到对不同规模和不同特色的城市，其第三产业的产业门类、形态和产业规模可能存在很大差异。

三峡重庆库区的15座淹没和半淹没城镇，大多有千年以上历史，如云阳、奉节，甚至有的在春秋战国时期就已存在，如忠县。有的在中国传统文化中占有举足轻重的地位，如鬼城丰都。还有的在19世纪末就成了长江流域重要的对外通商口岸，如万州。可见，这些城镇的城镇功能和第三产业在历史上是相对发达的。然而，旧社会的连年战乱，新中国成立后三峡工程的久拖不决和三峡工程建设中的破坏和重建所产生的长时间、全方位、多层次的负面作用和影响，使得这些城镇的城镇功能逐渐萎缩，第三产业也出现倒退和停滞不前，直接影响了这些城镇居民的生活和发展。

第三节 本书研究范围、数据来源、研究方法及特色之处

一、研究范围

长江三峡水库淹没涉及重庆库区和湖北库区，重庆库区主要包括重庆市的巫山、巫溪、奉节、云阳、万州、开县、忠县、石柱、丰都、涪陵、武隆、长寿、渝北、巴南和江津15个区县，湖北库区包括秭归、巴东、夷陵和兴山4个区县。三峡水库共淹没2个城市，11个县城，116个集镇。其中，重庆境内有2个城市，8个县城，101个集镇；湖北省有3个县城，15个集镇。被淹城市、县城和集镇，都是区、县或镇的党政机关所在地，是当地政治、经济、文化和交通中心。淹没城镇中，属于全淹和基本全淹的县城9个，半淹的县城4个（含2个城市），受淹集镇基本上属于全淹型。

虽然重庆库区在全库区有较强的代表性（重庆库区的受淹人口占全库区人口的85.4%，受淹房屋占全库区比重84.2%），但本书中所涉及三峡库区的概念，除特别说明外均指涵盖重庆、湖北的19个区县的全库区。然而由于三峡库区淹没城镇相关统计资料的社会经济指标主要针对县级行政单位，因此将淹没集镇的相关指标合并统计。由于对各个集镇、县城和城市进行独立分析缺乏可操作的基础，因而本书中所涉及的城镇功能和第三产业都以三峡库区县级单元整体为对象。另外，因湖北省夷陵区和兴山县的个体数据难以从相关统计资料中获取，因而定量研究只侧重对重庆库区的15区县和湖北库区的秭归、巴东2县共17个区县进行分析。

二、数据来源

由于各移民区县统计资料加总后的数据与湖北省、重庆市统计局经过技术处理后的各区县数据资料之间存在一定误差，基于资料准确性和可靠性的考虑，本书所引用的相关数据主要来源于中国统计年鉴，重庆市统计年鉴，湖北省巴东县、秭归县统计年鉴，以及重庆市统计局与重庆市移民局共同编制的三峡库区移民统计资料，并适当参考了各区县统计年鉴资料，数据资料时间跨度为1992～2012年，其中2004～2012年为定量分析的重点。

三、研究方法

本书将城市研究与产业研究相结合，综合运用区域经济学、产业经济学、城市经济学、微观经济学、宏观经济学、计量经济学等学科的研究方法和理论，对三峡库区第三产业可持续发展和城镇功能恢复重建之间的相互关系进行系统性分析。

第一，实地调查法。通过对三峡库区第三产业与城镇功能现状的全面调查，掌握第一手资料，以保证问题分析的正确性，同时也保证了对发展三峡库区第三产业和提升三峡库区城镇功能政策建议的针对性。

第二，对比分析法。本书既对影响三峡库区第三产业可持续发展与城镇功能恢复重建的主要因素进行纵向对比分析，也将其与渝西区和重庆都市区进行横向对比分析。通过纵向和横向比较，明确三峡库区第三产业和城镇功能的发展现状、地位及两者相互关系的强弱程度。进而运用定量分析与定性分析相结合的系统诊断与分析方法，找到三峡库区城镇功能与第三产业发展之间相互作用的着力点及作用力大小。

第三，规范分析法。本书运用规范分析法，在综述现有研究基础上，明确了第三产业可持续发展的内涵和城镇功能的分类，探索了第三产业可持续发展对城镇功能恢复重建的促进作用、反馈机制及两者之间的互动机理，发现并分析了三峡库区在培育城镇功能和发展第三产业方面的障碍及困难，最终探索了促进三峡库区第三产业可持续发展与城镇功能恢复重建的良性互动的作用路径。

第四，实证分析法。主要运用多元统计方法对相关要素进行分析，通过主成分分析和相关性分析方法对抽取的27个城镇功能影响因素和6个第三产业可持续发展影响因素进行处理，构建城镇功能指标体系和第三产业可持续发展指标体系，进而运用面板数据回归分析法，通过对三峡库区数据进行实证和规范分析获得第三产业与城镇功能之间的良性互动的定量关系。

四、本书特色之处

本书还有如下特色之处。

第一，从理论上探索了第三产业与城镇功能之间的内生性互动关系，一定程度上丰富和发展了产业经济学理论和城市经济学理论。本书对第三产业可持续发展与城镇功能恢复重建的互动机理、第三产业可持续发展对城镇功提升促进作用的内在机理和城镇功能提升对第三产业发展的正向反馈机制等问题进行了理论研究。在一定程度上，既触及产业经济学的范畴，也深入到城市经济学的领域，因此这种理论探索有可能推动学界形成产业经济学和城市经济学的边缘学科。

第二，构建了城镇功能指标体系和第三产业可持续发展指标体系。本书创造性地从服务功能、集聚功能、发展环境和创新功能等方面构造了城镇功能指标体系；创造性地从第三产业就业水平、第三产业增加值规模和第三产业服务密度等方面构造了第三产业可持续发展指标体系。同时，运用主成分分析法、权数法、多元统计法等方法，构建了城镇功能综合指标和第三产业可持续发展综合指标，并将这些方法创造性地运用到三峡库区第三产业可持续发展与城镇功能恢复重建关系的定量分析当中，这也为后文创造性地运用指标体系面板数据进行回归分析提供了有力数据支撑。

第三，从指标体系中以定量方式挖掘了第三产业可持续发展与城镇功能恢复重建之间的互动关系。通过对三峡库区第三产业和城镇功能指标进行定量分析，发现三峡库区第三产业可持续发展对城镇功能恢复重建具有促进作用、三峡库区城镇功能恢复重建对第三产业可持续发展具有正向反馈作用、三峡库区第三产业可持续发展与城镇功能恢复重建之间存在着良性互动发展关系。

第四，创新了第三产业可持续发展与城镇功能恢复重建之间良性互动发展的路径。本书在定性分析三峡库区第三产业可持续发展与城镇功能恢复重建互动关系的现实基础和阻碍因素的基础上，创造性地提出了促进三峡库区第三产业可持续发展与城镇功能恢复重建之间良性互动的发展路径——通过强化第三产业可持续发展的方式促进城镇功能的恢复、重建和提升，进而通过正向反馈机制，在城镇功能提升的基础上促进第三产业的可持续发展；或者通过提升城镇服务功能、城镇集聚功能、城镇发展环境和城镇创新功能的方式促进第三产业可持续发展，进而通过反馈机制促进城镇功能自身的发展；或者通过发展第二产业和特色农业促进第三产业和城镇功能的发展，进而通过三峡库区第三产业与城镇功能之间的促进作用和反馈机制，形成两者之间螺旋式的良性互动发展路径。

第二章 第三产业可持续发展与城镇功能恢复重建关系理论探讨

第一节　第三产业及其与城镇功能的关系

一、第三产业的发展规律

早在17世纪，西方经济学家威廉·配第就已经发现，随着经济的不断发展，产业中心将逐渐由有形的财物生产转向无形的服务性生产，并在其《政治算术》中明确提出劳动力转移存在着从农业向工业、服务业转移趋势。后来英国经济学家克拉克通过计量方式印证了配第的这一观点，于是后人也把配第的发现称为配第-克拉克定理。而劳动力就业的非农化进程也表征着一个国家或地区的城镇化水平。

第三产业的概念首先由英国经济学家费希尔(A.G.Fisher)于1935年在《安全与进步的冲突》一书中提出。费希尔把旅游、娱乐服务、文化艺术、卫生保健、教育和科研等行业统称为第三产业，并进一步指出生产结构的变化表现为人力、资源将不断地从农业转向工业，再从工业转向第三产业[①]。后来克拉克把第三产业明确为服务业。库兹涅茨在继承费希尔和克拉克的研究成果基础上，从国民收入和劳动力在产业之间的分布两个方面对伴随经济发展的产业结构变化进行了分析研究。他认为，第三产业应包括贸易、金融、不动产、动产、商业、仆

---

① 转引自：李寿德，1995。

佣、专业人员及政府部门的劳务；其在定量分析中得出，在发达国家的增长进程中，农业部门产出占国民生产总值的份额显著下降，工业部门的份额显著上升，服务部门的份额微微地而且不是始终如一地上升[①]。美国经济学家富克斯(1987)总结了第三产业就业结构变化理论后指出，第三产业在经济中的比重尤其是就业的比重和地位随经济发展水平的提高而上升，当经济发展到一定阶段后，它可能进入一个快速发展期；第三产业的发展水平必须与人均收入水平相适应，如果第三产业发展过于滞后（就业比重与产值比重偏低），就会制约经济发展和经济结构的调整；第三产业具有大量吸纳劳动力的潜力，在经济发展的各个阶段，第三产业就业基本维持上升趋势，在工业化过程中，劳动力同时向工业和服务业转移，最终发展到以向服务业转移为主，此时第三产业就业比重赶超工业，进而会超过农业和工业就业的总和。Rao 等（2004）解释了加拿大与美国服务部门劳动生产率加速增长的不同来源。在分析美国近 50 年来的经济历程后，Lee 和 Wolpin（2006）认为，随着服务行业的增长，服务行业就业人数和工资也会逐渐增长；技术进步、产品和资本价格的变动，是推动服务业发展的主要因素。Fernandes（2009）研究了 1997 ～ 2004 年东欧经济转变中服务业的演化过程，认为服务自由化对提升劳动生产率和促进下游制造业生产具有积极作用。

我国学者李江帆（1994）通过考察包含服务产品在内的社会总产品的再生产和流通过程，较好地解决了包含服务产品在内的社会总产品简单再生产和扩大再生产的平衡关系问题，并把第三产业比重日益增大的现象总结为“第三产业比重增加律”。有关第三产业发展过程中的特征和贡献，学界也存在不同观点。李寿德（1995）把第三产业的特征概括为四点，即具有产业资源单一性和劳动密集性、具有生产与消费同步性和时间调节性、具有服务性和服务价格的多样性、具有被制约性和较强的发展性；而第三产业的不同种类及其特征又决定了它有三个功能：对经济发展的调节和组织功能、服务功能和对经济发展的推动功能。王俊豪（2003）则认为第三产业是创造无形财富的部门，主要包括商业、金融保险业、运输业和服务业。随着人们对环境、生态等问题重视程度的增加，产业的可持续发展问题也引起了人们的关注，除第一、第二产业外，第三产业的可持续发展也受到关注。蔺栋华（2000）提出了第三产业发展的生态观和第三产业绿色经济增长点的概念及实现途径。朱国伟和黄家柱（2002）以江苏省宾

---

① 转引自：欧阳旭，2007。

馆（饭店）、旅游园林、学校等为例分析了第三产业清洁生产的特点及其与环境保护和谐发展的问题。王荣玉（2005）预期未来的环境问题将成为第三产业发展的制约因素，同时也提出了第三产业走循环经济道路的重要性，此外董照辉（2007）、吴易明（2008）也认识到第三产业发展循环经济的实践意义。王崇举（2006）则在既定的资源、环境和技术水平等制约因素下，从第三产业的产出能力、就业能力和服务密度构成等角度分析了第三产业自身具有的长期稳定发展的能力。丁万里等（2008）以资源型欠发达地区为例，论证了政府投资对第三产业发展的导向作用，特别是优化第三产业内部格局及提高相对劳动生产率和劳动力吸纳能力的作用。张婧（2008）认为第三产业可持续发展需要考虑减少服务主体、服务对象和服务途径对环境的直接与间接影响。

在研究方法上，我国大多数学者将第三产业嵌入现代西方经济学的分析框架中并进行实证分析。江小涓（1996）将中国与世界其他国家的数据进行了比较，既考察了中国第三产业的发展与内部结构的变化，又分析了经济增长与第三产业发展的关系，并建立了一个多元回归模型分析了收入水平、消费结构、城市化等因素变化对第三产业发展的影响。彭志龙（2001）也通过国际比较，定量分析了中国第三产业比重与相近发展水平国家的差距及导致这种差距的体制、政策及统计等方面的原因，并提出了逐步提高中国第三产业比重的建议。黄京鸿和葛永军（2001）从规模和结构两个方面对中国各地区第三产业的发展状况进行了综合评价，并分析了中国服务业增长的地区与部门特征。吴玉鸣（2004）通过构建第三产业综合发展水平的评估指标体系，运用因子分析法对中国内地31个省（自治区、直辖市）的第三产业综合发展水平及其非均衡差异等进行了评估分析。李勇坚（2004）则分别使用时间序列数据与截面数据对中国服务业内部各个行业发展的影响进行了分析。

上述理论研究和实证分析表明，第三产业有其自身的特点和发展规律，各个国家由于历史发展情况的差异，第三产业发展也表现出不同的特征，但总体上表现为第三产业在国民经济中份额不断增加，劳动力就业比例逐步提高。同时，随着经济发展，服务业内部各个行业的相对地位及其在GDP中的比重也将产生不同的变化，现代服务产业的比重将越来越高。不同发展水平和类型的区域，包括欠发达地区更应当重视第三产业的非均衡可持续发展，这对区域经济发展具有十分重要的意义。

二、第三产业发展对城镇功能的影响

从三次产业演进及城市发展演变的历程来看，产业结构中第三产业比重提高对城镇功能的完善具有促进作用。因为，产业结构的调整不仅能强化城市的辐射功能，还会引起城市功能系统在空间分布格局上的巨大变化。当城市产业结构由第二产业主导型向第三产业主导型转变时，生产方式也会相应地由劳动密集型向资本、技术密集型过渡，这种经济结构上的根本性转变使得进一步的聚集发展变得不经济，也就为扩散式发展提供了可能。城市功能系统所承载和赖以发展的基础是产业结构调整所形成的产业在城市内的重新分布。现有的研究主要从加速城市化、增强城镇就业吸纳能力、提升城镇综合竞争力等方面对第三产业发展对城镇功能的影响进行了探讨。

佘国平（1994）认为，第三产业的崛起，使电视、信息和文化娱乐业等丰富城市功能的文化表现形式和设施水平提高更快。郭克莎 (2000) 认为，我国第三产业发展缓慢和结构变动是导致城市化滞后的重要原因。陈自芳（2001）通过对中国与德国等发达国家的比较认为，加快服务业发展、加速服务业市场化，能够解决城市产业结构升级和迈向现代化双重问题，进而加速城市化进程。叶陈云和杨光（2002）认为发展小城镇第三产业是新世纪里加速我国农村城镇化进程，带动农村经济和社会发展的一项重要举措。彭荣胜（2006）分析并指出第三产业发展和城市化进程之间有非常密切的关系，认为欠发达地区更应该加快发展第三产业，以推进城市化进程。何善厚等（2007）认为第三产业对增加城镇就业、促进国民富裕具有非常大的作用。徐宏峰（2007）认为第三产业对增加就业具有很大的作用，“是我国就业增长的新引擎”。第三产业发展水平影响城市区域规划及环境水平，第三产业越发达越能促进城市人居环境良性发展。曹宗平（2009）研究发现，随着我国经济发展水平的不断提高和城镇化的加速推进，第三产业为第一、第二产业提供服务的职能日益凸现出来，其在完善城镇功能、安置就业、协调产业发展和城乡统筹等方面都将发挥重要作用。郭彩霞（2009）认为加快农村城镇化、提高我国城镇化水平必须走发展非农产业即第三产业的道路。李晓琴和金兆森（2010）认为小城镇的发展将促进第三产业的繁荣和发展，第三产业的繁荣和发展也会促进小城镇的发展。

第二节　城镇功能及其对第三产业的影响

城镇经济作为国民经济的重要组成部分，它的发展对整个国家的经济发展起着重要作用。特别是一些经济相对发达城市，其经济发展对其他地区和城市起着重要的示范作用。因此，探讨城镇功能对深入研究城镇功能与第三产业之间的关系十分必要。

一、城镇功能的内涵

城镇功能最初是一个城市规划学意义上的概念，国外学者很早就开始关注此项研究。1933 年 8 月国际现代建筑学会召开了以“功能城市”为主题的第四次会议，形成了著名的《雅典宪章》①。这次会议从区域发展的整体性视角，以动态发展的思维，并基于以人为本的价值理念，把城市功能融于城市规划、城市建筑之中，重新思考并论述了现代城市的“四大功能”——居住、工作、游憩、交通，强调“四大功能”的发展应该保持平衡、协调，并针对各功能存在的问题分别提出了改进意见。这是 20 世纪 30 年代经济危机后城市规划、城市建筑领域关于城市功能问题的一次最集中讨论。而中心地理论则是国际上较早形成的一个研究现代城市系统和城市功能的重要理论。在杜能“农业区位论”和韦伯“工业区位论”的启发下，德国地理学家克里斯塔勒（1933 年）在分析区域市场形成的过程中完成了《德国南部中心地原理》（克里斯塔勒，2000）一书，形成了中心地理论。此后，廖士 · 贝里和加尔森等对其作了进一步发展。马蒂拉和汤普逊（1955 年）提出了著名的“区位商法”理论（Mattila and Tompson，1955），用以度量城市经济功能。由于该理论未考虑进出口贸易，不同行业的不同市场范围及其在国民经济和居民生活中的不同重要性，以及各城市不同的生产率，因而存在一定缺陷。佩鲁（1955 年）提出了著名的“增长极”理论，其根据一个城市是否具备推动型产业，以及推动型产业的数量及规模来评价一个城市的经济功能。此外，亚历克山德森（1956 年）、莫里塞特（1959 年）先后提出了正常城市法。随后乌尔曼和达西（1969 年）用最小需求量法对其进行了修改和完善。

① 《雅典宪章》原名《都市计划大纲》，1933 年 8 月国际现代建筑学会拟订，1951 年 10 月清华大学营建学系译。

国内学者对城镇功能的研究要晚一些，且多涉及对城市职能、城市功能等范畴的认识。关于城市功能，城市地理学界倾向于使用“城市职能”一词。孙盘寿和杨廷秀（1984）是中国城市地理学界最早对城市职能进行专门研究的学者。他们认为，城市职能是指城市对城市以外的区域在经济、政治、文化等方面所起的作用。周一星（1997）则对城市职能的概念进行了归纳，区分了城市对内、对外的各种生产和服务活动，其更关注城市最主要、最本质的职能。城市经济学界则更倾向于使用“城市功能”一词。李耀武（1997）认为，城市功能是在一定区域范围内城市发挥功效和作用的能力。王菲（1997）把城市功能理解为城市在国家或者地区的政治、经济、文化生活中所承担的任务和所起到的作用，以及由这种作用所产生的效能。潘乐（1999）则把城市功能看作城市在社会经济发展中应有的作用和能力。杨秋宝（2001）、邓丽君（2002）认为城市功能是城市在一个国家或一个地区所承担的政治、经济、文化等方面的任务和所起到的作用。姜国杰（2002）则认为现代城市功能是多方面、多种功能互相联系、互相制约，共同形成的综合体。陈柳钦（2009）则把城市功能理解为城市作用于外围经济地域系统的能力，是城市内部关系和外部关系中所表现出来的特性和能力，是城市对外联系的能力。还有一部分学者将城市职能和城市功能看作同一概念，如石正方和李培祥（2002）等。另有部分学者专门研究小城镇功能，认为其与城市功能、城市职能都有所区别。例如，陈玉梅（2000）认为小城镇功能不限于经济，还包括政治、社会、文化、科技等诸多方面，由于地理环境、资源状况、人口结构不同，其功能综合性与整体性也是不同的。

二、城镇功能的分类

1. 相关研究评述

国外学者对城镇功能分类的研究比较早。奥隆索（1921 年）利用一般描述方法把城市职能分成行政、防务、文化、生产、交通和娱乐六大类，每一大类又分成若干小类。虽然这种分类方法具有较强主观性，但其对分析较少城市或只作大致分类时具有重要使用价值。哈里斯（1943 年）以城市最主要的活动作为分类依据，以从事该活动的人数的比重作为分类标准，利用统计描述方法把美国 605 个 1 万人以上的城镇分为制造业城市、零售商业城市、批发商业城市、运输城市、矿业城市、教育城市、游乐休养城市等 10 类。纳尔逊（1955 年）在分类的方法论、分类准则及主导职能的专门化程度三个方面同以前分类方法相比都有进步。日本学者小签原义胜（1955 年）则把城市分为工业城市、商业城市、矿山城市、水产业城市、交通运输城市和其他产业城市 6 类。

国内学者对城市功能分类的研究起步更晚，虽已逐渐形成了自己的理论体系，但也存在着不同之处。吴郝和梅陈（1988）将城市功能分为主要功能和基本功能，并认为受政治、经济、文化及自然、地理等方面历史和现实因素影响的主要功能决定了一个城市在国家建设和社会经济发展中所占的地位及应发挥的作用。陈玉梅（2000）把小城镇的整体功能分为生产功能、商品贸易功能、交通运输功能、信息功能、服务功能等多种功能。徐琼瑜和王祥荣（2001）则将集聚和辐射看作城市功能的重要方面。陈友华和赵民（2005）把城市功能分为一般功能和特殊功能。同时认为，一般功能是指每一城市所必备的功能，如为本城居民服务的商业、饮食业、服务业和建筑业等；特殊功能是相对于一般功能而言的，是指代表城市特征的、不为每个城市所共有的功能，如风景旅游、冶金工业、炼油工业等。许毅和孔志峰（2005）把城镇的功能概括为城镇商业中心、生产要素集聚中心、农产品加工中心、农村就业中心等功能。

2. 城镇功能分类的标准

城市功能的定义可分为三个层次：第一层次为物质层次，即满足人们基本的生活和居住的需要。这一层次的功能，主要由城市的基础设施来满足，包括交通、能源、给排水、通信、教育、卫生、防灾等基础设施所提供的功能；第二个层次是文化的层次，即满足人们精神和文化的需求，这个层次的功能由一个城市的历史沉淀、传统及特色、环境、科学、文化、体育、娱乐、休闲的设备设施来满足，还包括满足人们交往、学习等方面要求的制度设计与机构设置；第三层次为辐射层次，即满足区域发展对作为本区域增长极的城市功能的需求，这个层次的功能主要由一个城市的政治力、文化力和经济力所决定。

所谓城市的政治力，在中国国情下，首先要看它是否为行政中心，是哪一层级的行政中心。不同级别的行政中心具有不同的资源集约、政策制定、法律执行的特许权，这种权利就是一种政治力。当然，另有一些因素（如媒体的数量和质量、权威性机构和专家的数量）也能形成政治力，其能够促进城市辐射力的提升，推动产业的分工与扩张。

文化力由城市的历史传统和现实文化的影响力强弱所决定。历史传统既包括一个城市历史积淀，也有历史上这个城市在本区域的地位和对本区域其他城市及农村的影响和作用。但文化力更多取决于现实因素，包括一个城市教育、科技、文化、传媒、体育、卫生等设施、机构的数量和质量，以及这些机构在本区域内是否具有唯一性、不可替代性。

经济力由这个城市的经济总量和质量决定，更深层次意义上的经济力是由这个城市的产业结构所决定的。如果一个城市有明显的支柱产业和主导产业，并且支柱产业和主导产业具有较长的产业链、较强的产业关联度，其前向产业和后向产业的衍生性较强，在城市外有较多的配套关联企业或潜在关联企业；如果这个城市的产业、尤其是支柱产业和主导产业的产业规模大，产品市场占有率高、覆盖面宽、竞争力强；如果这个城市的第三产业有较强的产业服务能力，它的金融、中介、物流、商贸、会展、交通运输、创新代理等现代服务业不仅对本地产业而且对周边城市和农村也有很强的作用，那么，这个城市就具有较强的经济力。

3. 城镇功能分类的具体内容

总体而言，一个城市所具备的功能，既有物质的，也有精神的；既有针对居民个人的需求，也有服务百姓群体的；既有面向城市自身促其环境优化的，也有辐射区域实现带动作用的。因此，我们可以将一个城市的功能概括为服务、集聚、提供发展环境和创新。

（1）服务功能，指一个城市（镇）方便其居民生活，并不断提高居民生活质量的功能。城市的服务功能包括该城市能够给居民提供的教育服务、医疗卫生服务、便民利民服务（消费品购买、供水、供能、交通、通信、休闲娱乐的机构及设备设施提供）等功能。一个城市的城市规划、城市形象及文化积淀、历史影响、对市内外居民吸引力的大小、居民住房的市场价格、配套设施的完善度、社区的建设和和谐度等，都从不同侧面反映出一个城市的服务功能。

显然，服务功能是城镇最基本的功能，教育、医疗及交通、购物等便利条件是居民生活的最基本需求。随着城镇居民数量的增加，城镇空间范围的扩大，城镇行政层级的提升和城镇居民收入的增加，服务功能逐渐呈现从数量到质量的变化。

（2）集聚功能，指一个城市（镇）的产业集聚、交通集结、人口集聚等方面的能力，以及其为城市（镇）提供物质保障的功能。一个城市对外的交通、通信系统的发达程度和面向机构的市场、物流、电子商务及为企业服务的各种中介及金融业的发达程度直接决定着该城市的集聚功能。该城市所具有的某一产业门类或具有某种特性的机构的关联企业和关联机构甚至关联人才的数量和质量也应纳入集聚功能进行考量。

集聚功能反映了区域内产业、交通的发展程度和人口空间的集聚强度，是一个城镇对区域内企业集聚能力、交通运输能力和人口吸纳能力的综合体现。一个城镇的产业越活跃，产业规模越大，其支柱产业在周边区域乃至全国的区位商及产品的市场占有率越高，集聚功能越强；一个地区的交通越密集，该地区要素流动越方便，这里的城镇集聚功能就越强；一个地区的城镇化率越高，该地区的人口集聚度越高，该地区的城镇集聚功能越强。总之，产业集聚、交通集聚和人口集聚程度的高低，在很大程度上反映着该城镇集聚功能的强弱。

（3）提供发展环境功能，指一个城市（镇）为居民和机构生活、生产活动提供的保障，包括提供政策保障和政府服务的功能。城市的发展环境包括城市人口的数量和结构，城市的社会风气和文化传统，企业员工从事各种与生产活动相关的营销、交际、培训等活动的条件，城市提供的社会保障制度安排，此外政府的工商、税收、治安、外贸、国土、规划、教育、环保、质监、知识产权保护等行政工作方面的政策法规的完备性及相应政府机构的执行力，以及政府和市民的诚信程度等都应纳入发展环境功能。

在社会主义市场经济条件下，城镇发展环境功能越来越重要。其中，政府的工作效率，服务态度与服务质量越来越受到居民和机构的重视。发展环境在一个城镇里通过许多有形或无形的渠道反映出来，深刻地影响着人们的生活和工作，代表城镇的形象。

（4）创新功能，指一个城市（镇）为其居民和机构提供的帮助其知识和技术积累、更新、发展，从而促其不断进步的功能。这个功能突出地反映在该城市的企业、企业集群和产品中。从本质上说，创新功能的核心是一个城市企业竞争力、吸纳力和扩散力等方面的综合反映。城市的创新功能包括一个城市的教育尤其是高等教育中受教育者的数量、教育质量和学科水平，人才培养（含引进）的效率和效益，科研机构（含企业工程中心）的研发能力，专利及新产品研发的数量与水平，已有产业和产品的新度、市场覆盖能力，不断扩展的对城市外企业向城市内企业提供原材料及配套产品的需求，以及城市内企业能够向外提供创新技术、创新材料及创新产品、创新功能在很大程度上决定了其他城市和区域对该城市的依赖程度。城市服务创新、政府政策创新、政府工作的质量和效率的提升也能体现一个城镇的创新功能。总之，创新功能是一个城镇活力、影响力和竞争力的最集中体现，其需要一个城镇的管理者和全体居民的认真培育和呵护。

4. 城镇功能之间的相互关系

城镇的服务功能在很大程度上制约和决定着集聚功能、发展环境和创新功能，然而它们也反过来对服务功能的提升提出需求，产生影响；城镇的集聚功能需要发展环境功能为其提供保障，需要创新功能促其不断提升；城镇的发展环境则是城镇集聚人口、发展产业、改善交通和促进创新的重要条件，城镇提供发展环境功能越强，城镇集聚功能和创新功能越容易得到提升；城镇的创新功能既与该城镇的人口素质、社会事业，尤其是教育、科技、文化事业的发展水平有关，也与该城镇其他三个功能的综合效应存在正向关系。

显然，我们对城镇功能的上述分类，既体现了城镇经济方面的功能，也体现了城镇的政治、文化和社会方面功能。城市经济学研究人员比较强调城市的经济功能，他们认为一个城市的经济功能及其所决定的该城市的“辐射”和“集聚”功能应该得到充分重视。但我们经过认真研究后得到的结论是：在城市形成初期，经济功能的确很重要，但当城市化进程达到一定程度之后，尤其是在市场经济条件下，一个城市的经济功能很难单独存在，它会和这个城市的政治、文化、社会的功能融合在一起，互相保障、互相促进，并在根本上被这个城市的服务、集聚、环境和创新功能所体现。

三、城镇功能的形成机制

关于城镇功能形成机制，目前学术界提出了多种理论，主要有基本经济部门决定论、核心区域决定论、聚集经济决定论、生产和需求相互作用决定论等理论。

基本经济部门决定论认为，城镇经济结构由基本经济部门和非基本经济部门构成。基本经济部门决定着城镇功能的性质与大小（帕克等，1987），基本经济部门发展对城镇功能发展产生乘数放大效应。

核心区域决定论认为，城镇的功能是由其所处区域的优势决定的。而任何区域都是由核心与边缘两部分组成（弗里德曼，1986）。由于现实的资源、市场与环境的空间差异，一些地区会在经济、文化和政治上比其他地方发展快，从而形成核心区域（城镇）。整个空间经济受核心区域（城镇）支配，资金、信息、技术等大量流向核心地域，从而使城镇功能不断增强。

聚集经济决定论认为，聚集经济是城镇功能发展动因。英国城市经济学家巴顿（Button，1976）认为，大规模的本地市场能促进较高程度的专业化，专业化产生规模经济效益，规模经济效益进一步强化人口城镇集聚，从而导致产业的地理集中，进而促进一些服务性产业的建立，以满足其生产的需要，并为成品的推销和运输提供方便。同类企业的城镇集中，会吸纳熟练劳动力，进而吸纳有才能的企业家聚集到城镇。由于产业和人口的集聚，城镇的金融和管理投资不断发展，进而城镇不断增加娱乐、社交、教育等设施建设，这会强化城镇经营管理，促使工商业者更乐于集聚到城镇，进而要求城镇提升自身管理水平，也会进一步刺激企业进行革新，从而使城镇功能不断完善。

生产和需求相互作用决定论认为，城镇功能的产生是生产和需求相互作用的结果，但生产起决定性的作用。当与生产有关的力量和与需求有关的力量发生作用，并激发城镇经济产生时，城镇功能就会增长，即为较大市场服务的地方性工业、商业和交通运输业的基础活动就会增长，由此城镇功能也会不断地增长（赫希，1990）。

四、城镇功能的恢复重建

由于自然或人为因素，越来越多的城镇遭到重大灾害或者生态污染导致城镇功能遭到严重破坏。因而，城镇功能的恢复重建也是学者们越来越关注的焦点。唐登清（1995）认为，三峡库区的城镇建设要避免过多强调长远发展的需要，即不顾当前的财力限制，把基础工程和市政设施的各项技术经济指标值设定得过高，结果是短期内难以配套完善，城镇功能难以发挥，反而影响地区经济建设；或者只求满足移民搬迁的需要，过份强调原规模、原标准复建，将使受淹城镇现在难以克服的困难在不久重现，这些做法都不科学。高建宇 (2000) 认为，旧城功能恢复及库岸整治工程的建设完善了城市基础设施，改善了城市内外交通能力，有助于活跃地方经济和改善库区城镇居民的生产、生活条件。薛联芳（2000）指出三峡库区城镇的搬迁、重建将对区域社会、经济和环境产生广泛而深远的影响，尤其是城镇基础设施将得到很大改善，城镇区位功能和经济辐射能力也将加强。冯沈萍（2003）则指出文化生态系统对一个城镇系统的价值，尤其是像因三峡工程建设而搬迁新建的城镇，更应注意恢复和重建库区传统城镇文化、生态系统。曹相生等（2007）以韩国首尔清溪川河流污染恢复工程为例，论述了河流治理中“可持续发展理念”，这对我国相关城镇功能恢复有着指导意义。

还有关于三峡库区城镇功能恢复重建的类似研究都偏重于城镇功能的硬件（如基础设施等的迁建复建），而对城镇功能内生性的基础条件（如产业发展）方面的研究较少。有些研究也认识到库区城镇产业发展的重要性，发现当地第三产业有“空心化”的倾向。例如，陈敏（2004）在调研中发现，在关停破产1100多家各种企业的过程中，保留部分企业的一些区县大多“有产业无效益”；库区原有的商贸流通业和旅游业这两大支柱经济，前者随着陆路运输网络的形成而逐渐弱化，拥有黄金水运通道的三峡库区正被“抛弃”，商贾云集码头的局面逐渐消失，后者即库区的旅游业则应该成为区内的支柱产业和全国性“名牌”产业。还有朱宗顺等（1994）从库区教育产业发展、李鼎甲（1994）从加快库区交通设施建设、杨庆育（2007）从生态环境保护制约下的库区产业选择等角度提出了促进第三产业发展的问题。还有王崇举（2006）、曾庆均（2007）等少数学者认识到库区第三产业发展与城镇功能建设之间存在着紧密联系，并将二者结合起来进行了研究。

显然，无论从城市规划角度审视城市保障其居民生产、生活的物质基础和休闲消费功能，还是从城市经济学角度审视城市为满足其经济活动需求，促使其实现繁荣和扩张而具备的生产要素聚集和物质文化精神产品扩散功能，以及从社会学、行政学和政治学角度审视城市为实现自身的行政与政治领导而具备的辐射、凝聚和指挥功能，这些功能都会随城市居民数量、城市经济规模、城市产业结构、城市行政层级等方面的变化而逐渐演进。城市的特殊区位、特殊资源和产业、特殊文化历史遗产和自然状态，都可能形成一个城市的特殊城市功能。

五、城镇功能对第三产业发展的影响

城市是人类社会步入文明时代的标志，是人类社会大分工和商品经济发展到一定阶段的产物，也是人类物质文明和精神文明在一定时间和空间上的聚集。

在城市形成过程中经过长期沉淀而被社会赋予的城市功能，既是一个城镇人口、经济、文化、政治等变迁的反映，同时也反过来影响着这些变迁的进程。通过梳理文献我们发现，现有研究城镇功能对第三产业发展影响的文献从城市化视角展开的偏多一些，其主要认为城市化是以服务业为主体的第三产业发展的最重要影响因素之一。郭克莎（2000）认为第三产业的结构优化和高效发展也依赖于城市化的进程，城市化可以促进新兴服务业的多角度扩张和第三产业的多层次发展。程大中（2003）根据中国服务业增长的地区与部门特征，探讨了服务业与城镇化之间的相互影响，认为继续推进城市化和市场化发展战略能够推动服务业全面均衡发展，增强服务业的产业整合力、经济牵引力和国际竞争力。张洪和严丽坤（2003）利用全国第二次基本单位普查数据实证研究了城市化与第三产业发展之间的关系。李辉（2004）同样发现经济增长和城市化进程是影响服务业发展的最重要因素。杨观来（2005）的研究表明，城市集聚规模与第三产业发展规模的相关性明显，其影响了第三产业内部结构，粗放式的城市化限制了第三产业的发展空间。

从世界各国经济发展与城市发展的历史演变来看，产业发展与城镇功能是相辅相成的。产业结构的演进规律表明，从产值和就业结构来看，一国国民经济会经历从第一产业、第二产业到第三产业的变化趋势，尽管就业结构可能滞后于产值结构的演化进度，但总体趋势是不会改变的。产值和就业向第二、第三产业演进的过程，其实也是城市化水平提高、城市规模扩张、城市功能完善的过程。特别是当经济发展到以第三产业为主时，城市功能将呈现“软化”趋势，即将转为以现代服务业为主，而工业的集聚功能会减弱。因此，一个城市具有哪些功能，这些功能将如何发挥作用必将通过产业结构体现出来，即一个城市的功能寓于这个城市的产业之中。同时，一个城市具有哪些功能，就必须具有创造这些功能的产业，具有哪些产业一般也就具有相应的功能（周振华，2005）。从城市演进规律来看，从农村中分离出来的城镇是伴随着社会分工和手工业的发展而出现并壮大的。城镇出现后，因其对经济和人口等要素物资集聚的能力增强，对规模经济要求更高的第二、第三产业也有了进一步扩张的土壤。

第三节　第三产业与城镇功能相互关系的内在机理

一、城镇功能与第三产业之间的相互关系

由以上论述可知，城镇是因产业分工、居民聚居、商品交换而兴起的。聚居人群的生活、交往、生产和交换活动产生了对公共产品、公共服务和公共管理的需求，这种需求刺激产生了第三产业。因此，城镇的发展与第三产业的发展密不可分。具体来说，城镇发展与第三产业发展的强相关关系突出表现在四个方面。

首先，城镇发展，居民数量增加，需要有更多的住房，需要有更多诸如给排水、供电、供气、住房、商店、市场、道路、公共交通工具、通信、邮政等公共基础设施和与之配套的基本生活服务，这就产生了对城镇的基本服务及商贸流通等传统第三产业的需求，这种需求随着城镇人口的不断增加而增长，在有力促进城镇功能强化的同时推动着第三产业的发展。

其次，人们的生产活动会产生对物资供应、产品销售等辅助性经营活动的需求。随着生产规模的扩大，生产专门化程度的提高，人们对原材料供应和产品销售运输的需求会变得更大，甚至为了提高效率而演变成一种依赖性的需求，要求上下游产品的生产企业相对集中。同时，人们会对有一定规模优势和市场优势的产品进行升级以追求这种优势的不断扩大，这些需求又相应催生出产品与技术的研发机构。研发能力的强弱将最终决定该产业是否是这个城镇同其他城镇相比具有较强辐射能力和集聚能力的主导产业。在这里，原材料的供应，上游产品的提供，产成品的销售，产品的研发都离不开并直接影响着第三产业的形态、规模和水平。

再次，当城镇进一步发展，大量新的居民、企业和产业进入这个城镇，人们将不再满足于城镇第三产业仅仅对人们的基本生活需求和单一产业或某几个产业提供后勤化服务，人们会关注并产生产业与产业、企业与企业、人与人之间的各种交往和各种服务需求，同时不断要求提高这种服务的层次和质量。于是，以金融、广告、咨询、代理、中介等为主的现代服务业和以教育、体育、卫生、文化等为主的公共服务平台，将开始发挥他们的功能，促进第三产业的升级和发展。

最后，为了维持一个城镇的秩序、充分发挥一个城镇对其服务和辐射区域的影响，需要在一个城镇建立政权机构，设置各种管理机关。这些政权机构和管理机关规范和维护着机构、企业与公民的各种行为秩序，并由此产生一些法律、行政和政治的相关活动。这些活动的进行常常会伴随着一些经济组织和经济行为，它们也被纳入了第三产业的范畴。值得注意的是，这些政权机关和管理机构是有层级的，不同层级的机构管理和服务的区域有很大不同。事实上，城镇机构的层级与机构所在城镇的规模及第三产业的发育程度密不可分。这是因为在世界各国，人们的很多活动都离不开这些政权机关和管理机构，这些机构的层级会在较大程度上决定着该城镇现代服务业和社会事业的数量、规模与水平。在我国这种现象更为突出。

一般而言，完善的城镇功能有利于城镇规模的扩张，尤其是对于走内涵式发展道路的城镇而言，城镇功能越完善，其所在区域的城市化率越高。由表 2-1 和表 2-2 可见，无论是在国外，还是在中国，第三产业的发展与城市化（城市规模）均存在正相关关系。

表 2-1　国内外一些大城市的第三产业发育状况比较　　（单位：%）

指标	纽约（1989 年）	巴黎（1988 年）	东京（1988 年）	汉堡（1989 年）	香港（1990 年）	北京（1997 年）	上海（1997 年）	广州（1997 年）
第三产业就业人员比重	86.70	77.9	70.00	63.20	63.30	57.70	46.90	53.80
第三产业占GDP 的比重	80.00	72.70	72.50	68.90	73.20	59.56	48.42	55.43

资料来源：表中数据引自冯淑玲，2002

表 2-2　我国第三产业的发育状况与城市化率变化　　（单位：%）

指标＼年份	1978 年	1980 年	1985 年	1991 年	1996 年	2001 年	2004 年	2006 年
第三产业就业人员比重	12.2	13.1	16.8	18.9	26.0	27.7	30.6	32.2
第三产业占GDP 的比重	23.7	21.4	28.5	33.4	30.1	34.1	31.9	39.4
城市化率	17.92	19.39	23.71	26.94	30.48	37.66	41.8	43.9

资料来源：2006 年数据根据《中国统计年鉴 2007》计算，其他数据引自许娇，2005

如果说以上内容都是从城镇发展的角度讨论城镇功能对第三产业的形态、规模和水平的促进作用，那么下面我们将讨论发展第三产业对城镇功能的提升作用。随着经济全球化时代的到来，产业在国家与国家、地区与地区之间的转移越来越频繁。后发国家和后发地区的城镇及其主管部门逐渐意识到创造条件吸引区域外的产业转移是打造和发挥本地后发优势的重要手段。后发地区吸引发达地区产业的优势是市场和劳动力资源及可能的政策，当后发地区具备这些优势时，原有劣势趋于弱化，也就可能成为相对的比较优势。换句话说，各相关城镇都会努力培育第三产业，进而完善城镇功能、提升城镇形象，营造适合外来投资者生活和生产的环境，并尽可能提高本地区富裕劳动力资源的素质。这样，就有可能出现一种以主动加快第三产业发展来促进城镇功能完善和城镇发展的态势。后面我们还将讨论，三峡库区因重大工程建设、城镇规模和城镇发展整体发展受到抑制，采取这种逆向策略更为必要。

二、第三产业可持续发展与城镇功能恢复重建互动机制

首先我们对第三产业与第三产业活动进行明确的理论区分，这是两个在内容上有一定重叠的概念。第三产业的活动可以是专业的，也可以是非专业的（依附于非第三产业部门，如制造业企业中的管理、财务、人力资源培训等第三产业活动）；而专门的第三产业活动则是专业的。因此，第三产业发展依赖于两方面条件：一是第三产业活动内在于其他产业部门并服务于该产业部门的依附性，我们称之为内在化；二是第三产业活动脱离其依附部门的专业化。一般来讲，服务性是第三产业的本质属性之一，第三产业本身就是为满足人们生产、生活对服务方面的需求而兴起的。最早的第三产业活动主要简单服务于人们的生活和商品的交换，随着第一、第二产业本身的产业发展和升级，第一、第二产业中的不同产业部门内部不断产生，对第三产业活动形成普遍需求和特殊需求，这两种需求导致了专门化的第三产业部门的产生，并且不断现代化。因此第三产业活动的内在化是第三产业专业化发展的基础，有助于促进第三产业专业化。

由于第三产业活动服务性的普遍存在，第三产业从内在化向专业化的转化过程中，第三产业的持续发展与城镇功能恢复重建之间必然存在着相互促进的关系。即第三产业内在化促进第三产业专业化，第三产业专业化促进城镇功能完善和提升；而城镇功能的完善和提升又进一步推动第三产业的内在化和专业

化，其中内在化在不同产业部门的扩展和越来越广泛的存在又必然要求第三产业进行更为精细的分工和更加现代化的专业化，第三产业更精细的分工和更现代化的专业化可以使得第一、第二产业对它的依赖更强、更广，从而迅速促进第三产业可持续发展。

第三产业的内在化促进专业化的表现是社会专业化分工程度的提高。通常这与全社会劳动生产率的提高，因而与劳动者人均收入水平提高密切相关，同时它也在很大程度上取决于第三产业企业能否方便分立，以及当时的市场经济环境。在市场经济环境较为宽松的条件下，第三产业专业化程度提高，全社会、尤其是第三产业人均收入水平随之提高，三者之间呈现出高度的正相关关系；但在市场经济环境不宽松的条件下，社会环境可能直接削弱专业化分工水平，从而会大大削弱第三产业专业化与人均收入水平变动的相关性。第三产业的专业化同时也依赖于科学技术尤其是信息技术的不断发展，信息技术的迅速进步使电子商务、现代物流、网络金融等现代服务业的专业化成为可能。显然一个地区第三产业专业化程度越高，该地区的城镇功能也就越完善。这种正相关关系是受专业分工程度影响的，而且这种正向关系会进一步形成螺旋式上升的良性循环——专业化分工程度越高，第三产业专业化程度越高，城镇功能越完善；而城镇功能越完善，市场化程度越高，专业化分工程度越高，第三产业专业化程度也越高，城镇功能也越完善（图 2-1）。

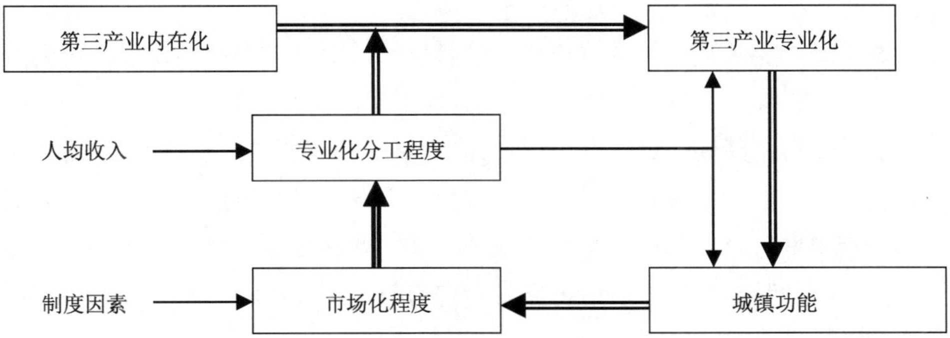

图 2-1　第三产业与城镇功能互动发展内在机理

→ 表示影响因素的作用方向；

⇒ 表示第三产业内在化、专业化、城镇功能、市场化、专业化分工的传导顺序

于是我们可以得到如下命题。

命题 2.1：第三产业可持续发展与城镇功能恢复、重建和提升之间存在着互

动关系。

命题 2.1 将是第三章、第四章和第五章中定量分析两者之间相互关系的理论基础。

三、第三产业可持续发展对城镇功能提升具有促进作用的内在机理

城镇第三产业可持续发展直接影响着城镇功能的完善程度。城镇功能是满足城镇居民物质生活、精神生活和推动城镇及其腹地经济发展和社会进步的能力，包括服务功能、集聚功能、发展环境及创新功能。城镇辐射和带动腹地经济增长的必要条件是第三产业可持续发展和城镇功能较为完善。区域经济发展重要途径之一就是通过发展服务产业带动城市化发展，进而促进城镇功能提升。

正如前文所说的那样，作为专门从事产业活动的第三产业，其发展依赖于两方面条件：一是第三产业活动的广泛服务化；二是第三产业活动脱离其依附部门的专业化和独立化。然而，通常第三产业活动的广泛服务化有助于促进自身专业化和独立化，但并不必定导致第三产业专业化和独立化。从这一意义讲，第三产业活动广泛服务化是第三产业发展的必要条件，而第三产业活动专业化和独立化是第三产业发展的充分条件。一旦第三产业进入了专业化和独立化过程它就具备了可持续发展的能力。

因此，在假定第三产业活动广泛服务化的前提条件下，第三产业可持续发展与城镇功能完善之间存在着规律性发展趋势，即第三产业活动由外在依附性向内在独立性演进，然后其内在独立的可持续发展促进城镇功能提升。所谓第三产业的外在依附性是第三产业活动外在地依附于其他产业活动，尤其对体现城镇功能的产业活动极具依附性，其自身独立发展能力有限。第三产业内在独立性是指由专门产业部门向消费者或生产者，尤其是城镇消费者和生产者提供有偿服务。此时第三产业活动不再是一种依附性产业活动，而是其他产业正常存在和发展的基础，因而变成了其他产业部门的“宿主”，而不是“附庸”。这就是第三产业的可持续发展性。此时第三产业活动需要市场交易。第三产业外在依附性向内在独立性转化时，表现为专业化分工程度的提高、可持续发展能力的提升。其可持续发展能力与城镇功能正相关，但也在很大程度上取决于人均收入水平和与体制因素相关的市场化程度。在市场化程度较高的情况下，第

三产业可持续发展能力与城镇功能完善程度和人均收入水平变动高度正相关，但在市场化程度较低的情况下，专业化分工主要是一种政府行为，这种政府行为无助于第三产业的内在化和独立化发展——可持续发展，但有助于城镇功能的完善。这样就会大大削弱第三产业可持续发展与城镇功能之间的相关性。

第三产业活动主要集中在城镇地区，城镇功能的完善离不开第三产业发展。城镇功能与第三产业可持续发展之间存在内在必然关系。第三产业广泛服务化促进第三产业专业化和独立化，专业化和独立化能够提升城镇功能，第三产业内在独立化水平的提高必然会促进城镇功能完善。因此，第三产业专业化程度越高，城镇功能越完善（图 2-2）。

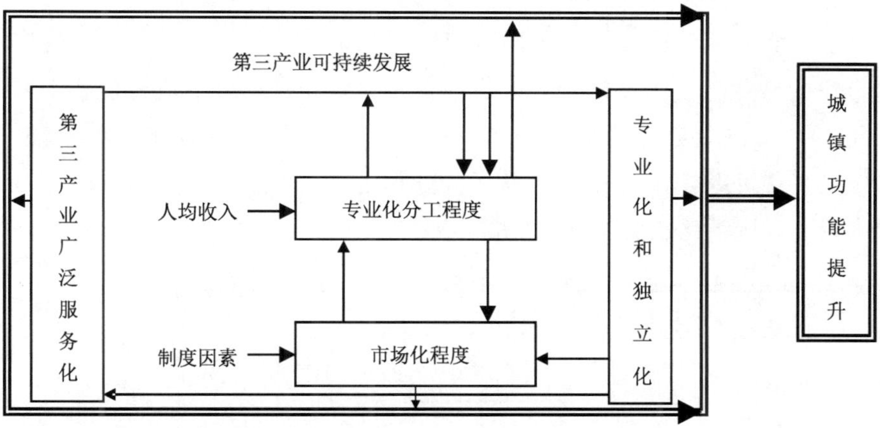

图 2-2　第三产业可持续发展对城镇功能提升的内在机理

→ 表示影响因素的作用方向；

⇒ 表示第三产业可持续发展与城镇功能提升的传导顺序

于是我们得到如下命题。

命题 2.2：在一定的市场化程度和专业化分工程度下，第三产业的广泛服务化和其内部的专业化与独立化能内生地形成可持续发展。第三产业的内生性可持续发展能提升城镇功能。因此，第三产业可持续发展有助于城镇功能完善。

四、城镇功能提升对第三产业发展的正向反馈机制

城镇是区域经济增长的极核，是第三产业发展的基地，完善的城镇功能能有力地促进第三产业发展。城镇辐射和带动腹地经济增长的必要条件，是城镇

功能的较为完善及第三产业的可持续发展。区域经济发展重要途径之一就是通过城市化带动服务产业发展，进而促进整个第三产业可持续发展，然后又反过来促进城镇功能的提升。

第三产业活动主要集中在城镇地区，城镇功能的完善离不开第三产业的发展。城镇功能与第三产业可持续发展之间存在内在必然关系。第三产业的广泛服务化会促进第三产业的专业和独立化，第三产业专业化和独立化又会提升城镇功能；而城镇功能的提升又会进一步促进第三产业的内在独立化发展——可持续发展，内在独立化水平的提高必然又会促进城镇功能更加完善，而城镇功能进一步完善又将进一步要求第三产业更加专业化、独立化、外在化，从而进一步促进第三产业可持续发展。

第三产业专业化程度越高，城镇功能越完善。这种正相关关系是受广泛服务化带来的专业分工程度影响的，这种正向关系会进一步形成螺旋式上升的良性循环——专业化分工程度越高，第三产业专业化程度越高，城镇功能越完善；而城镇功能越完善，市场化程度越高，专业化分工程度越高，第三产业专业化程度也越高，城镇功能也越完善（图 2-3）。

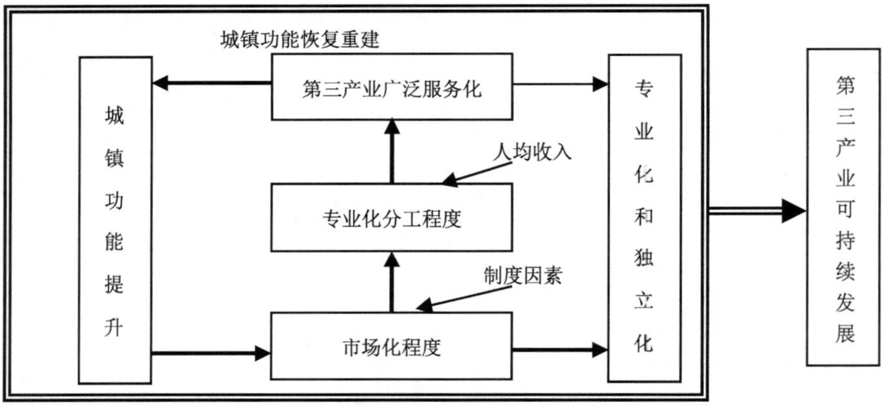

图 2-3　城镇功能恢复重建对第三产业可持续发展的正向反馈机制

→ 表示影响因素的作用方向；

⇒ 表示城镇功能恢复重建与第三产业可持续发展传导顺序

这种城镇功能提升与第三产业可持续发展螺旋式良性互动关系是带动区域经济发展的根本性动力。然而，在外生不利因素的作用下，两者之间会形成螺旋式恶性循环关系。当然这种螺旋式互动关系的紧密程度通常与人均收入水平相关，但也在很大程度上取决于与体制因素相关的市场化程度。在市场化程度较高的情况下，城镇功能提升与第三产业可持续发展之间互动关系强烈地受到人均收入水平变动的正向影响；但在市场化程度较低的情况下，由于较低的市场化程度直接削弱专业化分工水平，从而会大大削弱这种螺旋式互动关系对人均收入水平的依赖性（陈自芳，2010）。于是我们得到如下命题。

命题 2.3：城镇功能对第三产业的作用，体现在第三产业发展促进城镇功能提升的同时，城镇功能提升对第三产业可持续发展具有正向反馈作用；如果第三产业不是可持续发展，则会削弱城镇功能，并且城镇功能削弱的同时会对第三产业发展带来负反馈作用，导致第三产业越来越不可持续发展。

对应移民迁建后的三峡库区而言，上面的第三产业与城镇功能之间的促进作用机制、反馈机制和互动关系机制告诉我们，加快城镇功能恢复重建和促进第三产业可持续发展必须遵循三个机制：①第三产业发展空间大、行业门类多，就业形式多样、空间广阔，要求的初始投入资本金数量可大可小，而且对从业者的素质要求有较大弹性。这正好适合在有较大就业需求的三峡库区大力发展第三产业。②第三产业中的各种形态，尤其是现代服务业的发展，可以提升城镇的集聚功能，促进发展环境改善，强化辐射功能，最终起到改善投资环境、吸引要素流入、衔接国家政策、促进库区社会经济协调发展的作用。在发达国家、我国东部地区和重庆市主城区都已形成了第三产业发展的高位平台，处在这个平台上的企业和各种形态的第三产业行业均有向三峡库区扩张的强烈需求，利用好这些有利因素，三峡库区也就承接了境外、东部和重庆都市区的生产力要素转移，这不仅会增强三峡库区第三产业可持续发展能力，而且还会在第三产业对城镇功能的促进机制的作用下，加快城镇功能恢复、重建和提升的速度。③创新能力弱、信息获取和产品营销手段落后、融资渠道单一、劳动力素质低下等因素是导致三峡库区社会经济发展落后的重要因素，发展第三产业恰好有利于化解这些障碍，提升城镇功能，进而通过城镇功能对第三产业的正向反馈机制增强第三产业可持续发展能力。在三峡库区所处的的特殊情况下，适当优先发展第三产业，有利于迅速提高三峡库区居民的生活质量，有利于培养、引进和留住人才，也有利于发挥城镇对农村的辐射功能，促进三峡库区农村和农业的发展，从而有利于强化第三产业与城镇功能之间的促进机制、反馈机制和良性互动机制。④对库区来讲，恢复重建城镇功能的过程——提升城镇的服务功能、集聚功能、发展环境和创新功能的本身，就是在培养第三产业可持续发展能力。促进城镇发展，加快企业间的产品销售和降低单一企业的生产成本，有利于企业分工，有利于中小企业发展，有利于企业不断扩大生产规模。因此，利用上述三个机制对于三峡库区发展第三产业和提升城镇功能非常重要。

第三章 三峡库区城镇功能完善程度和第三产业发展水平的评价指标体系构建

为了深入分析城镇功能与第三产业之间的内在关系，本章将在上一章第三产业可持续发展与城镇功能恢复重建互动理论的基础上，构建城镇功能和第三产业发展指标体系，深入分析三峡库区城镇功能的完善程度和第三产业的发展水平，并为后文的定量研究提供基础数据：第四章三峡库区第三产业可持续发展对城镇功能恢复重建的促进作用分析（实证理论命题 2.1）、第五章三峡库区城镇功能恢复重建对第三产业可持续发展的正向反馈作用（实证理论命题 2.2）、第六章三峡库区第三产业可持续发展与城镇功能恢复重建之间的内生互动关系（实证理论命题 2.3）。

第一节　三峡库区城镇功能指标体系

一、指标体系的设计

根据第二章分析可知，一个城镇的主要功能包括四大类，即服务功能、集聚功能、发展环境和创新功能。本书选择这四类功能指标作为衡量城镇功能的一级指标（表 3-1）。

表 3-1　城镇功能一级指标

指标序号	指标名称	指标范围
i	服务功能指标	[0，1]
ii	集聚功能指标	[0，1]
iii	发展环境指标	[0，1]
iv	创新功能指标	[0，1]

下面将分别对服务功能指标、集聚功能指标、发展环境指标和创新功能指标进行分析。

（1）服务功能，基于不同的城镇服务功能，考虑分析数据的可获得性和准确性，本书重点选择如下指标作为衡量城镇服务功能的二级指标（表 3-2）。

表 3-2　城镇服务功能二级指标

指标序号	指标名称	指标范围
i	消费服务指标	[0，1]
ii	医疗卫生指标	[0，1]
iii	教育文化指标	[0，1]
iv	利民设施指标	[0，1]

消费服务指标是衡量一个地区能够多大程度地为居民提供消费品服务的指标；教育文化指标是衡量一个地区能多大程度地为居民提供教育服务的指标；医疗卫生指标是衡量一个地区能够多大程度地为居民提供医疗卫生保健服务的指标；利民设施指标是衡量一个地区能够多大程度地为居民提供生产生活的设施的指标。

在二级指标之下，选取以下指标作为衡量城镇服务功能的三级指标（表 3-3）。

表 3-3　城镇服务功能三级指标

<table>
<tr><th>指标序号</th><th colspan="2">指标名称</th><th>指标范围</th></tr>
<tr><td>i</td><td>消费服务指标</td><td>城镇居民消费支出指标</td><td>[0，1]</td></tr>
<tr><td rowspan="2">ii</td><td rowspan="2">医疗卫生指标</td><td>医疗卫生基础设施指标</td><td>[0，1]</td></tr>
<tr><td>医疗技术指标</td><td>[0，1]</td></tr>
<tr><td rowspan="2">iii</td><td rowspan="2">教育文化指标</td><td>教育支出指标</td><td>[0，1]</td></tr>
<tr><td>普通中学在校人数指标</td><td>[0，1]</td></tr>
<tr><td>iv</td><td>利民设施指标</td><td>便民利民服务网点指标</td><td>[0，1]</td></tr>
</table>

在众多的统计变量中，本书选取城镇居民消费支出等 6 个变量，作为城镇服务功能三级指标的对应因素，理由如下。

城镇居民消费支出，即社会消费品零售总额是指国民经济各行业直接售给城乡居民和社会集团的消费品总额。它是反映各行业通过多种商品流通渠道向居民和社会集团供应的生活消费品总量，是研究一个地区零售市场变动情况、反映经济景气程度的重要指标。正如第二章所述，一个地区的消费能力是其服务功能的重要组成部分。因此，用人均社会消费品零售总额来反映服务功能中的消费服务指标比较合适。

医疗卫生基础设施和技术主要集中在各地区的城镇聚集区内，是反映城镇服务功能的一个重要变量，分别选择人均卫生机构床位数和人均卫生技术人员数来衡量各县（区、市）的医疗卫生基础设施和技术水平。

教育文化水平是衡量一个地区发展、创新及子孙后代发展的能力，人们在选择居住地时都会考虑备选地区的教育文化水平。而最能体现县（区、市）教育文化设施的变量是人均县（区、市）教育支出、人均普通中学在校人数。因此选取这两个变量来衡量教育文化水平。

便民利民设施是人们选择居住地的另一个重要因素，因为人们都希望在自己的居住地能够方便地获得各类服务。因此选择人均城镇便民利民服务网点数来衡量。

（2）集聚功能，城镇功能的完善可以为居民和机构提供更为便捷的物资运输条件、更为简便快捷的交换、信息采集和传播，从而促进城镇内产业集聚、人口集聚和交通密集度的提高，等等。基于不同的城镇集聚功能，考虑历年统计年鉴中指标数据的可获得性，为分析简便，本书重点选择如下指标作为衡量城镇集聚功能的二级指标（表 3-4）。

表 3-4　城镇集聚功能二级指标

指标序号	指标名称	指标范围
i	产业集聚指标	[0，1]
ii	交通密集度指标	[0，1]
iii	人口集聚指标	[0，1]

在二级指标之下，选取如下指标作为衡量城镇集聚功能的三级指标（表 3-5）。

表 3-5　城镇集聚功能二级指标和三级指标

指标序号	指标名称		指标范围
i	产业集聚指标	第二产业集聚指标	[0，1]
		第三产业集聚指标	[0，1]
ii	交通密集度指标	公路客运指标	[0，1]
		公路货运指标	[0，1]
iii	人口集聚指标	城镇化指标	[0，1]
		就业指标	[0，1]
		城镇工资指标	[0，1]
		社会保障指标	[0，1]

在现有统计资料中，本书选取 8 个代表性统计指标作为城镇集聚功能三级指标，选择理由如下。

第二产业和第三产业主要分布在城镇地区，第二产业和第三产业的集聚程度能很好地反映城镇集聚功能。人均第二产业增加值可较好地体现第二产业的城镇集聚程度，人均第三产业增加值则能很好地体现第三产业的城镇集聚程度。因此选取这两个变量来衡量一个城镇的产业集聚程度。

交通密集度是体现一个地区城镇集约程度的另一重要指标。人均公路客运量可反映一个地区人口集散程度，而人均公路货运量则反映一个地区的产品集散程度。因此选取这两个变量来衡量一个城镇的交通运输集约程度。当然，港口、航空和铁路运输也是反映交通运输集约程度的重要指标，但考虑到港口、航空和铁路运输在库区不具有普遍性（仅有少数几个区县存在），因此暂不选取这类指标。

人口集聚程度从空间和人口分布意义上说明了城镇的集聚功能。城镇化率是反映一个地区城镇人口集聚程度的重要指标；第二和第三产业就业率是反映城镇产业空间集聚的重要指标；平均工资水平是影响劳动力进城和定居的重要因素；而社会保障支出占财政支出的比重则是稳定城镇现有集聚人口不至流失的重要因素。因此选取这四个变量足以反映城镇人口集聚指标。

（3）发展环境，包括城镇人口数量和结构，城镇社会风气和文化传统，机构和人员从事各种与生产相关的营销、交际、培训等活动的条件，城镇提供社会保障的制度安排，政府的工商、税收、治安、外贸、国土、规划、教育、环保、质监、知识产权保护等方面政策法规的完备性及相应政府机构的执行力。基于不同的城镇发展环境功能，考虑原始数据的可获得性，本书重点选择如下指标作为衡量城镇发展环境的二级指标（表 3-6）。

表 3-6　城镇发展环境二级指标

指标序号	指标名称	指标范围	指标序号	指标名称	指标范围
i	财政收支环境指标	[0，1]	iv	主营业务发展环境指标	[0，1]
ii	金融存贷环境指标	[0，1]	v	政策环境指标	[0，1]
iii	非农人口指标	[0，1]	vi	自然环境指标	[0，1]

根据现有统计数据结合实地调查分析，本书选取了 6 个变量来作为城镇发展环境二级指标的对应因素，选择理由如下。

人均财政收支能力反映一个地区城镇产业收入状况和政府对当地产业的扶持与资助力度。人均财政收入高，说明该地产业收入状况好，产业发展环境较好；人均财政支出高，说明政府资助力度大，产业发展环境相对较好。

人均金融存、贷款量能反映一个城镇的借贷能力，借贷能力越强，产业发展的融资环境越好。

非农人口[①]，主要集中在城镇地区，其数量能反映城镇商贸业发展的人气环境，非农人口越多则人气环境越好。

人均主营业务收入能反映一个城镇地区支柱产业的发展环境，人均主营业务收入高，则该地区支柱产业的发展环境会相对较好。

政策环境是城镇吸纳资本和人才的重要软环境因素，其反映着城镇生产生活的制度成本；自然环境是城镇吸纳资本和人才的重要硬环境因素，其直接影响城镇生产生活的时间及物质消耗成本；居民诚信度则反映了城镇的交易成本，诚信度高的城镇，其交易成本会相对低。但这三个指标都无法从正式的统计数据上获得，因而本书通过问卷调查和专家评估方式来获取。

（4）创新功能，包括城镇企业对专业技术的研发能力，专利及新产品研发的数量与水平，政府政策措施及服务的创新能力等。基于这些不同方面的城镇创新功能，考虑指标原始数据的可获得性，本书重点选择如下指标作为衡量城镇创新功能的二级指标（表 3-7）。

表 3-7　城镇创新功能二级指标

指标序号	指标名称	指标范围
i	利润水平指标	[0，1]
ii	劳动生产率指标	[0，1]
iii	总资产贡献率指标	[0，1]

根据现有统计数据并结合实地调查分析，本书选取了 3 个变量（人均利润总额、全员劳动生产率、总资产贡献率）作为城镇创新功能二级指标的对应因素。因这三个指标均为创新功能强弱的结果性指标，本书的重点不在于研究这些指标对创新的实际影响，故此不再对指标选取理由展开阐述。

① 该指标用城镇人口更好，但是考察期间历年的统计数据不完整，因此改用非农人口。

二、衡量城镇功能的指标体系

通过上面分析，得到城镇功能的三级指标体系（表 3-8）。

表 3-8 城镇功能指标体系

一级指标		二级指标		三级指标		指标数值范围
序号	名称	序号	名称	序号	名称	
F_y	服务功能指标	F_{y1}	消费服务指标	F_{y11}	城镇居民消费支出指标	[0，1]
		F_{y2}	医疗卫生指标	F_{y21}	医疗卫生基础设施指标	[0，1]
				F_{y22}	医疗技术指标	[0，1]
		F_{y3}	教育文化指标	F_{y31}	教育支出指标	[0，1]
				F_{y32}	普通中学在校人数指标	[0，1]
		F_{y4}	利民设施指标	F_{y41}	便民利民服务网点指标	[0，1]
F_j	集聚功能指标	F_{j1}	产业集聚指标	F_{j11}	第二产业集聚指标	[0，1]
				F_{j12}	第三产业集聚指标	[0，1]
		F_{j2}	交通密集度指标	F_{j21}	公路客运指标	[0，1]
				F_{j22}	公路货运指标	[0，1]
		F_{j3}	人口集聚指标	F_{j31}	城镇化指标	[0，1]
				F_{j32}	就业指标	[0，1]
				F_{j33}	城镇工资指标	[0，1]
				F_{j34}	社会保障指标	[0，1]
F_h	发展环境指标	F_{h1}	财政收支环境指标	F_{h11}	财政收入	[0，1]
				F_{h12}	财政支出	[0，1]
		F_{h2}	金融存贷环境指标	F_{h21}	金融存款环境	[0，1]
				F_{h22}	金融贷款环境	[0，1]
		F_{h3}	非农人口指标	F_{h31}	非农人口占比	[0，1]
		F_{h4}	主营业务发展环境指标	F_{h41}	主营业务收入	[0，1]
		F_{h5}	政策环境指标	F_{h51}	政策环境等级	[0，1]
		F_{h6}	自然环境指标	F_{h61}	自然环境等级	[0，1]
F_c	创新功能指标	F_{c1}	利润水平指标	F_{c11}	人均利润总额	[0，1]
		F_{c2}	劳动生产率指标	F_{c21}	全员劳动生产率	[0，1]
		F_{c3}	总资产贡献率指标	F_{c31}	总资产贡献率	[0，1]

三、对应于城镇功能指标的影响因素

表 3-8 中各个三级指标都包含着多个解释因素的信息，而这些同时体现一个

三级指标的多个因素之间又存在着部分信息的重叠。当体现同一个指标的信息重复得太多且指标与因素之间成线性关系时（即通常所说的多重共线性），选取的指标会失真。因此必须加以处理。比如，人均普通中学数、人均普通中学教师数和人均普通中学在校人数三者具有经济意义上的共线性；人均医院（卫生院）数、人均卫生机构床位数和人均卫生技术人员三者具有经济意义上的共线性；人均公共图书馆和人均公共图书馆藏书二者具有经济意义上的共线性；人均社会福利收养单位数和人均社会福利收养单位床位数两者具有经济意义上的共线性；人均城镇社区服务设施数和人均城镇便民利民服务网点数两者具有经济意义上的共线性；人均年末金融机构存款余额和人均年末金融机构贷款余额两者具有经济意义上的共线性。对于这些共线性问题需要在形成三级指标所对应的因素之前，分别对它们进行主成分分析，最后得到与三级指标一一对应的因素。经处理后，本书得到与上述25个三级指标一一对应的23个因素（表3-9）。

表3-9　城镇功能三级指标对应的因素

指标序号	对应因素名称	因素单位	指标序号	对应因素名称	因素单位	指标序号	对应因素名称	因素单位
F_{y11}	人均社会消费品零售总额	元/人	F_{j21}	人均公路客运量	人均	F_{h31}	非农人口占比	人
F_{y21}	人均卫生机构床位数	张/万人	F_{j22}	人均公路货运量	吨/人	F_{h41}	人均主营业务收入	元/人
F_{y22}	人均医疗技术人员数	人	F_{j31}	城镇化率	%	F_{h51}	政策环境	等级
F_{y31}	人均教育支出	元/人	F_{j32}	第二和第三产业就业比重	%	F_{h61}	自然环境	等级
F_{y32}	人均普通中学在校人数	人/万人	F_{j33}	城镇工资水平	元	F_{c11}	人均利润总额	人
F_{y41}	人均城镇便民利民服务网点数	个/万人	F_{j34}	社会保障支出占比	%	F_{c21}	全员劳动生产率	元/人
F_{j11}	人均第二产业增加值	元/人	F_{h11}	人均财政收支	元/人	F_{c31}	总资产贡献率	个
F_{j12}	人均第三产业增加值	元/人	F_{h21}	人均金融存、贷款量	元/人			

在上表23个主要因素的基础上，经过处理把它们变成前面设计出来的指标，形成过程如下。

（1）首先从三峡库区各区县历年的统计年鉴中获取2004～2012年上述23个主要因素的基础数据。由于分析的经济系统中共有40个区县，每个区县都对应着23个变量，而且分析的时间段为2004～2012年，因此基础数据十分庞大，这里就不直接给出。

（2）在城镇人口数据的基础上，把各个因素对应年份的绝对数据变成相对数据。

（3）在（2）的数据基础上，对 2004 ～ 2012 年的数据进行标准化处理，以获得指标值。具体公式如下：

$$I_{t,i,n}=\frac{F_{t,i,n}}{\text{Max}(F_{2004,i,n},\cdots F_{t,i,n}\cdots,F_{2012,i,n})} \tag{3.1}$$

其中，t 表示年份（t=2004，…，2012），i 表示地区（包括重庆市各区县、湖北省秭归县和巴东县），n 表示指标类型（n=1，2，…，23）。$I_{t,i,n}$ 表示第 t 年第 i 地区的第 n 种指标值，$F_{t,i,n}$ 是第 t 年第 i 地区的第 n 种因素的数值。

（4）通过消除同类指标的重复信息，获取权重，进行指标加权，最后形成 4 个城镇功能一级指标。

（5）分别对 4 个指标求权重，然后依据权重合成为 1 个综合性的城镇功能指标值。该合成指标值的数据越大，表明城镇功能越完善。

四、指标赋值

1. 城镇服务功能指标赋值

（1）服务功能三级指标赋值

服务功能三级指标共 6 个。6 个指标对应着 6 个因素，它们分别是人均社会消费品零售总额、人均卫生机构床位数、人均医疗卫生技术人员数、人均教育支出、人均普通中学在校生人数、人均城镇便民利民服务网点数。这 6 个因素形成 6 个对应的三级指标。指标所对应的因素见表 3-9。6 个服务功能的三级指标值见附录中的表 A-1 ～表 A-9。

（2）服务功能二级指标赋值

由于同类二级指标之下的三级指标，如医疗卫生基础设施和医疗技术、普通中学在校人数、教育支出和便民利民服务网点等指标两两之间分别存在着一致性，它们之间必然存在较大的相关性。它们之间的相关系数（r）可以通过相关性系数公式求出。求解公式如下：

$$r=\frac{\text{cov}(I_1, I_2)}{\sqrt{\text{var}(I_1)\cdot\text{var}(I_2)}} \quad (I_1，I_2\text{下同}) \tag{3.2}$$

其中，$\mathrm{cov}(I_1, I_2) = E[(I_{1i} - \overline{I}_1)(I_{2i} - \overline{I}_2)$

$\mathrm{var}(I_1) = E[(I_{1i} - \overline{I}_1)^2$

$\mathrm{var}(I_2) = E[(I_{2i} - \overline{I}_2)^2$

根据同类二级指标之下的三级指标之间的相关性程度，我们分类合并构建二级指标，共 4 个。计算公式如下：

$$\begin{cases} I = \dfrac{\{\max(I_1, I_2)\cdot r + \min(I_1, I_2)\cdot(1-r)\}_t}{\max\{\max(I_1, I_2)\cdot r + \min(I_1, I_2)\cdot(1-r)\}_{2004\sim2012}}, & r \geqslant 0.5 \\ I = \dfrac{\{\max(I_1, I_2)\cdot(1-r) + \min(I_1, I_2)\cdot r\}_t}{\max\{\max(I_1, I_2)\cdot(1-r) + \min(I_1, I_2)\cdot r\}_{2004\sim2012}}, & 0 \leqslant r < 0.5 \\ I = \dfrac{\{\max(I_1, I_2) + \min(I_1, I_2)\cdot|r|\}_t}{\max\{\max(I_1, I_2) + \min(I_1, I_2)\cdot|r|\}_{2004\sim2012}}, & r < 0 \end{cases} \quad (3.3)$$

其中，I 是二级指标值，I_1，I_2 是三级指标值，r 是 I_1 与 I_2 的相关系数。

城镇功能二级指标计算过程及其结果见附录中的表 A-10。在此基础上，我们将继续获取城镇服务功能的综合指标。

（3）服务功能综合指标的形成

为了直观易懂，方便有关部门具体操作，本书将 4 项二级指标整合为一个综合性的服务功能指标，处理方法如下。

首先获取各项指标在城镇功能中的重要性程度，即权重。权重的获取可以有多个途径。比如，专家估计；实地随机抽样访问，包括询问当地政府官员和当地老百姓；运用计量经济学原理，通过求出各项指标与城镇功能的相关系数，然后以个性指标的相关系数占总相关系数的比重作为权数，等等。本书以对各项指标与其他指标之间的相关系数占总相关系数的百分比作为各项指标的权重①。计算过程如下：

首先求 4 个二级指标中每两个指标间的相关系数，得到一个 4×4 的相关系数矩阵，去掉相关系数矩阵对角线上的自身相关系数 1，横向（或纵向）加总 4 个相关系数得到 4 个指标的纵向（或横向）相关系数总和；然后再把纵向（或横向）的 4 个指标的相关系数总和进一步加总，得到所有相关系数总和；再次把每一

① 这种方法获取权重的合理性论证见：邹璇，2009。

个相关系数总和除以所有相关系数总和，得到各个指标的相关系数百分比；最后得到 4 个二级指标的权重。具体公式如下：

$$\alpha = \sum_{j=1}^{4} r_{ij} / \sum_{i=1}^{4}\sum_{j=1}^{4} r_{ij} \quad (3.4)$$

其中，i 是相关系数矩阵的纵向序列号，j 是相关系数矩阵的横向序列号，各年份相关系数矩阵如附录表 A-11 所示。通过处理就得到 2004 ～ 2012 年各指标权重（表 3-10）。

表 3-10　城镇服务功能二级指标权重

年份	消费服务指标	医疗卫生指标	教育文化指标	利民设施指标
2004	0.6108	0.5506	－0.3296	0.1682
2005	0.5322	0.5012	－0.2375	0.2042
2006	0.4329	0.4256	－0.1927	0.3342
2007	0.4477	0.4209	－0.2160	0.3474
2008	0.4028	0.3822	－0.1396	0.3547
2009	0.3636	0.3212	－0.0343	0.3495
2010	0.3819	0.3479	－0.0036	0.2738
2011	0.3589	0.3278	0.0600	0.2532
2012	0.3177	0.2936	0.2233	0.1653

根据权重，运用如下公式最终得到城镇服务功能指标

$$\begin{aligned}\eta_y = &\alpha_{1t} \times \text{消费服务指标}_t + \alpha_{2t} \times \text{医疗卫生指标} \\ &+ \alpha_{3t} \times \text{教育文化指标} + \alpha_{4t} \times \text{利民设施指标}\end{aligned} \quad (3.5)$$

城镇服务功能指标赋值过程见附录 A。

2. 集聚功能指标、发展环境指标和创新功能指标的赋值

（1）集聚功能指标的设计及赋值。集聚功能指标主要用产业集聚指标、交通密集度指标、人口集聚指标来度量。

产业集聚指标。为了体现产业的集约性，这里选取产业活动主要位于城镇地区的第二产业和第三产业的增加值份额，来作为衡量产业集聚水平的初始因素。因此首先把第二产业增加值和第三产业增加值作为基础数据，然后用式（3.1）对 2004 ～ 2012 年的数据进行标准化处理，以获得产业集聚指标值。

交通密集度指标。为了体现交通运输的集约性，并结合三峡库区各区县沿

江的特征，选取人均公路客运量、人均公路货运量作为衡量交通运输集约水平的初始因素。在此基础数据上，用式（3.1）对 2004 ～ 2012 年水陆交通数据进行标准化处理，以获得交通密集度指标值。值得注意的是，这里没有选取港口、航空和铁路方面的基础数据。

人口集聚指标。为了体现城镇人口的集聚特征，这里选取社会经济活动主要位于城镇地区的第二产业和第三产业总计的就业比重、城镇化率、城镇工资水平和社会保障支出占财政支出的比重等，作为衡量人口集聚水平的初始因素。因此首先求出第二、第三产业就业人口比重和城镇化率，并以此为基础数据，仍用式（3.1）对 2004 ～ 2012 年的相关数据进行标准化处理，以获得人口集聚指标值。

同理，分别重复上述服务功能指标赋值过程①、②、③的步骤，可得到 2004 ～ 2012 年城镇集聚功能三级指标（附录表 A-12 ～表 A-20），以及 2004 ～ 2012 年城镇集聚功能二级指标（附录表 A-21）。

运用式（3.2）对各二级指标的相关性进行分析，可得到集聚功能二级指标权重（表 3-11）。

表 3-11　城镇集聚功能二级指标权重

年份	产业集聚指标	交通密集度指标	人口集聚指标
2004	0.3739	0.2711	0.3550
2005	0.3624	0.2753	0.3623
2006	0.3521	0.2862	0.3617
2007	0.3524	0.2819	0.3657
2008	0.3509	0.2883	0.3607
2009	0.3371	0.3138	0.3491
2010	0.3366	0.3241	0.3393
2011	0.3488	0.3105	0.3407
2012	0.3467	0.3070	0.3463

城镇集聚功能一级指标公式如下：

$$\eta_j = \beta_{1t} \times \text{产业集聚指标}_t + \beta_{2t} \times \text{交通密集度指标} + \beta_{3t} \times \text{人口集聚指标} \quad (3.6)$$

根据权重，运用式（3.6）可得到 2004 ～ 2012 年城镇集聚功能一级指标。具体推导过程见附录 A。

（2）发展环境指标的设计及赋值。鉴于基础数据的可获得性差，这里不再构建城镇发展环境的三级指标。下面只从其二级指标开始运算。

财政收支环境指标。选择该指标的目的在于考察一个地区产业的财政收入能力和政府对该地区的扶持力度。从政府扶持力度看，该指标在一定程度上能反映政策环境；从产业给财政带来的收入看，其在一定程度上能反映城镇地区产业的发展环境。本书采用各年财政收入和财政支出之和的人均值作为财政收支的基础数据。

金融存贷环境指标。选择该指标的目的在于考察一个地区居民贫富程度和金融机构的贷款能力。该指标从金融角度在一定程度上反映了城镇发展的金融环境。存贷环境指标的基础数据则采用各年份金融机构存款加贷款之和的人均值。

非农人口指标，反映一个地区非农业人口的集中程度。该指标在一定程度上反映了城镇发展的人气环境。非农人口指标的基础数据采用各年份非农业人口数占户籍总人口的百分比。

主营业务发展环境指标，反映一个地区城镇主营业务的成长性和规模效应大小。该指标在一定程度上反映城镇地区支柱产业的发展环境。该指标的基础数据用人均主营业务收入来表示。

在这些基础数据的基础上，使用城镇服务功能指标的运算方法，即可得到城镇发展环境二级指标（附录表 A-23 ～表 A-31）。其中政策环境指标、自然环境指标，则根据问卷调查和专家评估获得。

运用式（3.4）对各二级指标进行相关性分析，可得到发展环境二级指标权重（表 3-12）。

表 3-12　城镇发展环境二级指标权重

年份	财政收支环境指标	金融存贷环境指标	非农人口指标	主营业务发展环境指标	政策环境指标	自然环境指标
2004	0.1724	0.1337	0.1897	0.1625	0.1789	0.1628
2005	0.1716	0.1316	0.1903	0.1609	0.1810	0.1645
2006	0.1720	0.1254	0.1903	0.1647	0.1813	0.1662
2007	0.1759	0.1207	0.1957	0.1536	0.1786	0.1756
2008	0.1740	0.1166	0.1980	0.1517	0.1812	0.1784
2009	0.1784	0.1243	0.1958	0.1477	0.1773	0.1766

续表

年份	财政收支环境指标	金融存贷环境指标	非农人口指标	主营业务发展环境指标	政策环境指标	自然环境指标
2010	0.1759	0.1262	0.1928	0.1500	0.1781	0.1770
2011	0.1744	0.1373	0.1855	0.1523	0.1751	0.1755
2012	0.1723	0.1401	0.1874	0.1472	0.1767	0.1763

城镇发展环境一级指标公式如下：

$$\eta_h=\gamma_1\times 财政收支环境指标_t+\gamma_2\times 金融存贷环境指标_t+\gamma_3\times 非农人口指标_t \\ +\gamma_4\times 主营业务发展环境指标_t+\gamma_5\times 政策环境指标_t+\gamma_6\times 自然环境指标_t \tag{3.7}$$

根据权重，运用式（3.7）可得到 2004 ～ 2012 年城镇发展环境指标。城镇发展环境功能指标赋值过程见附录 A。

（3）创新功能的设计及赋值。城镇创新功能二级指标有 3 个，对应的因素分别是人均利润总额、全员劳动生产率、总资产贡献率。上述三个指标可以间接反映企业对资本、技术和劳动力的创新水平。

同样，使用城镇服务功能指标的运算方法，可得到城镇创新功能二级指标（附录表 A-33）。

运用式（3.4）对各二级指标进行相关性分析，则能得到城镇创新功能指标权重（表 3-13）。

表 3-13　城镇创新功能的指标权重

年份	利润水平指标	劳动生产率指标	总资产贡献率指标
2004	0.2209	0.4057	0.3734
2005	0.2554	0.3806	0.3639
2006	0.2604	0.3575	0.3822
2007	0.2730	0.3929	0.3341
2008	0.2059	0.4541	0.3400
2009	0.2744	0.4332	0.2924
2010	0.2961	0.3965	0.3073
2011	0.3817	0.3396	0.2787
2012	0.2979	0.3621	0.3400

城镇创新功能一级指标公式如下：

$$\eta_c = \delta_1 \times 利润水平指标_t + \delta_2 \times 劳动生产率指标_t + \delta_3 \times 总资产贡献率指标_t \quad (3.8)$$

根据权重，运用式（3.8）可得到城镇创新功能指标。城镇创新功能指标的赋值过程见附录 A。

五、城镇功能综合指标的形成

运用计量软件对各城镇功能一级指标进行相关性分析，然后运用式（3.4），计算得到各个指标的权重（λ）（表 3-14）。

表 3-14　城镇功能二级指标权重

年份	服务功能	集聚功能	发展环境	创新功能
2004	0.3073	0.2858	0.2770	0.1298
2005	0.2904	0.2836	0.2622	0.1638
2006	0.2852	0.2767	0.2630	0.1751
2007	0.2944	0.2805	0.2701	0.1550
2008	0.3042	0.2688	0.2673	0.1597
2009	0.2838	0.2811	0.2543	0.1807
2010	0.3039	0.2967	0.2568	0.1426
2011	0.2849	0.2856	0.2495	0.1801
2012	0.2943	0.2815	0.2667	0.1576

城镇功能一级指标公式如下：

$$cz_t = \lambda_{ft} \times \eta_{ft} + \lambda_{jt} \times \eta_{jt} + \lambda_{ht} \times \eta_{ht} + \lambda_{ct} \times \eta_{ct} \quad (3.9)$$

其中，λ_{ft}、λ_{jt}、λ_{ht}、λ_{ct} 分别表示服务功能指标、集聚功能指标、发展环境指标、创新功能指标第 t 年（t=2004 ～ 2012）指标的权重；η_{ft}、η_{jt}、η_{ht}、η_{ct} 分别表示服务功能指标、集聚功能指标、发展环境指标、创新功能指标四项指标第 t 年（t=2004 ～ 2012）的数值；cz_t 表示第 t 年的城镇功能综合指标。

由此，可得到城镇功能综合指标。为了便于分析三峡库区第三产业可持续发展与城镇功能恢复重建关系的动态含义，这里先给出三峡库区、渝西区和重庆都市区三大地区各区县的城镇功能综合指标值（表 3-15）。

表 3-15　三峡库区、渝西区和重庆都市区城镇功能综合指标值比较

	县（区）	2004 年	2005 年	2006 年	2007 年	2008 年	2009 年	2010 年	2011 年	2012 年
三峡库区	渝北区	0.0927	0.1195	0.1560	0.1848	0.2070	0.2992	0.3471	0.4428	0.4792
	巴南区	0.0858	0.1126	0.1487	0.1653	0.2004	0.2386	0.2802	0.3238	0.3492
	涪陵区	0.1065	0.1465	0.1366	0.1353	0.1694	0.2311	0.3323	0.4287	0.4428
	长寿区	0.0640	0.1112	0.1319	0.1509	0.1647	0.1996	0.2276	0.2757	0.3196
	江津市	0.0685	0.0913	0.1048	0.1185	0.1432	0.1899	0.2268	0.2648	0.2883
	万州区	0.0537	0.0862	0.1029	0.1009	0.1535	0.2351	0.2653	0.3102	0.3572
	丰都县	0.0179	0.0437	0.0505	0.0649	0.1053	0.1316	0.1424	0.1583	0.2135
	忠县	0.0084	0.0295	0.0549	0.0678	0.1027	0.1269	0.1491	0.1749	0.2133
	开县	–0.0095	0.0226	0.0393	0.0445	0.0643	0.0953	0.1219	0.1585	0.2046
	云阳县	0.0014	0.0140	0.0321	0.0333	0.0549	0.0860	0.1060	0.1440	0.2077
	奉节县	–0.0112	0.0102	0.0291	0.0312	0.0666	0.1030	0.1212	0.1524	0.1890
	巫山县	–0.0098	0.0139	0.0252	0.0370	0.0669	0.1005	0.1107	0.1412	0.1804
	巫溪县	–0.0165	0.0052	0.0143	0.0146	0.0448	0.0956	0.0903	0.1113	0.1560
	武隆县	0.0350	0.0537	0.0509	0.0689	0.0861	0.1298	0.1540	0.1810	0.2504
	石柱县	0.0061	0.0297	0.0454	0.0645	0.0778	0.1407	0.1398	0.1810	0.2441
	秭归县	0.0146	0.0344	0.0479	0.0406	0.0571	0.0891	0.1060	0.1136	0.1376
	巴东县	–0.0164	0.0160	0.0220	0.0168	0.0315	0.0548	0.0796	0.0937	0.1082
	均值	0.0289	0.0553	0.0701	0.0788	0.1057	0.1498	0.1765	0.2150	0.2554
渝西区	合川市	0.0384	0.0750	0.0832	0.0946	0.1145	0.1488	0.1845	0.2067	0.2383
	永川市	0.0839	0.1162	0.1362	0.1597	0.1880	0.1911	0.2632	0.3079	0.3217
	南川市	0.0488	0.0733	0.0952	0.1029	0.1308	0.1404	0.1775	0.2078	0.2515
	綦江县	0.0604	0.0726	0.0856	0.1071	0.1310	0.1983	0.2322	0.2435	0.2885
	大足县	0.0399	0.0635	0.0846	0.1222	0.1610	0.2052	0.2411	0.2471	0.2753
	潼南县	–0.0115	0.0343	0.0475	0.0550	0.0796	0.1403	0.1536	0.1703	0.2175
	铜梁县	0.0327	0.0577	0.0663	0.0759	0.1108	0.1626	0.1768	0.1993	0.2667
	荣昌县	0.0255	0.0739	0.0763	0.0909	0.1209	0.2020	0.2468	0.2695	0.3002
	璧山县	0.0742	0.0991	0.1253	0.1385	0.1616	0.1945	0.2469	0.2984	0.3726
	均值	0.0436	0.0739	0.0889	0.1052	0.1331	0.1759	0.2136	0.2389	0.2814
重庆都市区	渝中区	0.3903	0.3994	0.4374	0.4772	0.5118	0.5729	0.6149	0.6570	0.7617
	大渡口	0.2171	0.2425	0.2631	0.2944	0.3868	0.4303	0.4491	0.4107	0.4245
	江北区	0.2412	0.2397	0.2882	0.3307	0.3638	0.4373	0.4866	0.5652	0.6175
	沙坪坝	0.1416	0.1764	0.1979	0.2220	0.2640	0.3231	0.3456	0.4088	0.4599
	九龙坡	0.1883	0.2227	0.2448	0.2754	0.2901	0.3471	0.4023	0.4581	0.5145
	南岸区	0.2180	0.2415	0.2679	0.3310	0.3605	0.4878	0.4946	0.5500	0.5991
	北碚区	0.1072	0.1401	0.1640	0.1707	0.2302	0.2694	0.3357	0.3944	0.4197
	均值	0.2148	0.2375	0.2662	0.3002	0.3439	0.4097	0.4470	0.4920	0.5424

从表 3-15 所考察的各年城镇功能综合指标均值可以看出，三峡库区较低，仅为重庆都市区的 47% 左右；渝西区其次，是重庆都市区的 51% 左右。这说明三峡库区与渝西区的城镇功能尚处于相当不完善的发展阶段。从时间序列上来看，三峡库区的各区县与渝西区、重庆都市区的城镇功能指标总体上都是逐步增加的。这说明包括三峡库区在内的三大地区各区县的城镇功能都处在逐步完善的过程中。但表 3-15 反映出一个突出的规律性现象是：三峡库区各区县的城镇功能增长普遍较为缓慢，明显低于渝西区，更远低于重庆都市区。究其原因，主要是因为库区移民迁建是一个较长过程，城镇功能所需硬件部分尚处于恢复、重置、新建的过程中，还未能充分发挥应有的作用，尤其是综合协调作用。而恢复城镇功能所必需的大部分软条件均不具备，如产业发育、就业环境和人口素质均不理想，这与重庆成为直辖市以来重庆都市区和渝西区的快速发展变化形成鲜明对比。

第二节　三峡库区第三产业发展指标体系构建

一、指标提取及对指标的解释

通常来说，第三产业产值比重和就业比重越高，则第三产业的发展水平就越高。但也有例外，因为这两个比重仅是相对水平，反映的是三次产业之间此消彼涨的对比关系。假定某地区第三产业虽处于落后状况，但工业更不发达，则第三产业因工农业比重低就有可能比重较高。也有这样的情况，A、B 两个地区第三产业发展水平相同，但 A 地一个大型工业项目上马，就可能使其第三产业比重下降。显然不可据此断定 A 地的第三产业发展是否倒退。

第三产业增加值人均占有量，即人均服务产品，其值为第三产业增加值除以总人口数。它衡量第三产业发展的绝对水平，人均服务产品占有量高，标志着第三产业发展的绝对水平高，可用它来消除比重指标的不确定性。例如，有的城市人均服务占有量大，但因为第二产业很发达，故第三产业比重就显得小。如分析其人均服务产品占有量，则可以确定其第三产业发展水平的高低。不过，此项指标也有缺点，它不反映第三产业与第一、第二产业的关系及其相互适应程度。例如，某个发达城市的人均服务产品占有量与欠发达地区相比遥遥领先，但与本地经济发展高水平所形成的服务高需求相比，仍有可能处于滞后状况。这就需要分析其产业比重指标了。

第三产业服务密度，其值等于第三产业增加值除以土地资源总面积。与此对应的还有农业密度（第一产业增加值除以总面积）、工业密度（第二产业增加值除以总面积），三者统称产业密度（GDP 除以总面积）。它们可用来分析第三产业与第一、第二产业的空间布局状况和土地资源利用效率。从中国的情况看，产业密度主要与人口密度相关，在一定程度上也涉及劳动生产率和产业发达程度。

第三产业就业密度，其值等于第三产业就业人数除以土地资源总面积。与此对应的还有农业就业密度（第一产业就业人数除以总面积）、工业就业密度（工业就业人数除以总面积），三者统称就业密度。它们可用来分析第三产业与第一、第二产业的就业空间分布状况和产业效率。从中国的情况看，就业密度既与城镇人口密度相关，也依赖于产业规模、结构等指标。

二、第三产业可持续发展指标体系

1. 二级指标的形成

根据第三产业发展原理和已有的原始数据，初步选取人均第三产业就业人数、人均第三产业增加值、第三产业增加值占 GDP 比重、第三产业就业人数占总就业人数比重、第三产业服务密度和第三产业就业密度 6 个变量，其中，

$$\text{第三产业就业密度}=\frac{\text{第三产业就业人数}}{\text{辖区面积}} \tag{3.10}$$

$$\text{第三产业服务密度}=\frac{\text{第三产业增加值}}{\text{辖区面积}} \tag{3.11}$$

分别对上述 6 个因素进行去量纲处理，可形成 6 个二级指标。运用式（3.1）计算，计算过程同城镇功能指标。第三产业可持续发展指标计算过程见附录 B，其中二级指标计算结果见附录表 B-1 ～表 B-9。

2. 一级指标的形成

对二级指标进行相关性分析发现，人均第三产业就业人数指标和第三产业

就业人数占总就业人数比重指标具有严重的共线性，相关系数达到 0.92 以上；人均第三产业增加值指标和第三产业增加值占 GDP 比重指标具有较强的共线性，相关系数在 0.71 以上；第三产业就业密度与第三产业服务密度之间也具有严重的共线性，相关系数为 0.94 以上。这里也采用与城镇服务功能二级指标相同的运算方法，消除共线性问题，可获得 3 个衡量第三产业可持续发展的一级指标——第三产业就业指标、第三产业增加值指标和第三产业密度指标。运用式（3.3）计算，计算方法同城镇服务功能一级指标。计算结果见附录表 B-10。

三、第三产业可持续发展综合指标

根据一级指标，运用城镇功能综合指标的运算方法，把第三产业可持续发展指标体系中的 3 个一级指标整合成 1 个综合指标。求出第三产业可持续发展综合指标的前提是用合理的计量方法测算出每一个一级指标的恰当权重。根据本书对三峡库区 15 个区县的实地调查，结合产业经济学、区域经济学和城市经济学的原理，同样对指标体系中的 3 个指标求出相关系数，然后求其平均权重。

运用式（3.4）对各二级指标进行相关性分析，可得到第三产业可持续发展 3 个一级指标权重（表 3-16）。

表 3-16　第三产业可持续发展一级指标权重

年份	就业指标	增加值指标	密度指标
2004	0.2990	0.3285	0.3725
2005	0.3110	0.3389	0.3501
2006	0.3135	0.3412	0.3453
2007	0.3179	0.3394	0.3428
2008	0.3202	0.3354	0.3443
2009	0.3108	0.3434	0.3458
2010	0.3081	0.3478	0.3442
2011	0.3101	0.3467	0.3433
2012	0.3040	0.3501	0.3459

根据上表的权重，计算第三产业可持续发展综合指标：

$$sc_t = \theta_j \times \delta_{jt} + \theta_z \times \delta_{zt} + \theta_m \times \delta_{mt} \qquad (3.12)$$

其中，θ_j、θ_z、θ_m 分别表示就业指标、增加值指标和密度指标的权重。θ_{jt}、θ_{zt}、θ_{mt} 分别表示就业指标、增加值指标和密度指标值。

通过计算，可得到三峡库区第三产业可持续发展综合指标。同样，为了便于分析三峡库区第三产业可持续发展与城镇功能恢复重建关系的动态含义，这里也给出三峡库区、渝西区和重庆都市区三大地区各区县第三产业可持续发展指标（表 3-17）。

表 3-17　三峡库区、渝西区和重庆都市区第三产业可持续发展综合指标比较

	县（区）	2004 年	2005 年	2006 年	2007 年	2008 年	2009 年	2010 年	2011 年	2012 年
三峡库区	渝北区	0.1826	0.2253	0.2184	0.2054	0.2162	0.2489	0.2453	0.2438	0.2488
	巴南区	0.1377	0.1431	0.1588	0.1619	0.1717	0.1958	0.1992	0.1957	0.2096
	涪陵区	0.1723	0.1980	0.2092	0.2051	0.1990	0.2022	0.2184	0.2170	0.2231
	长寿区	0.1487	0.1546	0.1498	0.1565	0.1566	0.1838	0.1712	0.1582	0.1603
	江津市	0.1908	0.1905	0.1964	0.1915	0.1848	0.2037	0.1825	0.1781	0.1801
	万州区	0.1927	0.2111	0.2183	0.2119	0.2074	0.2288	0.2319	0.2379	0.2544
	丰都县	0.1373	0.1568	0.1717	0.1665	0.1734	0.1788	0.1857	0.1890	0.2014
	忠县	0.2050	0.2167	0.2192	0.2136	0.2129	0.2192	0.2205	0.2174	0.2131
	开县	0.1737	0.1781	0.1532	0.1573	0.1640	0.1481	0.1380	0.1263	0.1136
	云阳县	0.1383	0.1659	0.1830	0.1824	0.1825	0.2071	0.2174	0.2149	0.2150
	奉节县	0.1642	0.1548	0.1698	0.1645	0.1655	0.1886	0.1893	0.1899	0.1939
	巫山县	0.1673	0.1782	0.1866	0.1836	0.1818	0.1746	0.1790	0.1898	0.1977
	巫溪县	0.1246	0.1551	0.1646	0.1660	0.1779	0.1595	0.1572	0.1527	0.1503
	武隆县	0.1490	0.1499	0.1479	0.1641	0.1782	0.1793	0.2070	0.2079	0.2064
	石柱县	0.1214	0.1421	0.1601	0.1572	0.1602	0.1618	0.1746	0.1746	0.1766
	秭归县	0.1780	0.2029	0.2111	0.2079	0.2035	0.1963	0.1922	0.1862	0.1821
	巴东县	0.1790	0.2012	0.2162	0.2162	0.1941	0.1918	0.2268	0.2272	0.2672
	均值	0.1625	0.1779	0.1844	0.1830	0.1841	0.1923	0.1962	0.1945	0.1996
渝西区	合川市	0.1954	0.2092	0.2361	0.2213	0.2184	0.2144	0.2314	0.2290	0.2298
	永川市	0.2085	0.2253	0.2328	0.2403	0.2270	0.2393	0.2365	0.2391	0.2497
	南川市	0.1317	0.1427	0.1450	0.1452	0.1417	0.1842	0.1616	0.1664	0.1713
	綦江县	0.1561	0.1866	0.1911	0.1919	0.1870	0.1580	0.1803	0.1701	0.1671
	大足县	0.2016	0.2015	0.1991	0.2065	0.2040	0.2141	0.2239	0.2165	0.2203
	潼南县	0.1531	0.1534	0.1997	0.2059	0.2057	0.1960	0.2185	0.2180	0.2270
	铜梁县	0.1816	0.1897	0.1649	0.1615	0.1594	0.1629	0.1652	0.1634	0.1578
	荣昌县	0.1477	0.1549	0.1608	0.1608	0.1580	0.1936	0.1663	0.1674	0.1715
	璧山县	0.1734	0.1804	0.1810	0.1822	0.1762	0.2155	0.1943	0.1845	0.1801
	均值	0.1721	0.1826	0.1901	0.1906	0.1864	0.1976	0.1976	0.1949	0.1972

续表

	县（区）	2004 年	2005 年	2006 年	2007 年	2008 年	2009 年	2010 年	2011 年	2012 年
重庆都市区	渝中区	0.6247	0.7154	0.7392	0.7782	0.8401	0.8795	0.9159	0.9569	1.0000
	大渡口	0.1697	0.1575	0.1653	0.1669	0.1664	0.2086	0.2026	0.2375	0.2670
	江北区	0.2271	0.2541	0.2847	0.2911	0.3009	0.3365	0.3451	0.3811	0.3821
	沙坪坝	0.2363	0.2453	0.2537	0.2597	0.2619	0.2780	0.2756	0.2652	0.2602
	九龙坡	0.2105	0.2689	0.2736	0.2783	0.2916	0.3073	0.3088	0.3228	0.3225
	南岸区	0.1932	0.2271	0.2395	0.2564	0.2623	0.2741	0.2810	0.2857	0.2936
	北碚区	0.1690	0.1791	0.1785	0.1863	0.1862	0.1965	0.1970	0.1958	0.2002
	均值	0.2615	0.2925	0.3049	0.3167	0.3299	0.3544	0.3609	0.3779	0.3894

从表 3-17 可以看出，所考察年份第三产业可持续发展指标中，三峡库区很低，平均值仅为重庆都市区的 59% 左右，但渝西区也较低，平均值只有重庆都市区的 62% 左右。这说明三峡库区跟渝西区的第三产业都还处于相当低水平发展的阶段。从时间序列上看，三峡库区的各区县与渝西区和重庆都市区的第三产业可持续发展指标都是逐渐增加的。这说明包括三峡库区在内的重庆市各区县的第三产业可持续发展能力都在逐步提高。这个结果与三大区域城镇功能综合指标的变化趋势是相似的，这一方面固然说明某区域的第三产业发展与城镇功能之间的确有相辅相成关系；另一方面，由于三峡库区和渝西区在考察期内产业结构和规模相似性较强，二者同重庆都市区相比都存有较大差距。研究结果显示：在一个城镇产业结构处于较低级阶段时，第三产业对城镇服务功能和环境功能的依赖较强，其产业形态、规模和效率的成长会受到限制。

第三节　通过相关性分析获取权重的方法及合理性论证的说明

一、权重计算方法

假设由 N 个二级指标合成一个一级指标，先求 N 个二级指标中每两个指标间的相关系数，得到一个 $N \times N$ 的相关系数矩阵。

$$\begin{bmatrix} r_{11} & r_{12} & \cdots & r_{1N} \\ r_{21} & r_{21} & \cdots & r_{2N} \\ \vdots & \vdots & & \vdots \\ r_{N1} & r_{N2} & \cdots & r_{NN} \end{bmatrix} \tag{3.13}$$

首先，横向（或纵向）加总 N 个相关系数得到 N 个指标的纵向（或横向）相关系数总和。其次，把纵向（或横向）的 N 个指标的相关系数总和进一步加总，得到所有相关系数总和。再次，把每一个相关系数总和除以所有相关系数总和，得到各个指标的相关系数百分比，每一个指标都对应着一个这种百分比。最后得到 N 个二级指标的权重。具体公式如下：

$$\alpha_i = \frac{\sum_{j=1}^{N} r_{ij}}{\sum_{i=1}^{N}\sum_{j=1}^{N} r_{ij}} \quad i=1, 2, \cdots, N; j=1, 2, \cdots, N \tag{3.14}$$

其中，i 是相关系数矩阵的纵向序列号，j 是相关系数矩阵的横向序列号。

为了计算更为精确，可以去掉相关系数矩阵对角线上的自身相关系数 1（r_{ii}=1），排除自身信息的重复计算。

$$\begin{bmatrix} r_{11}-1 & r_{12} & \cdots & r_{1N} \\ r_{21} & r_{21}-1 & \cdots & r_{2N} \\ \vdots & \vdots & & \vdots \\ r_{N1} & r_{N2} & \cdots & r_{NN}-1 \end{bmatrix} \tag{3.15}$$

其中，r_{ii}–1=0，因此对角线上的数值都为零。然后再利用式（3.14）求指标的权重。

二、合理性论证

变量之间的相关性本身就反映变量之间的信息重叠程度。两个变量之间的相关性越高，两者的信息重叠程度越大。如果同一变量与多个变量之间两两进行相关性分析，则可从多个侧面观察到该变量与其他变量之间的信息重叠程度。它与多个变量之间的相关系数之和越高，即多个变量与它之间的信息重叠程度之和越高，说明它在这多个变量之中的重要性越强，因此它在这一组变量中的权重越大。尤其是其相关系数之和的百分比更能反映这一现象。因此利用式（3.14），可求出相关系数矩阵的百分比，该百分比可作为第 i 个指标在 N 个同级指标中的权重。

运用相关系数分析法获取同级指标的权重，可以避免传统的问卷调查法带来的人为误差，因此更科学。[①]

---

① 具体论证见：邹璇，2009。

第四章 三峡库区第三产业可持续发展对城镇功能恢复重建的作用

城镇是区域经济增长的极核，是第三产业发展的基地。城镇功能完善程度和第三产业可持续发展强度是衡量区域经济发展程度的重要指标。城镇辐射和带动腹地经济增长的必要条件是城镇功能较为完善。我们按照王崇举（2006）对城镇功能四个方面的描述，经过对比分析后，发现目前三峡库区绝大多数城镇功能普遍滞后，远远不及东部。三峡库区城镇功能普遍不完善的现状严重影响着整个三峡库区的经济增长，也导致了我国区域经济不平衡性的持续扩大。

现有研究成果表明，影响城镇功能完善的因素有制度因素（王亚平，1999），区位因素（孟鹏等，2004），第二产业因素（苏永乐和王竹林，2007），第三产业因素（王崇举，2006），劳动力素质因素（吴小渝，2003），以及人们思想开放程度等因素。然而在短期内制度、区位、思想开放程度和劳动力素质是既定的[①]，影响城镇功能完善程度的最重要因素是产业因素。当然，影响城镇功能的产业因素既有第二产业方面的因素，也有第三产业方面的因素，还有城镇腹地第一产业方面的因素。本章从实际出发，基于三峡库区第三产业发展滞后的现状，着重研究第三产业可持续发展对城镇功能恢复重建的促进作用。

现有研究表明，在市场化程度较低的欠发达地区，较低的市场化程度直接削弱了专业化分工水平，从而也削弱了第三产业专业化与人均收入水平变动的相关性（周振华，2005）。第三产业专业化程度越高，该地区的城镇功能也越完善。这种正相关关系是受专业分工程度影响的。而这种正相关关系会进一步形成螺旋式上升的良性循环——专业化分工程度越高，第三产业专业化程度越高，城镇功能越完善；而城镇功能越完善，市场化程度越高，专业化分工程度越高。

---

① 因为这些因素在短期内是外生变量，在短期内经济系统本身不能改变它们。

从而形成城镇功能完善对第三产业可持续发展的促进关系。

下文首先在第二章的理论基础上梳理了第三产业发展对城镇功能促进作用的逻辑关系，并以此为基础构建第三产业可持续发展对城镇功能完善具有促进作用的数理模型；然后，根据数理模型构建计量模型，并以欠发达的三峡库区为例，利用 2004 ～ 2012 年三峡库区 17 个区县数据，同时对比分析代表发达地区的重庆都市区（7 区）和代表中等发达地区的渝西区（9 区县）的历年数据，实证我们的模型和结论。

第一节　第三产业发展对城镇功能促进作用基本原理

第三产业可持续发展是指在既定的资源、环境和技术水平等因素制约下，第三产业自身长期稳定发展的能力。它主要由第三产业的产出能力、就业能力和服务密度构成。城镇地区的第三产业可持续发展直接影响着城镇功能的完善程度。因此，区域经济发展的重要途径之一就是通过发展第三产业带动城镇发展，进而促进城镇功能提升。具体原理如下。

产出能力对应着收入能力，没有产出就没有收入。第三产业各行业的产出能力差异很大，有些行业附加值高（如对外出口服务行业），但是绝大多数第三产业行业产品附加值较低。无论是高附加值行业还是低附加值行业，它们都能给就业人员带来收入。而收入的提高能促进专业化分工程度的提高，专业化分工程度的提高一方面能直接提升城镇功能；另一方面通过促进第三产业的专业化，间接地提升城镇功能。如果用 cz 表示城镇综合功能，scz 表示第三产业产出（或增加值）能力，则有 $\mathrm{d}(cz)/\mathrm{d}(scz)>0$。

就业是人们获取收入的根本途径，也是城镇人口聚居、城镇社区稳定的重要基础。产业经济学的理论和实践都告诉我们，第三产业将是就业容量最大的产业，聚居在城镇的绝大多数居民都将在第三产业的各行各业中就业。显然，第三产业就业功能本身就是城镇集聚功能的一部分。就业功能的增强无疑会提升城镇功能。如果用 scj 表示第三产业就业功能，则有 $\mathrm{d}(cz)/\mathrm{d}(scj)>0$。

第三产业密度可以用单位面积的第三产业增加值和单位面积的第三产业就业人数脱量纲加权表示。显然第三产业密度越大，产出强度和收入强度会越大，进而对周边地区的人口集聚力会越强。因此第三产业密度直接对应着城镇集聚功能，提高城镇第三产业密度是提升城镇功能的重要途径。如果用 scm 表示第三产业密度，则有 $d(cz)/d(scm)>0$。

综上所述，我们不妨假定第三产业发展的主要影响因素以柯布—道格拉斯形式影响城镇功能，可建立如下函数关系式：

$$cz=(scz)^{\rho}(scj)^{\omega}(scm)^{\sigma} \tag{4.1}$$

其中，$0<\rho$，σ，$\omega<1$，为常数，假定 $\rho+\sigma+\omega=1$。而第三产业可持续发展综合因素 sc 由 3 个可持续发展一级因素指标加权得到，因此有 $sc=\vartheta_1 scz+\vartheta_2 scj+\vartheta_3 scm$ 约束条件，其中 θ_i（i=1，2，3）是对应的一级因素的权重。由于人们总希望在既定约束条件下最大化城镇功能，于是有

$$\begin{aligned}&\max(cz)=(scz)^{\rho}(scj)^{\omega}(scm)^{\sigma}\\&\text{s.t.}\quad sc=\theta_1 scz+\theta_2 scj+\theta_3 scm\end{aligned} \tag{4.2}$$

求解式（4.2），可得到最优的第三产业一级指标值：

$$scz=\rho sc/\theta_1, scj=\omega sc/\theta_2, scm=\sigma sc/\theta_3 \tag{4.3}$$

式（4.3）说明，在既定的第三产业可持续发展水平下，合理调整第三产业可持续发展一级影响因素结构（指标权重），可以有效地促进城镇功能完善，而在权重不变条件下，发展第三产业（sc）能直接提升城镇功能。由此得到如下命题。

命题 4.1：在既定的第三产业可持续发展水平下，适当调整第三产业各个主要因素之间的发展程度，合理配置好其发展速度，有利于城镇总体功能的完善；然而，在权重不变条件下，发展第三产业更能直接提升城镇功能。

第二节　三峡库区第三产业可持续发展对城镇功能恢复重建的促进作用定量分析

在上文规范分析基础上，本节将定量分析三峡库区第三产业发展对城镇功能的促进作用。希望从量化角度更确切地考察三峡库区第三产业与城镇功能之间的内在关系。

一、定量分析范围

由于第三产业可持续发展和城镇功能恢复重建之间关系是动态的，为了做好这一动态意义研究，本书选取重庆市渝西区和重庆都市区作为对三峡库区分析的对照区①。我们考察了三峡库区、渝西区和重庆都市区的历史数据，选取经济发展水平相当于我国东部发达地区城镇发展平均水平的重庆都市区，经济发展水平相当于我国中部城镇发展平均水平的渝西区，以及经济发展水平接近西部欠发达地区城镇发展平均水平的三峡库区，用三者作对比分析。同时，为了较为精确地做好对比分析，本章把既属于三峡库区又属于都市圈的巴南区和渝北区归于三峡库区，把既属于三峡库区又属于渝西经济走廊的江津区也划归三峡库区。于是对重庆市经济发展规划中所确定的渝西经济走廊和都市经济圈作如下调整：渝西区（除江津区）：綦江县、永川区、万盛区、潼南县、铜梁县、双桥区、璧山县、荣昌县、大足县、合川区、南川区；重庆都市区（除渝北区和巴南区）：南岸区、江北区、九龙坡区、大渡口区、沙坪坝区、北碚区、渝中区。

三峡库区主要有19个受蓄水影响的区县，它们分别是湖北省的夷陵区、兴山县、秭归县、巴东县，重庆市的巫山县、巫溪县、奉节县、云阳县、万州区、开县、忠县、石柱县、丰都县、涪陵区、武隆县、长寿区、江津区、渝北区、巴南区。由于夷陵区和兴山县中属于三峡库区的面积占库区总面积比重很低，库区蓄水后的淹没面积不到两地区面积的5%，且其完整的统计资料获取比较困难，因此定量分析剔除了湖北省的夷陵区和兴山县这两个地区的相关数据。

基于上面的分析，本章选取三峡库区除湖北省夷陵区和兴山县以外的17个区县，以及重庆市渝西区9个区县、重庆都市区7个区进行对比分析，共同组成定量分析的经济系统，定量分析该经济系统的第三产业可持续发展对城镇功能恢复重建的促进作用。

① 这里所说的渝西区和重庆都市区基本是指重庆市经济发展规划中所确定的渝西经济走廊和都市发达区的主体。重庆市经济发展规划中所确定的渝西经济走廊包括綦江县、永川区、万盛区、潼南县、铜梁县、双桥区、璧山县、荣昌县、大足县、合川区、南川区和江津区12个区县，该区域的经济发展水平大体相当于我国中部地区经济发展平均水平；重庆市经济发展规划中所确定的都市发达区包括南岸区、江北区、九龙坡区、大渡口区、沙坪坝区、北碚区、渝中区、渝北区和巴南区，该区域的经济发展水平大体相当于我国东部沿海地区的平均水平。

二、变量介绍

1. 被解释变量

此处被解释变量选取城镇功能完善程度综合指标的对数 *Ln*(*cz*)。城镇功能完善程度综合指标通过其对应的一级指标，即城镇服务功能（*czy*）、集聚功能（*czj*）、发展环境（*czh*）和创新功能（*czc*）的加权获得，权重由式（3.4）决定。城镇服务功能指标由消费服务（城镇居民消费支出）、医疗卫生（由医疗卫生基础设施、医疗技术决定）、教育文化（由教育支出、普通中学在校人数决定）、利民设施（由便民利民服务网点决定）等二级指标构成；城镇集聚功能指标由产业集聚（由第二、第三产业增加值决定）、交通密集度（由公路货运量、公路客运量决定）和人口集聚（由城镇化率、第二和第三产业就业比重、城镇工资水平、社会保障支出占比决定）等二级指标构成；城镇发展环境指标则由政策环境（政策环境等级）、金融存贷环境（金融存款环境、金融贷款环境等级）、自然环境（自然环境等级）、非农人口（非农人口占比）、财政收支环境（财政收入和财政支出）和主营业务发展环境（主营业务收入）等二级指标构成；城镇创新功能指标由利润水平（人均利润总额）、劳动生产率（全员劳动生产率）、总资产贡献率等二级指标构成。具体构建过程参见第三章第二节。

2. 解释变量

本章模型中的解释变量为第三产业可持续发展的三个一级指标。

（1）*scj*（第三产业就业指标）

第三产业就业指标由第三产业就业人数与总人口之比和第三产业就业人数占第二、第三产业总就业人数的比重信息综合而成。

（2）*scz*（第三产业增加值指标）

第三产业增加值指标的基础数据是人均第三产业增加值和第三产业增加值占 GDP 的比重。该指标通过对基础数据脱量纲之后综合而成。

（3）*scm*（第三产业密度指标）

第三产业密度指标的基础数据是单位面积的第三产业就业人员和单位面积的第三产业增加值。对两者脱量纲综合后获得第三产业密度指标。

此外，变量 *sc*（第三产业可持续发展综合指标）在 *scj*、*scz* 和 *scm* 的基础上加权获得。变量 *sc* 将在第六章内生性分析中使用。上述指标的具体构建过程参见第三章第三节。

三、数据来源及数据处理方法

自 1993 年实行移民搬迁开始，三峡库区经济发生了结构性变化，尤其是 1999 年以前三峡库区受到三峡工程影响，政策上几乎停止了对三峡库区的产业发展和城镇化发展的扶持，故上述情况不符合相关经济理论运用的前提条件。在对城镇功能与第三产业一级和二级指标基础上进行实证分析时，由于我们的解释变量中包括各个县（区、市）的 33 项基础因素数据（三级指标对应的因素），而各县（区、市）统计口径不一致，尤其是湖北四县与重庆各县（区、市）统计口径不一致，2004 年前各个地区的很多基础数据无从获得。因此我们的样本从 2004 年开始，样本期间为 2004 ～ 2012 年。本文基础数据来自于相应年份的《重庆统计年鉴》、《湖北统计年鉴》、三峡库区 17 个县（区、市）及对照区（渝西区 9 个县（区、市）和重庆都市区（7 区）的统计年鉴。在进行定量分析之前，我们对基础数据作了脱量纲处理，形成了 8×33×4 个城镇功能一级指标、8×33 个城镇功能综合指标和 8×33×3 第三产业一级指标、8×33 个第三产业综合指标（指标构建方法见第二章和第三章）。

最终我们的数据样本是由 27 个城镇功能影响因素和 6 个第三产业影响因素构成的 2004 ～ 2012 年 33 个县（区、市）的庞大三级指标数据[①]。由于原始数据中变量的量纲不一致，难以确保结果的客观性和科学性，不能很好地体现指标之间结构关系，因此对原始数据进行了标准化处理，指标处理过程见第三章。最终得到三峡库区城镇功能综合指标；三峡库区第三产业就业指标、第三产业增加值指标、第三产业密度指标，这些数据构成了下文定量分析的基础。

第三节　三峡库区城镇功能总体情况及第三产业可持续发展具体状况

一、三峡库区城镇功能总体情况

根据与渝西区的比较，发现三峡库区城镇功能恢复重建比较理想，已经具

① 数据过于庞大在此不予给出，请参见第三章中的相关表格。

备了一定的自我恢复重建能力。从表4-1的三峡库区与渝西区城镇功能指标均值的对比分析可以得出，三峡库区的城镇功能逐渐达到了渝西区城镇功能90%的程度。而渝西区的城镇功能基本上达到了我国中部地区城镇功能的平均水平。可见，三峡库区已具备了一定的城镇功能恢复重建能力，具有了一定的第三产业可持续发展能力提升的基础条件。

表4-1　三峡库区、渝西区和重庆都市区城镇功能指标均值的比较

年份	三峡库区指标均值	渝西区指标均值	重庆都市区均值
2004	0.0289	0.0436	0.2148
2005	0.0553	0.0739	0.2375
2006	0.0701	0.0889	0.2662
2007	0.0788	0.1052	0.3002
2008	0.1057	0.1331	0.3439
2009	0.1498	0.1759	0.4097
2010	0.1765	0.2136	0.4470
2011	0.2150	0.2389	0.4920
2012	0.2554	0.2814	0.5424

注：此表数据是从附录A的城镇功能综合指标中提取、整理得到的

相对重庆都市区而言，三峡库区城镇功能恢复重建的程度较低，从表4-1可以看出，三峡库区各区县城镇功能综合指标的平均值虽然逐年提高，但远远低于重庆都市区，其在考察期内每一年的均值都在重庆都市区的45%～54%。

虽然三峡库区城镇功能恢复重建的水平很低，但呈逐年上升趋势。从表4-1三峡库区历年城镇功能综合指标的平均值明显可见，2004～2012年三峡库区城镇功能综合指标平均值介于0.0289～0.2554（指标最高值是1，表示可持续发展程度最高），比渝西区要低一点。同时我们也发现，三峡库区城市功能恢复重建的发展速度还是比较快的，从2004年的0.0289逐步上升，到2012年达到了0.2554，年平均增长速度达27.4%。

二、三峡库区第三产业可持续发展状况

第三章中的第三产业可持续发展指标体系和本章第一节的第三产业发展对城镇功能促进作用基本原理告诉我们，从实证方面可以通过第三产业就业水平、第三产业增加值规模和第三产业服务密度衡量第三产业可持续发展水平。三峡

库区第三产业就业、增加值和密度发展状况如下。

1. 第三产业就业

通过对三峡库区第三产业可持续发展二级指标分析，运用主成分分析，消除共线性，并根据式（3.3）计算得到三峡库区各区县的第三产业就业指标。为了便于分析三峡库区第三产业可持续发展与城镇功能恢复重建关系的动态变化，这里也给出了渝西区和重庆都市区各区县第三产业的就业指标，见表 4-2。

表 4-2　三峡库区、渝西区和重庆都市区第三产业就业指标比较

	县（区）	2004 年	2005 年	2006 年	2007 年	2008 年	2009 年	2010 年	2011 年	2012 年
三峡库区	渝北区	0.3682	0.3294	0.3496	0.3580	0.3954	0.4029	0.4164	0.4292	0.4420
	巴南区	0.2219	0.1985	0.2474	0.2595	0.2924	0.2710	0.2784	0.2856	0.2927
	涪陵区	0.2833	0.3170	0.3509	0.3562	0.3535	0.3722	0.3847	0.3972	0.4095
	长寿区	0.2189	0.2238	0.2112	0.2458	0.2409	0.2256	0.2249	0.2241	0.2233
	江津市	0.3034	0.3068	0.3099	0.3125	0.3147	0.3286	0.3350	0.3412	0.3474
	万州区	0.3301	0.2979	0.2982	0.3032	0.3204	0.3701	0.3954	0.4223	0.4509
	丰都县	0.1511	0.1625	0.1944	0.2051	0.2366	0.2363	0.2630	0.2953	0.3353
	忠县	0.3521	0.3588	0.3690	0.3808	0.3826	0.3658	0.3660	0.3662	0.3665
	开县	0.2822	0.2887	0.1943	0.2250	0.2475	0.1631	0.1298	0.0936	0.0542
	云阳县	0.2331	0.2399	0.2749	0.2764	0.2760	0.3125	0.3316	0.3504	0.3691
	奉节县	0.1791	0.1804	0.2108	0.2112	0.2157	0.2181	0.2242	0.2305	0.2370
	巫山县	0.1708	0.1815	0.1980	0.1996	0.1995	0.2187	0.2324	0.2486	0.2681
	巫溪县	0.1473	0.1417	0.1621	0.1728	0.2096	0.1550	0.1492	0.1429	0.1361
	武隆县	0.2132	0.1953	0.1711	0.2490	0.2768	0.2375	0.2410	0.2445	0.2481
	石柱县	0.1167	0.1337	0.1886	0.1933	0.2047	0.2087	0.2258	0.2440	0.2636
	秭归县	0.1886	0.1935	0.2088	0.2153	0.2231	0.2290	0.2367	0.2424	0.2434
	巴东县	0.3263	0.3399	0.3699	0.3537	0.3295	0.3151	0.4218	0.4225	0.5485
	均值	0.2404	0.2406	0.2535	0.2657	0.2776	0.2724	0.2857	0.2930	0.3080

续表

	县（区）	2004 年	2005 年	2006 年	2007 年	2008 年	2009 年	2010 年	2011 年	2012 年
渝西区	合川市	0.3231	0.3283	0.3999	0.3605	0.3581	0.3845	0.3946	0.4048	0.4149
	永川市	0.3446	0.3515	0.3530	0.3832	0.3659	0.4185	0.4396	0.4612	0.4835
	南川市	0.1978	0.1978	0.1977	0.1989	0.1996	0.2170	0.2237	0.2306	0.2377
	綦江县	0.2802	0.2780	0.2810	0.2911	0.2801	0.2469	0.2382	0.2303	0.2230
	大足县	0.3432	0.3366	0.3285	0.3686	0.3680	0.3977	0.4137	0.4290	0.4440
	潼南县	0.1468	0.1412	0.2692	0.3124	0.3125	0.3182	0.3506	0.3849	0.4215
	铜梁县	0.2940	0.3075	0.2751	0.2752	0.2812	0.2673	0.2612	0.2548	0.2479
	荣昌县	0.2024	0.2039	0.2186	0.2465	0.2500	0.2744	0.2927	0.3114	0.3307
	璧山县	0.3058	0.3079	0.3107	0.3240	0.3167	0.3279	0.3313	0.3349	0.3384
	均值	0.2709	0.2725	0.2926	0.3067	0.3036	0.3169	0.3273	0.3380	0.3491
重庆都市区	渝中区	0.7582	0.7649	0.7681	0.8252	0.8954	0.9163	0.9456	0.9734	1.0000
	大渡口	0.3809	0.3108	0.3254	0.3286	0.3481	0.3261	0.3204	0.3148	0.3094
	江北区	0.4533	0.3941	0.4270	0.4299	0.4515	0.4618	0.4729	0.4834	0.4935
	沙坪坝	0.4196	0.3777	0.3832	0.3942	0.3993	0.4031	0.4050	0.4072	0.4095
	九龙坡	0.3675	0.4111	0.4180	0.4145	0.4428	0.4535	0.4658	0.4773	0.4881
	南岸区	0.3664	0.3844	0.4048	0.4584	0.5170	0.4989	0.5167	0.5340	0.5510
	北碚区	0.2184	0.2399	0.2419	0.2799	0.3299	0.3122	0.3268	0.3412	0.3554
	均值	0.4235	0.4118	0.4241	0.4473	0.4834	0.4817	0.4933	0.5045	0.5153

从表 4-2 中不难看出，三峡库区各区县的第三产业就业指标值远远低于重庆都市区各区的第三产业就业指标值，略低于渝西区。总体看来，三峡库区和渝西区的第三产业就业指标值在 9 年考察期间都有一定的提高，但涨幅小于重庆都市区的涨幅（图 4-1）。

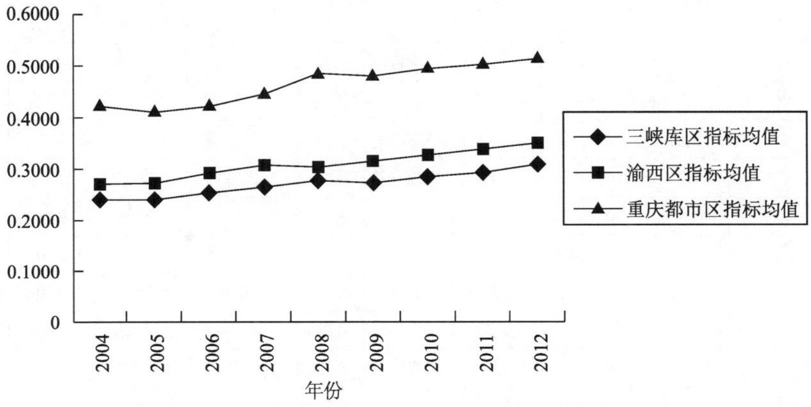

图 4-1　三峡库区、渝西区和重庆都市区第三产业就业指标历年均值趋势

2. 第三产业增加值

通过对三峡库区第三产业可持续发展二级指标分析，消除共线性，并根据式（3.3）计算得到三峡库区各区县的第三产业增加值。为了便于分析三峡库区第三产业可持续发展与城镇功能恢复重建关系的动态变化，这里也给出渝西区和重庆都市区各区县第三产业增加值规模指标，见表 4-3。

表 4-3　三峡库区、渝西区和重庆都市区第三产业增加值规模指标

	县（区）	2004 年	2005 年	2006 年	2007 年	2008 年	2009 年	2010 年	2011 年	2012 年
三峡库区	渝北区	0.2147	0.3572	0.3133	0.2641	0.2603	0.3534	0.3295	0.3119	0.3191
	巴南区	0.2143	0.2378	0.2355	0.2312	0.2293	0.3218	0.3229	0.3055	0.3409
	涪陵区	0.2635	0.2901	0.2875	0.2674	0.2523	0.2483	0.2835	0.2667	0.2777
	长寿区	0.2497	0.2470	0.2421	0.2277	0.2336	0.3278	0.2897	0.2527	0.2605
	江津市	0.3015	0.2775	0.2879	0.2684	0.2473	0.2923	0.2244	0.2051	0.2091
	万州区	0.2829	0.3464	0.3628	0.3372	0.3090	0.3278	0.3130	0.3046	0.3313
	丰都县	0.2793	0.3123	0.3239	0.2976	0.2900	0.3058	0.3000	0.2799	0.2832
	忠县	0.2995	0.3065	0.3004	0.2696	0.2663	0.3043	0.3069	0.2968	0.2878
	开县	0.2692	0.2582	0.2694	0.2512	0.2510	0.2827	0.2810	0.2802	0.2768
	云阳县	0.2068	0.2676	0.2820	0.2770	0.2788	0.3182	0.3290	0.3041	0.2913
	奉节县	0.3357	0.2903	0.3029	0.2858	0.2865	0.3507	0.3446	0.3405	0.3471
	巫山县	0.3529	0.3586	0.3643	0.3535	0.3509	0.3098	0.3081	0.3245	0.3313
	巫溪县	0.2449	0.3270	0.3331	0.3270	0.3299	0.3239	0.3195	0.3124	0.3109
	武隆县	0.2588	0.2623	0.2756	0.2493	0.2659	0.3062	0.3808	0.3800	0.3731
	石柱县	0.2628	0.2960	0.2953	0.2816	0.2815	0.2816	0.3012	0.2846	0.2748
	秭归县	0.3694	0.4203	0.4260	0.4101	0.3928	0.3635	0.3421	0.3194	0.3079
	巴东县	0.2468	0.2807	0.2925	0.3048	0.2629	0.2723	0.2770	0.2760	0.2854
	均值	0.2737	0.3021	0.3056	0.2884	0.2817	0.3112	0.3090	0.2968	0.3005
渝西区	合川市	0.2950	0.3107	0.3176	0.3091	0.3043	0.2706	0.3098	0.2924	0.2898
	永川市	0.3166	0.3382	0.3537	0.3447	0.3230	0.3132	0.2858	0.2721	0.2880
	南川市	0.2197	0.2385	0.2423	0.2406	0.2306	0.3388	0.2653	0.2723	0.2816
	綦江县	0.2168	0.2923	0.2988	0.2895	0.2872	0.2335	0.3042	0.2815	0.2805
	大足县	0.2952	0.2803	0.2766	0.2576	0.2512	0.2571	0.2706	0.2334	0.2363
	潼南县	0.3300	0.3208	0.3348	0.3108	0.3114	0.2790	0.3138	0.2803	0.2779
	铜梁县	0.2801	0.2728	0.2274	0.2150	0.2035	0.2294	0.2408	0.2408	0.2329
	荣昌县	0.2619	0.2669	0.2670	0.2394	0.2287	0.3113	0.2148	0.2001	0.1984
	璧山县	0.2437	0.2441	0.2393	0.2276	0.2171	0.3247	0.2591	0.2264	0.2143
	均值	0.2732	0.2850	0.2842	0.2705	0.2619	0.2842	0.2738	0.2555	0.2555

续表

	县（区）	2004 年	2005 年	2006 年	2007 年	2008 年	2009 年	2010 年	2011 年	2012 年
重庆都市区	渝中区	0.6560	0.7412	0.7590	0.7743	0.7943	0.8841	0.9118	0.9519	1.0000
	大渡口	0.1453	0.1606	0.1656	0.1626	0.1402	0.2907	0.2776	0.3823	0.4728
	江北区	0.2518	0.3657	0.4177	0.4296	0.4382	0.5333	0.5416	0.6219	0.6172
	沙坪坝	0.3180	0.3597	0.3736	0.3766	0.3791	0.4234	0.4116	0.3776	0.3635
	九龙坡	0.2850	0.3929	0.3944	0.4079	0.4204	0.4564	0.4461	0.4731	0.4645
	南岸区	0.2388	0.3019	0.3133	0.3064	0.2625	0.3235	0.3264	0.3212	0.3336
	北碚区	0.3113	0.3037	0.2963	0.2816	0.2337	0.2838	0.2709	0.2530	0.2564
	均值	0.3151	0.3751	0.3885	0.3913	0.3812	0.4565	0.4551	0.4830	0.5011

从表 4-3 中分析得出，三峡库区各区县的第三产业增加值指标值低于重庆都市区的第三产业增加值指标值，但没有就业指标值的差距大；三峡库区各区县的第三产业增加值指标值总体上略高于渝西区。同时可以发现，三峡库区第三产业增加值指标值在 9 年考察期间呈波浪状缓慢上升；渝西区提升幅度小于三峡库区，且近年来有下降趋势；重庆都市区第三产业增加值指标值总是高于三峡库区和渝西区，上升幅度较大，但在 2008 年发展缓慢，只是到 2009 年后有较大幅度提高，见图 4-2。

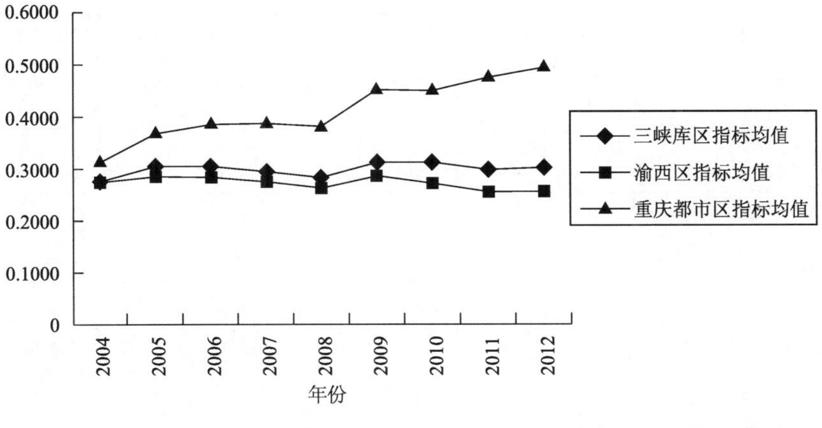

图 4-2　三峡库区、渝西区和重庆都市区第三产业增加值指标历年均值趋势

3. 第三产业密度

同样地，通过对三峡库区第三产业可持续发展二级指标分析，消除共线性，并运用式（3.3）计算得到三峡库区各区县的第三产业密度指标。为了便于对比分

析三峡库区第三产业可持续发展与城镇功能恢复重建关系的动态变化，这里也给出渝西区和重庆都市区各区县第三产业密度指标，见表4-4。

表4-4　三峡库区、渝西区和重庆都市区第三产业密度指标比较

	县（区）	2004年	2005年	2006年	2007年	2008年	2009年	2010年	2011年	2012年
三峡库区	渝北区	0.0053	0.0050	0.0054	0.0057	0.0065	0.0068	0.0071	0.0075	0.0079
	巴南区	0.0025	0.0023	0.0027	0.0029	0.0033	0.0033	0.0034	0.0036	0.0037
	涪陵区	0.0027	0.0031	0.0033	0.0033	0.0034	0.0036	0.0038	0.0040	0.0041
	长寿区	0.0034	0.0037	0.0028	0.0034	0.0034	0.0033	0.0033	0.0033	0.0033
	江津市	0.0029	0.0030	0.0031	0.0031	0.0032	0.0034	0.0035	0.0036	0.0037
	万州区	0.0029	0.0030	0.0030	0.0031	0.0033	0.0035	0.0037	0.0038	0.0040
	丰都县	0.0010	0.0011	0.0007	0.0008	0.0009	0.0009	0.0010	0.0010	0.0010
	忠县	0.0036	0.0037	0.0029	0.0031	0.0031	0.0029	0.0028	0.0028	0.0027
	开县	0.0023	0.0024	0.0011	0.0014	0.0016	0.0010	0.0008	0.0006	0.0006
	云阳县	0.0017	0.0018	0.0017	0.0017	0.0017	0.0021	0.0023	0.0024	0.0025
	奉节县	0.0009	0.0009	0.0010	0.0010	0.0010	0.0010	0.0010	0.0010	0.0010
	巫山县	0.0008	0.0006	0.0007	0.0007	0.0007	0.0007	0.0007	0.0007	0.0006
	巫溪县	0.0004	0.0004	0.0004	0.0004	0.0005	0.0004	0.0004	0.0003	0.0003
	武隆县	0.0008	0.0007	0.0006	0.0009	0.0010	0.0009	0.0009	0.0009	0.0009
	石柱县	0.0005	0.0006	0.0006	0.0007	0.0007	0.0007	0.0008	0.0008	0.0008
	秭归县	0.0006	0.0006	0.0007	0.0008	0.0008	0.0008	0.0009	0.0009	0.0010
	巴东县	0.0009	0.0010	0.0011	0.0011	0.0011	0.0011	0.0014	0.0015	0.0015
	均值	0.0020	0.0020	0.0019	0.0020	0.0021	0.0021	0.0022	0.0023	0.0023
渝西区	合川市	0.0050	0.0052	0.0068	0.0055	0.0048	0.0058	0.0060	0.0062	0.0064
	永川市	0.0040	0.0041	0.0041	0.0045	0.0043	0.0047	0.0050	0.0052	0.0054
	南川市	0.0011	0.0011	0.0011	0.0011	0.0011	0.0012	0.0012	0.0013	0.0013
	綦江县	0.0029	0.0029	0.0030	0.0032	0.0028	0.0031	0.0031	0.0031	0.0032
	大足县	0.0054	0.0053	0.0051	0.0056	0.0056	0.0065	0.0069	0.0073	0.0077
	潼南县	0.0022	0.0021	0.0033	0.0034	0.0035	0.0037	0.0040	0.0043	0.0045
	铜梁县	0.0044	0.0046	0.0031	0.0031	0.0032	0.0031	0.0030	0.0028	0.0027
	荣昌县	0.0031	0.0030	0.0032	0.0035	0.0035	0.0040	0.0041	0.0043	0.0045
	璧山县	0.0052	0.0053	0.0055	0.0058	0.0058	0.0060	0.0061	0.0063	0.0064
	均值	0.0037	0.0038	0.0039	0.0040	0.0038	0.0042	0.0044	0.0045	0.0047

续表

	县（区）	2004 年	2005 年	2006 年	2007 年	2008 年	2009 年	2010 年	2011 年	2012 年
重庆都市区	渝中区	0.4900	0.6465	0.6935	0.7386	0.8334	0.8418	0.8934	0.9469	1.0000
	大渡口	0.0218	0.0185	0.0196	0.0211	0.0228	0.0215	0.0215	0.0216	0.0216
	江北区	0.0237	0.0216	0.0242	0.0252	0.0271	0.0284	0.0320	0.0455	0.0462
	沙坪坝	0.0172	0.0169	0.0178	0.0191	0.0199	0.0214	0.0224	0.0235	0.0245
	九龙坡	0.0189	0.0225	0.0231	0.0236	0.0255	0.0279	0.0296	0.0315	0.0332
	南岸区	0.0139	0.0150	0.0163	0.0196	0.0253	0.0229	0.0243	0.0257	0.0270
	北碚区	0.0039	0.0044	0.0045	0.0052	0.0062	0.0059	0.0063	0.0066	0.0069
	均值	0.0842	0.1065	0.1141	0.1218	0.1372	0.1385	0.1471	0.1573	0.1656

从表 4-4 和图 4-3 中分析得出，三峡库区各区县的第三产业密度指标值一直稳定在极低的水平上，远远低于重庆都市区；略低于渝西区。进一步分析可以看出，重庆都市区第三产业密度指标值虽然总是远远高于三峡库区和渝西区，发展速度很快，但其本身的绝对值也比较低，最高值也只有 0.1656，离渝中区的最高值 1 相差很远。

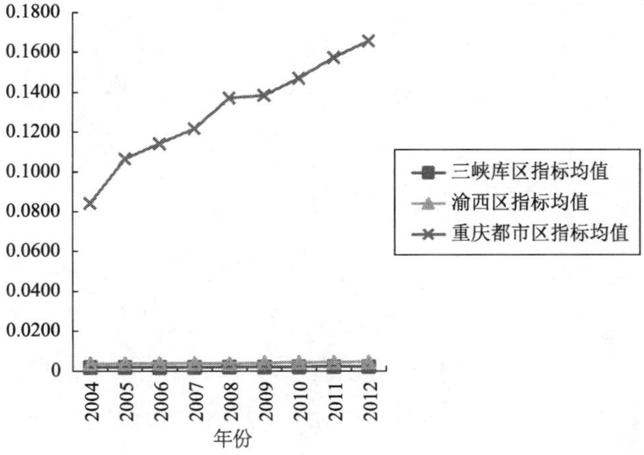

图 4-3　三峡库区、渝西区和重庆都市区第三产业密度指标历年均值趋势

第四节　定量分析

下面我们将检验前面提出的“第三产业可持续发展对城镇功能恢复重建具

有促进作用”的观点。根据数理模型式（4.1），建立实证模型式（4.4），用以分析三峡库区、渝西区和重庆都市区数据样本范围内影响各区县第三产业可持续发展和城镇功能完善能力的相关因素，以及这些影响因素可能在分区域样本数据范围内的差异化作用。

$$cz_{i,t} = \alpha_0 + \rho scz_{i,t} + \omega scj_{i,t} + \sigma scm_{i,t} + v_{i,t} \tag{4.4}$$

其中，i 和 t 分别表示区县和时间，α_0 和 $v_{i,t}$ 分别为常数项和误差项。上述模型中的面板数据变量命名遵循如下方式：指标名 + 三大区名 + 区县名，其中指标名有一级指标和二级指标之分。一级指标，城镇功能一级指标变量，用 *cz* 表示；第三产业可持续发展指标变量，用 *sc* 表示。二级指标，城镇服务功能，用 *czy* 表示；城镇集聚功能，用 *czj* 表示；城镇发展环境，用 *czh* 表示；城镇创新功能，用 *czc* 表示。而第三产业增加值指标用 *scz* 表示；第三产业密度指标用 *scm* 表示；第三产业就业指标用 *scj* 表示。区县的名称只取其中文名字前两个字的汉语拼音头一个字母（除沙坪坝 *sb* 和大渡口 *dk* 外）。

（1）计量模型选择

实证分析上，我们通常采用 Hausman（1978）的检验方法来判断是采用固定效应模型还是随机效应模型。检验原假设为 H_0：两类方法是无差异的。所用检验统计量为

$$H = (b-\hat{\beta})' \sum{}^{-1} (b-\hat{\beta}), \tag{4.5}$$

其中，b 为采用固定效应模型估计的参数值，$\hat{\beta}$ 为采用随机效应模型估计的参数值，$\sum$ 为采用固定效应和随机效应模型得到的参数值的协方差矩阵的差阵。在原假设成立的条件下，H 统计量服从自由度为 k（常数项以外的解释变量个数）的卡方分布，当计算的 H 值大于卡方分布的临界值时我们采用固定效应模型；反过来，则采用随机效应模型。

（2）回归结果

模型选择。通过被解释变量和解释变量之间的相关矩阵分析，发现原始数据的相关矩阵中，城镇功能与第三产业就业指标、第三产业增加值指标和第三产业就业密度指标之间都存在着一定程度的相关性，但采用对数形式处理可削弱这种相关性。因此建立如下双对数形式的面板数据模型：

$$Ln\left(cz_{i,t}\right) = \alpha_0 + \lambda_1 Ln\left(scz_{i,t}\right) + \lambda_2 Ln\left(scm_{i,t}\right) + \lambda_3 Ln\left(scj_{i,t}\right) + \epsilon_{i,t} \tag{4.6}$$

这与从数理模型得到的计量模型式（4.4）是一致的，但式（4.4）的经济学含义没有如此丰富，这里的参数反映了弹性概念。

由于样本的时间序列跨度只有 9 年，而我们希望通过对比分析变量的变化趋势和总体情况，故将总面板（各区县 2004 ～ 2012 年的样本）分为两个部分：各区县 2004 ～ 2007 年的样本与各区县 2008 ～ 2012 年的样本，以此进行历史发展前后比较分析，并将各区县 2004 ～ 2012 年的样本进行总体情况分析。

模型检验。首先进行共线性检验。在面板分析时，如果变量之间存在多重共线性，将会使结果产生一定偏差，因此需要检验各个解释变量之间的相关性。检验发现三大区域各自对数解释变量之间的相关性程度都很低。因此我们的面板数据回归模型式（4.6）较为合理，可以进行回归及随机 / 固定效应检验。在实证分析中，面板分析究竟选择截面序列的固定效应还是随机效应，究竟选择时间序列的固定效应还是随机效应，或者两者都不选取，则是在对模型的拟合效果、模型的显著性程度、参数的显著性程度及序列的内生性问题等综合因素进行权衡后决定的。

根据式（4.4）或式（4.6），对面板数据进行回归分析后得到如下参数值及检验结果（表 4-5）。

表 4-5　三峡库区、渝西区和重庆都市区第三产业发展对城镇功能提升的面板模型回归分析

	解释变量	参数	2004 ～ 2012 年	2004 ～ 2007 年	2008 ～ 2012 年
三峡库区	*Ln(sczk)*	ρ	0.027577 （0.203716**）	–0.149234 （–0.940720**）	0.206341 （0.941268**）
	Ln(scmk)	σ	0.492214 （14.51678）	0.454318 （9.058176）	0.519642 （11.23893）
	Ln(scjk)	ω	–0.416244 （–5.446610）	–0.438061 （–3.570318）	–0.408273 （–4.107619）
	截面 / 时间效应		None/Fixed	None/Fixed	None/Fixed
渝西区	*Ln(sczy)*	ρ	–0.289649 （–2.373226）	–0.161522 （–1.079689**）	–0.233551 （–2.166412）
	Ln(scmy)	σ	0.048565 （0.854285**）	–0.082940 （–1.208618**）	1.448613 （6.680218）
	Ln(scjy)	ω	0.171610 （1.455413**）	0.464034 （3.507540）	–0.088476 （–0.393507**）
	截面 / 时间效应		Fixed/None	None/Fixed	Fixed/None

续表

	解释变量	参数	2004 ～ 2012 年	2004 ～ 2007 年	2008 ～ 2012 年
重庆都市区	$Ln(sczd)$	ρ	–0.230963 （–4.996498）	–0.196201 （–3.079731）	0.302113 （2.950074）
	$Ln(scmd)$	σ	0.116756 （4.612332）	0.104823 （2.337971）	0.295859 （1.272317**）
	$Ln(scjd)$	ω	0.322298 （3.061293）	0.411492 （2.058094）	2.835069 （1.272317**）
	截面 / 时间效应		Fixed/None	None / None	Fixed / None

** 表示参数未通过 10% 的显著性水平检验；其他参数通过显著性检验

注：被解释变量是 $Ln(cz_{i,t})$。限于篇幅，表中不给出 F 统计量、样本容量 (N) 和模型拟合优度（R^2）

（3）回归结果分析

从表 4-5 的回归结果可看出，2004 ～ 2012 年三峡库区的第三产业密度、第三产业增加值的对数变量前面的系数为正值，说明第三产业密度和第三产业增加值对城镇功能的相对贡献度为正。因此总体上看，这段时间里的密度和增加值对城镇功能具有提升作用。同时可以看到，从 2004 ～ 2007 年时间段到 2008 ～ 2012 年时间段，第三产业密度的相对贡献度在增加，从 0.454318 增加到 0.519642，也就说其提升作用在明显增强。值得注意的是，第三产业增加值从 –0.149234 增加到 0.206341，说明第三产业增加值由对城镇功能相对负贡献变为正贡献。因此在今后的发展中要更加注重提高三峡库区第三产业的服务密度和就业水平，确保服务密度对城镇功能具有较强的提升作用；同时要继续提高三峡库区的第三产业增加值规模，增加第三产业的城镇集聚程度。

虽然，三峡库区第三产业就业水平在整个考察的时间段对城镇功能都具有削弱作用，但其削弱作用在不断地减弱（前一时间段到后一时间段的变化为 –0.438061 到 –0.408273）。产生这种现象的原因可能在于，三峡库区城镇功能改善是由政策性资金扶持推动的，而不是由其自身产业发展推动的。事实上我们的调研映证了这一结论。因此我们可以预言，今后政策性扶持资金的减少会对城镇功能产生巨大冲击，因为将来极有可能因三峡库区政策性资金的断流而引起城镇功能的失调和城镇萧条。

从表 4-5 中的三大区对比可以看出，三峡库区、渝西区和重庆都市区的密度对数变量回归系数分别为 0.492214，0.048565，0.116756，可见三峡库区的密度对其城镇功能的相对贡献远大于渝西区和重庆都市区。这说明在考察期总时间段里，三峡库区、渝西区和重庆都市区的服务密度都对提升城镇功能具有促进作用；而三峡库区的促进作用大于渝西区和重庆都市区，且数值表现出重庆都市区比渝西区的促进城镇功能提升作用强。这显然符合经济发展规律的。产生这种理论与现实相悖的原因可能在于，密度（渝西为0.048565、主城为0.116756）上升过快，从而掩盖了第三产业密度的正向作用。总之，对于三峡库区而言，大幅提升第三产业就业率能有力地促进三峡库区城镇功能恢复重建。

表4-5中2004～2012年三峡库区、渝西区和重庆都市区的第三产业就业水平对城镇功能的相对贡献分别是–0.416244、0.171610、0.322298，三峡库区最小。这说明渝西区和都市区的第三产业就业水平对城镇功能都具有促进作用，而三峡库区第三产业就业水平对城镇功能具有抑制作用。这说明提高三峡库区第三产业就业水平没有能很好地提升其城镇功能。因此在今后的发展中，三峡库区要注重提高第三产业的就业水平，进一步促进农村地区人员向城镇地区的相关产业集中。

表4-5中2004～2012年三峡库区、渝西区和重庆都市区的第三产业增加值对城镇功能的相对贡献分别是0.027577、–0.289649、–0.230963，这说明三峡库区第三产业增加值规模扩大促进了城镇功能改善，而渝西区和重庆都市区则表现为前者对后者的抑制作用；2008～2012年的回归系数来看，三峡库区和都市区的相对贡献度都是在上升的，也就是说在这个时间段里，它们都起到促进作用。数据显示，发展第三产业有利于提升城镇功能，也就是说，第三产业与城镇功能之间是正向发展关系。这也符合第三产业发展和城镇功能建设的理论。因此，三峡库区在今后的发展中，要加强第三产业建设，以促进城镇良性发展。

（4）基本结论

目前三峡库区城镇功能总体上还很不完善，这是导致三峡库区贫困落后加剧的重要原因。因此，为了改变三峡库区贫困落后面貌，恢复重建和提升三峡库区城镇功能显得尤为必要。

理论分析和定量研究都表明，促进第三产业可持续发展有助于城镇功能完善；即使在既定的第三产业发展水平下，三峡库区也可以通过合理配置第三产业各主要影响因素权重以促进城镇功能的恢复和完善。因此，在现有制度、区位因素、劳动力素质及人们的思想开放程度下，大力发展第三产业是提升欠发达地区城镇功能的重要途径。同时，定量分析还告诉我们，三峡库区第三产业可持续发展（主要是第三产业就业吸纳能力和服务密度）对城镇功能恢复重建与提升具有明显的促进作用；但政策性资金扶持三峡库区城镇建设却能绕过第三产业的发展直接推动城镇功能的提升。

政策性资金扶持三峡库区城镇建设虽然能在短期内快速提升城镇功能，但是，如果三峡库区第三产业发展长期跟不上城镇建设步伐，一旦扶持城镇建设的政策性资金供给不足或断流，三峡库区城镇功能就会急速减弱。因此，当前，政府既要加强三峡库区城镇建设，更要重视三峡库区第三产业可持续发展，用提高第三产业可持续发展来提升城镇功能效果会更好。实证分析显示：提高三峡库区第三产业就业水平对提升三峡库区城镇功能的作用很大，因此本书建议中央政府和重庆市、湖北省政府加大对三峡库区的资金投入，以期拓宽第三产业就业渠道。

第五节　增强三峡库区第三产业可持续发展对城镇功能恢复重建发挥作用的条件

一、提升库区经济实力

任何一个地区第三产业的可持续发展都需要一定经济实力做支撑，而以发展第三产业的方式提升城镇功能，更需要强有力的经济实力做后盾，三峡库区也不例外。

经济实力是指地区人均经济总量大小及企业自有资金数量、盈利能力、积累能力，以及资产负债等情况。地区人均经济总量越大，企业自有资金越多，地区的经济实力越强，产业发展基础越强，城镇的集聚功能也越强，城镇的服务功能也能提升，产业发展环境得到改善，城镇创新功能也将逐步增强。

地区人均经济总量的增大来源于三次产业的发展，企业自有资金的增长来自其盈利能力和积累能力的提升。扩大再生产，降低成本，提高成本利润率都能够不断提高盈利能力，从而不断扩大积累、增加自有资金，提升城镇功能。事实上，这种人均经济总量的提高与工业的发展密切联系。工业化的高度发展及向后工业化的过渡，产生了制造业对第三产业的大量需求，同时也间接地引致了城镇功能改善。例如，日本在 1970 ～ 1980 年的高速发展阶段，制造业对第三产业的中间需求年均增长率为13.4%，高于对制造业本身的中间需求年均增长率（11.3%）。如果将制造业分解，可以进一步看出以机器装备工业为主体的制造业对第三产业的中间需求最为巨大。因此，随着工业化的高度发展，对服务性中间投入的使用大大增加。与此同时，现代制造业的发展也呈现“服务化”的新趋向，其附加值中越来越大的比重来源于第三产业，而不是加工制造业。[①]因此，在城镇中，大力发展第二产业（尤其是装备制造业）和增强企业盈利能力、积累能力，是增加城镇经济总量，促进第三产业可持续发展，进而提升城镇功能的重要途径。

当前，三峡库区人均经济总量小，企业自有资有金不足，盈利能力弱，积累能力差，企业普遍资不抵债。这显然不利于发展装备制造业等工业行业，不利于第三产业可持续发展，更不利于以发展第三产业的方式恢复、重建和提升库区城镇功能。因此，在当前条件下，要做大三峡库区经济总量，必须从政策上扶持库区企业，使其增强盈利能力、积累能力，增加自有资金，改变严重资不抵债状况。

二、适度放松产业管制政策

通过发展第三产业提升三峡库区城镇功能，制度环境是根本，第三产业发展与政府管制政策调整具有密切的联系。因为，通常第三产业部门在准入、经营、定价等方面受到较多的管制，而传统的分头管制、多重管制及过度管制的政策框架对第三产业发展具有较大抑制作用。国际经验表明，在第三产业的扩张中，政府管制政策的调整具有重大作用，其直接决定了市场准入的机会，并决定了市场结构及竞争程度。因此从20世纪80年代起，许多发达国家转向放松管制政策及调整政策框架，包括允许混业经营、业态交叉等，予以第三产业更大的发展空间和自由度，从而吸引更多的资本和企业进入，带动了相关的投资，带来竞争活力，大大地促进了第三产业的发展。

当前，虽然三峡库区的制度环境比较有利于以发展第三产业的方式恢复、重建和提升城镇功能，但是库区第三产业可持续发展能力还不够强，其对城镇功能恢复、重建和提升的能力还比较有限。因此在三峡库区进一步适度放松对第三产业相关行业的管制很有必要。

① 参见：周振华，2005。

三、拓宽市场需求，引入竞争机制

市场需求是第三产业可持续发展的主导因素。适应市场需求的第三产业行业能够实现持续发展；不适应市场需求的第三产业行业则不能持续发展。当前，三峡库区第三产业中的旅游、商贸、餐饮等行业的市场需求前景广阔，但其存在需求制约瓶颈，因此解除需求制约瓶颈是当前三峡库区发展第三产业，进而促进城镇功能恢复、重建和提升的重要前提条件之一。

拓宽市场需求的最好办法是引入竞争机制。市场需要的是优质产品和优质服务，而确保企业提供优质产品和优质服务的最佳机制就是市场竞争，因为市场竞争的基本法则为优胜劣汰。因此要拓展三峡库区第三产业的行业市场需求，实现第三产业的可持续发展，必须引入竞争机制，促使库区第三产业的行业数量、功能、质量、水平、价格及服务形成良性有序竞争，确保第三产业优质发展。但优势是相对的和动态的，因此库区第三产业各行业必须不断开拓创新，寻找适合自身的市场定位，不断提升自身市场竞争能力。

四、完善必备的物质技术条件

物质技术因素指第三产业中各行业所需的机器设备、技术条件、工艺方法和非生产性装备等。与不断变化的需求相适应的第三产业形态、与不断发展的第三产业形态相匹配的物质技术是第三产业实现可持续发展的根本保证。当前三峡库区第三产业各行业都存在着设备陈旧、技术低下、工艺落后等状况，这种物质技术条件的滞后跟不上人们对第三产业需求的变化步伐，从而不利于第三产业形态的演进和可持续发展，不利于城镇功能恢复、重建和提升。因此，完善三峡库区第三产业各行业的物质技术条件十分必要。

五、提高第三产业创新能力

第三产业创新包括知识创新、观念创新、技术创新、制度创新和经营管理创新。创新能力是一个地区第三产业可持续发展的核心能力，它由第三产业专业技术人员的研发能力、市场营销开拓能力等因素构成。一个地区第三产业的可持续发展必须要让创新适应市场需求的变化，第三产业各行业必须适时进行创新改造、不断利用先进技术，尤其是信息技术，及时提供先进产品，只有这样第三产业才可能实现可持续发展。然而，当前三峡库区缺少创新机构，除万州和涪陵有两所高等院校外，本地区再无其他高校和科研院所，这种状况自然会影响库区第三产业的知识创新、技术创新和制度创新。同时，三峡库区较为闭塞，交通不便，人员往来较少（除长江两岸库区旅游景点外），现代化公司缺乏，因此，本区域第三产业各行业观念创新和经营管理创新也严重不足。目前，这种创新状况正严重制约着三峡库区第三产业的可持续发展。为此，本书认为决策当局有必要从高校布局、技术人员培养、研发资本投入、快速交通干线建设和现代公司治理结构培养等方面着手，改变库区现状，提高第三产业创新能力，进而促进城镇功能恢复、重建和提升。

第五章

三峡库区城镇功能恢复重建对第三产业可持续发展的正向反馈作用

第四章的研究表明，三峡库区第三产业可持续发展能够促进城镇功能的恢复重建，而事实上城镇功能的恢复重建也有助于第三产业的可持续发展。区域经济发展的重要途径之一，就是通过城市化带动服务产业发展，进而促进整个第三产业可持续发展，然后提升城镇功能。

城镇是区域经济增长的极核，是第三产业发展的基地。其功能的完善程度直接影响着第三产业的可持续发展，进而影响其腹地经济发展。城镇辐射和带动腹地经济增长的必要条件是城镇功能较为完善和第三产业可持续发展。我们按照王崇举教授（2006）划分的城镇功能——城镇服务功能、城镇集聚功能、城镇发展环境和城镇创新功能，对比分析三峡库区与渝西区和重庆都市区的城镇功能情况可以得出，目前三峡库区绝大多数区县的城镇功能完善程度较低，城镇功能恢复重建普遍滞后于移民迁建。三峡库区各区县城镇功能普遍不完善的现状严重影响着其第三产业可持续发展，进而延缓整个三峡库区经济增长，正是三峡库区城镇功能的不完善和第三产业发展的难以持续，导致了三峡库区与周边地区（渝西区、重庆都市区、湖北省其他地区等）经济发展差距持续扩大。为了缩小三峡库区与周边地区的经济发展差距、促进三峡库区第三产业可持续发展，加快三峡库区城镇功能恢复重建就显得十分重要。

众多研究成果表明，影响城镇功能完善的因素有制度因素（王亚平，1999），区位因素（魏俊等，2005），第二产业因素（徐勇，2006），第三产业因素（王崇举，2006），劳动力素质因素（吴小渝，2003），以及人们思想开放程度等。然而短期内制度、区位、思想开放度和劳动力素质是既定的[①]，因而影响城镇功能完善

① 因为这些因素在短期内不能改变。

程度最重要的因素就是产业因素。当然，影响城镇功能的产业因素既有第二产业因素，也有第三产业因素，还有城镇腹地第一产业因素。本书从三峡库区的实际出发，基于三峡库区第三产业发展滞后的现状，着重研究第三产业可持续发展对城镇功能恢复重建的促进作用，以及所带来的城镇功能提升对第三产业可持续发展正向反馈作用。

现有研究证明，在市场化程度较低的欠发达地区，专业化分工水平较低，从而削弱了第三产业专业化与人均收入水平变动的相关性。第三产业专业化程度越高，该地区的城镇功能越完善（周振华，2005），这种正相关关系是受专业分工程度影响的。而这种正相关关系会进一步形成螺旋式上升的良性循环——专业化分工程度越高，第三产业专业化程度越高，城镇功能越完善；而城镇功能越完善，市场化程度越高，专业化分工程度越高，第三产业专业化程度也越高，城镇功能也越完善。

本章首先构建了城镇功能提升对第三产业可持续发展的正向反馈关系模型，然后定量研究三峡库区的城镇功能恢复重建对第三产业可持续的正向反馈作用。本书利用 2004 ～ 2012 年三峡库区 17 个区县的数据，同时与发达地区重庆都市区（7 区）和中等发达地区渝西区（9 区县）的历年数据作对比分析，对所建模型进行实证。最后分析目前如何增强三峡库区城镇功能恢复重建对第三产业可持续发展的正向反馈作用。

第一节　城镇功能提升能促进第三产业发展的经济逻辑

一、城镇功能提升能促进第三产业发展的原因

城镇服务功能是城镇吸引人口聚居的基本动力。第三产业本质上属于服务性产业，服务的对象主要为聚居在一起的城镇居民。因此，提供优越的供水、供能、交通、通信、绿化、治污、消费品购买、健身、医疗、交往、学习、休闲娱乐的机构及设备设施的能力，是城镇第三产业发展的基础，也是带动城镇周边腹地第三产业发展的根本。如果用 sc 表示第三产业发展程度，czy 表示城镇服务功能，则可得到 $d(sc)/d(czy)>0$。

城镇集聚功能是城镇为居民和机构提供外来物资的运输和交换、信息采集和传播，法律、金融、咨询等服务的能力。虽然第三产业的服务对象是人，但其服务的直接领域则是城镇产业集聚、交通集结、物资集散、人流中转等体现城镇集聚功能的领域。集聚功能的加强是城镇人口持续增加、产业持续壮大和居民收入不断提高的重要动力，而人口集聚强度增加、产业持续壮大和居民收入的持续提高也正是促进专业化分工程度提升的重要因素，专业化分工程度的提高会促进第三产业的进一步专业化和独立化，从而促进第三产业可持续发展能力提高（图 2-3）。因此城镇集聚功能是第三产可持续发展的根本动力。如果用 czj 表示城镇集聚功能，则可得到 $d(sc)/d(czj)>0$。

城镇发展环境是城镇居民持续聚居和经济社会持续发展的保障，其为硬环境和软环境共同作用产生的功能。从硬环境方面看，它会直接影响城镇人口的集聚强度；从软环境方面看，它是一种制度因素。作为制度性因素的软环境在前面已进行分析，它会通过作用于城镇地区市场化程度来影响专业化分工程度，进而影响第三产业的专业化和独立化，然后影响第三产业可持续发展（图 2-3）。如果用 czh 表示城镇发展环境功能，则可得到 $d(sc)/d(czh)>0$。

城镇创新功能是城镇获得比较优势和促使自身可持续发展能力不断强化的重要功能。较高的城镇高等教育质量，较强的专业技术研发能力，较多的专利及新产品研发的数量，以及政府政策创新、服务创新等都是提升专业化分工程度的重要因素。因此，城镇创新功能也成为促进第三产业专业化和独立化，进而促进第三产业可持续发展的重要因素（图 2-3）。同样地，如果用 czc 表示城镇创新功能，则可得到 $d(sc)/d(czc)>0$。

二、经济逻辑的数理模型表述

根据上面的分析，我们不妨再次假定城镇功能主要影响因素以柯布–道格拉斯函数形式影响第三产业发展，建立城镇功能与第三产业发展关系的函数：

$$sc=\left(czy\right)^{\alpha}\left(czj\right)^{\beta}\left(czh\right)^{\gamma}\left(czc\right)^{\delta} \tag{5.1}$$

其中，$0<\alpha$，β，γ，$\delta<1$，α、β、γ、δ 为常数。同时，城镇综合功能由 4 项城镇一级功能加权得到，因此可以得到 $cz=\lambda_1\times czy+\lambda_2\times czj+\lambda_3\times czh+\lambda_4\times czc$，其中 λ_i（i=1，2，3，4）是对应城镇一级功能的权重。显然人们总是希望最大化第三产业可持续发展能力，即

$$\max(sc) = (czy)^{\alpha}(czj)^{\beta}(czh)^{\gamma}(czc)^{\delta}$$
$$\text{s.t.}\quad cz = \lambda_1 \times czy + \lambda_2 \times czj + \lambda_3 \times czh + \lambda_4 \times czc \tag{5.2}$$

这样就能得到最大化第三产业可持续发展时的城镇功能主要因素强度：

$$czy = \frac{\alpha \times cz}{\lambda_1}, czi = \frac{\beta \times cz}{\lambda_2}, czh = \frac{\gamma \times cz}{\lambda_3}, czc = \frac{\delta \times cz}{\lambda_4} \tag{5.3}$$

式（5-3）说明，在一定城镇综合功能下，合理发展城镇功能的主要因素可以促进第三产业可持续发展。当然，如果保持城镇一级功能影响因素配置不变（权数不变），转而提升城镇功能也能促进第三产业可持续发展。由此得到命题 5.1。

命题 5.1：在城镇综合功能不变条件下，适当调整城镇一级功能影响因素的发展水平，合理配置好各项一级功能发展结构，能从总体上促进第三产业可持续发展，而在城镇一级功能影响因素配置不变的前提下，直接提升城镇功能更能带动第三产业可持续发展。

第二节　三峡库区第三产业可持续发展总体状况及城镇功能完善程度

一、三峡库区第三产业可持续发展总体情况

相较于渝西区，三峡库区第三产业具备一定的可持续发展基础。从表 5-1 中对三峡库区与渝西区第三产业可持续发展指标均值的对比分析可以发现，三峡库区第三产业可持续发展能力已经达到了渝西区第三产业可持续发展能力的 90% 左右。而渝西区第三产业可持续发展能力相当于我国中部地区的平均水平。由此可见，三峡库区已经具备了一定的第三产业可持续发展基础，因此可以通过促进第三产业可持续发展的方式促进城镇功能恢复、重建、提升。

相较于重庆都市区而言，三峡库区的第三产业可持续程度很低。从表 5-1 中不难看出，三峡库区各区县第三产业可持续发展指标的平均值尽管逐年提高，但远低于重庆都市区，历来占比处于重庆都市区的 56% ～ 63%。因此三峡库区第三产业可持续发展能力较低。

虽然三峡库区第三产业发展可持续发展水平很低，但总体逐年呈上升趋势。从表 5-1 三峡库区第三产业可持续发展指标历年的平均值明显可见，2004 ～ 2012 年三峡库区第三产业可持续发展指标介于 0.1625 ～ 0.1996（指标最高值是 1，表示可持续发展程度最高），比渝西区略低，远低于重庆都市区的平均水平。同时不难看出，三峡库区第三产业可持续发展水平从 2004 年的 0.1625 逐年上升，到 2006 年达到了 0.1844，2007 年降低到 0.183，随后几年保持缓慢增长，2012 年为 0.1996。

表 5-1　三峡库区、渝西区第三产业可持续发展指标均值的比较

年份	三峡库区指标均值	渝西区指标均值	重庆都市区均值
2004	0.1625	0.1721	0.2615
2005	0.1779	0.1826	0.2925
2006	0.1844	0.1901	0.3049
2007	0.1830	0.1906	0.3167
2008	0.1841	0.1864	0.3299
2009	0.1923	0.1976	0.3544
2010	0.1962	0.1976	0.3609
2011	0.1945	0.1949	0.3779
2012	0.1996	0.1972	0.3894

二、三峡库区城镇功能恢复重建状况

第三章中的城镇功能指标体系和本章提升城镇功能对第三产业可持续发展反馈作用的基本原理表明，我们可以通过城镇服务功能指标、城镇集聚功能指标、城镇发展环境指标和城镇创新功能指标来衡量城镇功能完善程度。三峡库区城镇服务功能、城镇集聚功能、城镇发展环境和城镇创新功能完善状况如下。

1. 服务功能

通过对三峡库区城镇服务功能各二级指标进行分析，消除共线性（重叠信息），并根据式（3.3）～式（3.5）计算，得到三峡库区各区县的城镇服务功能一级指标。为了便于分析三峡库区城镇服务功能恢复重建对第三产业可持续发展的影响，这里也给出渝西区和重庆都市区各区县城镇服务功能指标，结果见表 5-2。

表 5-2 三峡库区、渝西区和重庆都市区各区县城镇服务功能一级指标值比较

	县（区）	2004 年	2005 年	2006 年	2007 年	2008 年	2009 年	2010 年	2011 年	2012 年
三峡库区	渝北区	–0.1208	–0.0726	–0.0580	–0.0529	0.0097	0.1254	0.1834	0.2401	0.3217
	巴南区	–0.0994	–0.0408	–0.0222	–0.0267	0.0213	0.0891	0.1296	0.1818	0.2663
	涪陵区	0.0410	0.1348	0.0632	–0.0239	0.0276	0.0932	0.3372	0.3652	0.3996
	长寿区	–0.1044	–0.0535	–0.0334	–0.0412	0.0193	0.0852	0.0919	0.1319	0.2194
	江津市	–0.1103	–0.0532	–0.0390	–0.0405	0.0254	0.0713	0.1391	0.1740	0.2177
	万州区	–0.1332	–0.0453	–0.0057	–0.0607	–0.0045	0.0863	0.1244	0.1853	0.2956
	丰都县	–0.1383	–0.0880	–0.0765	–0.0750	–0.0105	0.0657	0.0801	0.1261	0.2352
	忠县	–0.1599	–0.0974	–0.0714	–0.0797	–0.0282	0.0142	0.0720	0.1116	0.1989
	开县	–0.2079	–0.1377	–0.1165	–0.1192	–0.0603	0.0107	0.0608	0.1127	0.2163
	云阳县	–0.1670	–0.1163	–0.0988	–0.1203	–0.0589	0.0120	0.0544	0.1077	0.2177
	奉节县	–0.1801	–0.1321	–0.1104	–0.1309	–0.0708	–0.0047	0.0532	0.1066	0.2211
	巫山县	–0.1667	–0.1109	–0.0999	–0.1096	–0.0510	0.0560	0.0518	0.1115	0.2174
	巫溪县	–0.1542	–0.1174	–0.0985	–0.1284	–0.0708	0.0797	0.0417	0.0845	0.1908
	武隆县	–0.1185	–0.0816	–0.0681	–0.0821	–0.0347	0.0753	0.0671	0.1270	0.2187
	石柱县	–0.1550	–0.1052	–0.0883	–0.0572	–0.0497	0.0792	0.0757	0.1360	0.2495
	秭归县	–0.1231	–0.0758	–0.0500	–0.0510	–0.0035	0.0474	0.0716	0.0983	0.1631
	巴东县	–0.1827	–0.1160	–0.0834	–0.0932	–0.0376	0.0461	0.0662	0.1072	0.1320
	均值	–0.1341	–0.0770	–0.0622	–0.0760	–0.0222	0.0607	0.1000	0.1475	0.2342
渝西区	合川市	–0.1277	–0.0682	–0.0372	–0.0224	0.0035	0.0406	0.0754	0.1124	0.1929
	永川市	–0.0892	–0.0272	0.0024	0.0206	0.0681	0.0397	0.1719	0.2074	0.2844
	南川市	–0.1187	–0.0645	–0.0458	–0.0519	–0.0047	0.0364	0.1101	0.1516	0.2419
	綦江县	–0.0926	–0.0485	–0.0426	–0.0632	–0.0076	0.0878	0.1000	0.1444	0.2407
	大足县	–0.1873	–0.1183	–0.0904	–0.0977	–0.0328	0.0442	0.0758	0.1214	0.1799
	潼南县	–0.2149	–0.1422	–0.1094	–0.1164	–0.0533	0.0648	0.0592	0.0912	0.1953
	铜梁县	–0.1637	–0.1046	–0.0814	–0.0980	–0.0372	0.0895	0.0739	0.1239	0.2442
	荣昌县	–0.1344	–0.0684	–0.0564	–0.0570	–0.0130	0.0620	0.0759	0.1162	0.2013
	璧山县	–0.1044	–0.0606	–0.0398	–0.0523	–0.0057	0.0471	0.0852	0.1309	0.2224
	均值	–0.1370	–0.0781	–0.0556	–0.0598	–0.0092	0.0569	0.0919	0.1333	0.2226

续表

	县（区）	2004 年	2005 年	2006 年	2007 年	2008 年	2009 年	2010 年	2011 年	2012 年
重庆都市区	渝中区	0.3382	0.3566	0.4569	0.5073	0.5338	0.5749	0.6002	0.6941	0.8359
	大渡口	–0.0539	0.0287	0.0681	0.0405	0.1900	0.2486	0.2595	0.3008	0.3958
	江北区	0.1803	0.1841	0.2407	0.2805	0.3167	0.3949	0.4178	0.4928	0.5949
	沙坪坝	–0.0470	0.0119	0.0316	0.0231	0.1277	0.1960	0.2063	0.2801	0.3880
	九龙坡	0.0549	0.1265	0.1639	0.1616	0.1817	0.2594	0.3061	0.3724	0.5008
	南岸区	0.0733	0.1155	0.1562	0.2824	0.2847	0.4896	0.4877	0.5458	0.6103
	北碚区	–0.0144	0.0230	0.0638	0.0397	0.1462	0.1876	0.3567	0.3972	0.4321
	均值	0.0759	0.1209	0.1687	0.1907	0.2544	0.3358	0.3763	0.4405	0.5368

从表 5-2 中的均值不难看出，三峡库区各区县城镇服务功能指标值很小，均值仅介于 –0.1341 ～ 0.2342，远低于重庆都市区各区的城镇服务功能指标值，与渝西区各区县的平均水平比较接近。三峡库区各区县的城镇服务功能在考察的 9 年间，2004 ～ 2007 年的提升幅度较小，2008 年后提升幅度较大，逐渐由负值转变为正值，增长迅速。重庆都市区城镇服务功能在考察期间提升幅度较大。这种趋势可从图 5-1 明显看出。

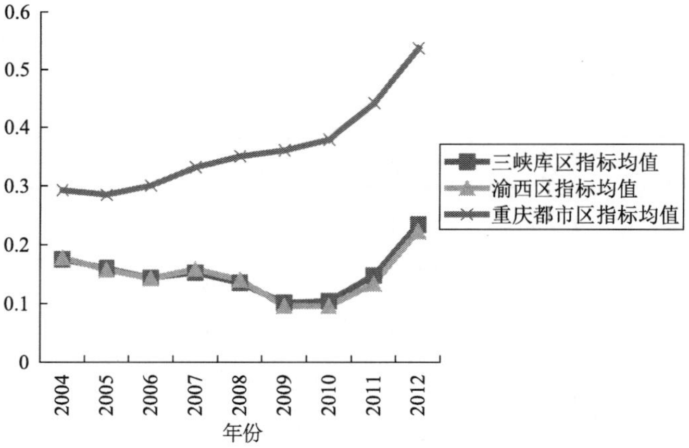

图 5-1　三峡库区、渝西区和重庆都市区城镇服务功能指标历年均值趋势

2. 集聚功能

同样地，通过对三峡库区城镇集聚功能各二级指标进行分析，并根据式（3.3）～式（3.5）计算，可得三峡库区各区县的城镇集聚功能一级指标。为便于分析三峡库区城镇集聚功能恢复重建对第三产业可持续发展的影响，这里

也给出渝西区和重庆都市区各区县城镇集聚功能一级指标，结果见表 5-3。

表 5-3 三峡库区、渝西区和重庆都市区各区县城镇集聚功能一级指标值表

	县（区）	2004 年	2005 年	2006 年	2007 年	2008 年	2009 年	2010 年	2011 年	2012 年
三峡库区	渝北区	0.2256	0.2727	0.3080	0.3705	0.4217	0.5109	0.5698	0.6996	0.7597
	巴南区	0.2651	0.2927	0.3454	0.4062	0.4621	0.4957	0.5446	0.6402	0.6991
	涪陵区	0.1924	0.2006	0.2362	0.2931	0.3360	0.4187	0.4741	0.6368	0.6951
	长寿区	0.1818	0.2258	0.3016	0.3418	0.3707	0.4167	0.4833	0.6051	0.6937
	江津市	0.2135	0.2051	0.2410	0.2668	0.2917	0.3349	0.3637	0.4090	0.4450
	万州区	0.2242	0.2326	0.2440	0.2862	0.3573	0.4864	0.5348	0.5781	0.6196
	丰都县	0.1333	0.1494	0.1612	0.1882	0.2101	0.2273	0.2563	0.2924	0.3371
	忠县	0.1438	0.1487	0.1746	0.2058	0.2242	0.2569	0.2748	0.3175	0.3559
	开县	0.1304	0.1396	0.1352	0.1630	0.1842	0.1868	0.2059	0.2380	0.2719
	云阳县	0.1262	0.1176	0.1462	0.1717	0.1813	0.2018	0.2242	0.2639	0.2962
	奉节县	0.0971	0.1001	0.1327	0.1648	0.1882	0.2068	0.2215	0.2581	0.2833
	巫山县	0.0986	0.0918	0.1131	0.1491	0.1683	0.1940	0.2077	0.2358	0.2606
	巫溪县	0.0806	0.1028	0.0990	0.1159	0.1418	0.1557	0.1698	0.1988	0.2204
	武隆县	0.1369	0.1650	0.1505	0.1937	0.2196	0.2334	0.2690	0.3166	0.3551
	石柱县	0.1027	0.1188	0.1470	0.1684	0.1895	0.2268	0.2432	0.2809	0.3223
	秭归县	0.1261	0.1328	0.1450	0.1423	0.1625	0.2103	0.2175	0.2240	0.2372
	巴东县	0.0962	0.1024	0.0750	0.0884	0.1047	0.1037	0.1412	0.1614	0.2002
	均值	0.1514	0.1646	0.1856	0.2186	0.2479	0.2863	0.3177	0.3739	0.4149
渝西区	合川市	0.1725	0.2042	0.2092	0.2260	0.2511	0.2813	0.3091	0.3655	0.3990
	永川市	0.2421	0.2392	0.3018	0.3547	0.3838	0.3945	0.4222	0.5202	0.5510
	南川市	0.1850	0.1784	0.2008	0.2450	0.2762	0.2898	0.3251	0.3978	0.4308
	綦江县	0.1879	0.1858	0.2293	0.3188	0.3477	0.4443	0.4923	0.4836	0.5283
	大足县	0.2254	0.2442	0.2685	0.3423	0.4007	0.4246	0.4778	0.4422	0.4806
	潼南县	0.1157	0.1714	0.1669	0.2029	0.2176	0.2667	0.3031	0.3360	0.3880
	铜梁县	0.1788	0.1714	0.1952	0.2261	0.2544	0.2832	0.3173	0.3735	0.4136
	荣昌县	0.1513	0.2119	0.1775	0.2221	0.2526	0.4195	0.4909	0.4262	0.4838
	璧山县	0.2561	0.2620	0.3112	0.3518	0.3947	0.4412	0.5087	0.5553	0.6414
	均值	0.1905	0.2076	0.2289	0.2766	0.3088	0.3606	0.4052	0.4334	0.4796

续表

	县（区）	2004 年	2005 年	2006 年	2007 年	2008 年	2009 年	2010 年	2011 年	2012 年
重庆都市区	渝中区	0.3396	0.3637	0.3725	0.4159	0.4531	0.6577	0.7060	0.8073	0.8950
	大渡口	0.5083	0.5286	0.5481	0.6201	0.7505	0.8794	0.9235	0.7621	0.7142
	江北区	0.3501	0.3960	0.4870	0.5527	0.6267	0.6832	0.7646	0.8654	0.9012
	沙坪坝	0.3398	0.3611	0.3977	0.4422	0.4710	0.5565	0.5990	0.6888	0.7699
	九龙坡	0.3872	0.4220	0.4527	0.4923	0.5315	0.6097	0.6922	0.7811	0.8624
	南岸区	0.4211	0.4441	0.4778	0.5317	0.6031	0.7591	0.7646	0.8599	0.8648
	北碚区	0.2430	0.2608	0.2946	0.3319	0.4040	0.4564	0.5047	0.5693	0.6284
	均值	0.3699	0.3966	0.4329	0.4838	0.5485	0.6574	0.7078	0.7620	0.8051

从表 5-3 中的均值不难看出，三峡库区各区县的城镇集聚功能达到了一定的水平，其指标均值已经从 2004 年的 0.1514 增长到 2012 年的 0.4149，但仍远低于重庆都市区各区的城镇集聚功能，略低于渝西区。尽管三峡库区的增长速度较快，但仍低于重庆都市区的增长速度，这种走势可从图 5-2 明显看出。

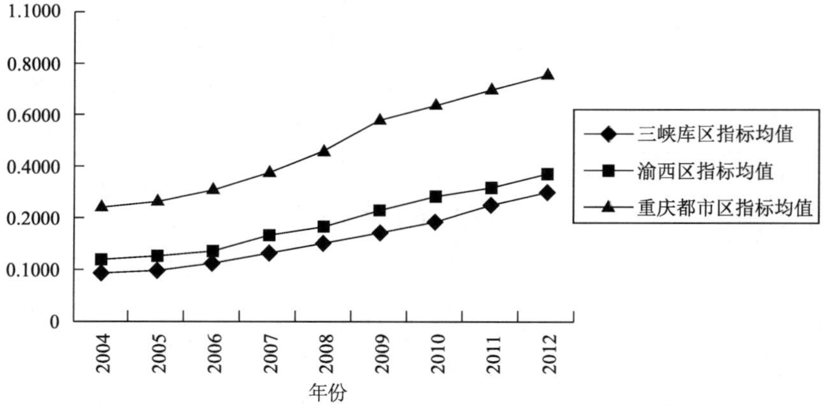

图 5-2　三峡库区、渝西区和重庆都市区城镇集聚功能指标历年均值趋势

3. 发展环境

通过对三峡库区城镇发展环境各二级指标进行分析，消除共线性（指标之间的重叠信息），并根据式（3.3）～式（3.5）计算得到三峡库区各区县的城镇发展环境指标。为便于分析三峡库区城镇发展环境恢复重建对第三产业可持续发展的影响，这里也给出渝西区和重庆都市区各区县城镇发展环境一级指标，

结果见表 5-4。

表 5-4　三峡库区、渝西区和重庆都市区各区县城镇发展环境一级指标比较

	县（区）	2004 年	2005 年	2006 年	2007 年	2008 年	2009 年	2010 年	2011 年	2012 年
三峡库区	渝北区	0.0812	0.0906	0.1025	0.1212	0.1364	0.1510	0.1771	0.2658	0.2940
	巴南区	0.0679	0.0698	0.0749	0.0834	0.0966	0.1080	0.1301	0.1468	0.1514
	涪陵区	0.0660	0.0688	0.0717	0.0769	0.0826	0.0969	0.1136	0.1378	0.1501
	长寿区	0.0471	0.0515	0.0546	0.0615	0.0687	0.0801	0.1027	0.1139	0.1231
	江津市	0.0554	0.0575	0.0599	0.0652	0.0719	0.0802	0.1003	0.1127	0.1172
	万州区	0.0614	0.0635	0.0669	0.0710	0.0793	0.0896	0.0978	0.1308	0.1491
	丰都县	0.0345	0.0373	0.0403	0.0452	0.0514	0.0600	0.0650	0.0820	0.0976
	忠县	0.0326	0.0350	0.0375	0.0415	0.0468	0.0520	0.0653	0.0766	0.0841
	开县	0.0258	0.0273	0.0309	0.0348	0.0402	0.0441	0.0758	0.0847	0.0922
	云阳县	0.0270	0.0296	0.0320	0.0354	0.0404	0.0467	0.0545	0.0758	0.0862
	奉节县	0.0247	0.0279	0.0311	0.0338	0.0400	0.0470	0.0546	0.0730	0.0806
	巫山县	0.0288	0.0338	0.0398	0.0450	0.0499	0.0545	0.0634	0.0826	0.0933
	巫溪县	0.0257	0.0284	0.0305	0.0349	0.0403	0.0505	0.0622	0.0835	0.0972
	武隆县	0.0352	0.0371	0.0400	0.0463	0.0549	0.0695	0.0974	0.1179	0.1291
	石柱县	0.0347	0.0372	0.0404	0.0463	0.0536	0.0607	0.0858	0.0985	0.1168
	秭归县	0.0364	0.0390	0.0417	0.0467	0.0524	0.0623	0.0709	0.0772	0.0855
	巴东县	0.0272	0.0289	0.0295	0.0354	0.0408	0.0493	0.0596	0.0683	0.0486
	均值	0.0419	0.0449	0.0485	0.0544	0.0615	0.0707	0.0868	0.1075	0.1174
渝西区	合川市	0.0400	0.0421	0.0451	0.0506	0.0556	0.0648	0.0893	0.0930	0.1047
	永川市	0.0536	0.0558	0.0602	0.0668	0.0759	0.0841	0.0958	0.1122	0.1177
	南川市	0.0354	0.0371	0.0393	0.0462	0.0560	0.0647	0.0810	0.0970	0.1077
	綦江县	0.0588	0.0606	0.0633	0.0693	0.0775	0.0909	0.0990	0.1290	0.1403
	大足县	0.0403	0.0428	0.0461	0.0506	0.0577	0.0649	0.0796	0.1036	0.1093
	潼南县	0.0276	0.0283	0.0303	0.0346	0.0387	0.0454	0.0542	0.0620	0.0694
	铜梁县	0.0385	0.0413	0.0436	0.0481	0.0543	0.0619	0.0703	0.0800	0.0925
	荣昌县	0.0441	0.0443	0.0478	0.0547	0.0608	0.0704	0.0852	0.1309	0.1355
	璧山县	0.0522	0.0548	0.0585	0.0639	0.0740	0.0807	0.1236	0.1515	0.1620
	均值	0.0434	0.0452	0.0483	0.0539	0.0612	0.0698	0.0864	0.1066	0.1155

续表

	县（区）	2004 年	2005 年	2006 年	2007 年	2008 年	2009 年	2010 年	2011 年	2012 年
重庆都市区	渝中区	0.6156	0.6260	0.6457	0.6556	0.6800	0.7331	0.7702	0.7732	0.8295
	大渡口	0.1596	0.1644	0.1754	0.1930	0.2174	0.2416	0.2460	0.2659	0.2665
	江北区	0.1853	0.1873	0.2028	0.2295	0.2586	0.2764	0.3004	0.4113	0.4644
	沙坪坝	0.1592	0.1648	0.1727	0.1936	0.2060	0.2223	0.2212	0.2390	0.2776
	九龙坡	0.1542	0.1591	0.1637	0.1761	0.1856	0.2026	0.2234	0.2631	0.2771
	南岸区	0.1730	0.1779	0.1857	0.2013	0.2176	0.2411	0.2557	0.2958	0.3194
	北碚区	0.0985	0.1006	0.1044	0.1128	0.1241	0.1385	0.1509	0.1768	0.1976
	均值	0.2208	0.2257	0.2358	0.2517	0.2699	0.2937	0.3097	0.3465	0.3760

从表 5-4 的城镇发展环境功能指标均值可以看出，三峡库区各区县的城镇发展环境指标值很小，仅仅介于 0.0419 ～ 0.1174，远远低于重庆都市区各区的城镇发展环境指标值，与渝西区的平均水平比较接近。总体来看，三峡库区城镇发展环境在 9 年考察期间有一定的改善，但改善幅度很小；渝西区城镇发展环境前 2 年虽然略高于三峡库区，但在 2006 年以后反而滞后于三峡库区；重庆都市区城镇发展环境远远好于三峡库区和渝西区，在 9 年考察期间，前两年提升幅度较小，近几年的提升速度较快，2012 年达到 0.376 的水平。这种走势可从图 5-3 明显看出。

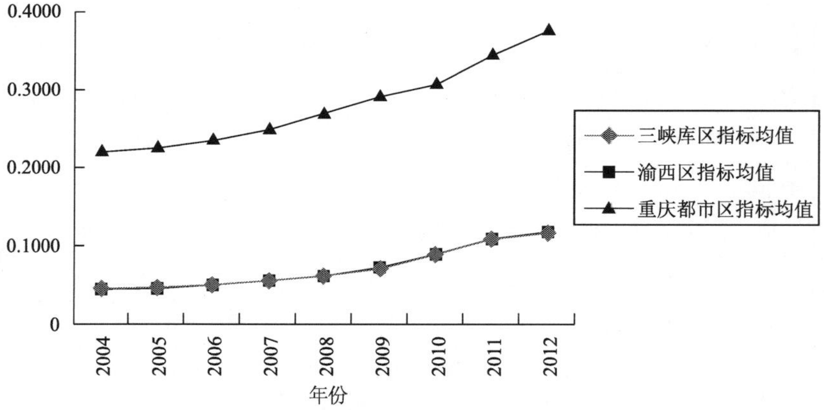

图 5-3　三峡库区、渝西区和重庆都市区城镇发展环境指标历年均值趋势

4. 创新功能

运用主成分分析方法对三峡库区城镇创新功能各二级指标进行分析，消除

共线性（指标之间的重叠信息），并根据式（3.3）～式（3.5）计算得到三峡库区各区县的城镇创新功能一级指标。为便于分析三峡库区城镇创新功能恢复重建对第三产业可持续发展的影响，这里也给出了 1999 ～ 2012 年渝西区和重庆都市区各区县城镇创新功能一级指标，结果见表 5-5。

表 5-5 三峡库区、渝西区和重庆都市区各区县城镇创新功能一级指标值比较

	县（区）	2004 年	2005 年	2006 年	2007 年	2008 年	2009 年	2010 年	2011 年	2012 年
三峡库区	渝北区	0.3298	0.2408	0.3450	0.4114	0.3398	0.4517	0.5387	0.6016	0.5855
	巴南区	0.1675	0.1415	0.2270	0.2371	0.2746	0.2575	0.3213	0.2917	0.2135
	涪陵区	0.1589	0.1978	0.1964	0.2541	0.3045	0.3445	0.4207	0.6021	0.5677
	长寿区	0.2398	0.3005	0.2492	0.3264	0.2558	0.2096	0.2096	0.2046	0.1713
	江津市	0.2002	0.2043	0.1915	0.2453	0.2373	0.3049	0.3569	0.3906	0.4302
	万州区	0.1048	0.1024	0.1111	0.1244	0.2360	0.2825	0.3064	0.3315	0.3557
	丰都县	0.0979	0.1042	0.0977	0.1421	0.2397	0.1872	0.1776	0.1021	0.1485
	忠县	0.0572	0.0394	0.0974	0.1440	0.2409	0.2069	0.2030	0.1851	0.2040
	开县	0.0766	0.0967	0.1539	0.1582	0.1400	0.1582	0.1602	0.2070	0.2527
	云阳县	0.0707	0.0407	0.0651	0.0710	0.0832	0.0771	0.0629	0.1058	0.2366
	奉节县	0.0738	0.0784	0.0898	0.0931	0.1680	0.1893	0.1773	0.1672	0.1436
	巫山县	0.0408	0.0682	0.0681	0.0985	0.1490	0.0897	0.1194	0.1192	0.1156
	巫溪县	0.0057	0.0162	0.0401	0.0677	0.1094	0.0903	0.0796	0.0531	0.0756
	武隆县	0.1733	0.1274	0.1035	0.1693	0.1442	0.1389	0.2017	0.1387	0.3282
	石柱县	0.1140	0.1024	0.1100	0.1399	0.1735	0.2161	0.1587	0.2083	0.3096
	秭归县	0.0481	0.0524	0.0631	0.0200	0.0033	0.0038	0.0108	0.0132	0.0000
	巴东县	0.0362	0.0801	0.0984	0.0640	0.0241	0.0000	0.0158	0.0000	0.0000
	均值	0.1174	0.1173	0.1357	0.1627	0.1837	0.1887	0.2071	0.2189	0.2434
渝西区	合川市	0.1328	0.1577	0.1373	0.1561	0.1943	0.2309	0.3294	0.2615	0.2618
	永川市	0.2098	0.2542	0.2064	0.2330	0.2746	0.2633	0.4285	0.4012	0.3267
	南川市	0.1741	0.1934	0.2419	0.2383	0.2697	0.1780	0.1876	0.1491	0.1925
	綦江县	0.1451	0.1108	0.1009	0.1136	0.1201	0.1401	0.2131	0.1780	0.2001
	大足县	0.1688	0.1060	0.1369	0.2663	0.2994	0.3142	0.3915	0.3354	0.3672

续表

	县（区）	2004年	2005年	2006年	2007年	2008年	2009年	2010年	2011年	2012年
渝西区	潼南县	0.1062	0.1191	0.1404	0.1485	0.1693	0.1958	0.2229	0.1825	0.2052
	铜梁县	0.1633	0.1748	0.1375	0.1831	0.2455	0.2314	0.2957	0.2072	0.3411
	荣昌县	0.0871	0.1347	0.1755	0.1974	0.2546	0.2689	0.3944	0.4557	0.4360
	璧山县	0.1436	0.1711	0.2008	0.2448	0.2347	0.2024	0.2691	0.3597	0.5294
	均值	0.1479	0.1580	0.1642	0.1979	0.2291	0.2250	0.3036	0.2811	0.3178
重庆都市区	渝中区	0.1446	0.1742	0.1956	0.2204	0.2871	0.2124	0.1768	0.1987	0.2704
	大渡口	0.3406	0.2510	0.2623	0.3641	0.4332	0.2828	0.2322	0.2281	0.2279
	江北区	0.2654	0.1511	0.1801	0.2007	0.1874	0.3479	0.3902	0.4169	0.4117
	沙坪坝	0.1141	0.1670	0.1909	0.2511	0.2722	0.3014	0.3389	0.4038	0.3491
	九龙坡	0.1390	0.1498	0.1695	0.2721	0.2656	0.2796	0.3264	0.3519	0.3207
	南岸区	0.2092	0.2158	0.2419	0.2858	0.3359	0.4102	0.3778	0.4175	0.5768
	北碚区	0.1147	0.2019	0.2106	0.2287	0.2754	0.2914	0.2722	0.4139	0.3997
	均值	0.1897	0.1873	0.2073	0.2604	0.2938	0.3037	0.3021	0.3473	0.3652

从表 5-5 中的城镇创新功能指标均值可以得出，三峡库区各区县的城镇创新功能指标值远远低于重庆都市区各区的城镇创新功能指标值，且三峡库区各区县的城镇创新功能指标值也略低于渝西区的城镇创新功能指标值。总体上看，三峡库区城镇创新功能在 9 年考察期间整体水平不高（不到 0.25，即最高水平的 1/4），提升幅度不大，增长速度较慢。渝西区 2009 年前发展也比较缓慢，但 2010 年飞速增长至 0.3036，达到同年重庆都市区的平均水平，不过 2011 年略微下降，2012 年继续上升。这种状况可从图 5-4 清楚得出。

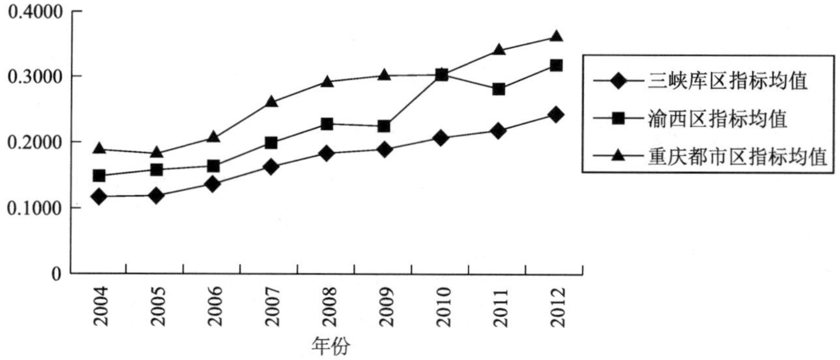

图 5-4　三峡库区、渝西区和重庆都市区城镇创新功能指标历年均值趋势

第三节 三峡库区城镇功能恢复重建对第三产业可持续发展促进作用的计量分析

一、模型和核心变量选择

下面我们将检验前面提出的观点：城镇功能恢复重建对第三产业可持续发展具有正向反馈作用。根据前面的讨论，本节将选择一些影响第三产业可持续发展与城镇功能恢复重建的变量，建立模型，解释回归结果并提出相关政策含义。

模型和核心变量选择。根据数理模型式（5.1），可建立如下实证模型来分析三峡库区、渝西区和重庆都市区数据样本范围内的可能影响各区县第三产业可持续发展能力和城镇功能完善程度的主要因素，以及这些影响因素在分区域样本数据范围内的差异化。

$$sc_{i,t} = \alpha_0 + \alpha \cdot czy_{i,t} + \beta \cdot czj_{i,t} + \gamma \cdot czh_{i,t} + \delta \cdot czc_{i,t} + \varepsilon_{i,t} \tag{5.4}$$

其中，i 和 t 分别表示区县和时间，α_0 和 $\varepsilon_{i,t}$ 分别为常数项和误差项。

1. 被解释变量

本节的被解释变量 $sc_{i,t}$ 为 i 区县 t 期的第三产业可持续发展综合指标，第三产业可持续发展综合指标可通过其对应的二级指标和三级指标运算获得，见第三章第三节中的分析。

2. 解释变量

城镇服务功能（czy）。城镇服务功能是人口集中的前提，而人口相对集中是当地服务业——第三产业发展的基础之一，因此选用这一指标。

城镇集聚功能（czj）。城镇集聚功能是城镇地区产业集聚、交通集结、产业劳动力集中的前提，而产业集聚、交通集结、产业劳动力集中是城镇地区第三产业发展的根本，故选用这一指标。

城镇发展环境功能（czh）。发展环境是城镇地区产业发展和人才聚集的基础，而产业发展和人才聚集是城镇地区第三产业发展的重要环境，因此选用这一指标。

城镇创新功能（*czc*）。城镇创新功能是城镇地区经济发展的动力源泉，而经济发展动力的提升是城镇地区第三产业快速发展的重要途径，故选用这一指标。

值得说明的是，上述解释变量对应着四个城镇功能一级指标，其指标构建过程见第三章第三节的分析。同样是为了减少异方差性和多重共线性，在做计量分析时上述解释变量都选用对数形式。

3. 数据来源及处理方法

同第四章的定量分析一样，下文所有定量分析用到的基础数据都来自 2005 ～ 2013 年的《重庆统计年鉴》、《湖北统计年鉴》，以及对应的三峡库区 17 个县（区、市）及对照区 —— 渝西区 9 个县（区、市）和重庆都市区 7 区的各年统计年鉴。在进行相关性分析、内生性分析和面板回归分析之前，本书对基础数据作了脱量纲处理，形成了 9×33×4 个城镇功能一级指标、9×33 个城镇功能综合指标和 9×33×34 第三产业一级指标、9×33 个第三产业综合指标[①]。在城镇功能与第三产业的一级和二级指标基础上进行实证分析。因所取解释变量中包括各个县（区、市）的 27 项基础因素数据（三级指标对应的因素），而各县（区、市）统计口径不一致，尤其是湖北四县与重庆各县（区、市）统计口径不一致，因此 2004 年前各个县市的很多基础数据无从获得。同时，湖北省的夷陵区和兴山县的统计数据也极不统一，因此在下面的定量分析中予以忽略。

最终形成的样本时间序列跨度为 2004 ～ 2012 年，截面跨度为 33 个县（区、市），采取庞大的三级指标数据[②] 定量分析。对原始数据进行标准化和三级指标处理并最终形成城镇功能和第三产业发展一级指标和二级指标的原因是，原始数据中变量的量纲不一致，难以确保结果的客观性和科学性，不能很好地体现指标之间结构关系。根据式（3.1）对原始数据进行了标准化处理。

二、计量结果及说明

运用第三章获得的城镇功能一级指标和第三产业可持续发综合指标，我们可以定量分析城镇功能提升对第三产业可持续发展的促进作用。以 2004 ～ 2012

① 指标体系构建方法及指标赋值结果见第三章。
② 数据过于庞大在此不予给出，参见附录 A 中的对应部分。

年研究系统中三大地区的各个区县第三产业发展指标为基础，最终得到了三峡库区第三产业可持续发展综合指标和三峡库区城镇服务功能指标、城镇集聚功能指标、城镇发展环境和城镇创新功能指标。本节选取城镇功能指标作为定量分析的基础。

1. 面板模型构建

为了实证城镇功能恢复重建对第三产业可持续发展的正向反馈作用，我们遵循如下思路构建模型。由于城镇功能 4 个一级影响因素对第三产业发展都存在着正相关性，同时，通过具体数据相关矩阵分析，发现城镇功能 4 个一级影响因素之间存在严重多重共线性，因此我们建立双对数模型来削弱变量之间的共线程度，因此根据理论模型式（5.5）建立面板模型。

$$Ln\left(sc_{i,t}\right)=\alpha_0+\alpha Ln(czy_{i,t})+\beta Ln(czj_{i,t})+\gamma Ln(czh_{i,t})+\delta Ln(czc_{i,t})+\varepsilon_{i,t} \quad (5.5)$$

其中，i 和 t 分别表示县（区、市）和时间，α_0 和 $\varepsilon_{i,t}$ 分别为常数项和误差项。式（5.5）与式（5.4）反映的经济学含义一致，但式（5.5）含义更为具体。

值得说明的是，由于样本的时间序列跨度只有 9 年，而我们希望通过对比分析变量的变化趋势和总体情况，因此将总面板（各区县 2004 ～ 2012 年的样本）分为两个部分：各区县 2004 ～ 2007 年的样本与各区县 2008 ～ 2012 年的样本，并以此进行总体情况分析和历史发展前后比较。

2. 面板回归结果

根据式（5.5），对面板数据进行回归后得到如下参数值及检验结果（表 5-6）。

表 5-6　三峡库区、渝西区和重庆都市区城镇功能主要影响因素对第三产业发展影响的面板模型分析

变量名		2004 ～ 2012 年	2004 ～ 2007 年	2008 ～ 2012 年
三峡库区	$\lg(czy_k)$	0.112819 （1.788545*）	0.077700 （0.788787**）	–0.033238 （–0.882993**）
	$\lg(czj_k)$	0.058321 （0.956693**）	–0.150298 （1.498945**）	0.362648 （3.989270）
	$\lg(czh_k)$	0.088900 （1.329573**）	0.272618 （2.640860）	–0.160746 （–2.513471）
	$\lg(czc_k)$	–0.039270 （–3.188634）	–0.037254 （–1.102091**）	–0.002517 （–0.184698**）

续表

变量名		2004～2012年	2004～2007年	2008～2012年
三峡库区	截面效应	Fixed	None	None
	时间效应	None	Fixed	Fixed
	R^2	0.272846	0.261370	0.494391
	F	4.377618	3.033063	7.170626
	样本量	9×17	4×17	5×17
渝西区	$\lg(czy_y)$	–0.099264 (–2.252500)	0.582821 (3.592785)	–0.040365 (–0.965926**)
	$\lg(czj_y)$	0.119018 (1.777236*)	0.281358 (1.812845*)	0.168688 (1.802219*)
	$\lg(czh_y)$	0.066899 (1.046365**)	0.062290 (0.449342**)	0.020445 (0.298478**)
	$\lg(czc_y)$	–0.072289 (–1.908320*)	–0.044675 (–0.464081**)	–0.121436 (–2.402864)
	截面效应	Fixed	None	Fixed
	时间效应	None	None	None
	R^2	0.821461	0.242047	0.902526
	F	26.07241	3.196301	24.69095
	样本量	9×11	4×11	5×11
重庆都市区	$\lg(czy_d)$	0.333038 (3.132735)	0.620816 (3.347367)	0.242133 (1.706897*)
	$\lg(czj_d)$	–0.327613 (–3.926206)	–0.364007 (–2.849368)	–0.635123 (–4.332067)
	$\lg(czh_d)$	0.747203 (11.11235)	0.528946 (5.361246)	0.909569 (9.278078)
	$\lg(czc_d)$	–0.161140 (–2.251251)	–0.119668 (–1.200168**)	–0.142698 (–1.355852**)
	截面效应	None	None	None
	时间效应	None	None	Fixed
	R^2	0.923084	0.9456610	0.943363
	F	174.0185	100.0668	54.13248
	样本量	9×7	4×7	5×7

* 表示在5%的水平上不显著；** 表示在10%的水平上不显著；其他表示在5%的水平上显著

注：被解释变量是 $\log(sc_{i,t})$；括号内数据为 t 检验值，为便于对比分析，本表不报告常数项和其他检验项目。在时间固定效应和时间随机效应下，回归后的 R^2 已经不能反映被解释变量与解释变量之间的相关关系，不具有实际意义

3．面板回归结果分析

从表5-6的回归结果可以看出，2004～2012年三峡库区的城镇服务功

能、城镇集聚功能和发展环境的对数变量前面的系数为正值，说明在该考察期间，服务功能、集聚功能、发展环境对第三产业可持续发展的相对贡献度为正。因此从总体上看，考察期内三峡库区城镇的服务功能、集聚功能、发展环境对第三产业可持续发展有促进作用。同时也可发现，与 2004 ～ 2007 年相比，2008 ～ 2012 年城镇集聚功能和创新功能的相对贡献度在增加（分别从 –0.150298 和 –0.37254 增加到 0.362648 和 –0.002517），这说明最近几年三峡库区城镇集聚功能和创新功能对第三产业的促进作用在明显增强。因此在今后的发展中需要更加注重改善三峡库区的产业、交通、人口集聚功能，需要继续加强三峡库区科研支持力度。

三峡库区城镇的创新功能在整个考察期内对第三产业发展具有抑制作用，数据显示，2004 ～ 2012 年创新功能对第三产业的相对贡献度为负。而且，两阶段中，与 2004 ～ 2007 年相比，2008 ～ 2012 年创新功能相对贡献度降低。这表明，考察期内城镇创新功能不仅对第三产业发展起不到促进作用，反而对其发展具有削弱作用。三峡库区城镇创新功能对第三产业发展呈削弱作用的原因可能与城镇创新功能过于弱小有关，也可能与三峡库区、甚至库区外的创新成果无法在当地转化为新的生产力有关。因此，今后三峡库区在注重提升城镇创新功能的同时，还需更加注重当地及外地创新成果的转化运用问题。

从表 5-6 中有关三个区域的对比中可发现，三峡库区城镇服务功能对第三产业可持续发展的相对贡献介于渝西区和重庆都市区之间（它们的对数回归系数分别为 0.112819、–0.099264、0.333038）。这说明三峡库区城镇服务功能对第三产业的促进作用强于渝西区，但弱于重庆都市区，其相对贡献度不到重庆都市区的一半，因而相对重庆都市区来说，三峡库区的促进作用是较弱小的。但三峡库区城镇服务功能的相对贡献度比渝西区高，这可能与三峡工程实施中大量政策性资金投入城镇迁建对三峡库区城镇宜居条件的大幅度改善有关。因此在今后的发展中如要进一步维持和提升三峡库区城镇宜居条件，则可能需要国家投入更多的资金、出台更强有力的扶持政策。

从表 5-6 中三个区域城镇集聚功能变量可看出，三峡库区、渝西区和重庆都市区的对数变量回归系数分别为 0.058321、0.119018、–0.327613，三峡库区和渝西区的城镇集聚功能对第三产业可持续发展的相对贡献度为正，重庆都市区为负，三峡库区界于重庆都市区和渝西区之间。这说明在整个考察期内，三峡库区城镇集聚功能对第三产业发展虽有促进作用，但相对于渝西区其发挥的作用还十分微弱。这可能与三峡库区产业集聚水平低、人口集中度和水陆交通利用率不高有关。三峡库区在今后的发展中需要大力推动具有一定上下游联系的企业向产业园区集聚，而不是人为地、简单地把不同产业集中在某一地理空间上；同时，还应积极引导就业人员向城镇产业集中，而不是简单地把农业人口转变为城镇人口；此外，还需加大水路交通基础设施建设力度，并提高其利用率。

在表 5-6 中，2004 ～ 2012 年三峡库区、渝西区和重庆都市区的城镇发展环境对第三产业可持续发展的相对贡献度分别是 0.088900、0.066899、0.747203，三峡库区略大于渝西区，但前二者远小于重庆都市区。这说明考察期内三大区域的城镇发展环境对第三产业可持续发展都具有促进作用，但三峡库区和渝西区的促进作用较弱，不到重庆都市区 1/10。这可能与三峡库区的各类政策性软环境的改善尚未及时转化为促进第三产业发展和城镇功能提升的动力有关；三峡库区的政策性软环境优化和城镇公共基础设施建设主要针对移民迁建问题，而非面向第三产业发展；而三峡库区的硬环境经原样重置后仍与渝西区、重庆都市区存在很大的差距，同时三峡工程对库区城镇原有硬环境具有一定的破坏作用，这种破坏通过传导作用会对第三产业发展产生一定的抑制。因此三峡库区在今后的发展中需要尽快改变这种不利状况，即政策性软环境的改善不仅要注重移民迁建，更要注重对包括第三产业在内的产业发展环境的改进；同时还需加快三峡库区城镇及其周边地区的硬环境建设，增强三峡库区与其腹地及外界联系的通达性。

在表 5-6 中，2004 ～ 2012 年三峡库区、渝西区和重庆都市区的城镇创新功能对第三产业可持续发展的相对贡献度分别是 –0.03927、–0.072289、–0.161140。从总体上看，三峡库区和重庆都市区的城镇创新功能对其第三产业可持续发展有抑制作用，但三峡库区的抑制作用远低于重庆都市区。从 2004 ～ 2007 年和 2008 ～ 2012 年两个时间段的回归系数来看，渝西区和重庆都市区的相对贡献度都在减弱；但三峡库区相对贡献度在增强。因此在今后的发展中，三峡库区应该再接再励，投入更大的精力来提升城镇创新功能，尤其要把自身的创新成果尽快转化为当地的生产力；同时还需积极引进和利用三峡库区外实用性强的科技成果，以加速库区城镇的产业发展。

总之，理论分析和计量分析表明：第一，三峡库区跟渝西区和重庆都市区一样，其城镇服务功能、城镇集聚功能和城镇发展环境对第三产业发展具有正向反馈作用，但三峡库区城镇集聚功能的正向反馈作用相对较弱；第二，三峡库区跟其他两大对照区一样，城镇功能恢复重建和第三产业可持续发展之间存在着相互促进关系；第三，既使在一定的城镇综合功能不变的条件下，适当调整城镇服务功能、城镇集聚功能、城镇发展环境和城镇创新功能影响因素的发展水平，合理配置好城镇服务功能、城镇集聚功能、城镇发展环境和城镇创新功能的功能结构，也能从总体上促进第三产业可持续发展。

第四节　增强城镇功能恢复重建对第三产业可持续发展正向反馈作用的条件

1. 改进的城镇服务条件

服务功能是城镇发展的根本，如果一个城镇不能给居民提供安居乐业的生活条件，自然不会有人口尤其是高素质人群的进一步集聚，甚至会出现原有城镇人口的迁出。而一定规模的城镇人口是城镇集聚功能、城镇发展环境和城镇创新功能正常发挥的基础。当然，城镇服务功能不能满足过多的城镇人口需要时，会导致较大的就业压力，降低城镇给居民提供的公共设施、公共产品和公共服务的功能与效率。相较于重庆市主城和渝西地区，当前三峡库区的教育服务、医疗卫生服务和便民利民服务条件等都还不够完善。这些城镇服务条件的不完善，自然会影响库区第三产业的可持续发展。因此，中央政府和地方各级政府非常重视三峡库区城镇服务设备和设施建设，这将有利于提升库区城镇整体功能，进而促进库区第三产业可持续发展。

2. 提升的城镇集聚功能

一个城镇的产业发展是这个地区城镇发展的引擎。产业发展了，尤其是第二产业和第三产业发展起来，才会有产业向城镇集聚。而产业的城镇集聚要求产业管理者、工程技术人员、生产人员和服务人员的集聚，这将促进城镇就业人员的增加，以及人口向城镇集聚，而城镇人口的集聚会进一步增加对产品和生产工具的直接需求和引致需求。完备的交通运输条件是城镇产业发展和人口集聚的加速器。良好的外联交通条件是城镇产业辐射范围向外延伸的基础，也为城镇以外的生产及人口向城镇集聚提供了更好的迁移条件。良好的城镇内部交通条件也是城镇实现服务功能和集聚功能的重要条件，也是实现城镇产业分工和集聚经济的保障条件。

当前三峡库区城镇产业集聚能力较弱、人口集聚程度较低（从城镇化率可以看出）、陆上交通稀疏，这既不利于库区城镇整体功能的恢复、重建和提升，也不利于用恢复、重建城镇功能方式促进库区第三产业可持续发展。

3. 改善的发展环境

城镇环境集中表现在政策环境、居民诚信环境、自然环境、人口受教育程度环境、金融存贷环境、财政收支环境和经济发展环境等方面。政策环境又称制度环境，它是城镇功能正常发挥的制度保障；居民诚信环境是城镇功能正常运作的道德保障;制度环境及居民诚信环境统称为社会环境，具体包括社会服务、方针政策、法规条例、社会治安等，良好的社会环境是地区城镇功能正常发挥作用的前提和保障；金融存贷环境、财政收支环境和经济发展环境等则是城镇集聚功能正常发挥的根本保证；自然环境和人口环境是城镇功能发挥的基础性条件。环境与发展是统一的，环境保护也是城镇可持续发展的基本保证条件。

当前，三峡库区的政策环境和居民诚信环境比较好，但相对重庆市主城区和渝西区，在自然环境、人口受教育程度、金融存贷环境、财政收支环境和经济发展环境等方面较差。这不利于库区城镇功能的恢复、重建和提升，更不利于库区第三产业可持续发展。

4. 提高城镇创新能力

城镇创新能力，包括城镇高等教育质量、专业技术及研发能力、专利及新产品研发的数量与水平、政府政策措施创新和服务创新能力等。这些城镇创新能力集中表现在城镇教育科研机构的数量、专业技术人员规模和水平、城镇实际的研发能力、城镇所在地政府政策和制度创新能力及政府服务创新能力四个方面。然而三峡库区城镇功能在四个方面都相当低下。

城镇教育科研实力是城镇实现创新功能的根本，没有较强的教育科研实力就不可能存在城镇创新，而人力资本又是其重要的衡量指标。人力资本是人们花费在学习、健康、能力获取等方面的开支所形成的资本，包括劳动力数量、素质与构成。R&D 资本是由研究和开发活动所形成的资本，是为储存知识和技术总量，以及运用这些知识和技术而进行的系统的、创造性的工作。人力资本和研发资本的提高，不仅能适应科技进步的要求，而且能提高有形资本的经济贡献度，从而加速经济和产业的发展。人力资本和研发资本的增加，能有效提高资本及劳动力的生产效率，从而促进经济社会的可持续发展，也能进一步加速城镇功能的完善。不断增加的政府政策制度创新能力和政府服务创新能力是城镇提升集聚功能和强化服务功能、发展环境的重要条件。三峡库区这方面长期存在不足，因而三峡库区劳动生产率较低，产业集聚和人口集聚能力弱，服务能力和发展环境改善速度慢，不利于第三产业可持续发展。

研究中发现，城镇功能既是第三产业发育水平的标志，又是第三产业发展扩张的基础。第三产业发展规模大、业态全、水平优，城镇才可能较为全面地提供服务；第三产业能够提供全方位、精细化的生产性服务，城镇产业才可能向外辐射、产业集群方有可能形成、集聚功能才可能成为现实。因为只有城镇具备良好的公共设备设施，优良的政策、文化环境，较高的管理水平、人口素质等发展功能条件，第三产业才可能蓬勃发展。而蓬勃发展的第三产业又不断地对环境提出更高的要求，并不断为城镇环境的改善提供保障。至于城镇的创新功能，它在本质上就属于第三产业范畴，能落实到经济发展上的创新活动必然需要第三产业的广泛支撑。目前，由于三峡库区城镇服务条件、城镇集聚能力、城镇发展环境和城镇创新功能都不太理想，因此三峡库区恢复、重建城镇功能的任务还比较重，以恢复、重建和提升城镇功能的方式促进第三产业可持续发展还任重道远。

第六章
三峡库区第三产业与城镇功能良性互动发展关系及现实基础

第一节　第三产业可持续发展与城镇功能恢复重建的良性内生互动关系

一、第三产业可持续发展与城镇功能恢复重建的内生互动定理—

根据第四章和第五章的分析，城镇辐射与带动腹地经济增长的必要条件是城镇功能较为完善和第三产业可持续发展；而区域经济发展的重要途径之一，就是通过城镇化带动服务业发展，进而促进整个第三产业可持续发展，反过来，第三产业可持续发展又通过反馈机制促进城镇功能的提升。因此我们可以得到如下定理。

定理 6.1：城镇功能恢复重建与第三产业可持续发展之间存在螺旋式内生性互动关系。两者中任何一方受到良性外生作用力的推动都会促使对方发展，并反馈到自身，然后引发两者螺旋式良性循环发展；而当任何一方受到不利外生作用冲击时，则会削弱对方发展，并反馈到自身，然后引致两者螺旋式恶性循环发展。

定理 6.1 体现了第二章中的命题 2.1、命题 2.2、命题 2.3 的核心内容，也是对两者之间内生互动关系进行定量分析的理论基础。

二、三峡库区第三产业可持续发展与城镇功能恢复重建内生互动关系定量分析

三峡库区第三产业可持续发展与城镇功能恢复重建之间的内生性互动关系主要表现在：通过第三产业的快速发展来加快培育城镇第二产业，从而不断提高三峡库区城镇生产水平和自我发展能力。而三峡库区城镇第二产业的发展壮大和城镇生活水平及自我发展能力的提升，又直接推动着三峡库区第三产业可持续发展；第三产业的各种形态，尤其是现代服务业的发展，可以提升城镇的服务功能、集聚功能，改善城镇发展环境，强化辐射功能，促进要素流入、衔接国家政策；而城镇服务功能、集聚功能和城镇发展环境的提升和改善又直接和间接地推动第三产业地发展，并为第三产业的可持续发展提供动力。

经济现象是经济关系内在规律的一种体现，而经济现象所表现出来的良性互动关系可以通过经济变量之间相互促进作用的内生性关系体现。因此可以通过检验三峡库区第三产业可持续发展与城镇功能恢复重建之间的内生促进作用，实证两者之间的良性互动关系。本章定量分析范围、基础数据处理与自变量、因变量选择等与第四章、第五章完全一致，这里不再赘述，仅分析内生性互动关键的原理。

1. 城镇功能恢复重建对第三产业可持续发展的内生良性互动关系分析

Hausman（1978）首先提出关于变量内生性的检验方法，Davison 和 MacKinnon（1989，1993）又提出一种借助辅助回归进行 Hausman 检验的方法。检验原理和分析过程如下：

假定需要作如下回归：

$$sc_t = \beta_0 + \beta_1 scj_t + \beta_2 scz_t + \beta_3 scm_t + \beta_4 cz_t + u_t \tag{6.1}$$

回归结果如下：

$$sc = -0.00852 + 0.30268 \times scj + 0.33400 \times scm + 0.36740 \times scz + 0.00327 \times cz \tag{6.2}$$

$$(-9.95072) \quad (198.61) \quad (122.05) \quad (146.67) \quad (2.46)$$

$$R^2 = 0.999388 \quad SSE=0.0019 \quad DW=0.6278 \quad F=111782.3 \quad T=279$$

其中，cz_t 有可能是由 sc_t 决定的内生变量。那么对式（6.2）的 OLS 估计量一定是有偏的和不一致的。为了检验 cz_t 的内生性，应该找到一组工具变量，既与 cz_t 高度相关，又与式（6.1）中的误差项 u_t 不相关。工具变量的选择在实际分析中

是非常重要的一步。比如，选择 czy_t 和 czj_t 作为工具变量。工具变量的回归与相关性分析如下：

$$cz = 0.02040 + 0.598740 \times czy + 0.30768 \times czj \qquad (6.3)$$

（3.771166）（29.11084）　（16.10036）

R^2= 0.96048 SSE=0.184229 DW=1.306265 F= T=279

显然相关性很强。同时式（6.2）残差与 cz_t 相关性分析发现，相关系数 r = –5.7E–14，两者相关性很低，可视为不相关。

而内生性 Hausman 检验则可通过如下两次回归完成。

第一个回归式是用待检验变量 cz_t 对式（6.2）中的全部外生变量 scj_t，scz_t，scm_t 和选定的工具变量 czy_{t1}，czj_{t2} 回归。

$$sc_t = \alpha_0 + \alpha_1 scj_t + \alpha_2 scz_t + \alpha_3 scm_t + \alpha_4 czy_{t1} + \alpha_5 czj_{t2} + v_t \qquad (6.4)$$

回归结果如下：

sc=0.008 + 0.302×scj + 0.334×scm + 0.368×scz + 0.0067×czy – 0.0032×czj

（–8.447）（197.4）　（123.4）　（147.9）　（3.12）　（–5.17.2）　（6.5）

R^2=0.999402 SSE=0.001857 DW=0.607778 F=91196.04 T=279

用 OLS 法估计式（6.5），并提取残差序列 $\hat{v}_t$。

第二步是把 $\hat{v}_t$ 作为附加变量加入式（6.4），得

$$sc_t = \gamma_0 + \gamma_1 scj_t + \gamma_2 scz_t + \gamma_3 scm_t + \gamma_4 cz_t + \gamma_5 \hat{v}_t + u_t \qquad (6.6)$$

回归结果如下：

sc=– 0.0086 + 0.303×scj + 0.334×scm + 0.368×scz + 0.0036×cz + 1.002× $\hat{v}_t$

（–72.27）（1435.2）　（882.6）　（1060.04）　（19.3）　（118.49）（6.7）

R^2=0.999988 SSE=3.62E–05 DW=2.121564 F=4674411 T=279

用 OLS 法再次回归。

如果 cz_t 具有外生性，或者说 β_0，β_1，β_2，β_3，β_4 具有一致性，那么回归系数 γ_6 的 OLS 估计量应该没有显著性。如果 γ_5 的 OLS 估计量具有显著性，则推翻原假设（β_0，β_1，β_2，β_3，β_4 具有一致性），结论是 β_0，β_1，β_2，β_3，β_4 不具有一致性，cz_t 是内生变量。根据上面的回归结果和判定方法可以发现，β_0，β_1，β_2，β_3，β_4 具有一致性，且回归系数 γ_5 的 OLS 估计量也具有显著性，因此 cz_t 是内生变量，其内生性又进一步通过与 sc_t 之间相关关系，促进第三产业内生性发展。

2. 第三产业可持续发展对城镇功能提升的内生性良性互动关系分析

根据前面三大区各区县总体城镇功能完善程度对第三产业发展程度的内生性原理分析，同样可以做如下假定：

$$cz_t = \beta_0 + \beta_1 czy_t + \beta_2 czj_t + \beta_3 czh_t + \beta_4 czc_t + \beta_5 sc_t + u_t \tag{6.8}$$

回归结果如下：

$$cz_t = 0.00082 + 0.269\times czy_t + 0.241\times czj_t + 0.248\times czh_t + 0.246\times czc_t - 0.0048\times sc_t$$

（1.231）（76.13）　（115.2）　（87.23）　（111.59）　（–2.14）　（6.9）

R^2= 0.999556　SSE=1256.7　DW=2.220　F=123295.0　T=280

其中，sc_t 有可能是由 cz_t 决定的内生变量。对式（6.9）的 OLS 估计量一定是有偏的和不一致的。为了检验 sc_t 的内生性，应该找到一组工具变量，既与 sc_t 高度相关，又与式（6.8）中的误差项 u_t 不相关。工具变量的选择在实际分析中是非常重要的一步。比如，选择 scj、scz 作为工具变量。工具变量的回归与相关性分析如下：

$$sc_t == -0.09039417311 + 0.5783161418\times scj_t + 0.371721824\times scyj_t \tag{6.10}$$

（–23.51439）　（40.57781）　（37.18197）

R^2=0.965821　SSE=0.113210　DW=0.243403　F=3913.675　T=280

显然相关性很强。同时式(6.10)残差与 sc_t 相关性分析发现，相关系数 r = 0.021078，因此两者相关性很低，可视为不相关。

也可同样用如下两次回归完成内生性 Hausman 检验。

第一个回归式是用待检验变量 sc_t 对式（6.8）中的全部外生变量 czy_t，czj_t，czh_t、czc_t 和选定的工具变量 sc_t 作回归。

$$\ln(cz_t) = \beta_0 + \beta_1\ln(czy_t) + \beta_2\ln(czj_t) + \beta_3\ln(czh_t) + \beta_4\ln(czc_t) + \beta_5\ln(sc_t) + u_t \tag{6.11}$$

回归结果如下：

$$\ln(cz) = 0.224\ln(czy) + 0.346\ln(czj) + 0.265\ln(czh) + 0.136\ln(czc) + 0.05\ln(sc) \tag{6.12}$$

式中各变量的 t 统计量分别为 7.28，6.52，7.96，13.36，3.92。

其中，sc_t 有可能具有内生性。如果有内生性，则会影响 OLS 估计量的无偏性和一致性。为了检验 sc_t 的内生性，应该找到一组工具变量，既与 sc_t 高度相关，又与式（6.11）中的误差项 u_t 不相关。这里选择 scj_t、scz_t 作为工具变量。待检测变量与工具变量之间的回归分析如下：

$$\ln(sc) = -0.1048 + 0.6078 \times \ln(scj) + 0.6615 \times \ln(scz) \quad (6.13)$$

t 统计量 （–3.62）（21.96） （1598）

显然，sc_t 与两个工具变量之间的相关性很强。同时式（6.12）残差与 sc_t 的相关系数 r=–0.2014 很小，其与 scj_t、scz_t 的相关性会更小，可视为不相关。而内生性 Hausman 检验可用如下方法完成。

第一个回归式是用待检验变量 sc_t 对全部外生变量 czy_t、czj_t、czh_t、czc_t 和选定的工具变量 scj_t、scz_t 回归：

$$\ln(sc) = -0.082\ln(czy)+0.0011\ln(czj) -0.0519\ln(czh) +0.03\ln(czc) +0.72\ln(scj) +0.75\ln(scz) \quad (6.14)$$

式中各指标对应的 t 值分别为 –1.735，0.127，–1.029，2.044，11.02，27.15。

第二步是把式（6.13）中提取的残差序列 $\hat{v}_t$ 作为附加变量加入式（6.11），回归结果如下：

$$\ln(cz) = 0.22\ln(czy) +0.35\ln(czj) +0.26\ln(czh) +0.14\ln(czc) +0.05\ln(sc) -0.25\hat{v}_t \quad (6.15)$$

式中各变量的 t 统计量分别为 7.60，6.84，8.30，13.94，4.23，–1.69。

由于残差项回归系数 γ_5=0.25 显著（10% 水平下），因此 sc_t 是内生变量。这表明，第三产业本身存在着内在的可持续发展能力。当然，也从第三产业可持续发展角度直接证明了命题 2.1 和第二章第四节中的内生良性互动关系的观点。

第三产业可持续发展和城镇功能恢复重建双向内生性关系检验，证明了定理 6.1“三峡库区第三产业可持续发展与城镇功能恢复、重建、提升之间的内生良性互动关系”的正确性。这也间接地证明了命题 2.1“城镇功能恢复、重建、提升与第三产业可持续发展之间的互动关系”的正确性。

三、内生性检验结论

上面我们用 Hausman 检验证明了三峡库区第三产业可持续发展与城镇功能恢复重建之间存在着良性互动关系，内生性检验的主要结论如下。

第一，总体上看，三峡库区的城镇功能恢复重建和第三产业可持续发展之间的关系跟其他两大对照区一样，相互之间存在着内生促进作用；但是从第三章和第四章的定量分析可以看出，城镇功能提升对第三产业可持续发展的促进作用要强于第三产业对城镇功能的促进作用。

第二，具体来看，三峡库区跟渝西区和重庆都市区一样，其城镇服务功能、城镇集聚功能、城镇发展环境对第三产业发展具有很强的内生促进作用。同时，三峡库区的第三产业增加值规模、第三产业密度和第三产业就业水平对城镇功能也具有较强的内生促进作用；但后者的相关性弱于前者。这说明，如果要进一步提高三峡库区第三产业可持续发展与城镇功能恢复重建之间的相互促进作用，一定要在提高库区第三产业的就业人口、产业规模（做大增加值规模）效率和效益上下工夫。

第三，结合第三章和第四章的定量分析可知，除城镇创新功能外，三峡库区的城镇服务功能、城镇集聚功能和城镇环境对第三产业可持续发展具有促进作用，但其促进作用均低于对照区——重庆都市区和渝西区；同时，第三产业密度和就业水平对城镇功能提升也具有促进作用，但这种促进作用都要弱于城镇功能提升对第三产业可持续发展的促进作用。第三产业增加值规模对第三产业可持续发展仅有削弱作用的事实，正好说明了三峡库区政策性城镇搬迁和重建对城镇功能提升所起的巨大作用，而政策性扶持城镇建设能绕过产业的发展直接推动城镇功能的提升。这也正好说明了三峡库区第三产业对城镇功能内生性和促进作用低于城镇功能对第三产业发展的内生促进作用的原因。

第二节　三峡库区第三产业可持续发展与城镇功能恢复重建之间良性互动基础

我们在第二章中从理论上规范分析了城镇功能与第三产业的关系，第四章、第五章和本章第一节的多个模型进一步系统地定量分析了三峡库区第三产业发展与城镇功能恢复重建的关系。第二章的理论分析表明，除传统服务贸易的行业门类外，第三产业的若干新兴行业是由原来依附于第一、第二产业的一些内在化的服务部门逐渐向专业化产业形式演进而来，并且通过专业化程度的不断提高进一步促进了第三产业发展和城镇功能的提升。也就是说，第三产业活动可以是独立的产业活动，也可以是依附性产业活动。作为独立从事产业活动的第三产业，其发展依赖于第三产业活动从内在化向专业化演进的速度和水平。

第三产业活动内在化是第三产业发展的必要条件，而第三产业专业化是第三产业发展的充分条件。基于这些认识，我们可以进一步获知第三产业可持续发展和城镇功能恢复、重建、提升之间的辩证关系，具体如下：

经济发展水平不断提高及现代制造业高度发展促进了专业化分工，带来社会对第三产业活动的普遍需求，使社会进入服务经济时代。同时，经济的不断增长促使就业人口增加，劳动工资提高，使人们在基本的生存需求得到满足之后，对提高生活质量的需求不断增加，娱乐、休闲、健身、交际、学习等需求也会直接促进第三产业形态向多元化和高级化发展。在生产、生活服务领域不断增长的需求数量和不断增多的需求形态对城镇的各种功能也不断提出更新更高的要求，从而促进城镇功能恢复、重建和提升。

而制度和政策的优化、管理者观念的转变、城镇公共财力的不断提高，也都促使城镇功能不断完善，促使城镇地区市场化程度不断提高。市场化程度的提高，促进社会分工向专业化分工的纵深发展，这又引发了整个社会对第三产业活动精细化、现代化的普遍需求，进而促进第三产业向专业化、规模化和现代化发展。

前面的理论和实证研究证实，三峡库区第三产业可持续发展与城镇功能恢复、重建、提升之间存在着内生互动关系，而这种内生互动关系是强还是弱，是良性还是恶性，取决于三峡库区第三产业可持续发展和城镇功能恢复重建的现有基础。

一、满足与城镇功能良性互动发展的三峡库区第三产业现有基础

任何一个地区的第三产业和城镇功能互动发展都离不开一定的基础条件，三峡库区也是如此。从第三产业发展方面来看，三峡库区已具备如下基础。

1. 第三产业增长势头强劲

第三产业增长势头强劲，是三峡库区第三产业与城镇功能良性互动发展的现实基础。首先，考察三峡库区第三产业增加值的历史发展过程。从表 6-1 中可以看出，按当年价计算，三峡库区第三产业增加值从 2004 年的 397.3 亿元增加到 2012 年的 1510.65 亿元，增长了 2.8 倍。重庆市第三产业增加值从 2004 年的 1151.96 亿元增加到 2012 年的 4981.01 亿元，增长了 3.32 倍。与重庆市相比较，

三峡库区第三产业增加值的增加幅度略低于重庆市同期平均水平。

表 6-1　重庆市及三峡库区第三产业增加值比较　　（单位：亿元）

	2004 年	2005 年	2006 年	2007 年	2008 年	2009 年	2010 年	2011 年	2012 年
重庆市	1151.96	1347.97	1564.79	1748.02	2087.99	2474.44	2881.08	3623.81	4981.01
三峡库区	397.3	462.38	524.85	529.31	636.65	984.76	1152.63	966.14	1510.65

再从可比价格角度进行考察（表 6-2）。2004 年重庆市第三产业比上年增加 113.76，略低于同期三峡库区的 115.48。但是，2004 ～ 2012 年，三峡库区第三产业增加值指数除 2007 年外，均在 110 以上，最高的 2009 年达到 154.7，除 2006 年和 2007 年外均大于同期重庆市第三产业平均增长率。特别是 2008 ～ 2010 年，三峡库区第三产业增加值指数比重庆市平均水平要高出 5 个百分点以上。究其原因，1996 ～ 2008 年是第一、二期移民工程的攻坚阶段，国家对库区开始进行大规模的移民迁建投资，2009 年是三峡工程的建成时期，外力拉动了库区经济快速发展，因而库区第三产业的发展速度总体高于重庆市的水平。

表 6-2　重庆市及三峡库区第三产业增加值指数比较
（可比价，上年 =100）

	2004 年	2005 年	2006 年	2007 年	2008 年	2009 年	2010 年	2011 年	2012 年
重庆市	113.76	117.02	116.08	112.4	112.4	113.5	112.4	110.8	112
三峡库区	115.48	130.27	113.68	100.8	120.3	154.7	117.0	111.7	112.9

资料来源：2004 ～ 2012 数据来源于《重庆统计年鉴》（2005 ～ 2013）、《湖北统计年鉴》（2005 ～ 2013）

从第三产业增长幅度与地区生产总值（GDP）增长速度的关系来看（表 6-3），2004 ～ 2012 年，三峡库区第三产业增加值增长指数高低振荡运行，最低年份 2007 年为 100.85，而最高年份则达到了 154.68。而同期三峡库区的地区生产总值增长指数最低年份 2005 年为 113.02，最高年份 2007 年为 148.87。纵观 2004 ～ 2012 年三峡库区第三产业增加值指数和地区生产总值增长指数，可以看到，三峡库区的第三产业发展速度大体慢于 GDP 增加速度。2004 年，三峡库区第三产业增加值指数与地区生产总值指数大体接近，在 2005 年三峡库区第三产业增长指数又出现一个“峰值”，然后于 2006 年开始明显下降，且均低于重庆市和库区 GDP 指数；至 2009 年又出现一个“峰值”，2011 年和 2012 年三峡库区第三产业增长指数均低于重庆市和库区 GDP 指数。这表明三峡库区第三产业增长速度开始放缓，第三产业已初现增长乏力态势。其原因可能是，随着二期移民工程的基本结束，移民投资大幅减少，库区第三产业发展受到相对较大冲击。

表 6-3　重庆市及三峡库区地区生产总值指数与第三产业增长指数比较
（现价，上年 =100）

	2004 年	2005 年	2006 年	2007 年	2008 年	2009 年	2010 年	2011 年	2012 年
重庆市 GDP 指数	118.48	114.03	113.71	115.60	114.30	114.90	117.10	116.40	113.60
三峡库区 GDP 指数	116.80	113.02	114.30	148.87	124.82	129.15	127.02	117.80	114.00
三峡库区第三产业指数	115.48	130.27	113.68	100.85	120.28	154.68	117.05	111.70	112.90

资料来源：2004 ～ 2012 数据来源于《重庆市（2005 ～ 2013）统计年鉴》、湖北省 2005 ～ 2013 年统计年鉴

总体看来，近些年三峡库区第三产业发展势头强劲，这有利于与城镇功能良性互动发展。

2. 第三产业吸纳就业人数不断增加

第三产业吸纳就业人数不断增加，是第三产业与城镇功能良性互动发展的人力基础。在三峡工程开工前的 1992 年，三峡库区全社会就业人员总数为 766.51 万人，其中第三产业就业人员数为 102.25 万人，第三产业就业人员数仅占总就业人员数的 13.34%；到 2005 年年底，库区总就业人数增加到 887.16 万人（表 6-4、表 6-5），总就业人数比 1992 年增加了 120.65 万人，但第三产业就业人数仅增加了 35.71 万人，达 137.96 万人。2006 ～ 2012 年，第三产业就业人数逐年降低，表明在三峡库区城镇迁建和移民搬迁的特殊历史时期，第三产业吸纳的就业人员数量在减少，第三产业在移民工作初期对库区的稳定和发展发挥了独特的作用，而在后期，第三产业对三峡库区就业的吸纳能力不足。

表 6-4　重庆市及三峡库区社会就业人员数比较　（单位：万人）

	2004 年	2005 年	2006 年	2007 年	2008 年	2009 年	2010 年	2011 年	2012 年
重庆市	1623.85	1611.57	1605.45	1620.86	1646.44	1659.77	1654.32	1648.88	1643.44
三峡库区	868.89	887.16	783.59	710.64	715.67	715	705.98	696.95	687.93

资料来源：2004 ～ 2012 数据来源于《重庆市（2005 ～ 2013）统计年鉴》、湖北省 2005 ～ 2013 年统计年鉴

从三峡库区第三产业就业的区域分布来看（表 6-5），2012 年第三产业容纳就业人数超过 20 万人的区县有渝北、万州、涪陵、江津、云阳，在 10 万～ 20 万人区间的有巴南、忠县、长寿、奉节，其余各县均在 10 万人以下，开县最少，

只有 2.92 万人。处于库区腹地的巫山、奉节、丰都三县 2012 年第三产业就业人口分别只有 4.7 万、10.4 万和 7.17 万，占各自总就业人口的比重分别为 17.5%，18.5%、15.4%，不仅大大低于重庆市平均水平（31.02%），也低于三峡库区的平均水平（28.45%）。

表 6-5　三峡库区各区市县第三产业就业人员数比较　（单位：万人）

区县	2004 年	2005 年	2006 年	2007 年	2008 年	2009 年	2010 年	2011 年	2012 年
库区	203.23	238.94	222.91	217.46	228.90	228.38	231.99	235.59	239.19
渝北区	18.44	18.23	19.40	20.70	23.33	24.04	25.32	26.60	27.87
巴南区	11.48	10.5	12.31	13.15	15.03	14.62	15.27	15.92	16.57
涪陵区	18.80	21.80	22.80	23.40	23.50	25.21	26.23	27.25	28.27
长寿县	12.19	12.92	9.97	11.85	11.84	11.60	11.56	11.53	11.50
江津区	23.26	23.77	24.42	25.06	25.43	26.82	27.67	28.51	29.36
万州区	25.08	25.94	26.11	26.88	28.59	30.09	31.23	32.38	33.52
丰都县	7.31	8.11	5.32	5.83	6.63	6.78	6.91	7.04	7.17
忠县	19.54	20.17	16.04	16.95	17.12	16.10	15.53	14.95	14.38
开县	22.60	23.50	11.20	13.50	15.80	9.97	7.62	5.27	2.92
云阳县	15.83	16.55	15.60	15.70	15.68	19.24	20.51	21.79	23.07
奉节县	9.05	9.30	9.98	10.12	10.24	10.11	10.21	10.30	10.40
巫山县	5.94	4.74	4.94	4.99	4.98	4.94	4.86	4.78	4.70
巫溪县	4.29	4.17	4.18	4.49	5.14	3.81	3.54	3.28	3.01
武隆县	5.55	5.13	4.46	6.73	7.07	6.28	6.40	6.52	6.64
石柱县	3.87	4.49	4.86	4.94	5.27	5.45	5.71	5.97	6.22
秭归县	3.90	3.91	4.40	4.63	4.67	4.71	4.75	4.79	4.84
巴东县	7.94	8.31	9.22	8.55	8.58	8.62	8.66	8.69	8.73

资料来源:《重庆统计年鉴》(2005 ～ 2013)、《湖北统计年鉴》(2005 ～ 2013)、《秭归县统计年鉴》(2005 ～ 2013)、《巴东县统计年鉴》(2005 ～ 2013)

上面的分析告诉我们，无论从吸纳劳动力就业角度还是从第三产业中的劳动力分布来看，三峡库区第三产业具备了与城镇功能良性互动发展的基础。

3. 交通运输业平稳发展

交通运输业平稳发展，是第三产业与城镇功能良性互动发展的重要产业基础。首先看三峡库区公路交通运输业的发展情况（表 6-6）。三峡库区公路货运总量从 2004 年的 7006 万吨增加到 2012 年的 22 383 万吨，增长了 2.19 倍，表明移民迁建工程对三峡库区公路货运总量增加起到了非常明显的促进作用。

2000年以来，三峡库区货运总量逐年较大幅度地增长，这与三峡移民迁建工程建设进度基本呈正相关关系。

再从三峡库区全社会公路货运总量的区域分布来看，其既与本地社会经济发展程度高度相关，也与移民迁建工程量有很大关系。表6-6显示，万州、涪陵、渝北、巴南、长寿、丰都、开县、武隆、巫山、江津等区县的货运总量相对较大；经济不太发达的丰都、巫山两县货运总量较小，其货运总量的增加主要依赖于移民迁建工程量增大。

表6-6　重庆市和三峡库区各区县全社会货运量比较（单位：万吨）

区县	2004年	2005年	2006年	2007年	2008年	2009年	2010年	2011年	2012年
重庆市	21 215	24 065	36 254	42 011	54 589	58 532	69 438	82 818	95 009
库区	7 006	6 621	6 816	8 750	11 020	15 099	17 764	18 357	22 383
渝北区	1 593	2 062	1 323	1 287	2 201	2 201	2 345	4 742	4 872
巴南	831	685	870	1 091	1 251	2 030	2 237	2 695	3 218
涪陵区	661	694	680	778	854	1 398	1 731	2 414	2 917
长寿区	761	673	894	1 008	1 210	2 594	3 302	4 368	5 477
江津区	597	568	740	932	1 212	2 152	2 473	3 233	3 951
万州区	861	884	942	1 292	1 720	1 971	2 242	2 862	3 438
丰都县	319	308	294	156	125	138	181	237	298
忠县	98	125	129	154	203	246	292	383	479
开县	707	628	628	659	643	585	764	1 057	1 297
云阳县	186	236	201	264	260	279	323	380	435
奉节县	137	118	130	138	158	253	318	334	324
巫山县	338	327	347	365	370	329	333	377	440
巫溪县	143	154	160	164	192	232	310	611	850
武隆县	217	210	207	202	202	177	237	303	371
石柱县	142	146	227	260	419	514	676	890	1 104

资料来源：《重庆统计年鉴》（2005～2013）。由于秭归县、夷陵区、巴东县、兴山县的统计资料中没有做相关分类的数据统计，故此表中均为重庆及重庆库区相关区县的数据

2004年，三峡库区全社会客运总量仅占重庆市全社会客运总量的41.39%，到2012年，这个比例上升到44.25%，增长了接近3个百分点（表6-7）。三峡库区全社会客运量从2004年17 992万人增加到2012年的67 366万人，增加了49 374万人，增长了274.42%。而同期重庆市全社会客运总量只增加了250.26%。三峡库区全社会客运总量增长幅度大于重庆市增长幅度，表明三峡移

民迁建工程直接促使库区客运量快速增长。

再看三峡库区客运量的区域分布。一般来讲，一个地区客运总量的大小主要取决于经济发达程度、人口总量和交通条件等因素，但其中起重要作用的是经济发达的程度，经济发达程度制约着其他两个因素。2012 年库区经济总量较大的万州、涪陵、巴南、长寿、江津五个区县，客运量分别为 16 475 万人、9622 万人、8599 万人、9048 万人和 5698 万人；而处于库区腹部经济不发达的奉节、巫山和巫溪，2012 年的客运量分别为 1793 万人、1549 万人和 691 万人。客运量最大的万州区为最少客运量所在的巫溪县的 23.84 倍。

表 6-7　重庆市和三峡库区各区县全社会客运量比较　（单位：万人）

区县	2004 年	2005 年	2006 年	2007 年	2008 年	2009 年	2010 年	2011 年	2012 年
重庆市	43 468	49 008	58 179	73 316	102 680	110 150	122 125	136 142	152 249
库区	17 992	20 199	22 147	33 083	38 707	51 537	56 295	60 033	67 366
渝北区	468	1 113	1 660	2 136	2 375	3 456	3 516	4 422	4 770
巴南	2 846	3 422	4 355	5 446	6 250	5 809	5 984	7 210	8 599
涪陵区	1 361	1 338	1 377	2 560	2 958	6 241	7 137	8 910	9 622
长寿区	1 000	1 927	3 588	4 077	4 199	4 455	5 568	7 182	9 048
江津区	2 616	2 777	3 076	3 286	3 495	4 591	4 919	5 325	5 698
万州区	4 588	5 194	5 224	6 570	9 199	14 486	14 959	15 255	16 475
丰都县	1 499	1 562	1 742	2 188	2 377	2 261	2 627	2 853	2 979
忠县	871	1 038	1 058	1 383	1 677	2 386	2 477	2 729	3 118
开县	1 033	1 017	1 026	1 235	1 245.3	1 572	19 99	2 381	2 917
云阳县	1 022	1 159	1 199	1 602	1 626	1 867	2 345	2 870	3 348
奉节县	231	217	214	665	1 055	1 499	1 590	1 714	1 793
巫山县	311	296	303	831	1 057	1 387	1 334	1 391	1 549
巫溪县	277	304	315	346	415	470	562	626	691
武隆县	300	356	318	339	330	473	641	827	1 045
石柱县	328	317	323	419	449	584	637	665	692

资料来源：《重庆统计年鉴》（1997 ～ 2007）。由于秭归县、夷陵区、巴东县、兴山县的统计资料中没有做相关的细分数据统计，故此表中均为重庆及重庆库区相关区县的数据

4. 房地产业阶段性快速发展

房地产业阶段性快速发展，是第三产业与城镇功能良性互动发展的安稳基础。三峡库区房地产业发展较为迅速（表 6-8）。2004 ～ 2012 年，三峡库区房地

产业投资总量从 112.02 亿元增加到 866.02 亿元，9 年间增加了 673.09%。其中，移民搬迁量大的区县（如万州、丰都、开县、云阳、巫山、奉节等），房地产业投资总量变动幅度较大，增加较快，其中增长超过 600% 的就有长寿、巴南、武隆、云阳、巫溪、奉节、石柱。这说明与库区移民及城镇搬迁关系最为密切的房地产业是该特殊区域第三产业发展的重要拉动力之一。

表 6-8 重庆市和三峡库区各区县房地产业投资总量比较 （单位：亿元）

区县	2004 年	2005 年	2006 年	2007 年	2008 年	2009 年	2010 年	2011 年	2012 年
重庆市	—	—	629.63	849.90	991.00	1238.91	1620.26	2015.09	2508.35
库区	112.02	173.38	188.96	269.98	337.75	400.17	517.04	646.60	866.02
渝北区	56.31	104.15	108.09	147.84	155.66	166.41	197.34	226.65	296.15
巴南区	16.95	23.71	30.90	41.47	64.83	83.68	88.73	105.53	172.83
涪陵区	5.99	5.62	5.86	7.61	18.60	21.08	38.55	46.17	54.07
长寿区	4.24	6.56	7.40	15.82	19.69	26.37	45.74	66.79	58.87
江津市	7.63	8.00	10.50	19.36	21.98	27.47	34.98	44.70	51.36
万州区	9.33	11.15	10.45	13.80	20.79	26.74	29.56	37.70	62.44
丰都县	2.43	1.44	1.18	2.19	2.61	3.84	5.45	9.79	11.89
忠县	3.03	4.41	2.80	5.10	8.81	8.83	14.97	18.22	20.95
开县	2.20	3.91	5.28	6.68	8.57	9.07	17.14	24.56	31.68
云阳县	1.33	0.86	1.42	1.99	3.27	3.50	7.74	11.56	18.54
奉节县	1.56	1.72	2.43	3.83	5.38	7.60	10.67	15.14	30.51
巫山县	—	0.37	0.27	0.13	0.73	3.05	2.02	3.44	6.17
巫溪县	0.25	0.19	0.11	0.34	0.73	0.98	1.41	5.49	8.51
武隆县	0.13	0.64	1.62	2.76	4.95	8.26	13.38	20.50	21.91
石柱县	0.64	0.65	0.65	1.04	1.16	3.27	9.35	10.35	20.14

资料来源：《重庆统计年鉴》（1997 ～ 2007）。由于秭归县、夷陵区、巴东县、兴山县的统计资料中没有做相关的细分数据统计，故此表中均为重庆及重庆库区相关区县的数据

5. 批发和零售业、住宿餐饮业较为发达

批发和零售业、住宿餐饮业较为发达，是第三产业与城镇功能良性互动发展的桥梁和纽带。商品流通是处于生产和消费之间的中间环节。商品流通是反映一个地区经济发展和社会繁荣程度的窗口，是满足不断上升的需求与消费的工具。特别是随着消费对 GDP 的贡献越来越大，承担着实现相当部分消费需求转化职能的流通产业与 GDP 增长的相关性就更大了。

首先考察三峡库区社会消费品零售总额的状况（表 6-9）。按当年价计算，三峡库区社会消费品零售总额从 2004 年的 298.28 亿元增加到 2012 年的 1472.95 亿元，增加了 3.94 倍，同期重庆市的社会消费品零售总额从 1061.49 亿元增加到 4033.70 亿元，增加了 2.80 倍。可见，三峡库区社会消费品零售总额从三峡工程开工建设以来的增长略快于重庆市同期水平。

表 6-9 重庆市和三峡库区各区县社会消费品零售总额的比较 （单位：亿元）

区县	2004 年	2005 年	2006 年	2007 年	2008 年	2009 年	2010 年	2011 年	2012 年
全市	1 061.49	1 215.76	1 403.58	1 661.23	2 064.09	2 479.01	2 938.60	3 487.81	4 033.70
库区	298.28	347.36	409.74	505.50	651.13	832.51	1 018.20	1 253.88	1 472.95
渝北区	29.80	37.65	51.27	83.44	115.21	179.84	230.26	287.20	340.30
巴南区	26.11	31.07	36.92	43.74	60.40	83.90	107.38	138.07	163.77
涪陵区	34.99	40.27	46.76	55.37	71.07	86.83	105.71	130.33	153.88
长寿区	20.49	22.78	26.02	30.51	38.24	46.43	55.53	68.45	78.98
江津市	37.02	43.32	50.05	59.32	74.75	88.68	107.37	130.37	150.75
万州区	42.37	48.81	56.67	67.12	86.84	106.35	129.74	160.32	189.19
丰都县	11.63	13.34	15.40	17.95	21.91	26.07	31.02	37.48	43.98
忠县	14.06	16.12	18.51	21.56	26.98	29.04	34.09	41.26	48.43
开县	24.81	28.43	32.84	38.90	48.65	58.00	67.93	81.50	95.22
云阳县	15.84	18.20	20.99	24.39	29.59	34.93	40.12	48.36	56.51
奉节县	11.38	13.09	15.05	17.50	21.52	25.62	29.59	35.79	40.99
巫山县	7.21	8.18	9.36	10.88	13.20	15.76	18.53	22.04	25.74
巫溪县	5.16	5.85	6.65	7.75	9.53	11.38	13.49	16.06	18.73
武隆县	8.49	9.72	12.11	12.96	15.88	18.92	22.42	26.57	31.09
石柱县	8.94	10.55	11.12	14.11	17.36	20.75	25.02	30.09	35.38

资料来源：《重庆统计年鉴》（2005 ～ 2013）。由于秭归县、夷陵区、巴东县、兴山县的统计资料中没有做相关的细分数据统计，故此表中均为重庆及重庆库区相关区县的数据

再进一步和考察三峡库区各区县批发和零售业的情况（表 6-10）。2004 ～ 2009 年三峡库区批发和零售业增加值从 243.24 亿元增加到 701.86 亿元，5 年增加 1.88 倍。而同期，重庆市批发零售业增加值从 902.30 亿元增加到 2048.96 亿元，仅增加 1.27 倍，低于三峡库区的总体增长水平。

表 6-10　重庆市和三峡库区各区县批发零售业增加值比较　（单位：亿元）

区县	2004 年	2005 年	2006 年	2007 年	2008 年	2009 年
重庆市	902.30	1 042.58	1 196.37	1 386.19	1 724.17	2 048.96
库区	243.24	276.95	343.29	424.47	546.47	701.86
渝北区	23.65	30.83	42.93	72.67	100.82	157.91
巴南区	22.60	27.11	32.09	37.59	52.70	74.67
涪陵区	30.15	34.97	40.76	47.95	61.23	74.29
长寿区	15.83	17.55	20.15	23.76	30.48	37.06
江津区	31.51	36.67	42.11	49.70	62.21	74.17
万州区	35.05	40.42	47.02	55.57	71.02	85.90
丰都县	9.97	11.44	13.20	15.38	18.51	22.95
忠县	11.80	13.48	15.45	17.88	22.20	23.76
开县	20.83	23.73	27.22	32.15	39.98	47.38
云阳县	13.36	15.11	17.19	19.82	23.85	27.69
奉节县	9.66	11.09	12.72	14.72	17.89	20.93
巫山县	6.18	7.05	8.09	9.40	11.35	13.42
巫溪县	4.51	5.12	5.82	6.77	8.19	9.68
武隆县	6.68	7.64	9.84	9.72	11.96	14.93
石柱县	7.27	8.60	8.69	11.38	14.07	17.10

资料来源：《重庆统计年鉴》（2005 ～ 2010）。由于秭归县、夷陵区、巴东县、兴山县的统计资料中没有做相关的细分数据统计，故此表中均为重庆及重庆库区相关区县的数据

注：2011 年后各区县未公布批发零售业增加值

二、满足与第三产业良性互动发展的三峡库区城镇功能恢复重建基础

1. 移民迁建使库区城镇服务功能明显改善

从城镇产生和发展的轨迹来看，城镇能够提供更方便与完善的服务条件是其区别于乡村的最重要方面之一。城镇能够为人们生产、生活提供服务水平高低是城镇功能强弱的综合反映之一，三峡库区作为一个特殊的区域，因三峡工程的建设而影响到了被淹没库区城镇的功能（包括全部被淹和部分被淹没城镇），尤其是在迁建与重建过程中，三峡库区的城镇服务功能均发生了较大变化。

（1）城镇的基础设施状况是城镇服务功能强弱的一个重要标尺，当一个城镇的基础设施水平有质的提高以后，自然能够为其居民提供更多的生活便利。三峡库区有 11 个城市（县城）涉及基础设施迁建，迁建后的城镇面貌基本上都

发生了翻天覆地的变化，城镇基础设施水平与迁建前相比均有了较大幅度地提高，如城镇人均用地面积、道路宽度、供水量、供电量和电话普及率等反映城镇服务功能的基础设施指标都有了较大幅度的改善（表 6-11）。在这些城镇中，人均用地面积变动幅度最小的开县，迁建后是迁建前的 1.32 倍，变动幅度最大的是丰都，迁建后是迁建前的 2.12 倍；城区主干道路路宽变化最小的是开县，变化最大的是长寿，分别是迁建前的 1.11 倍和 2.19 倍；人均供水量提高最少的是忠县，迁建后比迁建前增加 9%，提高最多的是云阳，迁建后比迁建前提高了 2.31 倍；人均供电量提高最少的是万州，迁建后比迁建前增加 60%，提高最多的是奉节，迁建后比迁建前提高了 4.25 倍；电话普及率，巫山提高最快，从搬迁前的每百人 3 门，搬迁后增加到每百人 16 门，丰都提高最少，但每百人也达到了 10 门。另外，这些城市（镇）在迁建后的对外交通条件也都得到较大程度的改善，城镇居民出行更为便利了。

表 6-11 重庆市库区城市（镇）基础设施迁建复建规划前后对照表

项目 城镇	人均用地面积/（m^2/人）		主干道路红线宽/m		人均供水量（含工业、市政供水）/（L/d）		人均供电量（含工业、市政供电）/kW		电话普及率/(门/百人)		迁建后的对外交通
	前	后	前	后	前	后	前	后	前	后	
巫山	50	70	10	20	297	454	0.36	1.08	3	16	对外交通有两巫、巫巴公路，建港条件好
奉节	37	70	12	20	238	509	0.12	0.63	4.5	12	对外公路可达巫山、巫溪、云阳和恩施，建港条件较好
云阳	44	68	9.5	20	55	237	0.28	0.56	3.4	7	对外公路通奉节、万县、开县和忠县，建港条件良好
万州	53	78	18	24	338	460	0.45	0.72	15	26	对外公路有沪——成国道，另有万开，万忠公路，建港条件良好
开县	53	70	18	20	255	428	0.34	0.71	4.3	18	对外公路通万县，云阳，大显和城口县，建港条件一般
忠县	43	70	12	20	387	420	0.36	0.82	8	16	对外公路可达万县，石柱，丰都，利川，长寿，等地，建港条件较好
丰都	33	70	14	24	361	420	0.30	0.50	6	10	对外公路通涪陵市，忠县、石柱，等地，建港条件良好
涪陵	54	80	18	24	276	319	0.21	1.09	9	19	对外交通有 319 国道，可至重庆市，武隆县，另有公路通丰都，南川等地，建港条件良好
长寿	49	70	16	35	124	490	0.14	0.50	7	15	对外公路可至万县市、重庆市和涪陵市，建港条件好

资料来源：《长江三峡工程库区重庆市淹没处理及移民安置规划报告》，水利部长江水利委员会、长江勘测规划设计研究院，1997 年 10 月

（2）城镇的服务功能还反映在其能够不断地提高居民的生活质量，从世界各国对城镇的发展规划来看，这可能会成为城镇服务功能最重要的方面。三峡库区城镇在迁建和复建过程中都为其居民提供了更好、更完善、更全面的环境绿化、污染物治理、健身、医疗、交往、学习、消费品购买、休闲娱乐等方面的机构及设备设施，库区城镇通过迁建和复建为其居民奠定了提升生活质量的基础，因此服务功能得到了一定的提升。

库区城镇的环境美化能力明显提高。从库区移民工程中环境保护情况来看，2004 年库区投入 455 万元，到 2012 年投入 54 269.66 万元，环境保护投入增长了 118.27 倍。

库区城镇的社会保障体系也从无到有，初步建立了医疗保障制度和低收入群体保障制度，实施了特困医疗救助制度，五大保险覆盖面不断扩大。卫生机构人员数也不断增加，从 2004 年的 28 714 人增加到 2012 年的 49 687 人，增长了 73.04%。

库区城镇在迁建和复建后，也给居民提供了一个更好地满足精神文化生活需要的空间，如受教育的场所增加、与人交往学习的机会增多、各类文化馆和图书馆的环境明显改善、休闲娱乐设施都不同程度地增加；同时，库区城镇居民精神生活质量也因城镇功能迁建和复建而得到提高。到 2012 年年底，各层次的教育体系已在库区建立，库区 15 个区县已有中小学校共 3792 所，在校生 198.90 万人，分别占全市的 62.77% 和 53.90%。除巫溪县以外，其余 14 个区县已先后实现了普及九年义务教育、基本扫除青壮年文盲的“两基”目标，“两基”人口覆盖率 96.4%，初中升学率为 96.21%。而库区公共图书馆年末藏书量从 2006 年的 192.83 万册增加到 2012 年的 376.99 万册，占全市公共图书馆藏书量的 24.77%。

2. 国家政策支持促使库区城镇集聚功能有一定的提升

因国家重大工程建设而实施的一系列政策，使三峡库区城镇在为其居民和机构提供物资运输和交换、信息采集和传播、法律、金融、咨询服务等的能力都得到一定程度的提高。

自 1992 年以来，综合反映库区城镇集聚能力的地区生产总值[①]有了较大程

① 集聚能力对应着规模效应，而当前学术界衡量规模效应的最好指标就是总量规模，因此这里用地区生产总值衡量规模效应，进而体现集聚能力，较为合理。

度的发展（表 6-12）。三峡库区地区生产总值从 2004 年的 801.48 亿元增加到 2012 年的 3573.91 亿元，九年间增长了 3.46 倍，年均增速为 9.80%，比全市同期地区生产总值 9.44% 的增速高出 0.36 个百分点。重庆库区 15 个区县地区生产总值占重庆市的比重则先上升后下降，从 2004 年的 29.76% 增加到 2010 年的 43.24% 再降至 2012 年的 31.32%。

表 6-12　重庆市及三峡库区各区县城镇集聚能力比较　（单位：亿元）

区县	2004 年	2005 年	2006 年	2007 年	2008 年	2009 年	2010 年	2011 年	2012 年
重庆市	2 692.81	3 070.49	3 491.57	4 122.51	5 096.66	6 530.01	7 925.58	10 011.37	11 409.60
库区	801.48	906.04	1 016.45	1 681.59	2 104.11	2 764.76	3 426.82	3 132.95	3 573.91
渝北区	95.10	145.32	183.11	245.46	301.80	459.40	573.64	767.86	879.32
巴南区	82.37	100.89	116.32	142.57	175.56	243.33	308.72	395.10	420.85
涪陵区	112.92	135.08	153.87	192.27	253.48	355.04	434.49	557.34	630.53
长寿区	77.80	87.02	100.05	125.26	143.82	176.38	228.64	317.69	336.41
江津区	129.74	133.29	148.94	175.91	219.24	249.29	303.00	383.85	426.01
万州区	109.29	133.45	152.29	190.48	256.06	386.45	500.13	622.59	662.86
丰都县	33.96	36.82	39.95	47.97	57.47	65.71	77.12	99.77	111.08
忠县	38.15	43.87	50.04	61.58	77.80	93.69	109.41	136.87	156.80
开县	61.08	70.49	75.13	91.47	110.68	123.03	149.28	199.78	229.55
云阳县	37.30	43.61	46.68	55.71	66.48	74.61	85.76	109.28	126.63
奉节县	33.94	45.03	50.86	61.98	75.33	85.58	102.97	128.45	144.57
巫山县	19.31	20.49	22.66	27.30	33.71	41.91	50.31	63.42	70.35
巫溪县	12.76	14.73	15.95	19.62	23.56	30.94	37.60	47.29	53.11
武隆县	25.67	29.88	33.55	40.03	49.81	59.20	72.42	86.58	98.40
石柱县	20.37	25.22	29.02	35.52	43.95	53.91	64.81	80.15	93.10
秭归县	20.52	22.71	25.43	29.64	36.97	43.76	52.90	66.69	78.77
巴东县	22.14	19.83	21.47	27.32	35.68	40.02	49.34	57.52	65.60
兴山县	16.24	18.54	19.74	23.47	31.48	36.97	44.10	56.26	67.41
夷陵区	52.68	63.38	74.66	88.04	111.23	145.54	182.20	264.19	335.09

资料来源：《重庆统计年鉴》（2005 ～ 2013），《湖北统计年鉴》（2005 ～ 2013）

而三峡库区城镇化率及第二、第三产业容纳就业人数的变化也能够从一个侧面反映城镇集聚功能 10 多年来的变化。1992 ～ 2012 年，重庆库区非农业人口总数从 150.36 万人增加到 530.08 万人（全市 1678.11 万人），非农业人口比重从 10.79% 增加到 31.59%，增长了 20.80 个百分点；同期重庆市非农业人口的比重从 24.99% 增加到 39.40%，全国非农业人口的比重从 22.2% 增加到 35.64%，重庆市和全国的增幅分别比三峡库区同期水平高了 8.81 个百分点和 4.05 个百分点。而重庆库区的城镇化率从 2004 年的 27.28% 提高到 2012 年的 51.67%，虽比重庆市 2012 年 57% 的城镇化率差了 5.33 个百分点，但重庆库区在这九年间的城镇化率提高了 8.4 个百分点，比重庆市 7.9 个百分点的增幅高出 0.5 个百分点。

3. 社会经济持续发展改善了库区城镇的发展环境

城镇的发展环境功能主要反映一个城镇通过各类制度安排或行政工作为其居民和机构的生产活动提供保障的程度。受国家级的重大工程建设影响的三峡库区，虽然整体水平同全国相比还有较大的差距，但社会经济在 10 多年里也获得了较快的发展，库区的整体环境水平也上了一个新台阶，在大环境的影响下，库区城镇的发展环境也得到了较大程度的改善。我们可以用库区财政收支能力变化、金融存贷状况、地方政府办事效率高低等指标来判断。

从地方财政收支能力来看（表 6-13、表 6-14），2004 ～ 2012 年，三峡库区人均地方财政收入[①]从 212.64 亿元增加到 1464.63 元，增长了 5.89 倍；人均地方财政支出从 704.06 元增加到 4828.88 元，增长了 5.86 倍。2006 ～ 2012 年，重庆市地方人均财政收入从 550.95 元增加到 2946.29 元，增长了 4.35 倍；人均地方财政支出从 1232.92 元增加到 5964.09 元，增长了 5.84 倍。虽然到 2012 年三峡库区地方财政收入有了一定程度的增加，但人均财政收入还比较低，仅为重庆市的 1/2；在库区的 15 个区县中，云阳县、忠县、巫山县和巫溪县的人均财政收入都还不足 1000 元，还不到重庆市的 1/8。同时，虽库区财政支出水平因大量政策性转移支付呈现出较大幅度的增长，但库区人均财政支出同重庆市相比还有一定差距。且忠县、开县和丰都的人均财政支出还不足重庆市平均的 40%。在财政收支总量及人均量增长的同时，三峡库区各区县财政收支能力不平衡问题仍然比较突出。

表 6-13　重庆市及三峡库区各区县人均地方财政收入比较（单位：元）

区县	2004 年	2005 年	2006 年	2007 年	2008 年	2009 年	2010 年	2011 年	2012 年
全市	—	—	550.95	744.08	1029.08	1260.61	1776.04	4469.73	2946.29

① 人均地方财政收入和人均地方财政支出以该地区户籍人口总数为基数计算而得。

续表

区县	2004 年	2005 年	2006 年	2007 年	2008 年	2009 年	2010 年	2011 年	2012 年
库区	212.64	234.38	273.06	—	—	—	—	1243.77	1464.63
渝北区	601.55	808.99	1133.38	1590.68	2238.27	2294.69	3648.32	10 546.32	10 158.64
巴南区	338.71	449.25	604.71	851.30	1365.81	1626.57	2258.79	3367.83	3799.74
涪陵区	546.16	561.16	629.23	817.43	1091.09	1443.49	1980.15	2696.66	3241.04
长寿区	292.38	462.62	539.25	706.38	1003.24	1477.56	2116.43	2670.48	2784.68
江津区	265.31	363.28	449.77	526.34	774.03	1071.49	1312.76	1913.23	2044.08
万州区	326.23	319.05	342.83	383.22	521.03	667.86	1177.03	1980.98	2382.47
丰都县	156.37	144.19	170.16	222.76	350.89	456.41	535.46	767.33	1019.10
忠县	133.49	146.18	198.09	278.13	317.23	412.44	598.81	845.85	949.34
开县	128.60	145.68	189.18	224.08	272.26	292.94	385.68	587.10	707.25
云阳县	94.45	91.37	105.96	119.17	151.98	189.43	304.17	471.71	594.99
奉节县	136.76	129.92	156.75	220.07	288.34	389.22	513.47	897.21	1045.44
巫山县	144.34	151.11	182.92	222.24	297.16	367.84	529.02	791.26	948.84
巫溪县	86.24	84.32	106.59	130.78	162.05	261.04	374.87	745.88	877.57
武隆县	286.55	345.96	415.76	495.47	623.09	861.25	1140.66	1774.10	2103.03
石柱县	157.55	171.49	217.27	293.62	385.23	627.13	722.85	1020.96	1306.02

资料来源：《重庆统计年鉴》(2005 ～ 2013)

注：此行中库区数据仅为重庆库区数据，而不包含湖北库区

表 6-14　重庆市及三峡库区各区县人均地方财政支出比较　（单位：元）

区县	2004 年	2005 年	2006 年	2007 年	2008 年	2009 年	2010 年	2011 年	2012 年
全市	—	—	1 232.92	1 598.82	2 211.07	2 888.60	3 737.57	7 718.88	5 964.09
库区	704.06	790.12	977.03	—	—	—	—	3 895.35	4 828.88
渝北区	1 197.84	1 434.43	1 847.48	2 706.77	3 486.37	3 887.58	5 518.17	11 855.55	13 970.48
巴南区	1 007.79	1 017.89	1 304.47	1 738.04	2 763.42	3 522.32	4 474.69	6 187.54	6 260.56
涪陵区	1 232.01	1 284.71	1 515.78	1 783.21	2 180.33	3 171.18	3 862.21	5 497.36	6 568.33
长寿区	702.27	927.81	1 156.41	1 384.92	1 849.72	2 586.49	3 814.82	4 839.13	5 393.45
江津区	631.07	750.28	923.23	1 183.17	1 660.36	2 250.51	2 966.57	3 969.19	4 187.32
万州区	882.58	922.90	1 106.85	1 231.40	1 840.83	2 402.57	3 092.71	4 290.16	6 012.62
丰都县	513.51	583.75	705.51	970.43	1 418.92	1 975.93	2 246.10	3 048.64	4 232.47
忠县	538.61	617.24	741.14	949.13	1 352.20	1 676.10	2 320.78	3 227.58	3 807.61
开县	507.08	507.77	734.32	899.30	1 272.78	1 529.86	2 066.27	2 761.84	3 255.67

续表

区县	2004 年	2005 年	2006 年	2007 年	2008 年	2009 年	2010 年	2011 年	2012 年
云阳县	466.62	539.10	679.45	856.80	1 235.00	1 652.00	2 192.61	2 643.24	3 376.90
奉节县	521.05	624.78	780.31	872.75	1 439.54	1752.27	2 201.04	3 480.13	4 058.47
巫山县	656.28	845.84	962.37	1 267.07	1 654.31	2010.80	2 797.25	3 837.99	4 749.70
巫溪县	671.61	818.61	980.43	1 234.61	1 663.38	2455.03	3 171.20	4 130.68	5 106.35
武隆县	972.01	1 125.04	1 336.60	1 817.65	2 429.33	3444.06	4 613.35	6 355.88	7 322.59
石柱县	738.31	845.16	1 011.33	1 374.97	1 984.72	2411.67	3 333.36	4 244.15	5 729.68

资料来源：《重庆统计年鉴》（2005 ～ 2013）

注：此行中库区数据仅为重庆库区数据，而不包含湖北库区

另外，三峡库区所面临的政策环境、自然环境及政府和居民诚信状况也对库区城镇的发展环境造成较大的影响。由于这类数据暂时还无法从已有的统计资料中获得，本书仅根据多次实地调研、部分问卷调查和查阅有关文献资料等所掌握的信息，做一些感性的判断：总体上看，三峡库区作为全国性公共水资源产品提供者，国家会给予较多与生态环境保护相关的优惠扶持政策，库区面临着比以往任何时候都好的政策环境，而库区政府和居民的诚信度随着社会经济的发展和全社会诚信体系的逐步建立，也得到较大程度的提高。但库区城镇所处的自然环境在短期内不会有明显的改善，各种类型的地质灾害将可能成为库区城镇发展环境改善的一大障碍。

4. 库区城镇的创新功能开始发育

一个城市的发展潜力，从根本上说取决于该城市的创新能力。城镇的创新功能强弱集中反映在一个城镇的教育，尤其是高等教育的质量、学科水平和人才队伍状况，科研机构及企业的研发能力，以及企业及其产品的竞争能力上，而地方政府在政策及制度设计方面的能力也会从另一个角度影响到城镇的创新功能。三峡库区中，除万州、涪陵、江津、渝北、巴南和长寿外，其余 9 个县都是中小城市（镇），我们用高新技术产品产值、R&D 经费投入、人才队伍数量及质量，以及政府工作的质量和效率等来分析库区城镇的创新功能的变化。

同时，全社会劳动生产率的变化也是一个城镇的创新功能的综合反映。2004 ～ 2012 年，三峡重庆库区社会劳动生产率从 11 554 元 / 人提高到 2 947 074 元 / 人，9 年间提高了 5.31 倍，而同期重庆市的社会劳动生产率从 15 488 元 / 人提高到 223 843 元 / 人，提高了 5.09 倍，略低于库区的提高幅度。

另外，为增强库区的创新能力，促进库区经济社会发展，国家和重庆市及有关部门相继制定了《三峡库区经济社会发展规划》《三峡库区科技发展纲要》和《三峡库区星火产业带建设规划》。部分区县也开始重视创新及科技进步对经济社会发展的推动作用，如万州区政府专门建立了科技人才专项资金，实施了专利后补助制度；江津区先后出台了《关于进一步加快科技进步的决定》《关于加强技术创新促进科技进步的决定》等政策。这些都为进一步增强库区城镇的创新功能打下了较好的基础。

三、有利于三峡库区第三产业与城镇功能良性互动发展的共性因素

1. 逐渐增强的经济实力

自移民迁建以来，三峡库区经济保持了较高的增长水平，年均 GDP 增速达 10% 左右，人均收入水平不断提高，未来一段时间内三峡库区经济仍将保持较高的增长速度。库区无论从城镇人口，还是产业发展等方面都将有较大的进步。在这种情况下，对第三产业的服务需求将有较大的增长，城镇功能也会得到较大的提升和完善。服务产品与制造业产品相比，收入弹性较大，其需求增长大可能是居民或企业收入增长的结果；同时，农业和制造业产品的价格相对于服务业产品价格的下降，也是一个主要原因。由于农业和制造业产品的需求弹性及价格弹性均小于服务产品，在农业和制造业产品上增加的开支要小于在服务业上增加的开支，整体上对服务的需求上升得较快。因此，随着收入水平和生活水平的提高，休闲时间的增加，平均寿命的提高等，人们对生活质量有了更高的追求。产品的物质边际效用呈现递减，人们开始转向服务消费和享受较为完善的城镇功能，导致对各种服务和城镇功能产生直接而巨大的需求。因此，第三产业可持续发展和城镇功能恢复重建也变得越来越重要。显然，这将更有利于促进第三产业可持续发展与城镇功能恢复、重建、提升的良性互动。

2. 特殊的优惠政策

三峡库区地处长江上游和我国的西部地区，因此该区域既享有三峡库区的特殊政策又享有西部大开发的优惠政策，如《国务院关于西部大开发若干政策措施的通知》（国发 [2000]33 号）、《国务院办公厅转发国务院西部开发办关于西

部大开发若干政策措施实施意见的通知》（国发 [2001]73 号）、《国务院关于进一步推进西部大开发的若干意见》（国发 [2004]6 号）和《长江三峡工程建设移民条例》（2001 年 3 月 1 日起实施），以及国务院有关部门和重庆市、湖北省政府支持三峡库区的移民安置和经济社会发展的若干政策措施等。这些优惠政策无疑对三峡库区第三产业可持续发展和城镇功能恢复、重建、提升起了政策支撑和发展保障作用。

3. 有利的移民迁建机遇

三峡工程建设的首要任务是保障移民群体的基本生产和生活条件、提供尽可能充分的劳动就业和发展生产的条件。三峡工程淹没范围涉及 129 个城集镇（其中县级以上城镇 13 座）及各类专业设施，需要全部或部分迁建县级以上城镇 12 座，规划迁建集镇 114 座。各级政府为了支持三峡库区移民迁建，采取开发性移民的方针，实施了制订实施规划、财政金融支持、税费政策优惠、促进产业结构调整、鼓励其他地区对口支持、政府协调移民外迁等多项措施。随着这些政策措施的逐步落实，三峡库区迁建城镇逐步完成了建设任务，城镇功能正在逐步恢复，第三产业也正在逐步走向可持续发展之路。

4. 逐渐改善的交通运输等基础设施条件

交通运输等基础设施是一个地区加强与外部联系和增强内部活力的物质基础。近年来，重庆库区绝大多数连接主城和其他区县的区县都已建成高速公路，县域内连接城乡的高等级公路也正逐步形成网络；渝怀铁路已建成通车；水上交通随着三峡水库 175 米水位的蓄水而变得更加畅通。库区各区县城镇内部基础设施随着移民迁建资金的注入得到了很大程度的改善。因此，现有的交通运输等基础设施建设为库区第三产业可持续发展和城镇功能恢复重建提供了一定的物质基础。

5. 万州、涪陵等区域性中心城市建设的契机

重庆市将万州、涪陵等城市定位为区域性中心城市，并对其进行倾斜支持和建设，以提高它们对库区社会经济发展的辐射和带动力。为了更好更快地促进区域性中心城市建设，有关政府部门陆续出台了一系列扶持政策。例如，在财政预算内新安排资金用于区域性中心城市建设；从市经委的工业结构调整资

金中安排资金用于区域性中心城市建设；市商业银行、市农信社在区域性中心城市设立分支机构；市交委规划，形成区域性中心城市与周边区县的交通小循环；赋予区域性中心城市地级管理权限，等等。这些针对万州、涪陵等区域性中心城市加快建设的措施无疑为带动整个三峡库区第三产业可持续发展和城镇功能恢复重建提供了难得的契机。

第七章 阻碍三峡库区第三产业与城镇功能良性互动发展的主要因素

由于三峡库区经济基础薄弱和基础设施条件有限，特别是伴随第二期移民工程结束，国家对移民安置的投入会大大减少，靠高投入拉动经济较快增长的局面已难以持续，这必将使得第三产业可持续发展和城镇功能恢复重建面临诸多矛盾，这些矛盾也必将阻碍三峡库区第三产业可持续发展与城镇功能恢复重建良性互动。

第一节 阻碍第三产业促进城镇功能恢复重建的主要因素

1. 三峡库区第三产业可持续发展水平低

从第三产业可持续发展的定量分析中可以发现，三峡库区各区县第三产业可持续发展指标的平均值虽然逐年提高，但远远低于重庆都市区，只有重庆都市区的60%左右(表7-1)。因此三峡库区第三产业发展的可持续性存在较大隐忧，这将不利于以第三产业可持续发展方式促进城镇功能恢复、重建、提升。

表7-1 三峡库区、渝西区和重庆都市区第三产业可持续发展指标均值比较

年份	三峡库区	渝西区	重庆都市区
2004	0.1625	0.1721	0.2615
2005	0.1779	0.1826	0.2925
2006	0.1844	0.1901	0.3049
2007	0.1830	0.1906	0.3167
2008	0.1841	0.1864	0.3299

续表

年份	三峡库区	渝西区	重庆都市区
2009	0.1923	0.1976	0.3544
2010	0.1962	0.1976	0.3609
2011	0.1945	0.1949	0.3779
2012	0.1996	0.1972	0.3894

注：此表数据是从第三章第三产业可持续发展综合指标中提取、整理得到的

2. 三峡库区第三产业的可持续发展缺乏支撑力

我们对表 4-2 ～表 4-4 中三大地区数据取对应年份的平均值，得到三峡库区、渝西区和重庆都市区第三产业可持续发展二级指标的平均值（表 7-2）。

表 7-2　三峡库区、渝西区和重庆都市区第三产业可持续发展二级指标均值比较

年份	就业水平			增加值水平			就业密度		
	三峡库区	渝西区	重庆都市区	三峡库区	渝西区	重庆都市区	三峡库区	渝西区	重庆都市区
2004	0.2404	0.2709	0.4235	0.2737	0.2732	0.3151	0.0020	0.0037	0.0842
2005	0.2406	0.2725	0.4118	0.3021	0.2850	0.3751	0.0020	0.0038	0.1065
2006	0.2535	0.2926	0.4241	0.3056	0.2842	0.3885	0.0019	0.0039	0.1141
2007	0.2657	0.3067	0.4473	0.2884	0.2705	0.3913	0.0020	0.0040	0.1218
2008	0.2776	0.3036	0.4834	0.2817	0.2619	0.3812	0.0021	0.0038	0.1372
2009	0.2724	0.3169	0.4817	0.3112	0.2842	0.4565	0.0021	0.0042	0.1385
2010	0.2857	0.3273	0.4933	0.3090	0.2738	0.4551	0.0022	0.0044	0.1471
2011	0.2930	0.3380	0.5045	0.2968	0.2555	0.4830	0.0023	0.0045	0.1573
2012	0.3080	0.3491	0.5153	0.3005	0.2555	0.5011	0.0023	0.0047	0.1656

注：此表数据是对表 4-2 ～表 4-4 的第三产业二级指标整理得到的

表 7-2 告诉我们，无论是就业指标、第三产业增加值规模指标，还是第三产业就业密度指标，三峡库区都远低于渝西区和重庆都市区。而第三产业就业水平、第三产业增加值规模和第三产业就业密度是第三产业可持续发展的支撑力量，显然三峡库区第三产业可持续发展的支撑力量太弱。

从可持续发展二级指标的相关性分析可以看出，对第三产业可持发展影响最大的因素是第三产业就业密度指标，其 9 年的权重均值为 34.8%；其次是第三产业增加值指标，其权重为 34.1%；第三产业就业指标的权重为 31%。

由此可见，影响第三产业可持续发展的最重要因素是第三产业自身的发展状况。然而，三峡库区第三产业的密度指标均值与重庆都市区相比只有其指标值的32%～50%。因此三峡库区第三产业可持续发展的最重要支撑力量非常弱小。

因此，无论从第三产业就业密度方面，还是第三产业增加值规模和第三产业就业水平方面来看，目前三峡库区可持续发展能力都存在着较严重的问题。因为过去第三产业是滞后于第一、第二产业发展的，当刚刚完成淹没搬迁，第一、第二产业尚处于恢复重建过程中时，虽国家用移民经费投入重置新建，形成了条件比移民迁建前好得多的城镇公共基础设施和第三产业发展的基础条件，但遵循前述规律，今后一段时间的库区第三产业，其就业密度、增加值和就业水平的提高均会受到抑制，这必然需要采取特殊的思路和政策来促进。否则，上述状况会阻碍第三产业可持续发展对城镇功能恢复、重建与提升。

3. 部分第三产业可持续发展因素过于弱小

这里可用面板模型加以说明。根据在第四章中建立的面板数据模型可以得到如下回归结果（表7-3）。

表7-3　三峡库区、渝西区和重庆都市区第三产业可持续发展对城镇功能促进作用面板回归（被解释变量（lg（*sc*））

地区	lg（*scz*）	lg（*scm*）	lg（*scj*）	R^2	*F*	D.W
三峡库区	0.027577 （0.203716**）	0.492214 （14.51678）	–0.416244 （–5.446610）	0.785841	47.03552	0.34277
渝西区	–0.289649 （–2.373226）	0.048565 （0.854285**）	0.171610 （1.455413**）	0.7952	24.364	1.3025
重庆都市区	–0.230963 （–4.996498）	0.116756 （4.612332）	0.322298 （3.061293）	0.930298	61.88087	0.316686

* 表示在5%的水平上不显著，** 表示在10%的水平上不显著，无 * 的参数表示对应统计量在5%下显著

注：①括号内数据为 *t* 检验值；②其他各项检验见附录B中对应部分系列模型及其检验。样本时间范围2004～2012年，截面变量为三大区各自对应的区县

从表7-3各模型参数的对比分析可以发现，三峡库区、重庆都市区和渝西区的第三产业就业密度对各自的城镇功能提升具有良好的促进作用。三峡库区第三产业增加值不同于渝西区和重庆都市区，它对城镇功能提升具有正向促进作用（渝西区和重庆都市区都为削弱作用）。但是，三峡库区的第三产业就业不像

渝西区和重庆都市区那样对城镇功能提升起促进作用，而是削弱作用。同时还可以看到，渝西区就业水平的回归参数在模型中不具有解释力（有 **）。进一步，从表 7-3 的三组面板数据模型和表 7-2 可得到如下结论。

（1）三峡库区第三产业服务密度较低不利于第三产业可持续发展，进而不利于城镇功能恢复重建。三峡库区第三产业总量小，而区域面积和人口又相对较多，由此导致三峡库区第三产业服务密度非常低。而第三产业服务密度又是第三产业可持续发展的重要因素，它对第三产业可持续发展的贡献权数在三个二级指标中占 35.59%（根据表 3-16 数据整理和计算）。第三产业可持续发展对城镇功能恢复重建的促进作用是非常明显的（表 7-3），然而三峡库区第三产业密度不到重庆都市区的 60%（表 7-2）。可见三峡库区第三产业服务密度过低将严重影响城镇功能恢复重建。

（2）三峡库区第三产业就业能力较低阻碍第三产业的可持续发展，从而不利于其促进城镇功能恢复、重建和提升。从表 7-3 模型解释变量的参数可发现，三峡库区第三产业就业能力对第三产业可持续发展的影响虽然高于重庆都市区和渝西区，且其在三个二级指标中，第三产业就业水平对第三产业可持续发展的贡献权重占 30.3%（根据表 3-16 数据整理和计算），其对城镇功能恢复重建的促进作用不可忽视。然而三峡库区第三产业就业水平为重庆都市区的 75%（根据表 7-2 计算）。结果是，三峡库区较低的第三产业就业水平也成为阻碍城镇功能恢复重建的重要因素。

4. 三峡库区第三产业各区县发展不均衡影响其可持续发展

三峡库区所包括的 17 个区县是一个狭长的区域，这个区域内部的经济发展是不均衡的，既有经济较为发达的地方，也有经济相对落后的地方，这些区域的第三产业发展也呈现此特征。2012 年，三峡库区 17 个区县的第三产业增加值（当年价），渝北区最多，超过 300 亿元；在 200 亿～ 300 亿元的只有万州区、涪陵区；在 100 亿～ 200 亿元的也仅有巴南区、江津区和长寿区；在 50 亿～ 100 亿元的有忠县、开县和奉节县;在 30 亿～ 50 亿元的有丰都县、云阳县、石柱县、秭归县、武隆县、巫山县；增加值不及 30 亿元的有巫溪县和巴东县，最少的巫溪县仅为 21 亿元多一点，还不到渝北区的 7.1%。

再看位于库腹区的万州、涪陵、丰都、忠县、开县、云阳、奉节、巫山、秭归、巴东等区县第三产业增加值分布情况，2012 年排名前三位的区县（渝北、万州和涪陵）第三产业增加值之和为排名后三位的区县（巫山、巫溪和巴东）第三产业增加值之和的 10.18 倍。这充分说明，三峡库区内部各区县第三产业的发展是极不平衡的（表 7-4）。

表 7-4　三峡库区各区县第三产业增加值规模比较　　（单位：亿元）

区县	2004年	2005年	2006年	2007年	2008年	2009年	2010年	2011年	2012年
渝北区	26.37	66.03	72.23	80.25	95.94	190.56	216.61	264.31	303.67
巴南区	22.90	30.94	35.15	41.95	50.72	96.59	120.63	142.53	168.24
涪陵区	38.55	50.48	56.74	65.34	80.07	77.63	148.04	173.96	201.67
长寿区	25.26	27.87	31.28	36.55	42.80	83.18	82.25	97.11	105.46
江津区	50.84	48.05	55.55	60.86	69.34	90.81	85.62	97.72	109.71
万州区	40.48	60.28	71.84	83.00	101.16	158.59	192.53	229.09	263.76
丰都县	12.49	15.13	17.01	18.72	21.78	26.19	30.06	36.00	40.39
忠县	15.06	17.70	19.75	21.74	27.01	37.02	43.41	52.11	57.57
开县	21.68	23.96	26.63	30.14	36.32	45.38	54.51	72.10	81.46
云阳县	10.20	15.41	17.38	20.33	24.37	31.16	36.95	43.29	47.88
奉节县	15.05	17.21	20.26	23.22	28.20	39.11	46.01	56.34	64.38
巫山县	9.00	9.70	10.89	12.71	15.53	16.99	20.20	26.68	30.12
巫溪县	4.14	6.37	7.02	8.47	10.23	13.15	15.70	19.21	21.41
武隆县	8.70	10.23	12.04	12.94	17.06	21.20	34.99	41.35	45.79
石柱县	7.06	9.82	11.25	13.08	16.11	22.57	25.15	29.17	32.51
秭归县	11.46	12.52	14.18	15.86	18.84	20.63	23.20	27.03	30.51
巴东县	7.19	7.34	8.27	10.93	12.25	14.44	17.71	20.48	24.01
均值	19.20	25.24	28.67	32.71	39.28	57.95	70.21	84.03	95.80

数据来源：2004 ～ 2012 年重庆社会经济发展主要统计数据汇编；2004 ～ 2012 年秭归县、巴东县国民经济和社会发展统计资料；《湖北统计年鉴》（2005 ～ 2013）

5. 三峡库区第三产业的发展速度明显滞后于地区经济发展水平

同过去的纵向比较看（表 7-5），三峡库区第三产业虽然发展速度较快，2012 年（按当年价计）比 2004 年增长近 5 倍，但其在国民经济中所占比重仍然偏低。这说明三峡库区第三产业虽因移民工程获得了快速发展，但与重庆市同期相比其发展速度仍是相对滞后的。进一步表明，三峡库区的第一、第二产业因移民搬迁造成规模缩减，但第三产业并未能发挥好替代和促进的作用。

表 7-5　重庆市和三峡库区第三产业增加值规模比较　（单位：亿元）

	2004年	2005年	2006年	2007年	2008年	2009年	2010年	2011年	2012年
重庆市	1229.62	1440.32	1649.20	1825.21	2160.48	2474.44	2881.08	3623.81	4494.41
三峡库区平均值	19.20	25.24	28.67	32.71	39.28	57.95	70.21	84.03	95.80

数据来源：2004 ～ 2013 年重庆及全国各省市社会经济发展主要统计数据汇编

与重庆市相比，三峡库区第三产业发展速度较慢。一个从长期趋势看属于上升最快的产业出现增长速度放缓现象，对这种现象产生的原因我们应进行更深入的探讨。与第二产业增加值指数相比，三峡重庆库区第三产业增加值指数 2005 ～ 2012 年时高时低，增长幅度在 12.79% ～ 33.56%；其中 2006 年骤降了 20 个百分点，2009 年猛增了 20 个百分点，2010 年下降了 18 个百分点（表 7-6）。与 GDP 增长指数比较，2011 年三峡库区第三产业增长指数为 120.6，比同期的 GDP 增长指数（127.7）低了 7.1 个百分点。由此可见库区第三产业发展速度较慢，不利于城镇功能恢复重建。

表 7-6　重庆库区地区生产总值指数与第三产业增长指数比较
（可比价，上年 =100）

	2005年	2006年	2007年	2008年	2009年	2010年	2011年	2012年
重庆库区GDP指数	118.79	112.75	122.75	123.44	126.34	121.71	127.72	111.98
重庆库区第二产业指数	116.72	116.52	129.53	134.59	126.60	126.13	134.35	112.47
重庆库区第三产业指数	133.56	113.51	114.23	121.09	141.27	123.13	120.61	112.79

数据来源：《重庆统计年鉴》（2005 ～ 2013）

6. 三峡库区三次产业结构中第三产业比重较低

虽然三峡库区的三次产业结构从 1992 年的 38.6 ∶ 33.8 ∶ 27.6 调整为 2013 年的 9.7 ∶ 54.6 ∶ 35.7，第三产业的比重提高了 8.1 个百分点，但库区第一、第二产业的比重仍然较高。再考虑到库区第一、第二产业本身的落后，第三产业发展滞后的矛盾就更加突出。同重庆市 2013 年的产业结构 7.9 ∶ 50.5 ∶ 41.6 相比，三峡库区第三产业的比重（35.7%）已低了 5.9 个百分点。

再从国际比较来看（表 7-7），2013 年三峡库区人均 GDP 为 38 879.96 元（按照常住人口计算），人均 GDP 约 6277 美元，第三产业的比重按库兹涅茨模式应该是40%以上，按钱纳里、艾金通和西姆斯模式应该是50%左右，按塞尔奎因和钱纳里模式应该是44%以上，但库区第三产业比重比这三种标准都低。

表 7-7　三次产业增加值结构演变的国际标准模式

三种研究结果	人均GDP/美元	第一产业/%	第二产业/%	第三产业/%
库兹涅茨模式（1958年，美元）	70	45.8	21.0	33.2
	150	36.1	28.4	35.5
	300	26.5	36.9	36.6
	500	19.4	42.5	38.1
	1000	10.9	48.4	40.7
钱纳里、艾金通和西姆斯模式（1964年，美元）	100	46.3	13.5	40.1
	200	36.0	19.6	44.4
	300	30.4	23.1	46.5
	400	26.7	25.5	47.8
	600	21.8	29.0	49.2
	1000	18.6	31.4	50.0
	2000	16.3	33.2	49.5
	3000	9.8	38.9	48.7
塞尔奎因和钱纳里模式（1980年，美元）	300	48.0	21.0	31.0
	300	39.4	28.2	32.4
	500	31.7	33.4	34.6
	1000	22.8	39.2	37.8
	2000	15.4	43.4	41.2
	4000	9.7	45.6	44.7

资料来源：郭克莎和王延中，1999

7. 三峡库区第三产业持续发展的新增投资不足

三峡库区经济社会的快速发展，主要得益于国家对三峡工程、移民搬迁、基础设施、生态建设、水环境和地质灾害治理等项目的投资拉动。2004年之前历年国家对三峡重庆库区及各区县移民迁建投资累计投入了334.34亿元，对于长期缺乏国家重大投资的集中连片国家级贫困地区来讲，这个投资额是巨大的。这种一次性大数额的投资固然能使三峡库区发展加快，然而一旦这样的投资大幅减少或没有了，三峡库区的发展速度也势必受到严重影响。同时，还要看到，国家投入334亿到重庆库区，其直接目的并不是要扶持该区域的产业发展，而是用于移民迁建。因此，直接用于发展产业的资金十分有限，更不用说对第三产业的直接投资了。据相关资料显示，2004年及以前，国家对三峡库区（重庆部分）移民资金累计完成投资为334.34亿元，用于农村移民、城镇迁建、集镇迁建、工矿企业迁建、专项投资、环境保护、勘测设计、滑坡处理和监理费等方面。城镇迁建、集镇迁建、工矿企业迁建、专项投资、环境保护、滑坡处理等工程的实施，对拉动库区GDP起到了相当大的作用。但由于并非直接作用于第三产业，所以对促进第三产业可持续发展的作用十分有限。2013年年底，国家对重庆的三峡后续工作专项资金累计计划投资60.48亿元，累计完成37.68亿元，主要用于移民安稳致富和促进库区经济社会发展（2013年当期完成63.03%）、库区生态环境建设和保护（占33.74%）、地质灾害防治（占3.22%）。这显然不利库区城镇功能恢复重建。

8. 三峡库区城乡居民对第三产业的有效消费不足

2004～2012年，三峡库区城镇居民人均可支配收入除渝北区外都低于重庆市平均水平（表7-8），其中2004年最低的是奉节县仅有4965元，与重庆市平均水平相差4256元。到2012年奉节与重庆市平均水平相差6534元，区域收入差距扩大了。再从库区内部看，处于库腹的万州、丰都、忠县、开县、云阳、奉节、巫山等区县，尤其是万州以下的库腹区县，城镇人均可支配收入一直明显低于重庆市的平均水平。例如，2012年的巫溪县，城镇人均可支配收入只有15 023元，比巫山县还低了1400余元，比排在库腹前三位的万州、忠县和丰都分别低了6800元、5674元和3109元（表7-8）。可见，库区城镇居民人均可支配收入对第三产业的支撑作用相对较弱。

表7-8　重庆市及三峡库区各区县城镇居民人均可支配收入比较　（单位：元）

区县	2004年	2005年	2006年	2007年	2008年	2009年	2010年	2011年	2012年
重庆市	9 221	10 244	11 570	12 591	14 368	15 749	17 532	20 250	22 968
万州区	7 708	8 540	9 540	11 176	13 366	14 918	16 633	19 329	21 823
涪陵区	8 552	9 424	10 362	11 902	13 587	15 109	16 844	19 643	22 491
渝北区	9 143	10 189	11 493	13 708	15 630	17 187	19 093	21 954	24 733

续表

区县	2004年	2005年	2006年	2007年	2008年	2009年	2010年	2011年	2012年
巴南区	8 906	9 948	11 460	13 690	15 696	17 181	19 090	21 953	24 627
长寿区	9 270	10 643	12 056	12 056	13 415	14 927	16 636	19 447	22 004
丰都县	7 850	8 239	8 746	9 440	9 608	12 073	13 558	15 765	18 132
武隆县	7 820	8 560	9 630	11 150	12 592	13 927	15 553	18 030	20 614
忠县	7 592	8 027	8 890	10 819	12 568	13 913	15 496	18 005	20 697
开县	6 773	7 354	8 251	9 616	11 229	12 385	13 795	15 911	18 236
云阳县	7 218	7 849	8 523	9 848	10 173	11 233	12 520	14 458	16 453
奉节县	4 965	5 564	6 160	8 992	10 040	11 261	12 539	14 460	16 434
巫山县	7 830	8 015	8 672	9 980	11 164	12 323	13 696	15 770	18 046
巫溪县	6 067	6 718	7 402	8 578	9 968	10 323	11 478	13 236	15 023
石柱县	6 850	7 700	8 609	10 028	11 532	12 766	14 336	16 555	19 055
江津区	8 535	9 439	10 458	12 089	13 428	14 939	16 645	19 330	21 936
秭归县	6 718	7 173	7 785	8 683	9 679	10 514	11 489	12 757	14 518
巴东县	7 000	7 360	7 442	8 208	9 196	9 977	10 850	12 696	14 457

数据来源：《重庆统计年鉴》（2005 ～ 2013），《湖北统计年鉴》（2005 ～ 2013）

而三峡库区农村居民人均纯收入（表 7-9）与城镇居民人均可支配收入的情况基本一致。重庆库区农村居民的人均纯收入也比重庆市平均水平低，差距在 500 元左右。同时，库腹区与库尾区的差距比较大，如江津区 2012 年农民人均纯收入为 9946 元，而重庆库区最低的巫溪县只有 5165 元，相差 4781 元；湖北库区最低的巴东县则仅有 4552 元，不及江津区的 1/2。

表 7-9　重庆市及三峡库区各区县农村居民人均纯收入比较　（单位：元）

区县	2004年	2005年	2006年	2007年	2008年	2009年	2010年	2011年	2012年
重庆市	2 510	2 809	2 874	3 509	4 126	4 478	5 277	6 480	7 383
万州区	2 287	2 582	2 739	3 335	3 998	4 470	5 528	6 591	7 573
涪陵区	2 529	2 780	2 854	3 499	4 168	4 651	6 410	6 858	7 942
渝北区	3 168	3 479	3 604	4 385	5 217	5 803	6 741	8 319	9 375
巴南区	3 124	3 475	3 607	4 385	5 208	5 781	5 918	8 250	9 421
长寿区	3 034	3 369	3 480	4 159	4 901	5 437	7 074	7 897	8 971

续表

区县	2004年	2005年	2006年	2007年	2008年	2009年	2010年	2011年	2012年
丰都县	2 193	2 430	2 479	3 028	3 591	3 992	5 662	5 991	6 932
武隆县	2 203	2 408	2 457	2 935	3 475	3 863	4 765	5 792	6 696
忠县	2 282	2 602	2 750	3 387	4 057	4 528	5 079	6 767	7 789
开县	2 186	2 471	2 607	3 210	3 833	4 275	4 418	6 323	7 273
云阳县	1 974	2 223	2 337	2 845	3 349	3 700	4 153	5 553	6 392
奉节县	1 886	2 107	2 232	2 717	3 178	3 499	3 925	5 200	5 967
巫山县	1 834	2 031	2 145	2 579	2 996	3 307	3 647	4 867	5 549
巫溪县	1 703	1 928	2 029	2 410	2 803	3 078	4 285	4 526	5 165
石柱县	1 882	2 296	2 457	3 002	3 579	3 998	4 088	5 981	6 848
江津区	3 234	3 629	3 691	4 535	5 411	6 041	6 929	8 694	9 946
秭归县	1 950	1 999	2 199	2 507	2 875	3 177	3 497	4 056	4 698
巴东县	1 603	1 595	1 813	2 102	2 482	2 790	3 244	3 915	4 552

数据来源：《重庆统计年鉴》(2005～2013)，《湖北统计年鉴》(2005～2013)

根据凯恩斯的消费理论，消费是收入的函数，决定消费水平的主要因素是收入。库区城镇居民人均可支配收入和农村居民人均纯收入都低于重庆市的平均水平，这也决定了三峡库区城乡居民人均消费支出的水平必然低于重庆市平均水平。

9. 三峡库区金融业发展缓慢

三峡库区的金融业在第三产业中比重较低，发展的速度比较缓慢。1997～2006年，三峡库区的金融业增加值从15.44元增加到35.03亿元，10年增加了126.88%，对第三产业的贡献比较小。以江津区为例，2004年金融业增加值为2.36亿元，2009年3.88亿元，2011年为5.1亿元，占GDP的比重仅为1.3%，发展速度较慢。由于金融资本的逐利性，大部分存贷款集中在大城市，而中小城市和小城镇建设资金却较为短缺。对三峡库区而言，本身经济发展比较滞后，金融业发展缓慢，没有充裕的资金作为物质基础，金融资源的配置效率低，金融服务功能不完善，不利于城镇化过程中不同规模的城市和城镇的和谐发展，也不利于城镇功能恢复重建。

10. 三峡库区第三产业内部结构层次落后

首先是传统第三产业所占比重过大，新兴第三产业特别是知识、人才密集型的第三产业发展相对滞后。前面的数据显示，三峡库区的第三产业以交通、运输、邮电、批发零售、餐饮业等传统产业为主，加上传统服务业产品仍然占较大比重的金融保险业，则传统第三产业增加值占全部第三产业增加值的比重在 65% 以上，而新兴行业（如信息、咨询、文化、娱乐、房地产、社区服务等）虽然近几年有所发展，但比重还很低。这表明，目前三峡库区第三产业可持续发展的后劲不足。

其次是整个库区第三产业缺乏统一规划，布局不合理。各区县各自为政，追求小区域的大而全、小而全，彼此进行无序竞争，缺乏协同发展的观念，突出表现在旅游项目规划、物流中心配置等领域。

显然，这些不足都影响着三峡库区第三产业可持续发展，进而不利于城镇功能恢复重建。

第二节　阻碍城镇功能恢复重建对第三产业可持续发展正向反馈的主要因素

从纵向分析来看，1992 年以来，三峡库区城镇功能的确有了较大程度的提高和改善，但因三峡库区的历史欠账太多，发展的起点太低，经济基础十分薄弱，生存环境非常恶劣，在移民迁建及城镇搬迁后，库区城镇功能恢复重建过程中的各种矛盾和突出问题也逐步暴露出来。这些矛盾和问题严重阻碍了三峡库区城镇功能恢复重建对第三产业可持续发展的正向反馈作用。

1. 城镇功能恢复重建的支撑力量不足

三峡库区城镇功能二级指标的改善不仅是城镇功能恢复重建的基础，也是第三产业发展的重要支撑。然而，从表 7-10 中的城镇功能一级指标平均值来看，无论是服务功能、集聚功能，还是发展环境和创新功能，三峡库区都低于重庆都市区；除服务功能、发展环境与渝西区相差无几外，集聚功能和创新功能都不如渝西区。显然三峡库区城镇功能恢复重建的支撑力量总体上不足，这就严重影响了城镇功能恢复重建对第三产业可持续发展的正向反馈作用。

表 7-10　三峡库区、渝西区和重庆都市区城镇功能一级指标均值比较

年份	城镇服务功能			城镇集聚功能		
	三峡库区	渝西区	重庆都市区	三峡库区	渝西区	重庆都市区
2004	0.1454	0.1448	0.2708	0.1514	0.1905	0.3699
2005	0.1383	0.1353	0.2715	0.1646	0.2076	0.3966
2006	0.1247	0.1243	0.2899	0.1856	0.2289	0.4329
2007	0.1307	0.1376	0.3200	0.2186	0.2766	0.4838
2008	0.1253	0.1312	0.3424	0.2479	0.3088	0.5485
2009	0.1242	0.1188	0.3711	0.2863	0.3606	0.6574
2010	0.1501	0.1406	0.4044	0.3177	0.4052	0.7078
2011	0.1475	0.1333	0.4405	0.3739	0.4334	0.7620
2012	0.2342	0.2226	0.5368	0.4149	0.4796	0.8051
年份	城镇发展环境			城镇创新功能		
	三峡库区	渝西区	重庆都市区	三峡库区	渝西区	重庆都市区
2004	0.0419	0.0434	0.2208	0.1174	0.1479	0.1897
2005	0.0449	0.0452	0.2257	0.1173	0.1580	0.1873
2006	0.0485	0.0483	0.2358	0.1357	0.1642	0.2073
2007	0.0544	0.0539	0.2517	0.1627	0.1979	0.2604
2008	0.0615	0.0612	0.2699	0.1837	0.2291	0.2938
2009	0.0707	0.0698	0.2937	0.1887	0.2250	0.3037
2010	0.0868	0.0864	0.3097	0.2071	0.3036	0.3021
2011	0.1075	0.1066	0.3465	0.2189	0.2811	0.3473
2012	0.1174	0.1155	0.3760	0.2434	0.3178	0.3652

从城镇功能一级指标的相关性分析可以看出，城镇功能恢复重建最重要的因素是城镇服务功能，其指标权重为 29.41%；其次是城镇集聚功能，其指标权重为 28.17%；城镇发展环境居第三位，其指标权重为 26.49%；城镇创新指标权重为 15.94%（附录表 A-39）。这些权重告诉我们，影响三峡库区城镇功能恢复重建的最重要因素是城镇服务功能。然而在考察期内三峡库区城镇服务功能较低，平均值介于 0.12 ～ 0.23，不到重庆都市区的 1/2，存在较大的差距，还有待进一步提高。从城镇服务功能内部指标看，无论是消费水平、教育文化、医疗卫生，还是便民利民等，三峡库区的指标均与重庆都市区有较大差距，在短时期内增长都有一定困难，但这些方面的发展潜力却很大。

三峡库区城镇集聚功能是仅次于服务功能的城镇功能重要组成部分。然而，三峡库区的产业基础、交通条件和城镇集聚条件等方面存在着较大的问题，三峡

库区的自然条件恶劣，第一产业要发展起来非常困难；而受移民迁建和生态环境标准的影响，三峡库区暂处于第二产业“空虚化”时期，恢复和发展第二产业也存在诸多困难；而第一产业和第二产业的发展滞后自然会制约第三产业的可持续发展。虽然三峡库区的交通条件因移民迁建和各种政策的大力倾斜获得了较大的改善，但产业发展受阻必然会削弱三峡库区城镇集聚资源和生产要素的能力，而资源及要素的集聚状况对城镇功能恢复重建则存在着阻碍作用。

从发展环境看，三峡库区的硬环境因其特殊的生态脆弱性和地形地貌的复杂性使城镇功能恢复重建在短期内也难以完成。而三峡库区的软环境因素，包括政策环境、人文环境、财政收支和信贷环境等是可以逐步改善的，这些应该是三峡库区城镇功能恢复重建的重要突破口。

从城镇创新能力来看，本来三峡库区在企业技术创新及政府政策措施创新与政府服务创新能力方面都先天地存在着较大的缺陷，在移民搬迁中这种能力还被进一步削弱了，弱小的城镇创新能力必将是三峡库区城镇功能恢复重建的一大障碍。

2. 部分城镇功能对第三产业可持续发展的促进作用力度小

我们还可以进一步更细致地考量三峡库区具体的城镇功能对第三产业可持续发展的促进作用，仍用面板模型对此加以说明。根据第五章中建立的面板数据模型，可以得到如下模型回归结果（表 7-11）。

表 7-11　三峡库区、渝西区和重庆都市区城镇功能因素对第三产业可持续发展促进作用的面板回归

（被解释变量（lg（*sc*））

地区	lg（*czy*）	lg（*czj*）集聚功能	lg（*czh*）发展环境	lg（*czc*）创新功能	R^2	*F*	D.W
三峡库区	0.112819（1.788545*）	0.058321（0.956693**）	0.088900（1.329573**）	−0.039270（−3.188634）	0.272846	4.37761	0.917
渝西区	−0.099264（−2.252500）	0.119018（1.777236*）	0.066899（1.046365**）	−0.072289（−1.908320*）	0.821461	26.07241	0.4466
重庆都市区	0.333038（3.132735）	−0.327613（−3.926206）	0.747203（11.11235）	−0.161140（−2.251251）	0.923084	174.0185	0.3811

* 表示在 5% 的水平上不显著，** 表示在 10% 的水平上不显著，无 * 的参数表示对应统计量在 5% 下显著

注：①括号内数据为 *t* 检验值；②其他各项检验见附录 B 系列模型及其检验。样本时间范围 2004 ～ 2012 年，截面变量为三大区各自对应的区县

从上述模型可以看出，三峡库区、重庆都市区和渝西区的城镇服务功能、集聚功能和发展环境都对各自的第三产业发展具有很好的促进作用（除渝西区的服务功能和重庆都市区的集聚功能外）。对于三峡库区而言，其城镇功能对第三产业可持续发展促进作用最强的是服务功能，其次是发展环境，然后是集聚功能和创新功能。而且三峡库区、重庆都市区和渝西区的城镇创新功能均对第三产业可持续发展具有削弱作用，这说明三峡库区、重庆都市区和渝西区的城镇创新能力很低，以至于很难体现出其对第三产业的促进作用。对于渝西区而言，对第三产业可持续发展促进作用最强的是集聚功能，其次是发展环境，创新功能和服务功能对其第三产业可持续发展的具有削弱作用。重庆都市区城镇功能对第三产业促进作用最强的是服务功能，发展环境功能对其第三产业可持续发展的解释力较弱。从表 7-11 中三组面板数据模型的进一步分析可得到如下结论。

（1）三峡库区城镇创新能力对第三产业可持续发展的促进作用太小，影响着城镇功能恢复重建对第三产业可持续发展的正向反馈作用。

从指标值上可看出，三峡库各区县的城镇创新功能指标值很低。这说明三峡库区创新能力低，而创新能力又是城镇功能恢复重建的重要因素，它对城镇功能的贡献度为 15.94%。从表 7-11 中的回归参数可以看出，总体上来说，三峡库区城镇功能对第三产业可持续发展的促进作用是很明显的。但城镇创新功能过于弱小是三峡库区第三产业可持续发展的重要障碍之一。

（2）三峡库区城镇集聚功能对第三产业可持续发展的促进作用过低，影响着城镇功能恢复重建对第三产业可持续发展的正向反馈作用。

从表 7-11 中模型解释变量参数可以看出，三峡库区城镇集聚功能不到重庆都市区的 1/6 和渝西区的 1/2。而集聚功能对城镇功能的贡献度为 28.17%，表明在四个一级城镇功能指标中集聚功能对第三产业可持续发展的促进作用同样十分重要。但太低的城镇集聚功能不利于三峡库区第三产业可持发展能力的提升。

进一步分析城镇集聚功能的各个因素时发现，三峡库区产业集聚指标值较低，是重庆都市区的 26%，为渝西区的 84% 左右（表 7-12）。交通集聚功能指标值也较低，约为重庆都市区的 52%，是渝西区的 74%。人口集聚指标值也较低，约为重庆都市区的 47%，是渝西区的 83%。而三峡库区城镇集聚功能过低的根本原因在于产业集聚水平过低和人口密集程度不高。交通集聚因素尽管对城镇集聚功能有较大影响，但相比其他两个因素而言并不是最主要的影响因素。

表 7-12 影响三峡库区城镇集聚功能二级指标均值比较

年份	产业集聚功能			交通集聚功能			人口集聚功能		
	三峡库区	渝西区	重庆都市区	三峡库区	渝西区	重庆都市区	三峡库区	渝西区	重庆都市区
2004	0.052	0.071	0.249	0.110	0.150	0.213	0.288	0.347	0.616
2005	0.061	0.080	0.296	0.126	0.164	0.234	0.298	0.368	0.621
2006	0.072	0.092	0.325	0.144	0.196	0.294	0.329	0.388	0.648
2007	0.092	0.110	0.384	0.179	0.250	0.325	0.371	0.458	0.702
2008	0.119	0.145	0.508	0.206	0.279	0.363	0.407	0.492	0.736
2009	0.146	0.190	0.588	0.261	0.345	0.538	0.445	0.540	0.831
2010	0.183	0.241	0.700	0.286	0.391	0.631	0.482	0.582	0.789
2011	0.253	0.266	0.798	0.334	0.443	0.640	0.535	0.596	0.836
2012	0.278	0.295	0.846	0.378	0.503	0.689	0.585	0.643	0.867

注：此表数据根据附录 A 中的表 A-21 整理和计算得到

（3）三峡库区城镇服务能力不强也不利于第三产业可持续发展。

从表 7-11 中的模型解释变量不难看出，三峡库区城镇服务功能为重庆都市区的 54%。而城镇服务功能在四个城镇功能一级指标中对城镇功能贡献的权数为 29.41%，其对第三产业可持续发展的促进作用最强。但三峡库区城镇服务功能太弱不利于第三产业可持续发展。

如果进一步分析城镇服务功能的各个二级因素，不难发现，三峡库区城镇消费能力也较低，不到重庆都市区 19% 和渝西区的 92%。医疗卫生条件与渝西区较为接近，但仅为重庆都市区的 36%。教育文化条件稍高一些，为重庆都市区 97%。便民利民条件略高于渝西区，但不及重庆都市区 1/5 的水平。因而从城镇服务功能的角度看，阻碍三峡库区第三产业可持续发展的深层次因素是城镇消费能力、医疗卫生条件和便民利民基础设施条件偏差（表 7-13）。

表 7-13 影响三峡库区城镇服务功能二级指标均值比较

年份	消费服务			医疗卫生		
	三峡库区	渝西区	重庆都市区	三峡库区	渝西区	重庆都市区
2004	0.022	0.028	0.126	0.093	0.104	0.328
2005	0.026	0.032	0.144	0.095	0.109	0.316
2006	0.030	0.037	0.169	0.099	0.112	0.325
2007	0.037	0.043	0.198	0.104	0.122	0.336

续表

年份	消费服务			医疗卫生		
	三峡库区	渝西区	重庆都市区	三峡库区	渝西区	重庆都市区
2008	0.047	0.053	0.244	0.119	0.132	0.345
2009	0.059	0.062	0.296	0.156	0.152	0.362
2010	0.071	0.074	0.356	0.153	0.163	0.384
2011	0.086	0.088	0.435	0.171	0.175	0.425
2012	0.100	0.103	0.504	0.194	0.199	0.475
年份	教育文化			利民设施		
	三峡库区	渝西区	重庆都市区	三峡库区	渝西区	重庆都市区
2004	0.644	0.656	0.622	0.080	0.030	0.137
2005	0.658	0.653	0.629	0.089	0.027	0.174
2006	0.677	0.658	0.644	0.040	0.023	0.243
2007	0.681	0.663	0.657	0.031	0.037	0.296
2008	0.699	0.676	0.693	0.031	0.038	0.341
2009	0.694	0.670	0.720	0.037	0.024	0.391
2010	0.686	0.645	0.720	0.080	0.034	0.400
2011	0.653	0.608	0.714	0.085	0.030	0.403
2012	0.599	0.566	0.794	0.070	0.030	0.363

注：此表数据是根据附录 A 中的 A-10 整理和计算得到的

（4）三峡库区城镇发展环境方面也存在着不利于第三产业可持续发展的因素。

从表 7-11 中模型解释变量可以看出，三峡库区城镇发展环境是仅次于服务功能促进第三产业可持续发展最重要的因素。相对于集聚功能和创新功能而言，发展环境对第三产业可持续发展的阻碍作用要稍微小一些。同时还可发现，三峡库区城镇发展环境对第三产业发展的贡献度不到重庆都市区的 3/5。而城镇发展环境对城镇功能贡献的权重为 26.49%，其对第三产业发展的促进作用仅次于服务功能（表 7-11）。但三峡库区城镇发展环境较低也非常不利于第三产业可持续发展。

进一步分析城镇发展环境的各个因素不难发现，三峡库区的金融存贷环境和主营业务发展环境太差，其指标分别仅为重庆都市区的 1/10 和 1/8 左右（表 7-14），而财政收支发展环境功能指标也只有重庆都市区的 45% 左右，非农人口发展环境功能指标约为重庆都市区的 28.8%，自然环境和政策环境的功能指标分别为重庆都市区的 65.7% 和 68.4%。可见，从城镇发展环境功能角度看，阻碍三峡库区第三产业可持续发展的深层次因素是，存贷款水平、主营业务发展环境和财政收支水平太差，而非农人口比重较低也制约着三峡库区城镇功能恢复重建（表 7-14）。

表 7-14　影响三峡库区城镇发展环境功能二级指标均值比较

年份	财政收支			金融存贷环境			非农人口		
	三峡库区	渝西区	重庆都市区	三峡库区	渝西区	重庆都市区	三峡库区	渝西区	重庆都市区
2004	0.042	0.035	0.103	0.009	0.008	0.086	0.177	0.192	0.739
2005	0.048	0.038	0.111	0.010	0.009	0.096	0.185	0.197	0.747
2006	0.059	0.051	0.144	0.012	0.011	0.113	0.194	0.201	0.755
2007	0.076	0.067	0.191	0.015	0.013	0.132	0.200	0.207	0.769
2008	0.106	0.096	0.257	0.019	0.015	0.156	0.206	0.216	0.784
2009	0.140	0.131	0.330	0.025	0.019	0.232	0.218	0.225	0.792
2010	0.187	0.178	0.385	0.032	0.025	0.276	0.259	0.270	0.809
2011	0.269	0.246	0.563	0.038	0.028	0.314	0.299	0.322	0.835
2012	0.315	0.284	0.666	0.046	0.033	0.373	0.302	0.331	0.843
年份	主营业务发展环境			政策环境			自然环境		
	三峡库区	渝西区	重庆都市区	三峡库区	渝西区	重庆都市区	三峡库区	渝西区	重庆都市区
2004	0.020	0.022	0.198	0.665	0.633	0.986	0.671	0.778	0.986
2005	0.026	0.025	0.225	0.665	0.633	0.986	0.671	0.778	0.986
2006	0.035	0.033	0.264	0.665	0.633	0.986	0.671	0.778	0.986
2007	0.051	0.048	0.316	0.679	0.672	0.986	0.671	0.778	0.986
2008	0.064	0.067	0.370	0.679	0.672	0.986	0.671	0.778	0.986
2009	0.083	0.109	0.376	0.679	0.672	0.986	0.671	0.778	0.986
2010	0.127	0.131	0.438	0.682	0.672	0.993	0.671	0.778	0.986
2011	0.151	0.170	0.506	0.682	0.672	0.993	0.151	0.170	0.506
2012	0.172	0.194	0.546	0.682	0.694	0.993	0.671	0.778	0.986

注：此表数据是根据附录 A 中的表 A-23 ～表 A-31 整理和计算得到的

3. 库区城镇的服务功能存在较多不协调的方面

第一，库区移民就业状况欠佳、收入低下，对第三产业的需求明显不足。三峡库区城镇居民搬迁安置后，新居住区的经商条件发生了变化，即从商业区到非商业区，原来经商的门面现在大量闲置。据万州、巫山等 5 区县统计，用于安置纯居民的 8864 个门面，其利用率只有 41%。从重庆市统计局和移民局的数据来看，2013 年库区城镇移民家庭人均可支配收入为 17 010 元，比全市城镇居民人均可支配收入 25 216 元低 8206 元，为全市城镇居民的 67.46%。目前，这部分移民中经济状况较好的占 14.1%，一般的占 37.18%，较差的占 48.72%，其中陷入贫困的占 35.3%。

三峡库区非农安置的农村移民有 9.65 万人，失地农民脱离农业后，缺乏就业岗位，就业能力弱，多数家庭生活水平都程度不同地有所下降。由于就业难，库区城镇居民中享受最低生活保障的人口高达 53.4 万人，占重庆市享受该保障总人口的 75.17%。在社会保障作用有限的情况下，库区不乏一月只吃一次肉，一天吃两顿饭，用蜡烛、手电筒照明的移民家庭。在万州一移民小区，缺乏生存技能的失地农民居住在城市的楼房里，部分移民迫于生存的压力，被迫对生活的空间进行了的改造，将楼房的阳台甚至部分房屋加以隔离，就在楼房里养起了猪、鸡、鸭等牲畜，以便增加收入。奉节县对 300 户关闭破产企业职工、占地移民和城镇居民家庭的生活状况进行了入户调查，如表 7-15 所示。

表 7-15　奉节县城镇居民家庭生活状况调查表

类别	户数	其中		家庭人口/人	月人均生活费/元	其中/户			参加养老保险/人	参加医疗保险/人
		有收入户	低保救济户			低保水平以下	月人均150元以下	月人均150元以上		
关闭破产企业失业职工居住社区	100	26	49	310	76.9	53	36	11	43	16
占地移民居住社区	100	15	37	379	60.3	65	27	8	8	1
以城镇居民为主的社区	100	21	53	347	71.6	59	37	4	5	—
合计	300	62	139	1036	69.56	177	100	23	56	17

数据来源：《三峡移民和库区发展重要问题调研报告集》，重庆市人民政府办公厅，2005 年 4 月

结合表7-15及调研的情况来看，目前库区生活最困难的群体：一是关闭破产企业和国有企业改制后的失业人员。这部分人在企业破产、关闭或改制时领取的安置费，维持了几年的生活，现已基本用完。由于难以实现再就业，目前生活困难，更无钱延续社会保险，这给他们以后养老留下隐患。二是库区城镇搬迁占地移民（“农转非”人员），15个区县约有7.49万人。这些人员以往居住在城镇近郊，经济条件较好。城镇搬迁占用了他们的承包地后，由移民部门用征地补偿金办理商业保险，每人每月领40～60元的保险费维持生活。原来的积蓄主要用于贴补购建房费用，已基本用完。这些人也属于就业困难群体，没有社会保险，生活十分困难。三是搬迁重建后的企业，目前普遍经营困难，多数处于停产、半停产状态。这些企业发不出工资，职工享受低保又受限制，用职工的话说是“企业要死没死，职工要活无法活”。四是企业退休（职）人员基本养老金水平偏低，部分关闭破产企业退休人员的医疗保险难以落实。淹没企业由于改制和关闭破产资金严重不足，除纳入重庆市关闭破产计划的企业外，其他商贸企业和尚未关闭的迁建工矿企业退休人员，无法筹措医疗保险基金，其医疗问题难以解决。五是城镇移民搬迁纯居民，社会保险参保率低，大量形成贫困户。他们中绝大部分没有稳定的就业岗位，基本生活无法保障，其中相当一部分进入城市低保，没有能力参加基本养老保险和医疗保险。

第二，原样重置的移民搬迁政策，使库区城镇保障其功能的基础设施建设缺口大。以库区城镇的医疗单位搬迁为例，这些单位搬迁复建存在巨大的资金缺口，导致卫生设施供给不足，不能为城镇居民提供比较完善的医疗安全保障。仅云阳县医疗单位因搬迁形成的资金缺口就达1亿多元。

另外，库区许多区县市政、环保设施基础差，功能不全，全库区城镇人均道路面积和公共绿地分别只有6.4平方米和5平方米，城镇供排水面临“源水恶化、水厂老化、管网设施陈旧和二次污染”的严峻形势。库区通信基础设施落后，电话普及率低。

总体上看，因三峡工程库区城镇的建设速度明显加快了，城镇面貌也明显改观了，但城镇服务功能的内涵亟待提升，受“三原”补偿标准影响，淹没与半淹没城镇的服务功能恢复问题突出，就业、教育、文化及医疗卫生基础设施建设等成为库区城镇服务功能提升的软肋。总之，这些现状明显影响着城镇功能恢复重建对第三产业可持续发展的正向反馈作用。

4. 经济基础薄弱和产业空虚化严重，致使库区城镇集聚功能短期难突破

三峡库区自然条件较差，三峡工程论证几十年，国家和企业的投入受到了人为的限制，导致三峡库区经济发展水平同重庆市和全国相比差距非常明显。从总体上看，三期移民工程完成后，三峡库区还处于由温饱向基本小康的转型期，多数区县城镇和企业被动迁建，要素集聚度低，产业空虚问题严重，地方财政困难，自我发展能力很弱，城镇的集聚功能没有得到实质上的改善。

1992 年三峡库区人均 GDP 与全国人均相比差 1280.11 元。但 2013 年，三峡库区人均 GDP 为 38 879 元，与全国相差 3028 元。其中丰都县、忠县、开县、云阳县、奉节县、巫山县、巫溪县、秭归县、巴东县和石柱县等库腹县的人均 GDP 分别仅为全国人均 GDP 的 45% 左右。而反映三峡库区城镇集聚功能的产业发展能力的人均第三产业增加值虽有提高，但其后劲仍严重不足。1992 年三峡库区人均第三产业增加值与全国平均水平相比，差距仅有 502.37 元，但到 2013 年这一差距扩大到 5370 元，差距扩大了 10 倍。而丰都县、忠县、开县、云阳县、奉节县、巫山县、巫溪县、秭归县、巴东县和石柱县等库腹县人均第三产业增加值与全国平均水平的差距则更大。

三峡库区产业发展基础弱、层次低、结构性矛盾突出。多数区县以传统农业为主，工业基础十分薄弱，大多数企业规模小，经济效益差，工业支撑城镇经济发展的能力明显不足。在移民迁建过程中，1397 户淹没工矿企业中关闭破产重组减少 1008 户，占 72%，仅仅保留 389 户。由于条件限制，新兴产业尚未形成，主导产业和特色产业尚未确立。库区 15 个区县的工业发展都存在一些突出的问题。譬如，丰都县的工业仅占地区生产总值的 23%；工业基础较好的涪陵、长寿和万州，传统工业占绝大多数，涪陵、长寿境内虽然支柱行业企业形成规模集聚，但中小企业发展不快，民营经济发展严重不足，如涪陵规模以上工业产值占比不到 13%，而万州的支柱工业种类单一，且科技含量偏低，还没有形成较为完善的企业集群和产业链。

库区的农业经济基本上还处在粗放型经济形态阶段，农业结构极不合理，农业产业化水平低，综合生产能力不强，农产品经济效益低。2004 年库区农村移民人均粮食产量仅 382 公斤，比重庆市的人均水平低了 139.6 公斤；人均猪肉产量近 29 公斤，较重庆市平均水平低 46.2 公斤；库区大部分区县还缺乏有产业带动作用的龙头企业，从根本上制约了农业产业化水平的提高。2013 年库区人

均粮食产量提高到431公斤，接近全国平均水平。这主要得益于重庆市“两翼农户万元增收工程”的实施，土地流转和农业产业化带来了规模经济效益。

由于库区农业和工业发展举步维艰，城乡居民收入增长缓慢，社会购买力不强，制约了服务业的发展。2013年，重庆库区城镇居民人均可支配收入增长幅度虽比重庆市平均水平还高出13.5个百分点，但库区城镇居民人均可支配收入与重庆市及全国平均水平的差距仍在拉大。到2013年年末，重庆库区城镇居民人均社会消费品零售额13 027元，只有重庆市的84%；库区城镇居民人均社会消费品零售额达到10 000元以上的仅有万州区、涪陵区、渝北区、巴南区、长寿区、江津区、武隆县和石柱县，在8000～10 000元的有丰都县、开县，而巫溪县人均社会消费品零售额仅5467.78元，为库区平均水平的42%、重庆市平均水平的35%。同时，城镇迁建复建后功能丧失严重，且恢复缓慢，人流、物流、资金流和信息流受阻颇多，新的专业市场体系尚未形成，大批下岗人员、农村移民和占地移民纷纷涌入第三产业，特别是商贸服务业，导致竞争加剧。2013年库区第三产业增加值为1809.69亿元，仅占重庆市的34%。库区特别是库腹地区大多数区县大型商贸骨干企业发展不足，沿街的中小商店和路边零星摊点居多，经营不景气，收入水平低。库区尚未形成与周边地区大进大出的商流和物流，商贸活动主要在库区内部自我循环，城镇集聚功能提升的空间十分有限。

由于库区产业空虚严重，产业发展对城镇就业的吸纳能力十分有限，能提供的就业岗位严重不足，城镇大规模集聚就业人口的功能缺失。2013年重庆市城镇新增就业人数18.67万人，其中15个库区区县仅新增就业5.41万人，只占重庆市新增就业人数的29%。到2013年年底，库区城镇登记失业率为4.1%，比重庆市高出0.7个百分点。在企业搬迁过程中，库区工矿企业破产关闭947户，有16.2万企业职工接受一次性货币补偿，除4.1万人退休和提前退休有所保障外，其余12.1万人中仅有3.01万人实现了再就业，而以正规方式就业的不到总人数的8%，通过非固定就业和短期就业方式实现再就业的为总人数的19%。目前，还有9.09万人处于失业状态，19 572人靠“吃低保”为生。以巫山县搬迁的43户企业为例，由于规模缩小，在岗职工从1980人下降为186人。目前，库区城镇失业人员的年龄普遍偏大，技能都比较低。上述状况严重影响着城镇功能恢复重建对第三产业可持续发展的正向反馈作用。

5. 自然生态环境约束与融资环境差，制约库区城镇发展环境的改善

第一，经过移民搬迁后的三峡库区，人均耕地减少，土壤肥力降低，且生态环保要求高。重庆库区蓄水淹没耕地 1.53 万公顷（合 22.95 万亩），导致人均耕地面积减少。目前，库区人均耕地面积仅为 1.06 亩，为全国平均水平的 75%。库区移民迁建工程已占用了库区大量用地，库区城镇功能恢复重建的用地问题更趋突出。而多年来库区水土流失问题并没有得到根本好转，土地肥力不断下降，土地资源数量减少和质量下降将制约库区产业发展。同时，库区的生态环境保护问题已备受世人关注，国家对库区产业项目选择、布局和发展均提出了更高标准的环保要求，库区今后也只能发展低污染甚至无污染的产业，必须走循环经济和清洁生产的道路。但这种环保要求的高约束与库区现实的产业实际尚存在相当大的差距。在库区现有产业层次较低、技术水平相对落后、投资环境又不具比较优势的情况下，库区城镇面临的自然生态环境保护任务对产业发展具有明显的制约。

第二，产业基础薄弱的库区三次产业都面临融资难题。当前和今后相当长时期内，资金短缺都将成为库区产业发展和城镇功能提升最重要的制约因素之一。库区经济实力弱、国家和企业过去投入不足固然是资金短缺的重要因素，但在市场经济条件下，库区的融资环境差、金融支持乏力对产业发展的影响在一定意义上已超过政府直接投入不足的影响。出于防范风险和提高经济效益的考虑，近年来库区的商业性金融机构大量收缩、撤并，信贷权限纷纷上收，被保留下来的基层商业银行除了万州、涪陵等区域性中心城市的商业银行拥有十分有限的信贷审批权限外，其他区县商业银行已丧失了基本的信贷功能。这大大削弱了信贷资金供给能力，也增大了库区企业或个人的交易成本。

在库区金融机构收缩的同时，库区地方性金融机构的发展受困。目前，库区地方性金融机构只有万州商业银行和区县农村信用联社。但受库区移民迁建以及自身调控能力不足的影响，库区地方金融机构面临贷款呆坏账包袱重、经营效益不高、自我发展能力弱的诸多困难。特别是移民迁建带来的政策性贷款损失，在缺乏相应政策支持的情况下，主要靠自己消化，致使万州商业银行和农村信用社两家机构面临较大的经营困难。与此同时，由于国家开发银行与农业发展银行等政策性银行的目标指向依赖于地方政府的信用等级，在库区地方政府信用空间未得到充分挖掘之前，其政策性金融机构信贷投入的作用非常有限。

在库区金融环境整体较差的情况下，民间金融市场既不成熟又不规范，直接融资工具缺乏，且融资担保机构发展严重滞后。结果是，完全依靠银行贷款获取资金支持已极大地限制了库区经济的发展。据统计，库腹区县融资总量中银行贷款占比高达99.5%以上，风险投资、债券融资、股权融资等直接融资工具在库区基本为空白；而库区的担保机构数量仅占重庆市担保机构总数的24.5%，且实力普遍弱小。其中，巫山、巫溪、丰都、云阳、奉节5个区县尚未建立担保机构。受上述因素影响，库区贷款增长持续乏力，而“存贷差”却还在不断扩大。

第三，国家扶持三峡库区的政策优势不明显。作为一个特殊的地理区域，国家相关政策在一段时间内没能及时地根据库区的实际变化做出相应的调整，而库区经济发展及城镇功能提升受政策环境的制约却愈来愈明显。国家移民迁建的“三原”标准补偿政策不合理，标准普遍较低，加重了已搬迁企业生存和发展的负担。同时，国家对库区产业发展基金规定的基金使用范围与实际情况不尽相符，制约了库区部分企业和产业项目获得基金扶持。另外，国家对能源和矿产资源加工等领域内的一些产业实施调控政策，客观上限制了相关产业中小型项目的核准和发展。根据《国务院办公厅关于加强三峡工程建设期三峡水库管理的通知》，库区周边城镇发展规模将受到控制，库区部分产业发展将受到限制。此外，虽然对库区的优惠政策较多，但特惠政策很少，特别是在西部大开发政策实施后，库区的政策优势已不明显，而生态环保等政策约束则更为严格，也进一步加大了库区招商引资的难度。

总之，上述情形严重影响着城镇功能恢复重建对第三产业可持续发展的正向反馈作用。

6. 人力资源短缺和科技投入不足，制约了库区城镇创新功能的提升

库区人才队伍总量不足，整体素质不高，已严重制约了库区创新能力的提升。据调查，库区现有人才总数的比例较低，不足4%，这与库区经济社会发展对人才的需求存在较大的差距；而整个库区人口平均文化程度较低，且专业知识老化，创新能力极弱。库区本科以上学历人才的比例仅占10%左右，而高中及以下学历和初级职称以下人才都在60%以上，高层次人才缺乏，低技能人才过剩。

在人才资源短缺的条件下，科技投入又严重不足，库区城镇创新功能的有效提升受到明显制约。一方面是政府科技引导资金少。按照《中华人民共和国

科技推广法》和《重庆市科学技术投入条例》规定，区县“科技三项费”要求达到财政一般预算支出的1%，库区多数区县难以达标。另一方面，库区企业的市场竞争力低下，科技投入又很少。例如，库区规模以上企业R&D投入为7.5亿元，仅占重庆市的32%，且主要分布在万州、涪陵、江津、渝北和巴南，这5个区的R&D投入已占整个库区的90.8%，其余10个区县仅占9.2%。R&D投入的严重匮乏，导致库区企业创新能力极弱。

另外，由于多数库区区县领导班子年龄结构趋于老化，体制和机制创新受到限制。在长寿区沿长江以下库区10个区县领导班子的335名市管领导干部中，56岁以上的65人，35岁以下的仅有1人[①]。库区干部的专业和知识结构不能适应解决库区产业空虚化和制度创新问题的工作需要。他们中更多的是熟悉农业、农村经济的干部，而缺少熟悉工业、工业经济、城市经济的干部。专科以上学历的干部所占比例较低，水平有限，因而对城镇建设及城镇功能的提升难以从制度上进行总体设计。当然，库区干部激励机制不健全也制约了他们的进取精神和艰苦创业的精神。

显然，上述因素会严重影响城镇功能恢复重建对第三产业可持续发展的正向反馈作用。

第三节 阻碍三峡库区第三产业与城镇功能良性互动发展的共性因素

前面的理论分析表明，三峡库区第三产业可持续发展与城镇功能恢复重建之间存在着一定的良性互动关系，同时两者之间还存在着“因果累积的恶性循环”特性。如果市场化程度和社会分工程度不高，第三产业专业化水平较低，那么城镇功能完善程度就较低。而如果城镇功能完善程度降低，市场化程度也会变低，社会分工程度也会变低，进而第三产业专业化水平会变得更低，城镇功能自然会更不完善，从而形成这种“因果累积的恶性循环”。在没有外力干预的情况下，三峡库区会因移民迁建而进入这种“因果累积的恶性循环”。这

① 资料来源：中共重庆市委二届九次全委会议重点课题调研报告专集（下册），中共重庆市委研究室、重庆市人民政府研究室编，2006年6月18日。

种恶性循环将成为三峡库区第三产业可持续发展与城镇功能恢复重建的重大障碍。

打破这种“因果累积的恶性循环”最有效的外力是良好的政策措施。目前针对三峡库区产业发展和城镇功能恢复重建的各级各类的积极政策措施都已出台，并且正在逐步破解“因果累积的恶性循环”。但是也应承认，现有的政策措施力度还不够，有些政策措施甚至产生了事与愿违的副作用，具体表现如下。

第一，过高的生态环境标准成为产业进入的障碍。

三峡库区是国家级生态保护区和水资源战略储备库，重工业行业几乎都被环境标准拒之门外，而很多轻纺工业也因废水、废气的排放而不予发展。在当前阶段，这无疑会阻碍三峡库区第二产业发展，从而制约三峡库区城镇集聚功能提升。

第二，移民迁建政策严重忽视产业可持续发展和城镇功能的完善提升。

在三峡工程建设期间投资资金有限的情况下，“就地后靠”、“三原”补偿和“移民外迁”等移民迁建政策只是单方面考虑了“搬得出”和“稳得住”的问题。没有考虑到移民搬迁之后三峡库区如何发展产业、经济怎样恢复及社会如何进步的问题。

第三，政策的不连续性带来了产业发展和城镇功能恢复重建的不可持续性。

为建设三峡工程，国家有意限制三峡库区的产业发展和城镇建设，在三峡工程动工之前的近半个多世纪里，国家政策措施是不鼓励三峡库区发展产业和建设城镇的。三峡工程动工之后虽然出台了一系列有利于三峡库区发展的政策，但都是为了解燃眉之急而出台的“治标不治本”政策。虽然政策对历史上备受限制的三峡库区产业发展和城镇建设的欠账有了一定的补偿，但这种补偿只是“原样重置”意义上的“偿还”，缺乏对该地区产业发展的资金支持和政策支持。因而需要国家在明确库区产业发展方向后，给予较长时期强有力的持续性扶持。

总之，目前对三峡库区的政策措施还难以完全破除“因果累积的恶性循环”。而要想加快三峡库区第三产业可持续发展与城镇功能恢复重建与完善步伐，必须彻底破除二者“因果累积的恶性循环”的障碍因素，也就是说从中央到地方都必须继续出台一系列更具针对性、连续性、长远性和有利于库区可持续发展的政策措施。

第八章 三峡库区第三产业与城镇功能良性互动发展的路径探索

第一节　三峡库区第三产业与城镇功能良性互动发展的总体思路

三峡库区的现实情况是，在三期移民工程完成后，城镇基础设施条件较好、城镇居民数量激增，但由于城镇产业空虚，居民就业困难，城镇及其产业很难为农村产业发展提供支撑。在这种情况下，国家出台了一系列扶持三峡库区发展的优惠政策，每年从三峡水库的发电收益和税收所得中拿出固定比例的资金对库区实施后期扶持。2004 年 9 月，国务院批准了《三峡库区经济社会发展规划》，并相应建立了总额为 30 亿元的三峡库区产业发展基金，该基金分 5 年以贴息和投资补助方式，主要支持发展农副产品加工和种植基地、旅游业及相关服务业和劳动密集型产业，此外国家还鼓励东部各省、市对口支持三峡库区。2011 年国务院批复同意《三峡后续工作总体规划》（国函〔2011〕69 号），规划期分两个阶段，第一阶段为 2010 ～ 2015 年，第二阶段为 2016 ～ 2020 年。规划的内容包括移民安稳致富和促进库区经济社会发展、库区生态建设与环境保护、库区地质灾害防治、三峡工程运行对长江中下游影响的处理、三峡工程运行管理体制与能力建设、三峡水库运行调度与综合效益拓展等。在当前背景下，我们要思考的问题是：在三峡库区采取何种发展战略特别是近期采取何种发展策略，才能较快地使库区城镇功能恢复、重建、提升，即如何继续提高库区城镇基础设施迁建、新建与重建的比重和增强国家后期政策扶持力度；如何改变库区城镇产业基础薄弱、要素资源短缺、人口数量多且素质相对较差的状况。对此问题的回答如下：根据第二章～第六章研究得到的第三产业可持续发展与城镇功能恢复重建之间的促进作用、正向反馈作用和良性互动机制，三峡库区应该充分利用好城镇迁建重建形成的相对优化的公共设施，优先发展第三产业，促进三峡库区第三产业可持续发展；通过促使三峡库区第三产业可持续发展，进而逐步恢复、重建和提升三峡库区城镇功能，进而拉动第三产业进一步可持续发展，最终促使三峡库区第三产业与城镇功能之间形成良性互动发展关系。

当前三峡库区已经从以移民搬迁为主，转变为以加快经济社会发展为主，为确保三峡库区第三产业可持续发展与城镇功能恢复重建的良性互动，应遵循如下基本思路：一是以科学发展观为统领，以加快库区产业发展为抓手，大力发展第三产业，尤其要提高第三产业就业水平，扩大第三产业增加值份额，提高第三产业服务密度；二是以提供各级政府公共财政支持为引导，加大对三峡库区的后期扶持和对口支援的政策支持力度，加快城镇功能恢复重建步伐，尤其要大幅提升库区城镇的服务功能，大力改善库区城镇发展环境，提升库区城镇的集聚功能和创新功能；三是以着力解决城镇移民就业为关键，加大移民生活保障支出，不断增加移民收入，通过需求提升来拉动产业发展；四是在当前考虑优先发展生产型服务业，并适当超前规划建设城镇公共基础设施和供给公共产品，以城镇功能与生产型服务业发展相互促进为切入点，从而实现三峡库区第三产业的可持续发展，进而促进城镇服务功能、集聚功能、发展环境和创新功能进一步恢复、重建、提升，最终实现第三产业与城镇功能之间内生性的良性互动发展。

第二节　三峡库区第三产业与城镇功能良性互动发展的原则、目标和模式

1. 促进三峡库区第三产业与城镇功能良性互动发展的原则

第一，坚持以人为本的原则。促进三峡库区第三产业可持续发展与城镇功能恢复重建的良性互动发展，应充分体现为人民服务、便民利民的服务理念，以满足市场需求和提高人民群众生活质量为基本出发点和落脚点。

第二，坚持三峡库区第三产业发展与城镇功能建设相互结合、相互促进的原则。加快培育具有三峡库区特色的第三产业，并以此作为改善投资环境、吸引产业转移、拓展移民就业空间的途径之一；加强基础教育、公共卫生、社会保障等方面的投入力度，促进城镇功能恢复、重建和提升。

第三，坚持城乡及区域之间协调发展的原则。促进城乡互动发展和各区县协调发展，带动第三产业结构、地区结构的调整优化与城镇功能的恢复、重建、提升，使库区全体居民受益。

第四，坚持第三产业、特别是旅游业优先发展与生态环境保护相结合的原则。第三产业可持续发展要考虑当地资源和环境承载能力，结合国家关于主体功能区的规划，合理适度开发和利用当地资源，切实保护库区生态环境特别是水环境的安全。

第五，坚持政府引导与市场主导相结合的原则。在加强政府统筹规划和政策引导的同时，更加注重发挥市场配置资源的基础性作用，政府扶持重点应放在改善与城镇功能建设相关的基础设施、生态环境建设和创造产业的发展环境上来。

第六，坚持统一部署与分类指导相结合的原则。区分淹没和半淹没城镇，因地制宜、沿袭文化传统，强化地域特色。依托三峡库区区位优势，强化旅游和特色市场（如中药材、蔬菜、水果批发市场），在第三产业中重点发展旅游等特色产业，并优先发展以电子商务、物流配送、连锁经营为主的新兴业态，实现新兴业态与传统业态优势互补，分类指导，以促进各区县第三产业竞相发展。

2. 三峡库区第三产业与城镇功能良性互动发展的目标

努力建设比较完善的基础设施平台和有竞争力的特色产业体系，逐步形成经济稳定发展、社会全面进步、人与自然和谐相处的新局面，实现三峡库区第三产业可持续发展，城镇服务功能、集聚功能、发展环境与创新功能得到进一步提升，并实现第三产业与城镇功能的有机结合和两者良性互动发展。

第一，第三产业发展水平大幅度提高，基本形成与重庆都市区协调配套、具备库区优势特色、能为库区经济社会发展尽快恢复提供充分有效服务且有市场竞争力的第三产业产业体系。

第二，建立质量优良、专业齐全的基础教育和职业教育体系，建立设备设施完善及专业人才充足的公共卫生体系，市政基础设施明显改善，实现城镇功能的全面提升，确保三峡库区城镇居民能充分均等地享受城镇公共服务。在此基础上，应用型创新研究队伍及研究成果的应用要达到一定规模和水平，并能不断地推动库区产业集群形成和产业结构升级。

第三，基本实现让有就业能力的库区城镇移民都拥有就业机会，城镇失业率逐年降低；建立起比较完善的社会保障体系，使城乡移民的年均收入增长不低于当地居民。

第四，第三产业发展空间及布局得以拓展，农村移民进城就业增多，城镇化进程不断地快速推进，城镇化水平不断提高。

第五，生态环境建设取得显著进展，城镇污水处理率达到95%；城镇垃圾无害化处理率达到98%。良好的生态环境反过来促进城镇公共基础设施建设、推动城镇第三产业不断高级化和现代化。

第六，城镇功能不断完善和第三产业内部结构不断优化发展，促进和谐库区、平安库区、人文库区和宜居库区的建设，在整个库区营造出良好的发展环境，进一步增强库区的辐射力与凝聚力，增强其集聚功能。

3. 三峡库区第三产业发展与城镇功能建设的模式

从前面的分析来看，三峡库区内部不同地区的城镇功能恢复重建的基础条件各不一样，必须在对其进行科学合理分类后，方能探索出促进第三产业可持续发展与城镇功能恢复重建良性互动的有效模式。我们认为，主要有以下三种促进三峡库区第三产业可持续发展与城镇功能恢复重建良性互动的模式。

（1）自然演进模式。遵循生产力演进与城镇功能转换的一般规律，通过三次产业结构的顺序转换，在积极发展生态农业的基础上，大力发展有比较优势的特色生态工业，通过支柱工业的集聚发展带动整个第三产业的发展，从而提升城镇的服务功能、集聚功能、发展环境和创新功能。适合采用这种模式发展的区县有涪陵、万州、江津等。

（2）外部“注入式”推进模式。三峡库区是国家最重要的生态屏障区之一，是国家水资源战略储备库，为国家限制开发区，依靠自身“造血”发展经济受到诸多制约，而库区的稳定和发展又至关重要。因此，可通过中央和各级政府的强制资金注入，即“输血”直接改善城镇功能，增强城镇发展的环境容量和承载力，扶持产业发展，提高库区居民社会保障水平，增强居民消费能力，实现库区城镇功能的“注入式”恢复重建与提升，进而吸引相关产业进入，带动三次产业的协调发展，最终实现库区经济社会从外部“输血式”增长到内部“造血式”发展的转变。适合采用这种发展模式的区县主要有开县、巫溪、云阳、忠县、奉节等。

（3）旅游业“超常规发展”带动模式。旅游业是第三产业中前（后）向效应比较显著的产业。三峡库区是我国旅游资源富集区域，特色和优势旅游资源较多，随着国民收入水平的提高，享受发展型需求的增加必将快速地带动旅游休闲等第三产业的发展。库区城镇在国家主体功能区规划约束下，应大力挖掘各自的特色旅游资源，并进行整体营销、策划，使“三峡游”成为带动库区商业、交通运输、餐饮、娱乐、休闲等第三产业发展的新引擎，进而拉动与之相关的工业、建筑业及特色农业的发展，最终实现库区第三产业发展与城镇功能提升之间内生性互动的目的。适合采用这种模式的区县主要有巫山、忠县、奉节、丰都等。

第三节　促进三峡库区第三产业与城镇功能良性互动发展的路径探索

根据前文的分析不难发现，促进三峡库区第三产业与城镇功能良性互动发展的路径主要有三条：一是通过强化第三产业可持续发展的方式促进城镇功能恢复、重建、提升，进而通过正向反馈机制，在城镇功能提升的基础上促进第三产业可持续发展；二是通过提升城镇服务功能、城镇集聚功能、城镇发展环境和城镇创新功能的方式促进第三产业可持续发展，进而通过反馈机制促进城镇功能自身发展；三是通过大力发展三峡库区第二产业和特色农业带动第三产业发展和促进城镇功能提升，进而通过三峡库区第三产业与城镇功能之间的促进作用和反馈机制，形成螺旋式良性互动发展机制。

一、路径Ⅰ：发展第三产业→促进城镇功能恢复重建→提升第三产业可持续发展能力

路径Ⅰ——通过强化第三产业可持续发展的方式促进城镇功能恢复、重建、提升，进而通过正向反馈机制，在城镇功能提升的基础上促进第三产业可持续

发展。这是三峡库区第三产业与城镇功能良性互动发展的主要路径之一。

从第三产业特点来看，第三产业发展空间大、行业门类多，就业形式多样、空间广阔，要求的初始投入资本金数量可大可小，而且对从业者的素质要求有较大弹性。从三峡库区现状来看，三峡库区的就业需求较大；同时，发达国家、我国东部地区和重庆市主城区都已形成第三产业发展的高位平台，处在这个平台上的企业有向外扩张的需求，如能利用这些有利因素三峡库区也就承接了境外、东部和主城区的生产要素转移。第三产业的适当优先发展还有利于迅速提高三峡库区城镇居民的生活质量，有利于培养、引进和留住人才，而这些对城镇功能的恢复、重建和提升十分有利；三峡库区城镇创新能力弱、信息获取和产品营销手段落后、融资渠道单一、劳动力素质低下等因素是导致其社会经济发展落后的重要因素，第三产业的发展恰好有利于化解这些障碍因素。在库区所处的特殊情况下，第三产业的适度优先发展，有利于促进城镇工业、建筑业发展；也有利于发挥城镇对农村的辐射功能，促进三峡库区城镇腹地（农村）的经济发展，从而为三峡库区城镇恢复、重建和提升奠定基础。由此可见，通过发展第三产业发展促进城镇功能恢复、重建和提升，进而以城镇功能的内生性提升方式，提高第三产业可持续发展能力，符合三峡库区实际情况。具体路径如下。

1. 通过提高第三产业就业水平恢复、重建和提升城镇功能，进而通过城镇功能恢复、重建、提升对第三产业发展的正向反馈机制，进一步提高第三产业就业水平

目前三峡库区第三产业吸纳就业人数不断增加，有利于促进第三产业与城镇功能良性互动发展。在三峡工程开工前的 1992 年，三峡库区第三产业就业人数为 102.25 万人，第三产业就业人数仅占总就业人数的 13.3%；到 2012 年，三峡库区第三产业就业人数增加到 269.20 万人，增加了 1.6 倍，第三产业就业人数占总就业人口的比重超过 34.74%。

具体而言，三峡库区就业容量较大的第三产业行业主要有旅游业、商贸流通业（包括住宿餐饮）、房地产业、交通运输仓储及邮电业等。

（1）通过优先发展旅游业带动相关产业发展，从而增加三峡库区的就业容量，进而促进城镇功能恢复、重建和提升。

旅游业涉及行业众多，关联度高，带动性强，消耗资源少，就业容量大。

据世界旅游组织统计，旅游行业每直接收入1元，相关行业的收入就能增加4.3元；旅游行业每增加1个直接就业机会，社会就能增加5～7个就业机会。然而三峡库区远远没有达到这个水平。旅游业的就业成本相对较低。据测算[①]，旅游业每提供一个就业机会，所需固定资产投资仅相当于重工业的33.7%，相当于轻工业的63.9%。旅游就业还具有方式灵活多样、门槛相对较低、适合不同人群的特点。对旅游资源丰富的三峡库区而言，旅游业是一种资本需求相对较低的产业，以发展旅游业促进第三产业发展是解决库区城镇失业人员和就地移民劳动力的一条比较理想的途径。

旅游业除了具有就业容量大的特点外，还能从整体上带动三峡库区第三产业中的其他行业——交通、通信、运输、建筑、轻工、餐饮、食品、商贸、金融等多种行业发展。发展旅游业有助于提高三峡库区人民的生活水平。通过旅游业的发展走脱贫致富的道路，这在国际、国内都有先例[②]：发展旅游业可帮助三峡库区改善投资环境，促进横向经济联合和对外开放；发展旅游业可使三峡库区人民更新观念，增强市场经济意识，为今后的更快发展奠定思想和人才基础。

旅游资源是三峡库区最大的资源，三峡库区发展旅游产业前景广阔。三峡库区在移民迁建过程中，其他要素资源都受到不同程度的破坏，有待恢复和更新，惟有旅游资源不仅原有的得到了有效保护，而且"高峡平湖"又增添了不少美景。发展库区旅游业，要紧密依托资源优势，突出"新三峡"，立足"大三峡"，整体推进库区旅游业的发展，以旅游业带动第三产业，以第三产业提升城镇功能，实现旅游业与第三产业及相关产业的共赢，进而促进三峡库区城镇功能恢复、重建和提升。

（2）通过大力发展商贸流通业（包括住宿餐饮）增加三峡库区的就业容量，进而促进城镇功能恢复重建和提升。

商贸流通业（包括住宿餐饮）是大量吸纳较低文化层次劳动力就业的理想产业。商贸流通业（包括住宿餐饮）等传统服务业具备就业容量大、安置成本低、技能要求不高等特点。目前，三峡库区商贸流通业（包括住宿餐饮）的就业比

---

① 王文慧.2010.中国旅游业就业潜力与空间开拓研究.商业时代，18。

② 尼泊尔是个封闭的内陆国家，经济增长缓慢，1992年人均年收入仅有180美元左右。针对本国实际，该国大力发展旅游业，以此带动整个国民经济的发展。1993年旅游创汇4亿美元以上，为国民经济的发展作出了积极贡献。以"红色故乡"闻名的江西省瑞金市，充分发挥人文景观和山水自然景观的优势，通过发展旅游业带动了相关产业的发展。

重不到10%，而在许多国家和我国发达地区这一比重为15%～20%。从三峡库区各区县劳动力市场来看，三峡库区商贸流通业就业总趋势是逐步上升的，但发展速度比较慢。2004～2012年，重庆库区社会消费品零售总额从298.28亿元增加到1437.57亿元①，9年考察期内的年平均增长速度仅19.09%。目前三峡库区各区县的商贸流通业（包括住宿餐饮）等相关产业的用人需求均很大。这就说明三峡库区的商贸流通业（包括住宿餐饮）等相关产业具有强劲的发展潜力，很适合安置三峡库区文化层次较低的就地移民和下岗失业人员。

除了就业容量大以外，商贸流通业还是连接生产与消费的纽带，是社会再生产顺利进行的必要条件，是国民经济的先导产业。在市场经济条件下，消费需求通过商贸流通带动生产。商贸流通是满足即期消费需求、开发潜在消费需求、创造未来消费需求的重要环节，是优化资源配置和提升产业结构的关键行业，是市场利用供求机制、价格机制、竞争机制调节市场主体行为、促进理性分工与合作、实现资源优化配置和产业结构升级的重要工具。因此，商贸流通业能促进消费和拉动经济增长②③。

目前，三峡库区发展商贸流通业存在着网络体系建设问题。建设以万州、涪陵为中心的现代商贸中心，以其他区县的县级城镇为次中心，以各个中心镇为网点的三峡库区商贸流通网络体系，是提高三峡库区商贸流通业的重要举措。

（3）通过大力发展房地产业，增加三峡库区的就业容量，进而促进城镇功能恢复、重建和提升。

房地产业属劳动密集型产业，就业容量大，房地产开发建设和管理及与之相关的建材、装饰装修、中介服务等市场提供了大量的就业岗位，为扩大劳动就业、促进社会和谐发挥了不可估量的作用。一般来说，每建设1万平方米商品房，可为建安从业人员提供2.3万个工作岗位，按劳动就业有关政策规定，相当于90人全年就业，人均收入1.8万多元；每1万平方米商品房的物业管理，则可增加就业人员6～8人。同时，发展房地产对其他产业发展的综合带动作用大。据世界银行调查分析，房地产业能带动建筑、建材、建筑设备、农林、轻工、冶金、机械、家电、家具、金融保险、装饰装潢、中介服务等30多个行

① 2004湖北四区县数据缺失，夷陵区2006突变27.71，所以改用重庆库区。

② 经济增长主要靠投资、消费和出口拉动。其中，消费对经济增长的贡献最大，消费每增长1%，可拉动GDP增长1.05%，而投资增长1%，只能带动GDP增长0.44%，净出口的增长率对中国GDP增长率影响不显著。

③ 吴小丽.2005.海河开发与加快天津市商贸流通业发展的对策研究.天津大学。

业70多个产业的发展。据国家住建部测算，房地产的需求带动效应是，每100元的房地产需求，能够带动335元左右的其他需求，带动系数为3.35。由于三峡库区恢复重建的需要，与库区移民及城镇搬迁关系最为密切的房地产业，是该特殊区域第三产业发展的重要拉动力之一。因此，通过大力发展三峡库区房地产业带动其他相关产业发展，增大三峡库区第三产业就业容量，也能促进城镇功能恢复、重建和提升。

（4）通过大力发展交通运输业（包括仓储及邮电通信）增加三峡库区的就业容量，进而促进城镇功能恢复、重建和提升。

交通运输业是三峡库区第三产业的重要支柱，占整个第三产业增加值的比重较大。2004～2012年，重庆库区公路客运量从18 751万人增加到72 344万人，公路货运量从7591万吨增加到29 471万吨，9年增加了2.88倍。三峡库区各区县交通运输业都呈现平稳增长态势。由此可见，三峡库区的交通运输业发展潜力较大，大力发展交通运输业能较大地扩大就业容量，从而促进城镇功能恢复、重建和提升。

2. 通过扩大第三产业增加值规模提升城镇功能，进而通过城镇功能恢复、重建、提升对第三产业发展的正向反馈机制，进一步发展第三产业，提高第三产业增加值规模。

自移民迁建以来，三峡库区第三产业增加值规模大幅增长。三峡库区第三产业增加值从1992年的38.68亿元增加到2012年的1715.94亿元，增长了43倍，甚至比重庆市的同期第三产业增幅还要大①。从第三产业增长幅度与GDP增长速度的关系来看，总体上三峡库区的第三产业发展速度要快于地区生产总值增长速度，第三产业处于相对较快的发展时期。但是2004年之后三峡库区第三产业增长速度开始放缓，第三产业已初现增长乏力态势。改变第三产业增长乏力状况，提高第三产业增加值规模的根本方法，是积极推进库区第三产业市场主体的多元化发展。

（1）对于第三产业国有或集体企业而言，重点在于改革。改革的路径主要是：对严重资不抵债的国有或集体第三产业企业实行破产清算；对有发展潜力且具有区位优势的国有或集体企业，则可实行重组改制，对小型国有企业可以采用

① 重庆市第三产业增加值从1992年的131.98亿元增加到2012年的1564.79亿元，增加了33倍。

股份合作制方式改制，对个人和集体愿意承租的，可采用租赁改制或托管改制，对能够出售又有人愿意出资购买的小型国有企业，应出售改制。鼓励非公有制企业并购、租赁、承包国有和集体企业。总之，对库区第三产业国有或集体企业的改革要作好加减法。对长期亏损的企业采取“减法”，在保证国有资产和集体资产不流失的前提下，实行破产清算。作为过渡，有的国有企业可采取股份合作制、租赁制过渡一段时期。

（2）对第三产业民营企业而言，主要在于大力发展非公有制经济。大力发展非公有制经济是三峡库区做大第三产业的现实选择。在国家对三峡库区的投入不足、三峡库区的国有资产存量不大的情况下，吸引社会资金激活市场竞争是发展第三产业的现实选择。非公有制经济是社会主义市场经济的重要组成部分，在改革开放的进程中，我国个体户、私营企业等非公有制经济的发展不断加快，三峡库区也是如此，非公经济已成为库区经济增长的重要力量和增加就业的重要途径。非公有制经济的逐步发展壮大，形成了多元化市场主体竞争的格局，形成了充满活力的市场竞争环境，为三峡库区经济社会发展注入了旺盛的生机和强大的活力。实践表明，非公有制经济是三峡库区经济中增长最快的一个领域，已经成为推动库区经济快速增长的生力军。

3. 通过提高第三产业密度提升城镇功能，进而通过城镇功能恢复、重建、提升对第三产业发展的正向反馈机制，进一步提高第三产业密度

相对渝西区和重庆主城区而言，三峡库区第三产业总量小，而区域面积和人口又相对较多，由此导致三峡库区第三产业服务密度非常低。目前三峡库区第三产业服务密度弱低于渝西区的平均水平，不到重庆主城区的10%。第三产业服务密度是第三产业可持续发展的重要因素，它对第三产业可持续发展的贡献权数在三个二级指标中占34.82%。因此增加第三产业密度对提升三峡库区城镇功能十分必要。提高三峡库区第三产业密度有两条路径可以考虑，第一是大力发展第三产业，增加第三产业增加值规模；第二是加大三峡库区人口外迁速度，降低三峡库区人口总量。增加第三产业增加值规模与扩大第三产业就业容量的方法是一致的，也就是要大力发展旅游业、商贸流通业、房地产业和交通运输业等第三产业行业。降低三峡库区人口总量的方法则是，改革户籍制度和推行土地流转制度，以此促进重庆主城区和三峡库区以外城镇对三峡库区人口的异地吸纳。从而达到降低人口总量，提高第三产业密度的目的，进而促进三峡库

区城镇功能的提升。

总之，三峡库区已经具备了提高第三产业就业水平的基础，完全可以通过大力发展旅游业、商贸业、房地产业和交通运输业等第三产业行业来提高第三产业就业容量，进而通过城镇功能与第三产业发展的反馈机制，进一步促进第三产业发展，提高第三产业就业水平。

二、路径Ⅱ：城镇功能恢复重建→促进第三产业可持续发展→提升城镇功能

路径Ⅱ——通过提升城镇服务功能、城镇集聚功能、城镇发展环境和城镇创新功能的方式促进第三产业可持续发展，进而通过反馈机制促进城镇功能自身发展。具体路径如下。

1. 通过提升城镇服务功能促使第三产业可持续发展，进而通过第三产业发展对城镇功能恢复、重建、提升的促进机制，进一步提升包括城镇服务功能在内的城镇功能

城镇服务功能是城镇发展的根本，如果一个城镇不能给居民提供安居乐业的生活服务，不能给企业提供良好的生产服务，自然不会有人口，尤其是高素质人群和高层次的产业集聚，甚至会出现原有城镇人口的迁出和产业外迁。因此一定的城镇服务功能是城镇集聚功能正常发挥的基础。事实上第五章第四节计量分析也告诉我们，影响三峡库区城镇功能恢复重建的最重要因素是城镇服务功能。

三峡库区虽然因三峡工程而影响到库区全淹和部分淹没城镇的功能，但是，在迁建与重建过程中，三峡库区的城镇服务功能发生了较大变化。在城镇基础设施的服务方面，三峡库区 11 个城市（县城）和数十个中心镇涉及基础设施迁建，目前他们的城镇人均用地面积、道路宽度、供水量、供电量和电话普及率等反映城镇服务功能的基础设施指标都有了较大幅度的上升；在城镇居民的生活质量的服务方面，三峡库区城镇在迁建和复建过程中都为其居民提供了更好、更完善、更全面的环境绿化、污染物治理、健身治病、交往学习、消费品购买、服务获取、休闲娱乐等方面的机构及设备设施；在城镇的社会保障体系方面，三峡库区城镇初步建立了医疗保障制度和低收入群体保障制度，实施了特困医疗救助制度，五大保险覆盖面不断扩大；在精神生活方面，三峡库区增加了受

教育的场所、改善了各类文化馆和图书馆的环境、增加了休闲娱乐设施。

然而，目前三峡库区城镇服务功能指标值较低，在－0.1341～0.2342，远低于重庆都市区各区，与渝西区各区县的平均水平比较接近。从城镇服务功能内部指标看，无论是消费水平、教育文化、医疗卫生，还是利民设施等，三峡库区与重庆都市区相比均有较大差距，在短时期内大幅提升具有一定困难，但发展潜力很大。因此有必要大力提升城镇服务功能。

2. 通过提升城镇集聚功能促进第三产业中生产型服务业的发展，进而通过第三产业发展对城镇功能恢复、重建、提升的促进机制，进一步提升城镇集聚功能和城镇其他功能

城镇集聚功能是为城镇提供物质保障活动的功能，尤其是保障城镇的产业集聚、交通集聚、人口集聚等方面的能力。目前，因国家重大工程建设而实施的一系列政策，使三峡库区产业集聚、交通集聚、人口集聚都得到一定程度的提高。自2004年以来，综合反映库区城镇集聚能力不断增强的地区生产总值[①]有了较大程度的发展。三峡库区地区生产总值2012年比2004年增长了16倍。重庆库区第二产业中工业增加值从1996年的86.92亿元增加到2012年的2061.77亿元，占重庆市工业增加值的比重也从20.55%上升到45.5%，上升了24.95个百分点。同时，反映城镇主要要素集散活动的城镇第二产业和第三产业在三峡库区也获得较快发展，总体上看，1996～2012年三峡库区第二、第三产业增加值的增长幅度比重庆市高出12%以上。此外，反映城镇集聚功能的三峡库区公路货运量和客运量也获得了较快的发展，三峡库区城镇化率及第二、第三产业容纳就业人数的变化也反映了城镇集聚功能的提升。

但是，三峡库区城镇集聚功能的基础不稳固。从第七章可以看出，三峡库区的产业基础、交通条件和城镇集聚条件等并不理想。三峡库区生态环境脆弱，受移民迁建和生态环境标准的影响，三峡库区出现了第二产业的"空虚化"。目前，虽然三峡库区的交通条件因移民迁建和各种政策的大力倾斜获得了较大的改善，但由于产业发展受阻必然会削弱三峡库区城镇对资源和生产要素的集聚能力，从而将削弱城镇集聚功能。为此应大力发展第二、第三产业，提高城镇产业集聚能力；大力发展交通线路和基础设施建设，提高交通集聚能力；大力推进城

① 集聚能力对应着规模效应，而当前学术界衡量规模效应的最好指标就是总量规模，因此这里用地区生产总值衡量规模效应，进而表明集聚能力，较为合理。

镇化发展，促进人口集聚能力，从而全面提升三峡库区城镇集聚功能，进而推进第三产业可持续发展。

3. 通过城镇发展环境促进第三产业中生产型服务业和生活型服务业的发展，进而通过第三产业发展对城镇功能恢复、重建、提升的促进机制，进一步优化城镇发展环境功能和城镇其他功能

发展环境是地区发展的必备条件。城镇发展环境由软硬两类环境构成，主要包括在政策环境、居民诚信环境、自然环境、人口受教育程度、金融存贷环境、财政收支环境和经济发展环境等条件。城镇的发展环境主要反映城镇通过各类制度安排或行政工作为其居民和机构的生产活动提供保障的程度。随着三峡工程和库区移民、迁建、重建的推进，三峡库区发展环境得到了较大的发展。从地方财政收支能力来看，2004～2012年，三峡库区地方财政收入增长了9倍，人均财政收入[①]增加了7倍多；地方财政支出增长了10倍，人均财政支出增长了近6倍。虽然近年三峡库区地方财政收入和国家与外省转移支付均有一定程度的增加，但人均财政收入能力还比较低，仅为重庆市的1/3，而移民和城镇恢复重建需要大量资金。因此，三峡库区各区县财政收支严重不平衡。从三峡库区吸引投资情况来看，随着系列优惠政策的实施，投资软环境有很大改进。外商直接投资方面，重庆库区2004～2012年累计实际利用外商直接投资占重庆市同期的15.23%。内资方面，重庆库区2004～2012年累计实际利用内资额占重庆市同期的27.04%。从分区县统计来看，尽管库区在利用外资和内资的数量逐渐增加，但总额度太小，区县之间的分布极不平衡。另外，当前三峡库区的政策环境和居民诚信环境正在逐步改善。

第三章的指标权重和第五章的定量分析告诉我们，三峡库区发展环境是仅次于服务功能的城镇功能重要组成部分。然而，三峡库区的硬环境因其特殊的生态脆弱性和地形地貌复杂性，城镇功能恢复重建在短期难以完成。而三峡库区的软环境因素则可以短期内得到大幅改善，因此要大力提升三峡库区投资软环境，逐步修复和优化投资硬环境，以此为手段推进城镇功能恢复重建，进而促进第三产业可持续发展。

① 人均财政收入和人均财政支出以该地区户籍人口总数为基数计算而得。

4. 通过提升城镇创新功能促进第三产业的发展，进而利用第三产业发展对城镇功能恢复、重建、提升的促进机制，进一步提升城镇创新功能和城镇其他功能

一个城市的发展潜力，从根本上说取决于该城市创新能力。城镇创新能力集中表现在城镇教育科研机构的数量、专业技术人员规模和水平、城镇企业的研发能力、城镇所在地政府政策和制度创新能力及政府服务创新能力等方面。目前，三峡库区的科技水平正在逐步提高，重庆三峡库区规模以上工业企业 R&D 投入 2004 ～ 2012 年增加了约 3 倍；三峡库区培育了市级新产品 163 个、高新技术产品 166 个；三峡库区的技术服务体系初步建立，到 2012 年库区共有各类科技开发服务机构 110 所，研发性科技机构 85 所；库区已经初步形成了集科技管理、科研开发、技术推广、技术培训、科技信息传递和知识产权保护于一体的科技体系；人才队伍数量及质量得到了提升，2004 ～ 2012 年，库区腹地 10 区县人才总量增加了 75.63%；另外，为增强库区的创新能力，国家和有关省市相继制定了《三峡库区科技发展纲要》《三峡库区星火产业带建设规划》等。但库区科技开发服务机构过于集中，从而导致库区科技开发服务的非均衡状态。①

虽然三峡库区在城镇创新功能方面取得了一定的成绩，但是三峡库区在研发支出、专业技术人员和科研人员及政府政策措施创新与政府服务创新能力方面都存在先天不足，与渝西区这样的中等发达地区相比差距较大。而城镇创新功能对三峡库区城镇功能恢复、重建和提升起着至关重要的作用。为此，三峡库区各区县必须重视提升自身的城镇创新功能，通过城镇创新功能的提升，带动城镇其他功能和第三产业可持续发展。

三、路径Ⅲ：发展第二产业和特色农业→解决城镇产业空虚→促进第三产业与城镇功能良性互动发展

路径Ⅲ——通过大力发展三峡库区第二产业和特色农业带动第三产业发展和促进城镇功能提升，进而通过三峡库区第三产业与城镇功能之间的促进作用和反馈机制，形成螺旋式良性互动发展机制。

从第七章阻碍三峡库区第三产业可持续发展与城镇功能恢复重建良性互动

① 江津、巴南、渝北、涪陵和万州的占整个库区的 85.5%。

的因素分析中可以看出，三峡库区第三产业可持续发展与城镇功能恢复重建良性互动的核心问题，是解决库区产业空虚化及相关政策的问题。因此，促进三峡库区第三产业可持续发展与城镇功能恢复重建良性互动的基本思路，应围绕产业选择和产业发展展开，这样才能达到两者良性互动的目的，根本方法是，合理布局重点产业与优化产业结构。

对于三峡库区这样一个产业基础薄弱、产业层次低下、产业结构老化的区域，在产业空虚化条件下，离开产业发展来谈论城镇功能提升与第三产业发展的互动是不现实的。因此，需要在第三产业中培育大批新兴产业，也需要对传统产业进行调整和升级。产业培育与结构调整是库区产业发展的两大任务，也是产业发展的必然要求。当前库区产业发展应首先注重特色产业培育，在特色产业培育中优化产业结构，同时通过结构调整来加快产业提档升级，具体要从如下三个方面加以思考。

1. 优化产业布局，形成库区特色经济

遵循产业布局规律，结合库区实际，依托交通干线，发挥区域性中心城市、县城、重点中心镇的辐射带动作用，以线串点，以点带面，引导产业向特色园区集中，形成特色产业链、产业集群和产业基地。

从中心城区结构调整中退出且符合库区产业发展方向和环保要求的项目，应优先布局在有条件的库区区县。各区县要坚持从自身实际出发，因地制宜，引导形成自身产业特色。工业基础较好的渝北、长寿、巴南、江津等区县应大力推进新型工业化，发展高新技术产业、现代制造业和现代服务业；有资源优势和加工基础的万州、涪陵、丰都、忠县、开县、云阳、石柱等区县应积极发展矿产资源加工业和农副产品加工业；工业发展基础和条件较差的奉节、巫山、巫溪等县应把发展劳务经济作为“第一经济”；武隆、奉节、巫山、巫溪等旅游资源丰富的区县则应把旅游业发展成为支柱产业。各区县要有选择地培育 1 ～ 2 个农业产业化主导产业，并将产业链延伸至营销环节。

2. 突出库区特色，优化产业结构

积极推动库区具有相对优势的水能、天然气、岩盐、煤炭、旅游、农副产品、中药材、非金属矿等资源相互渗透和结合，通过对特色优势资源的深度加工，实现资源优势转化为经济优势，促进库区产业发展。

大力发展特色农业。充分利用库区丰富的动植物资源，发挥龙头企业的带动作用，深入推进“农业产业化百万工程”。重点培育优质柑橘、牲畜、优质粮油、榨菜、中药材、蚕桑、笋竹、甘薯、无公害水产等优势产业带和特色产业区，推动规模化种养殖生产和经营，建成一批现代农业生产示范基地、农产品加工基地和出口基地，形成比较完整的农产品加工产业链。

发展劳动密集型为主的加工和制造业，改造提升传统产业，加快发展绿色食品加工业、现代中药及生物医药加工、丝麻纺织加工业、天然气化工及盐化工和机械制造业等特色工业。

依托产业带动，加快服务业发展。以库区生态、人文、水上运动、移民新城等新型旅游业发展为先导，带动交通运输、餐饮服务、商业贸易、邮电通信，促进房地产、文化娱乐、信息服务等服务业的发展。着力将旅游业培育发展成为库区的支柱产业。

3. 尽量延伸部分优势产业的产业链，使资源累进增值，形成产业集群

部分优势产业应尽量在市场价值分工体系中延伸产业链，使资源升值，在产业不断发展壮大中，培育产业集群。例如，产业链延伸催生榨菜产业集群、天然气化工产业集群、桑（麻）制品产业集群等。

延伸产业链，政府应该有所作为。产业链的延伸，其核心动力来自市场，是市场配置资源的必然结果。根据笔者的库区调查，掌握更多市场资源配置能力和具备更大市场调控力度的各级政府，对产业链的延长、培育和完善往往能起到极为特殊的重要作用。例如，涪陵榨菜行业能够形成如今的气候，与政府的引导和扶持密不可分。涪陵榨菜集团的迁建实际上是根据政府的指导意见完成的，使有限的移民补偿资金真正用在了刀刃上，最终成功构建了自己的现代产业链。长寿、涪陵精细天然气化工产业的形成也是如此。目前，库区大部分地区的产业发育程度还很低，企业资源非常有限，产业链缺失、发育不完善的情况还较为普遍。三峡旅游黄金线从开通至今已有 20 多年历史，但由于相关产业发育不完全,至今还处于过境游的局面,前往参观的游客仅限于“吃”和“行”，而在当地“住”“玩”“购”的游客少之又少。即使是旅游商品，有地域特色的品种数量也少得可怜。重庆市旅游局提供的数据表明，三峡景区的旅游购物占旅游总收入的比例还不到 15%，远低于全国 20%、世界 30%、发达国家 60% 以上的平均水平。在此情形下，延长、培育和完善产业链条，政府的积极参与作

为尤显重要。

四、其他良性互动路径

1. 通过创新提升非公有制经济实力，进而促进三峡库区产业与城镇功能良性互动发展

第一，推进产业创新，进一步提高非公有制经济的产业优势和竞争力。三峡库区非公有制企业主要集中在劳动密集型产业即煤炭开采、洗选、纺织、农副产品加工、金属制品、家具制造等14大行业，其中很多的企业，都聚集在成熟的产业或者衰退的产业，产品技术含量低，附加值不高，发展空间有限，成长潜力不足，然而竞争却十分激烈，因此要努力推进产业创新，拓展产业发展的领域，加速产业转型，这也是非公有制经济发展所面临的一项重大课题。目前，非公有制经济的发展环境，正在不断地完善，其自身也在不断积累实力，应该说其加快产业发展创新具备了一定的条件，因此应采取进一步开放投资领域、强化产业政策引导的措施，鼓励非公有制经济大胆地推动产业创新，支持非公有制企业采用新技术来改造提升传统产业，积极发展新兴第三产业（如现代物流、旅游、金融、信息服务、市场中介等现代服务业），扩展产业领域，提升产业层次。

第二，推进市场体制创新，进一步提高非公有制经济运用市场机制配置资源的能力。市场是企业配置资源的最基础平台，当前，经济全球化加速推进，既给非公有制经济的发展带来了千载难逢的历史性机遇，同时也带来了严峻的挑战，非公有制经济要积极抢抓机遇，努力应对挑战，三峡库区要大力推动"引进来、走出去"，主动参与国际经济大循环，充分运用国内、国际两种资源、两个市场，拓展更大的发展空间。鼓励非公有制经济主动参与沿海发达地区的合作与交流，大量吸引区外的非公有制经济在三峡库区投资，努力壮大三峡库区非公有制经济规模。

第三，推进发展模式的创新，进一步提高非公有制经济的集约化和规模化水平。在新的形势下，集群化发展、规模化经营已成为产业发展的必然趋势，也成为提高产业竞争力的重要途径。受多种因素的影响，三峡库区内非公有制经济布局比较分散，小规模经营的特点比较突出，难以适应新形势的需要。因此，大力引导非公有制经济创新发展模式，通过制定产业发展规划，实施中小企业促进工程，大力引导非公有制企业走区域化布局、专业化经营、市场化联动、

社会化协作、集群化发展的路子，努力培育一批产业集群，并注意在产业集群中选择扶持优势骨干企业集团，以带动产业集群的可持续发展。

第四，坚持以创新为动力，促进三峡库区非公有制经济更好更快地发展。创新是经济发展一个永恒的主题，非公有制经济也必须努力创新，这样才能把握发展的主动权，才能在竞争中赢得先机。相关调研显示，受体制限制、金融服务相对滞后、政策落实不到位等因素影响，三峡库区非公经济发展仍然缓慢。库区非公经济单位中90%以上是个体经济，私营企业数量偏少，规模以上工业企业仅占一成多，经济总量和发展规模都偏小。大多数非公企业缺乏经营管理和专业技术人才，自我创新能力较弱，尤其是研发资金投入不足，产品科技含量普遍较低，缺乏以名优新特产品参与市场竞争的能力。在改革开放初期，非公有制经济的强大生命力来源于其体制和机制优势，随着社会主义市场经济体制的逐步完善，国有企业、集体企业改革的进一步深入，非公有制经济的体制和机制优势有所弱化，尤其是一批家族式企业成了气候、上了规模，更迫切需要进行体制和机制的创新，增强其内在的活力。积极鼓励有条件的企业建立现代企业制度，建立开放多元的产权结构，完善法人治理结构，形成科学的决策机制。大力促进非公有制企业加强科学管理、引进现代经营管理理念，采取先进的管理技术，提高经营管理水平。

第五，以创新方式切实解决制约非公有制经济发展的突出问题，为发展非公有制经济创造良好环境。改革开放以来，非公有制经济发展的环境显著改善，但在思想观念、体制、政策法规、生产要素的获取、竞争环境等方面还存在着制约其发展的诸多问题，需要各级政府、经济理论界、企业界等进一步探讨和努力加以解决。贯彻落实国务院关于发展非公有制经济的意见和重庆市的配套政策措施，政府应帮助三峡库区非公有制企业解决创业、技术创新、融资和法律保护等问题。当前最紧要的有三个问题亟待解决。一是要努力解决创业难的问题。非公有制经济发展既要有量的扩张，又要有质的提高，经过30多年的改革开放，群众积累了一定的资金，创业资源不断丰富，但创业的问题始终存在，在西部地区尤其是三峡库区则非常突出。要突破这一难题，必须做到①要解决创业意识不强的问题。开展广泛深入的创业宣传活动，摒弃“小富即安、安贫坐困”等不利于创业的陈旧思想观念，努力形成浓厚、热烈的创业氛围。积极鼓励各地和各有关部门提供创业信息，建立项目库，供创业者抉择参考，解决项目不足的问题；加快建设中小企业创业基地、农民工创业园区，引导非公有制经济的集群式发展。②要努力解决融资难的问题。三峡库区非公有制企业融资难的主要原因是金融体系不完善，尤其是组织结构体系不健全。解决和缓解非公有制企业融资难问题的主要做法是，进一步引导国有商业银行加大对非公有制企业，尤其是非公有制中小企业的信贷投入，发展地方金融企业来为民营企业发展服务；全面地推进农村信用社的改革，整合市政府出资的担保机构，完善担保服务体系，提高为非公有制企业服务的能力和水平，积极引导非公有制企业加强信用建设；支持库区非公有制企业申请国家中小企业发展基金，落实各金融机构的中小企业信贷扶持计划。③要努力解决人才短缺的问题。人是生产力中最活跃的因素，在知识经济日益发展的今天，企业间的竞争实质上是人才之间的竞争，由于思想观念保守落后，非公有制企业实力不强等，非公有制企业在吸引人才、留住人才方面存在一定的困难，这在西部地区尤其是三峡库区非常突出，亟待解决。特别是市场开拓人才、技术创新人才和企业管理人才严重缺乏，这是制约非公有制经济发展的重要因素。破解这一难题，除了非公有制企业本身的努力外，也需要政府部门进一步改革人事管理制度，完善社会保障体系，制定和落实优惠政策，创造更宽松的环境，引导和鼓励各类人才（含大中专毕业生）到非公有制企业工作。

2. 通过发展三峡库区劳务经济提高就业水平和增加居民收入，进而促进第三产业与城镇功能良性互动发展

三峡库区当前最主要的矛盾是产业空虚、移民就业率低、部分移民生活困难，而要实现第三产业可持续发展与城镇功能恢复重建良性互动，则必须着力解决移民就业这个关键问题。据测算，重庆库区目前有 170 万左右农村富余劳动力。如此富集的劳动力资源，如何将其尽快转化为生产力要素，这是我们必须思考的问题。首先，发展劳务产业是增加农民收入的现实需要。农业和农村经济发展进入新阶段后，受资源和市场的双重约束，单纯依靠农业实现农民增收的难度加大。而三峡库区劳务收入已成为农民增收的重要渠道。从库区的实际出发，大力发展劳务经济，做大做强劳务产业，是促进农民增收的现实选择。劳务经济已成为三峡库区的第一大资源型产业。以移民大县开县为例，在以“亲带亲”“邻带邻”为主的输出方式下，全县已拥有一支 44 万人的外出务工大军，足迹遍及全国 20 多个省市，成为开县农民增收的主要手段。在输出劳动力的同时，库区 9 个区县的 22 个劳务品牌也渐渐在输入地叫响了名号，旗下人员达到

10万人，涉及铸造、建筑、保健、服务等20余个行业或工种，“石龙技工”“富侨保健”等品牌已经在国家申请商标注册。其次，发展劳务产业是提高农民素质的有效途径。劳务经济的流动性、关联性特点决定了劳动力在资源配置的过程中，能在获得经济回报的同时实现自身素质的提升，从而开发人的智力、培养人的能力、提高人的素质。实践证明，发展劳务产业，是广大务工农民在实践中转变思想观念，培养道德法律意识，掌握劳动技能，提高经营能力，成才创业的有效途径。再次，劳务经济发展对三峡库区第三产业发展有强力促进作用。外出打工，增加了居民收入，成功人士还返乡创业，吸纳移民就业，发展了劳动密集型第三产业，修路修桥则带动了社会主义新农村建设。例如，忠县目前最大的开发项目“中博新城”就是由打工者引进的，总投资达4.5亿元，建成后长年可吸纳900余名移民就业。最后，发展劳务经济是推动库区工业化和城市化进程的必然选择。工业化、城市化和农业产业化的推进过程，就是农村富余劳动力向第二、第三产业转移的过程，是农民转化为城市居民并逐步融入城市的过程。只有把大量的农村富余劳动力转移出来，实现劳动效用的最大化，大幅度增加农民收入，全面提高劳动者素质，才能加速推进工业化和城市化进程，从而根本上解决“三农”问题，实现城乡互动、统筹发展。

精心打造“三峡劳务”品牌，大力发展劳务经济，是库区移民就业的重要途径和库区经济的重要产业，也是库区城镇功能恢复重建、完善提升的重要经济基础。加快发展三峡库区劳务经济的具体思路如下。

第一，加强务工农民的职业技能培训，提升就业技能。培训内容应涵盖第一、第二、第三产业。据重庆市委市政府2006年所作的调研报告，重庆市库区外出劳动力中，初中以下文化程度的外出务工人员占的比重是74.2%，其中，小学以下文化程度的达19%；由于缺乏文化和技能，库区外出劳动力主要集中在建筑、采矿、拆卸、搬运等重体力行业。为此，必须强化职业技能培训，提升就业技能。各地要及时掌握劳动力市场的供求信息，根据市场需求制定培训计划，编制培训方案，设置培训课程，实现职业技能培训与劳动力市场的对接。要依托各类培训机构和用人单位，有针对性地进行技能培训。要整合培训资源，积极组建职业技能培训集团，建立师资、设备、场地、教材等培训资源有效利用的共享机制，采取订单培训、定点培训、流动培训和企业自主培训等方式，扩大培训面，降低培训成本，提高培训效果。市、区、县要建立劳务培训基地，实行就业指导、技能培训和技能鉴定一条龙服务，并实行职业技能培训机构市场准入制度。

要有计划地在库区建设一批有特色的中等或高等职业技术学校，有关职业院校、职业中学、技工学校要坚持职业教育的性质，不断创新职业培训，积极开展对农村劳动力的职业技能培训。

第二，大力培育劳务中介组织和劳务经纪人队伍。劳务中介组织、劳务经纪人是联结劳动力和劳务市场的桥梁纽带，在劳务产业发展中具有不可替代的作用。劳务中介组织和劳务经纪人队伍发育不够，作用不充分，是制约库区劳务经济发展的重要原因。加快发展劳务产业，必须大力培育劳务中介组织和劳务经纪人队伍，充分发挥他们开拓劳务市场、收集发布劳务信息、培训劳务人员、协调劳动关系、提供劳务服务和法律咨询等作用。要采取舆论引导、政策支持、法律环境建设等措施，积极鼓励各类组织和个人创办劳务中介组织。要切实加强对劳务中介组织和经纪人的规范管理，促进劳务中介组织和劳务经纪人队伍的健康发展。对依法经营、业绩突出的劳务中介组织和经纪人予以表彰奖励。

第三，抓好劳务基地建设。在劳务输入相对集中的地方，原则上以区县为单位建立劳务输出基地，设立服务机构，协调和对接本地劳务输出和输入工作。各区县要充分利用东西协作的平台，把劳务协作作为对口帮扶的重要内容，主动开拓沿海地区劳务市场。巩固并扩大与相关省区的劳务协作关系。积极开展对外劳务合作和就业服务。可采取政府引导、中介介绍、职校培训、驻外企业带动、劳务能人带领和驻外机关联络等多种方式，有组织地开展劳务输出；引导和支持农民工利用血缘、人缘、地缘关系，更多地转移劳动力，积极拓展市外、海外劳务输出市场。

第四，建设和完善劳动力市场的信息网络。要不断完善和充分利用现有劳动力市场体系，建立农村劳动力输出地和输入地信息对接机制，及时发布供求信息，为农村劳动力转移就业提供便捷服务，引导农村劳动力有序流动。要加快劳动力市场建设，建设连通全国、覆盖库区、城乡统一、高效快捷、服务规范的劳动力信息网络，建立畅通劳动力资源供求和信息共享渠道，为农民务工就业提供及时有效的服务。劳动力市场要建到区县一级，信息网络和服务机构则要建到村一级。

第五，大力做好发展劳务经济的宣传工作。各地、各部门要采取有效措施，加大发展劳务经济工作的宣传力度。充分利用广播、电视、报刊、网络等媒体，宣传各地在发展劳务经济的经验及做法，宣传外出务工致富和回乡创业、劳务中介、培训服务等方面的先进典型，宣传到村，深入到户，努力营造一个关心、支持、积极参与劳务经济发展的良好社会环境和舆论氛围。

第六，确保发展劳务经济的资金投入。各级政府都要拿出一定的资金，采取以奖代补等方式，对发展劳务经济给予支持。各区县财政每年用于支持劳务经济及社保的资金不低于本级政府当年财政收入的1%。市财政每年拿出一定资金，重点用于务工农民的职业技能培训、中介组织培育、劳务基地开发和信息网络建设。

第七，优化劳务经济的发展环境。例如，放宽农民进城就业和定居的准入条件，为进城务工创造良好的生活条件和融入城镇生活的环境条件，切实维护农民务工就业的合法权益，高度重视农民工的基本社会保障问题等。

3. 通过加大招商引资力度和对口支援力度强化内部和外部推动力量，进而促进第三产业与城镇功能良性互动发展

招商引资（或合作引资）和对口支持，是提高三峡库区第三产业可持续发展和城镇功能恢复重建能力的外部推动力量。具体做法如下，一是引资新建，如重庆小天鹅投资控股（集团）有限公司到万州兴建小天鹅批发市场、重庆百货大楼到万州兴建连锁分店等；二是引资合作，如重庆新世纪百货公司与万州区百货站以股份制形式合作开设“新世纪”；三是对口支援，目前我国东部和中部省份正在对口支援三峡库区各区县。

三峡库区合作引资可分为两种：一是引进境外前来投资的商人（企业），即引进外资；二是引进库区之外的前来投资的国内商人（企业），即引进内资。外资和内资进入库区，可提升库区第三产业相关行业的档次，带来先进的经营观念和管理方式，引入库区外的各种名牌商品，满足当地居民的不断增长的消费需要，进而可为库区城镇功能提升与第三产业发展带来示范效应。

然而，令人担忧的是，目前三峡库区的许多区县，外资和内资进入产业领域的趋势虽有进一步发展的迹象，但为数不多，且多为重庆内地企业，三峡库区以外的国内商人前来投资的却寥寥无几，前景堪忧。某种意义上，三峡库区产业空虚化、城镇空心化，与合作引资不理想有较大关系。而合作引资出现这样难堪的局面，可从国际生产折衷理论中找到答案。

根据国际生产折衷理论[①]，决定一国（地区）企业[②]对外直接投资的因素有三个方面——所有权优势（或厂商优势）、内部化优势和区位优势。当同时具备上述三种优势时，企业将采用国际直接投资的方式。以该理论为框架，可以系统分析外商进入领域（以商贸企业为例）的国际化现象及必备的条件。①所有权优势（或厂商优势）。任何产业创新，都很容易被竞争者观察和模仿，最终导致这种优势的丧失。因而，迅速扩张是自我保护的有效手段之一，它有利于保持自身的竞争优势。②市场内部化优势。企业若对所有权优势采用内部化运营的方式，即将其无形资产的使用以内部化方式进行国际扩张，有利于保护自身的专有技术，还有利于通过建立全球直接采购与销售网络，增强集体谈判能力，获取规模经济效益。③区位优势。对于企业而言，形成东道国（或地区）区位优势的主要因素有：生产要素投入和市场的地理分布状况、市场规模和市场增长、东道国的生产要素成本和质量、运输与通信成本、基础设施、竞争者动向、政府干预与调节措施的范围与程度、东道国的金融状况和金融制度、国内外市场类型的差异程度，以及由于经济条件不同形成的国内外市场的物质或经济距离，或由于历史、文化、语言、风俗、偏好、商业惯例等形成的心理距离等。上述外商到特定区域进行投资包含的三个必备条件对三峡库区各区县亦适用。一般来说，一个想进行投资的企业（尤其是跨国企业）其所有权优势和市场内部化优势往往是具备的，那么这些企业就会十分关注东道国的区位优势，根据国际生产折衷理论，“区位优势”其实就是我们常说的“硬环境”和“软环境”。这也就解释了三峡库区各区县的合作引资成绩不显著的原因——因为这些区县第三产业“区位优势”还不够理想，即“硬环境”和“软环境”未能达到外商（外企）的投资要求。

三峡库区各区县吸引合作资金的硬环境不理想，主要包括基础设施落后，城镇功能不完善等。目前国家及三峡库区各级政府已采取了加快库区基础设施建设的有效措施，这种由外部嵌入物质条件的投资硬环境，已得到并将会进一步得到改善。与硬环境相比较，投资软环境的改善往往周期更长，因而当前和今后较长时期内库区各区县政府应抓紧抓好引资合作的软环境建设。具体而言应做好以下工作。

---

① 此理论由英国经济学家邓宁教授提出。

② 这里可指来自境外、区外或本地区具有比较优势的某个企业或企业集团。

第一，加快制度创新。一是管理机制要“活”。在三峡库区区县，干部群众思想解放程度低，凡事都喜欢服从长官意志，事无巨细都要领导点头才算。为打破这类观念和传统落后习俗，应制定、强化各种政策、规则体系，尽可能减少行政长官个人拍板的权限。二是制度设计要“新”。三峡库区与东部地区差别甚大，在制度设计方面，既要吸收东部的成功经验，又要从本地实际出发进行创新，建立并完善各项符合我国法律规定的适用于三峡库区第三产业发展的新制度。三是引入机制要“灵”。库区各区县第三产业在引进资金、技术和吸引外地客商投资的同时，更要重视技术和人长的引进。

第二，扩大对内、对外开放，为外资和内资提供更优惠的政策。鉴于三峡库区各区县第三产业的合作引资困难，中央政府可同意库区区县政府向投资者提供比别的地区更为优惠的政策，如劳动工资政策优惠、税收优惠、区位优惠等。特别注意对区外国内资本的吸引，也应提供与外资同等的优惠政策。

第三，寻求有效的具备造血功能的对口支援。在一定时期内，三峡库区的投资环境难以得到根本性的改变。在此条件下，完全靠市场引导内外商自愿到库区投资第三产业是困难的也是不现实的，因而库区内各区县的对口支援协作办公室应主动与对口支持省市的相关部门取得联系，通过政府牵线搭桥，鼓励对口支援省市有实力的第三产业企业充分利用国务院对口支援优惠政策，使本来有意愿、有条件向西部扩张的优势企业到库区以独资、合资或合作方式从事第三产业。

第四，建立重庆主城区对口支持库区区县“五个联动”新机制。一是联动实施产业发展：重庆主城各区要帮助受援区县每年引进 1 个规模以上的经济合作项目，用 5 年时间，使库区各区县培育起 2 ～ 3 个支撑性产业，双方共同构建产业链，实现优势互补；二是联动发展劳务经济；三是联动选派和交流第三产业的技术和管理干部；四是联动实施第三产业尤其是现代服务业的人员培训；五是联动发展社会公益事业。

第五，创新库区招商形式，发挥市场中介组织、政府驻外机构在招商引资中的桥梁作用，采取专业招商、代理招商、项目招商、以商招商等多种形式，努力扩大招商成效。

第六，鼓励企业通过转让经营权、出让股权、并购重组等方式吸引国内外投资。

第七，每年在库区举办各种形式的招商引资洽谈会，加大项目推介力度。

第八，推进诚信库区建设，改进相关服务，优化投资环境，以特惠政策、特殊背景、特定资源和特别感情，扩大招商引资规模。

4. 充分利用三峡库区后续扶资金完善城镇公共设施系统和社会事业体系，进而促进第三产业与城镇功能良性互动发展

由于历史欠帐太大，三峡库区城镇市政设施脆弱，成为制约移民安稳致富、产业培育和城镇社会功能再造的“瓶颈”。根据库区产业发展、城镇功能提升、社会事业健全、居民生活质量提高等多方面的需要，充分利用好三峡库区后续扶持资金，因地制制宜，不断提高城镇公共基础设施的荷载功能和承载能力，使城镇功能更加完善，增进人与环境和谐共处十分必要。应主要从如下几个方面用好后续扶持资金完善城镇公共设施系统和社会事业体系。

第一，加快完善城镇道路设施。推进以桥梁道路、库岸渠化、通信网络、园林绿化、电力燃气为主要建设内容的城镇风貌和城镇畅通工程，完善快速公共交通系统，优化城镇路网结构，拓展城镇发展空间。

第二，加强供排水设施建设。充分考虑库区山地城镇特点，切实加大投入和建设力度，加快水厂及供水管网建设，增强供水能力，提高供水水质，保障城乡生产生活用水。实行跨区供水、片区供水和部分组团、区县城镇独立供水相结合的城镇供水体系，水质达到国家一类标准。

第三，加大城镇公厕及粪便、垃圾收集清运设施的改造和建设力度，有序推进垃圾和污水处理设施建设、经营与管理，并作为改善城镇人居环境和投资环境的一项民心工程抓好抓实。

第四，认真协调解决水、电、气、通信、广电等市政管网存在布局混乱、重复开挖的问题，实行统一规划、建设与管理，着力解决地下共享管沟和空间管网统一下地的问题。

第五，加强产学研结合，积极推广运用新技术和新材料，鼓励把库区城镇公共设施和公共产品建设成为技术进步和创新的示范，提高技术进步对库区城镇功能恢复重建的贡献率。

第六，大力发展针对库区移民的职业技能培训，发展多层次、多类型、专业化的职业技术教育，增强库区移民的就业与自主创业能力。以职业教育为重点，统筹库区普通教育和职业教育，在库区农村初中和高中阶段增加职业教育的内容。有组织地抓好下岗失业人员的再培训和农村移民的劳务输出工作。在库区

建立移民技能培训中心和劳务输出中心，制定移民培训专项规划，增加移民培训经费，建立劳务输出通道，扩大移民就业途径。

第七，加快完成库区淹没学校的迁建恢复工作及中小学危房改造工程，建设文化馆、电影院、图书馆、实验楼等文化教育基础设施，为库区移民提供更好地享受精神文明消费和受教育机会。

第八，实施三峡库区淹没卫生设施迁建、农村基层医疗卫生保障、疾病防治、食品安全保障、卫生信息网络建设等工程。构建医疗卫生保障服务体系，提高疾病治疗与防御能力。

第九章
促进三峡库区第三产业与城镇功能良性互动发展的政策建议

三峡移民工程实施以来，移民迁建工作取得了巨大成就，移民搬迁安置任务已全面完成，库区基础设施明显改善，经济社会发展加快，城乡面貌显著变化，社会总体保持稳定，城镇第三产业在发展，城镇功能在恢复重建的基础上不断完善提升。这充分说明，三峡库区现有政策的实施效果是比较好的。但必须清醒地看到，三峡库区仍是产业发展最薄弱、就业矛盾最突出、基础设施制约严重、生态环境脆弱、社会事业发展滞后、稳定压力较大的区域。其中最主要的矛盾是产业空虚，移民就业率低，部分移民生计困难。因此，如何促进三峡库区城镇功能尽快恢复重建并完善提升和形成第三产业可持续发展的内在动力，从而实现经济繁荣、社会和谐、生态良好、人民安居乐业的新库区建设目标，既需要库区人的自力更生和艰苦创业，更需要国家和库区政府进一步加大政策支持力度，以提供可靠的政策保障。

第一节　三峡库区第三产业发展与城镇功能恢复重建的现有政策评价

三峡库区第三产业发展与城镇功能建设的现有政策，蕴含在国家及重庆市和湖北省现有的库区移民政策法规中。1992 年至今，国家对三峡工程移民搬迁及库区经济社会发展出台的政策法规，大致分为三个方面：一是移民迁建必须遵循的基本法规；二是移民迁建和库区综合管理及规划类文件；三是一系列涉及扶持库区和移民发展优惠政策的具体规定。结合国家政策法规，省级地方政府也制定了相应的配套管理办法和相关政策措施，如《中共重庆市委关于加快库区产业发展着力解决移民就业促进库区繁荣稳定的决定》等。大量政策法规的出台，既确立了移民迁建的方针、原则、标准，也提出了促进移民安稳致富和库区后期发展的政策措施，同时也包括了三峡库区第三产业发展与城镇功能建设的政策措施，三峡库区第三产业发展与城镇功能恢复重建的政策也蕴含其中。对库区稳定和发展有重大意义的政策主要可分为六大类：一是支持移民按期搬迁的政策，包括确立移民领导和管理体制、确立开发性移民方针、明确移民补偿和城镇迁建的要求及标准、对移民迁建予以税费政策优惠等；二是产业扶持和经济结构调整的政策，包括对污染严重、产品无市场和资不抵债的国有集体搬迁企业实行破产或关闭、对农产品批发市场建设投入国债专项、投入流通业结构调整专项资金、支持库区实施技术改造、妥善安置破产关闭企业的职工等；三是生态建设和环境保护政策，包括大力支持库区城镇污水和垃圾处理设施建设等；四是基础设施建设政策，包括在移民和城镇搬迁中改善库区基础设施条件、加强库区水利建设、加强库区能源建设等；五是社会发展政策，包括加强库区社会事业基础设施建设、努力拓宽移民就业渠道、加强库区移民社会保障、实行对口支持等；六是后期扶持政策，包括设立三峡库区移民后期扶持基金、设立三峡库区产业发展基金、对三峡库区建设予以财政扶持等。

客观地评价，自三峡工程实施以来，系列特殊优惠政策已发挥了积极的效应，促进了移民安置和城镇搬迁工作顺利完成，确保一、二期移民任务能够圆满完成。这既改善了库区经济社会发展环境，促进了库区经济社会结构调整，库区第三产业得到了一定程度的发展；也让库区城镇功能在一定程度上实现了恢复重建并逐步提升。但是，我们应清醒地认识到，国家对库区的政策支持力度与库区发展的实际需求之间还有一定差距，政策设计和政策实施过程中存在不足，如“三原”搬迁原则与库区经济社会发展需求脱节、部分移民政策存在重大遗漏、部分领域存在政策缺位、“补血”政策偏多而“造血”政策偏少等。再加上库区移民和相关城镇在迁建复建过程中暴露出来的新情况、新问题，使得库区产业结构调整、升级缓慢，第三产业发展与半淹（或全淹）城镇功能恢复重建的速度及质量均受到影响。因此，如何从库区经济社会发展的实际出发，调整和制定切实可行的库区政策，促进第三产业与城镇功能之间形成良性互动的内生性关系，对国家主体功能区划中限制开发的三峡库区来说，更显重要。

第二节　相关对策建议

结合本书第八章有关三峡库区第三产业与城镇功能良性互动发展可选择路径来看，我们可以从三峡库区现有政策的不足出发，采取切实可行措施并给予三峡库区城镇发展相关政策支持，逐渐实现从“补血”到“造血”转变，直接或间接地促使第三产业可持续发展与城镇功能恢复重建及完善提升之间形成内生性互动关系，为三峡库区经济社会可持续发展创造条件。

一、鼓励三峡库区发展以旅游业为主导的第三产业

鉴于三峡库区独特的旅游资源优势及完备的旅游产业链对库区城镇功能恢复重建和对地方经济社会发展所产生的正向效应来看，国家及库区地方政府应该大力扶持库区旅游业做大做强、做特做优，以旅游业为库腹地区第三产业中的主导产业，在此基础上带动商贸流通、房地产业、物流运输等前向和后向关联产业发展，让城镇功能在恢复重建中进一步完善、提升。

1. 直接扶持三峡库区旅游业发展

（1）国家在编制全国旅游业发展规划时要统筹兼顾三峡库区旅游业的发展需要，加大对三峡库区旅游业的资金支持力度；重庆、湖北等库区地方政府要加大对旅游基础设施建设的投入。

（2）积极推进三峡库区国有旅游企业改革，支持企业进行跨行业、跨地区、跨所有制联合重组，通过整合资源组建大型旅游企业集团。鼓励包括外资、民营资本在内的各类资本进入三峡库区旅游产业，投资开发旅游项目。

（3）拓宽三峡库区旅游企业融资渠道，鼓励优质企业通过上市融资扩大企业规模，支持中小旅游企业在创业板上市融资，鼓励金融企业开展旅游景点经营权和门票收入等质押贷款业务。也可考虑设置专项国债资金，推进旅游景区基础设施建设，调整旅游产业结构。

（4）对三峡库区符合条件的旅游企业给予中小企业贷款优惠政策和中小企业发展专项资金、服务业发展专项资金的支持。进一步完善三峡库区旅游企业融资担保等信用增强体系，加大对旅游企业和旅游项目的担保力度。

（5）扶持三峡库区与旅游业发展直接相关的星级酒店建设。对新评定为四

星级以上酒店，在其开业并正常经营一年后，可参照区县重点商贸企业政策，安排当年酒店实现的区县级财政收入增量部分的一定比例，奖励扶持酒店；对新被国家酒店酒家评审委员会评为五钻（国家特级）、四钻（国家一级）酒店酒家的，以及新被省市类似等级评定委员会评定为五星级、四星级农家的，分别给予一定比例的一次性奖励。

2. 支持三峡库区发展现代商贸流通业

由于历史原因，三峡库区商贸流通业的历史欠账较多，而该行业既有就业吸纳能力强的特点，又是连接生产与消费的最重要纽带，也是社会再生产顺利进行的必要条件，目前已逐渐在国民经济中发挥基础性作用，因此，建议从以下几个方面支持库区现代商贸流通业发展。

（1）统筹规划建设现代物流和大型专业市场等第三产业中的“准公共”基础设施。根据库区流域经济特点，结合库区相关城市已有的和规划中的交通体系，首先扶持库区以现代物流和专业批发市场为主的大型“准公共”商业设施建设。对在库区新建的5000平方米以上大型商业设施建设项目（含物流基地或园区或物流配送中心、专业市场等），经各区县和省级政府及国家认定，项目缴纳的土地出让金、城市建设配套费，各级政府所属部分均按一定比例扶持建设业主。同时，每年库区区县政府所属部分城市建设配套费总额的一定比例应专项用于“准公共类”商业基础设施建设。

（2）扶持新办大型商贸流通企业。对库区新办大型商贸流通企业，经区县政府认定，正常经营一年以上，企业缴纳的增值税、营业税、企业所得税，国家、省市及区县所属部分在三年内均应按照一定的比例扶持企业。

（3）扶持引进现代金融服务企业。新入驻三峡库区区县的银行、保险类金融分支机构及其他非银行金融分支机构，正常经营一年以上的，在享受重庆市政府规定的按照注册资本、营运资金规模给予一次性市财政资金扶持的同时，就其营业税、所得税区县属部分，三年内每年均按照一定比例扶持企业。

（4）扶持三峡库区专业服务、中介和文化服务业发展。对新入驻三峡库区的年增值税、营业税、所得税区县所属部分在3万元（含）以上的下列服务业经营者，如会展服务、咨询、评估、认证、经纪、代理等商务服务机构；律师事务所、会计师事务所、税务师事务所和策划、广告媒体公司等专业服务机构；国家级和市级行业协会、教育培训机构；勘察、设计、研发、检测等专业服务机构；文化、体育、娱乐、营利性的医疗保健机构和城市公共服务等企业。就其该三项税收的区县属部分，三年内每年均按一定比例扶持企业。

（5）设立三峡库区商业发展专项资金。国家和重庆、湖北等相关省级财政每年安排一定比例的商业发展资金，并保持不低于10%的比例逐年增长，以支持三峡库区商贸流通业发展。同时，对“万村千乡市场工程”和“双百市场工程”在三峡库区执行年限延长1～2年。

（6）扶持三峡库区库腹的专业市场建设和商贸企业做大做强。鼓励大城市的商贸流通企业到三峡库区设立商业网点。对新入驻三峡库区库腹的大型专业市场，正常经营一年以上，按当年市场销售总额和入库税收给予一定额度的扶持，以奖励经营班子。同时对库腹内的商贸流通企业，经区县商贸流通主管部门及统计局认定，批发企业（含专业市场）和零售企业及住宿餐饮企业每年新增销售总额在一定额度以上的，可给予企业及经营班子一定额度的一次性奖励。

（7）扶持电子商务推广。对三峡库区商贸流通企业实行信息化管理，开展电子商务结算，电子商务销售额纳入库腹区县核算的，按实现的电子商务销售额凡达到500万元以上销售规模，每年按当年实现净增销售额的一定比例一次性奖励企业及企业经营班子。

（8）扶持三峡库区打造特色商业街、街镇商贸流通企业和发展社区商业等。经省级商贸主管部门评审推荐，对三峡库区获得省级及以上特色商业街、商业示范区称号的有关建设业主或辖区街道办事处、镇政府，给予一定额度的发展扶持和奖励。

3. 支持三峡库区条件较好的城镇发展以集中居住为导向的房地产业

因特定的地理条件，三峡库区是一个地震、崩塌、滑坡、泥石流等灾害时有发生和水土流失严重的区域，自然生态环境比较脆弱，不适合人居的区域面积相对较广。但目前仍居住着1500万人，较低的城镇化率加大了库区环境保护和治理难度，因此建议支持条件较好的三峡库区城镇发展以集中居住为导向的房地产业，在改善居住条件和居住环境的同时，为库区生态环境保护创造条件。具体可从以下四个方面着手。

（1）从规划编制、土地供给、优惠政策等方面支持三峡库区城镇加快住宅建设，缓解供求矛盾，增强库区城镇人口承载能力。开发建设设施配套、功能齐全、环境优美的城镇住宅小区和集镇新区，促进房地产业的快速发展。

（2）加大三峡库区城镇保障性住房建设投入力度。按照国家有关政策规定，参考重庆市相关做法，结合三峡库区各区县的实际情况，有序推进廉租住房和公租房建设，既解决城镇低收入家庭的住房困难，也有助于接三峡库区农村人口向城镇迁移，增强库区城镇的人口集聚功能。

（3）整顿规范三峡库区房地产业市场。加大土地法规政策，增强执法力度。既要严格三峡库区房地产开发工程报建程序，对每一项开发项目，从工程报建、质量安全、竣工验收等方面都应按照城镇总体规划的要求，严格把关，特别要严格例行工程报建手续，核发两证一书。对不符合报建程序的，坚决不予审批。同时，应集中力量，集中时间，对三峡库区房地产业市场进行全面整顿，杜绝不具备房地产开发资质的企业进入开发市场。

（4）鼓励三峡库区农村人口向城镇有序转移。在支持三峡库区城镇发展房地产业的同时，加大三峡库区农村人口“转户进城”制度改革创新力度，特别是重庆库区，更应该借城乡统筹综合配套改革试验区及全国首推的户籍制度改革契机，在发展城镇经济的过程中，主动创新吸纳农村人口进城途径，引导农民向以城镇为核心的集中居住。但要统筹考虑不同等级城镇（含农民新村、一般镇、重点镇、中小城市、大城市）的人口承载力与房地产业发展之间的匹配关系。

二、支持三峡库区城镇综合交通运输体系建设

三峡库区城镇的经济发展离不开交通，制约库区经济发展的“出行难”问题已随着对外通道的建成而逐步好转，但三峡库区尚没有建立相互衔接的内外向通道。现代化的交通网络体系对三峡库区尤为重要，而路、港、桥又是三峡库区城市交通体系的基础。因此，应统筹安排移民资金，支持三峡库区打造以建设运输通道、强化港站枢纽、提高综合运输能力为重点，形成干线铁路、高等级公路、干线航道和航空为主骨架，依托枢纽城市，形成干支相连、疏密成网的综合运输体系。特别应支持三峡库区库腹区县城市路网、滨江路和库周公路及长江大桥、港区等交通基础设施建设。

1. 加快城市路网和桥梁建设

按照自由网格式构筑城市交通布局，区域性中心城市与区县城市之间基本

实现高速公路连接，区县之间实现二级公路连接，区县与乡镇之间实现三级以上公路连接，乡镇之间、乡镇与行政村之间实现四级公路连接。同时，依托长江、渝万、渝长高速公路和铁路构筑交通走廊，形成以万州、涪陵、宜昌等为节点的放射状城镇群交通网络。根据三峡库区区县城市总体规划及功能分区的要求，在长江及其支流上继续前瞻性地规划建设一批大中型桥梁，最大可能地消除江河流域对库区城镇功能的自然分割和城镇功能完善提升的环境制约。

2. 支持半淹城镇滨江路工程建设

三峡库区半淹城镇滨江路是四期水位淹没线与移民拆迁旧城的连接点，其能将沿江的商贸居住区、港区码头、工厂企业等城市功能区有机地连结起来。滨江路库岸防护工程是半淹没城镇功能恢复重建的市政设施建设的基础工程，也是三峡移民迁建中漏统的基础设施项目。该工程集防洪护城、库岸整治、环境保护、市政设施恢复、移民安置、畅通城市交通等综合效益为一体，集能源、通信、物流等功能协调配套，是构筑现代化城市格局的发展基础。尽早确保滨江路工程建设的资金投入，是关系半淹城镇长远发展、旧城功能恢复重建和新城功能再造的关键。

3. 支持三峡库区建设现代化港口

尽快复建一批库区城市客运港、货运港区，将涪陵港、万州港建成布局合理、专业分工明确、功能优质、服务高效的现代化港口，成为具有运输组织、中转换装、装卸储存、多式联运、通信信息及生产、经营、管理和生活辅助服务等多项功能的综合交通运输枢纽。同时，加快三峡库区港口码头建设，推进奉节、石柱、忠县等县的港口码头建设或提升承载能力。

4. 支持三峡库区区域性机场建设

在重庆“一大二小”机场（重庆、万州和黔江）和宜昌机场的基础上，加快奉节-巫山机场规划建设的进度，形成三峡库区空中快捷通道。

三、支持三峡库区实施以城镇功能恢复重建为重点的基础设施建设工程

三峡库区在全国水资源储备中的战略地位对其生态环境治理的要求极高，

而库区城镇环境治理的优劣又是制约其能否成功招商引资的基础因素之一。同时，三峡库区城市市政专用设施建设也是城镇功能恢复重建的重要组成部分。支持三峡库区半淹城镇旧城功能恢复性和新区开发性基础设施建设是十分必要的。因此，按照相关文件，把旧城功能恢复和新区开发的城市基础设施建设列入移民后期扶持的内容，支持三峡库区实施一批包括信息基础设施、给排水及污水和垃圾处理设施、能源基础设施和社会服务设施等在内的半淹城镇基础设施重点建设项目，必将为加快库区城镇功能进一步完善打下坚实的基础。

（1）加快建设三峡库区高速信息通信网络，实现网络数字化、综合化、宽带化和智能化；建立现代化邮政运输网络，建成邮政营业电子化和管理信息化网络系统；复建一批城区邮电中心局、通信管道工程，规划建设三级邮区中心大楼及码头、机场邮件转运站等。

（2）支持三峡库区城镇建设污水处理厂和垃圾处理场等废水、废物处理和循环回用系统，提前规划建设城镇污水截流管道骨干工程等；保持并改善城镇水环境质量，维护水体生态环境良性循环。建立三峡库区城镇污水处理和垃圾处理等环境基础设施运营专项基金，确保相关设施正常有效运行。

（3）加快三峡库区城乡电网建设与改造，鼓励建设调度灵活、大小网协调发展的电力网络体系，优化电源配置。实施三峡库区天然气化工程，与“西（渝）气东输”工程同步配套，全面形成天然气主管环网系统，万州、涪陵和大部分库腹区县政府所在城镇采取管道供气。支持三峡库区库腹城镇（如万州城区、涪陵城区）直接与气田或长输干线联系，各自形成相对独立的城镇供气系统，新建长输管线及在大部分库腹区县政府所在城镇新建天然气储配站。

（4）支持三峡库区城镇社会服务设施建设。提升三峡库区城镇科技服务设施档次，支持各区县规划建设科技活动中心和科普场馆，形成完善的科技服务设施体系。优化库区城镇教育服务设施资源配置，保证新建或改扩建各级各类学校建设用地，建成完备的高质量的学校和社会教育服务体系。建成一批与库区城镇相匹配的标志性、功能性的文化设施，新建、改造一批与竞技体育、群众体育、全民健身相结合的体育设施。建立以综合医院和专科医院为重点，社区卫生服务为基础的医疗服务体系，完善突发性传染病监测防治系统。

四、扶持三峡库区打造以移民生态工业园为主体的工业体系

解决三峡库区产业“空虚化”难题，是第三产业可持续发展与城镇功能恢复重建之间形成良性互动关系的基础，也是从根本上打开库区移民和失地农民就业出路，促进库区经济社会从“输血”到“造血”转变的前提。因此，应把三峡库区划作全国的一个特殊地区，针对三峡库区产业发展面临的特殊困难，结合国家主体功能区划对该区域的特殊要求，按市场经济的原则，使三峡库区形成自我发展、自我积累的动力机制；同时，制定特殊的产业扶持政策，扶持三峡库区打造以移民生态工业园区为主体的工业体系，为内生动力机制做好铺垫。

（1）支持和鼓励三峡库区工业结构调整与升级。针对三峡库区产业结构存在的问题和所处的阶段及生态环境约束，扶持库区工业由数量扩张转向质量提高和技术升级，统筹规划，按照市场化原则推进工业结构调整，着重扶持依托自然资源和劳动力资源的生态工业，着重吸引外商直接投资和引进技术，鼓励全方位对外开放与发展外向型经济。同时，利用政策叠加优势启动三峡库区庞大的市场，促使其成为自身增长的发动机。

（2）降低准入门坎，扶持产业发展。对于一些在全国限制发展，而在三峡库区确实需要发展的行业，如钢材、水泥、电解铝、盐气化工，要降低准入门坎，只要能达到环保要求，就应该给三峡库区工业发展创造一个相对有利的发展空间和时间。

（3）在项目安排和产业布局上向三峡库区倾斜，通过项目投入带动库区经济发展。利用三峡库区的资源优势发展一批带动库区经济发展的项目，重点支持发展以移民生态工业园为支撑的特色工业体系。库区各区县则应主动认真做好产业规划，搞好项目的前期储备，优化产业布局，把三峡库区建成长江上游经济带国家级移民生态工业示范区。

（4）解决库区工业发展面临的土地使用趋紧问题。建议三峡库区移民生态产业（工业）用地指标应不挤占重庆和湖北的指标，直接针对库腹区县酌情增加用地指标，以促进三峡库区经济的持续健康发展。

（5）给予库区企业发展金融信贷方面的支持。针对三峡库区存贷差进一步拉大，资金大量外流的情况，建议有关银行在三峡库区增加营业网点，采取优惠政策，支持三峡库区企业发展。同时，加大政策性资金投入力度，吸引中外

企业介入三峡库区投资与开发。建议国家及重庆市和湖北省建立工业技改项目专项贷款贴息制度，设立中小企业扶持基金，加速三峡库区工业结构调整和产品升级换代。

（6）进一步完善三峡库区资源管理和使用政策。在重庆和湖北，主要是重庆设立更高层次的天然气机构，赋予三峡库区一定的天然气管理使用权限，为库区经济社会尤其是工业发展提供稳定的能源保障。

五、支持三峡库区发展特色生态农业

三峡库区幅员面积相对广阔，但农业及农村经济发展相当落后。以重庆库区15个区县来看，尽管幅员面积占重庆市的53.4%，乡村人口占全市的49.2%，但15个区县的农村经济总量、农民人均纯收入等增速均大大低于重庆市平均水平，农业增加值仅占重庆市的43%，除肉类总产量外，其他主要农产品产量均不到重庆市一半，这对三峡库区第三产业可持续发展与城镇功能恢复重建产生了不利影响。因此，国家及湖北省、重庆市应分别设立三峡库区特色农业发展专项资金，以支持三峡库区特色农业产业化发展，为第三产业发展和城镇功能提升提供基础保障。

（1）拓宽特色农业专项资金来源。在湖北和重庆分别建立三峡库区特色产业发展专项资金，由国家和湖北省、重庆市两级每年各按一定比例投入，同时每年按一定比例递增，以专项扶持库区农业特色产业发展。在湖北和重庆分别建立省级层面的农业信用担保有限公司，重点支持库腹区县农业产业化龙头企业，且担保贷款条件能宽则宽。从省级层面统筹考虑，争取土地出让金用于农业的增加部分重点用于支持库区特色农业发展。另外，国家投资到湖北、重庆的各类农业项目和省级统筹的区县农业基础设施项目，若无特殊规定，原则上优先选择库区实施。

（2）对符合特色农业发展专项资金支持的项目给予倾斜。建立三峡库区农业产业项目库，对特色农业（特色农产品）种植或养殖项目；良种繁育（扩繁）推广项目；劳动密集型初加工项目；市场集散地建设、市场开拓、品牌开发和种养加技能人才培养基地项目；符合库区特色农业发展方向的其他项目，但不包括大中型基础设施、精深加工等项目重点向库腹区县倾斜。

（3）加快三峡库区农业产业化进程。利用三峡库区特有的农业资源优势，以优势产品开发为重点，实施农业产业化工程，发展“优质、高产、高效、生态、安全”的特色农产品种植业和加工业。发挥龙头企业的带动作用，加快农产品种养殖基地建设，促进农村产业结构调整和布局优化。重点发展适应市场需求的以柑橘为主的林果业、草食牲畜业、中药材、蔬菜等特色产品。以保证库区水质为前提，适度发展库区水产养殖。加强农业社会化服务体系建设，积极开展农业技术培训与推广。推行高效生态农业。加快以水利为重点的农业基础设施建设。积极实施“沃土工程”。

六、扶持三峡库区建立完善的职业教育和技能培训体系

尽管三峡移民最终高达139.76万人，但还继续留在库区仅重庆重点库区的仍然有739.92万人，加上湖北库区则超过1000万人，这部分人群接受教育的程度、质量及所具有的技能水平将直接影响该区域当前和未来经济社会发展水平。但三峡库区现有的教育培训设施、师资数量与质量，以及面临的体制机制困境等因素都严重制约了库区移民与农村人口文化素质、技能的提升。因此，国家及湖北省、重庆市和库区各区县应把库区教育和技能培训摆到优先发展的战略地位。

（1）加强三峡库区移民及其子女教育和培训。设立三峡库区移民教育培训专项基金，加大对库区义务教育经费支持力度，支持库区移民子女普及高中阶段教育，大力发展中高等职业教育，支持三峡库区建设职业教育与移民技能培训基地，探索物质性对口支援向智力型帮扶转变方式，建立全国对口支援三峡库区职业教育帮扶机制，鼓励东部沿海地区重点中职学校与三峡库区中职学校开展联合招生、合作办学，并在学校管理干部、教师交流等方面进行广泛、深度合作，增强库区移民及农村劳动力就业与自主创业能力，促进库区人口及移民劳动力向库区以外地区的转移。

（2）加强三峡库区尤其是库腹区县职业学校和培训机构基础能力建设。“国家中等职业教育改革发展示范校”项目应适当向三峡库区倾斜；扶持三峡库区县级职业教育中心建设；在已有安排基础上，适度增加国家级、省级中等职业学校教师培训指标。对优质学校实行重点支持，包括仿真、模拟教学设备的投入，为培训学校提高质量、打造品牌创造条件。

（3）建立三峡移民职业教育资助和技能培训补助体系。建议对接受中等职业教育的移民子女实行教材费、生活费和住宿费补贴；对到东部和城市接受中

等职业教育的移民学生另给交通补贴；对接受技能培训的移民学员，视所学工种不同，分别给予一定比例的补助。

（4）创新三峡库区职业教育与技能培训（试点 - 推广 - 扩散）机制。按照点上突破、面上展开、循序渐进的原则，在重庆和湖北各选择 1 ～ 2 个有代表性的库区区县进行职业教育和技能培训试点，通过创新培训体制和投资机制、创新培训方式等措施，为全面推广扩散积累经验。通过发放移民培训卡，让参加培训的移民直接享受政府培训资金的补贴。引入市场机制，充分调动职业学校和各方面的积极性，努力提高培训质量。鼓励探索学校和工厂、教室和车间、教师和师傅、学生和学徒、理论与实践、作品和产品、招生与招工、育人与增效相融合的对接方式，开展校企合作、校校合作、集团化办学模式，紧密结合移民就业，做好以移民为主，惠及库区群众的职业技能培训工作。

（5）支持三峡库区建立县、乡、村三级培训网络。依托现有的职业学校、培训中心、乡村成人学校、普通中小学校的培训资源，加强培训网络建设，通过试点 - 扩散 - 推广机制实现三峡库区村村通互联网。同时，加强移民培训及培训卡发放使用全过程的信息化管理和监督。

七、支持三峡库区城镇空间拓展与布局调整

由于三峡库区移民及迁建城镇采取“三原”政策，虽经历了“两个调整完善”，但城镇迁建复建的标准仍然偏低，既导致现有城镇功能不适应库区经济社会快速发展的需求，也影响了城镇功能的进一步完善提升。迁建城镇新址规划规模偏小且拓展又受自然条件限制、城镇移民房屋补偿标准与小康社会目标不匹配、淹没搬迁学校和医院等部分公共服务设施规划滞后已接近饱和、城镇建设用地中无法满足工业等产业发展需求、一些集镇（场镇）因人口流动及迁移而空心化等问题已经显现出来。因此，国家及湖北省和重庆市应共同设立三峡库区城镇功能恢复重建专项资金，以支持三峡库区尤其是库腹区县城镇规模扩张和城镇布局调整。

（1）重新评估移民迁建“三原补偿”（原规模、原标准、原功能）政策，适时设立库区城镇功能完善提升专项资金。一方面，建议国家追加对第三、第四期移民工程城镇基础设施建设、移民迁建企事业单位和移民迁建房的补偿标准，并对迁建企业的设备更新和技术改造给予资金补助。另一方面，对已迁建城镇

的功能进行评估，以此作为后续支持城镇功能恢复提升的政策依据。

（2）对现有迁建城镇规模与经济社会发展情况进行全面评估。现有规模已对经济社会发展产生明显制约的城镇，国家应在原址基础上及时批准城镇拓展区规划，或另辟新址规划建设新城区，让库区尤其是库腹区县县城所在地有较强的人口集聚承载能力，如可允许奉节、云阳、巴东等县城拓展城区或另选新址，扩张城市规模。

（3）支持和鼓励库腹区县根据本地经济社会发展的实际，调整优化城镇空间布局，对不太适合人居或人口流出严重的集镇（或场镇）尽早限制建设开发，而对产业承载条件较好的城镇则给予招商引资、城镇建设、人口落户等方面的重点扶持。

（4）三峡库区已建成城镇（尤其是库腹区县）因“三原”政策，形成若干小门面式店铺，对进一步发展第三产业和完善提升城镇功能造成了非常不利的影响，在现有改扩建都比较困难的情况下，对规划拓展或另选址新建的城区，必须科学规划，为现代服务业的发展预留空间。

（5）三峡库区城镇功能类型多样，应根据各个城市、县城和集镇发展的不同发展阶段及其自然环境、社会经济的人口承载力等情况，对三峡库区尤其是库腹城镇进行分类，在此基础上对自然条件、经济社会人口承载力较好的城镇给予重点支持。从三峡库区城镇功能恢复重建状况的分析来看，可结合库区城镇服务功能、集聚功能、发展环境和创新功能在2004年以来的变化轨迹，扶持功能趋弱或仍低于库区均值的区县。在整体完善提升库区城镇功能的同时，还需针对各个城镇功能的弱项，分别给予重点支持。例如，加大对以长寿为代表的丰都、忠县、开县、云阳、巫山、秭归等区县城镇服务功能建设；加强以巫山、巴东为代表的丰都、忠县、开县、巫溪等库腹区县城镇集聚功能建设；加强以涪陵、长寿为代表的丰都、石柱、巫山、巫溪等区县发展环境的建设；加强以奉节、云阳、秭归、江津等为代表的丰都、开县、忠县、巫山、巫溪等区县城镇创新功能建设。

八、其他建议

当然，三峡库区第三产业可持续发展与城镇功能恢复重建之间要形成内生性的良性互动关系是一个系统工程，除了上述产业扶持政策、交通及城镇基础设施建设支持政策、教育与技能提升扶持政策和城镇规模扩张支持政策等外，还需要从多个方面全面考虑，增强其“造血”功能虽至关重要，但加大“补血”力度及持续较长一段时期仍不可缺少。

（1）调整三峡工程发电利益的分配比例，改变重工程地区而轻库区的倾向，要均衡利弊，加大对库区后期扶持力度，应多向库腹区县倾斜。

（2）在三峡库区试点跨流域生态补偿机制。作为一个全国性水资源战略储备库，生态环境保护的责任重大，应该赋予三峡库区在全国优先试点跨流域生态补偿机制，让三峡库区自身产生保护与治理环境的内在动力。

（3）尽早谋划库区移民补偿标准追加政策，尤其是重庆市户籍制度改革实施以后，库区移民“三原”补偿标准与转户进城农民之间产生的较大差距，可能潜藏着影响社会稳定的风险。建议在推进户籍制度改革过程中，考虑对库区移民的补偿追加追溯政策及办法。

（4）三峡库区，尤其是库腹地区是一个生态环境非常敏感的区域，人口及产业活动的承载力相对有限，在鼓励该区域人口向城镇集中、产业向园区集中的同时，应尽可能地引导库腹区县人口向外迁移。例如，可借助重庆户籍制度改革契机，鼓励和吸引除万州、涪陵等外的库腹区县人口向“一小时经济圈”内集聚。

参考文献

包红玉，等．2005. 新时期城市功能结构体系解构及集成演化规律探讨．软科学，(19）.

曹相生，林齐，孟雪征，等.2007. 韩国首尔市清溪川水质恢复的经验与启示. 给水排水动态，(06).

曹宗平．2009. 我国城镇化过程中第三产业的作用及发展路径．华南师范大学学报（社会科学版），(02).

陈可．2002. 城市化与第三产业协调发展的辩证关系．经济纵横，（02）.

陈柳钦．2009. 基于产业视角的城市功能研究．中国城市经济，(01).

陈敏．2004-5-10. 三峡库区的经济困局．瞭望新闻周刊，(19).

陈友华，赵民．2005. 城市规划概论．上海科学技术文献出版社，(01).

陈玉梅．2000. 小城镇功能论．社会科学战线，(02).

陈自芳．2001. 经济增长与第三产业瓶颈．经济学家，(03).

程大中．2003. 中国第三产业增长的地区与部门特征．财贸经济，(08).

重庆市人民政府办公厅．2005. 三峡移民和库区发展重要问题调研报告集．(4).

重庆市委研究室，重庆市人民政府研究室．2006. 中共重庆市委二届九次全委会议重点课题调研报告专集（上下册），（06）.

邓嘉农，等．2002. 三峡库区县城迁建水保生态工程模式探讨．人民长江，（09）.

邓丽君．2002. 试论城市功能与社会经济发展之关系．现代城市研究，(02).

丁万里，郝秀，贺凤．2008. 资源型地区第三产业发展的问题与对策研究．内蒙古财经学院学报（综合版），(05).

董照辉．2007. 第三产业循环经济建设探讨——以北京市为例．生态经济（学术版），(01).

冯沈萍．2003. 三峡库区移民新建城镇的文化生态恢复探析．社会科学，(04).

冯淑玲 . 2002. 论四川城市化与第三产业发展 . 国土经济 , (03).
弗朗索瓦 · 佩鲁 . 1988. 略论"增长极"概念 . 经济学译丛 ,（09）.
甘宇平 . 2003. 三峡工程重庆库区二期移民实践与探索 . 北京 : 中国三峡出版社 .
高建宇 . 2000. 三峡半淹城镇功能恢复调研 . 城市道桥与防洪 , 9 (3).
郭彩霞 . 2009. 我国第三产业发展与城镇化建设的实证研究 . 特区经济 , (12).
郭克莎 , 王延中 . 1999. 中国产业结构变动趋势及政策研究 . 北京 : 经济管理出版社 .
郭克莎 . 2000. 第三产业的结构优化与高效发展 (下). 财贸经济 , (11).
何善厚 , 等 . 2007. 国民富裕的路径 : 支持第三产业吸纳劳动力 . 安徽农业科学 , (32).
黄京鸿 , 葛永军 . 2001. 中国各地区第三产业发展水平综合评价 . 经济地理 , (01).
建设部城乡规划司 . 2003. 城市规划决策概论 . 北京 : 中国建筑工业出版社 .
江小涓 . 1996. 经济转轨时期的产业政策 . 上海 : 上海三联书店 .
姜国杰 . 2002. 经济全球化与城市功能 . 特区经济 , (12).
李鼎甲 . 1994. 应尽早建设三峡库区交通设施 . 长江流域资源与环境 , (11).
李辉 .2004. 我国地区服务业发展影响因素研究 , 财贸经济 , (07).
李江帆 . 1994. 第三产业发展规律 . 生产力研究 , (02).
李江帆 . 2004. 中国第三产业经济学分析 . 广州 : 广东人民出版社 .
李江帆 , 黄少军 . 2001. 世界第三产业与产业结构演变规律的分析 . 经济理论与经济管理 ,（06）.
李寿德 . 1995. 论第三产业的特征和功能 . 柴达木开发研究 , (05).
李晓琴 , 金兆森 . 2010. 小城镇建设与第三产业的发展研究 . 小城镇建设 , (01).
李耀武 . 1997. 城市功能研究 —— 以湖北大中城市为例 . 武汉城市建设学院学报 , (01).
李勇坚 . 2004. 中国第三产业内部各行业发展的影响因素分析 . 财贸经济 , (07).
李悦主 . 2004. 产业经济学 . 北京 : 中国人民大学出版社 .
廖富洲 . 2007. 欠发达地区城镇化中的问题及健康发展思路 . 学习论坛 , (08).
蔺栋华 . 2000. 我国第三产业发展中的环境代价与对策 . 福建论坛 (经济社会版), (08).
孟鹏 , 郝晋珉 , 等 . 2004. 城市化过程中郊区小城镇发展的区位分析 . 资源科学 , (06).
欧阳旭 . 2007. 南京市第三产业发展研究 . 南京 ：南京农业大学博士学位论文 .
帕克 , 伯吉斯 , 麦肯齐 .1987. 城市社会学 . 宋俊岭译 . 北京 : 华夏出版社 ,
潘乐 . 1999. 城市用地结构与城市功能的研究 . 四川师范大学学报 (自然科学版), (05).
彭荣胜 . 2006. 第三产业发展与城市化进程关系的实证分析 . 经济问题探索 , (10).

彭志龙 . 2001. 从国际比较看我国第三产业比重 . 统计研究 , (03).
钱纳里 H, 等 . 1989. 工业化和经济增长的比较研究 . 上海 : 上海三联书店 .
佘国平 . 1994. 论城市功能重塑与文化发展 . 社会科学 , (07).
石正方 , 李培祥 . 2002. 城市功能转型的结构优化分析 . 生产力研究 , (02).
苏永乐 , 王竹林 . 2007. 产业基础与制度创新 : 小城镇发展的二维因素分析 . 农村经济 , (06).
孙盘寿 , 杨廷秀 . 1984. 西南三省城镇的职能分类 . 地理研究 , (03).
孙志刚 . 1998. 城市功能论 . 北京 : 经济管理出版社 .
唐登清 . 1995. 关于库区受淹城镇迁建问题的探讨 . 人民长江 , 26 (11).
万州商业银行课题组 . 2006. 三峡库区资金外流研究 . 重庆经济研究 , (01).
王崇举 . 2006. 现代服务业与城乡统筹 . 社会科学 , (03).
王崇举 . 2006. 长江三峡库区城市功能恢复与重建的思考 . 城市经济 , (01).
王菲 . 1997. 城市功能初探 . 经济问题探索 , (07).
王俊豪 . 2003. 现代产业经济学 . 浙江 : 浙江人民出版社 .
王荣玉 . 2005. 第三产业如何走循环经济之路 . 中国创业投资与高科技 , (03).
王文慧 . 2010. 中国旅游业就业潜力与空间开拓研究 . 商业时代 , (18).
王亚平 . 1999. 中国小城镇发展的问题及对策 . 经济研究参考 , (38).
威廉 · 配第 . 1960. 政治算术 . 上海 : 商务印书馆 .
维克托 R 富克斯 . 1987. 服务经济学 . 上海 : 商务印书馆 .
魏俊 , 赵由才 , 牛冬杰 . 2005. 如何实现小城镇生活垃圾资源化 . 环境污染与防治 ,(08).
沃尔特·克里斯塔勒 . 2010. 德国南部中心地原理 . 常正文 , 王兴中等译 . 上海: 商务印书馆 .
沃纳 • 赫希 . 1990. 城市经济学 . 北京 : 中国社会科学出版社 .
吴郝 , 梅陈 . 1988. 城市管理初探 , 北京 : 中国建筑工业出版社 , (09).
吴小丽 . 2005. 海河开发与加快天津市商贸流通业发展的对策研究 . 天津 ：天津大学硕士学位论文 .
吴小渝 . 2003. 简析西部小城镇发展的制约因素 . 探索 , (02).
吴易明 . 2008. 循环经济型第三产业及旅游业可持续发展 . 中国经济与管理科学 , (02).
吴玉鸣 . 2004. 我国 31 个省市区第三产业综合发展水平的最新评估 . 中国软科学 , (10).
徐宏峰 . 2007. 第三产业 : 我国就业增长的新引擎 . 经济问题 , (09).
徐琼瑜 , 王祥荣 . 2001. 城市功能及其可持续发展问题 . 城市发展研究 , (08).
徐勇 . 2006. 中心城市经济功能的影响因素及其协调机制研究 . 武汉 ：华中农业大学博士

学位论文 .
许娇 . 2005. 城市化与第三产业的协调发展 . 浙江万里学院学报 , (10).
许毅 , 孔志峰 . 2005. 充分发挥城镇功能促进城乡经济一体化 . 中国农业综合开发 , (02).
薛联芳 . 2000. 三峡工程库区城镇迁建环境影响初步分析 . 人民长江 , (09).
杨观来 . 2005. 城市规模与第三产业发展关系分析及启示 —— 以珠江三角洲为例 . 特区经济 , (08).
杨庆育 . 2007. 三峡库区建设与重庆和谐发展 . 重庆 : 重庆出版社 .
杨秋宝 . 2001. 新世纪中国的城镇化道路 . 中共云南省委党校学报 , (03).
叶陈云 , 杨光 . 2002. 发展小城镇第三产业若干问题思考 . 湖北广播电视大学学报 , (01).
曾庆均 . 2007. 三峡库区第三产业发展与城镇功能恢复重建的基本思路探析 . 生态经济 , (09).
张洪 , 严丽坤 . 2003. 云南省城市第三产业经济效益分析 , 城市问题 , (05).
张婧 . 2008. 江苏省第三产业可持续发展研究 —— 以旅游业溱湖生态旅游度假村为例 . 南京 ：南京师范大学硕士学位论文 .
张思言 . 1988. 城市功能研究 . 武汉 ：武汉工业大学出版社 , 75.
张文剑 , 王小平 . 1997. 我国城市功能的统计评价 . 数量经济技术经济研究 ,（04）.
中共重庆市委研究室 , 重庆市人民政府研究室 . 2006. 中共重庆市委二届九次全委会议重点课题调研报告专集（下册）.
周少林 , 王小莲 , 等 . 1997. 长江三峡工程库区重庆市淹没处理及移民安置规划报告 . 水利部长江水利委员会 , 长江勘测规划设计研究院 ,（10）.
周一星 . 1997. 城市地理学 . 北京 : 商务印书馆 .
周振华 . 2005. 现代服务业发展 : 基础条件及其构建 . 上海经济研究 , (09).
朱国伟 , 黄家柱 . 2002. 江苏省第三产业清洁生产方案的研究 . 中国人口 . 资源与环境 , 12 (05).
朱宗顺 , 田景荣 , 徐烨 . 1994. 三峡库区教育产业发展战略之构思 . 教育与经济 , (12).
邹璇 . 2009. 欠发达地区第三产业发展对城镇功能促进作用的实证研究 —— 以三峡库区为例 . 中南财经政法大学学报 ,(05).
Button K J.1976.Urban Economics Theory and Policy. The MACMLLAN Press LTD.
Fernandes A M. 2009. Structure and performance of the service sector in transition economies. Economics of Transition, 17 (03) : 457-501.

Lee D, Wolpin K. 2006.Intersectoral Labor Mobility and the Growth of the Service Sector. Econometrica, (01).

Mattila J M, Tompson W R. 1955. The measurement of the economic base of metroplitan area. Land Economics, 31: 215-228.

Rao S, Sharpe A, Tang J. 2004. Productivity growth in service industries: a Canadian success story. CSLS Research Reports, (01).

Sullivan A M. 2012.Urban Economics. McGraw-Hill Companies,Inc.

附录
指标体系构建过程中的具体说明

附录 A：城镇功能指标的赋值

1. 服务功能指标

（1）服务功能三级指标

利用式（3.1）和式（3.2）计算，获得 2004 ～ 2012 年各区县城镇服务功能三级指标值（表 A-1 ～表 A-9）。

表 A-1　2004 年各区县城镇服务功能三级指标值

区县名称	城镇居民消费支出指标	医疗卫生基础设施指标	医疗技术指标	普通中学在校人数指标	教育支出指标	便民利民服务网点指标
渝中区	0.2732	0.6358	0.5575	0.6400	0.0816	0.1795
大渡口区	0.0503	0.2512	0.2344	0.7011	0.0650	0.0271
江北区	0.1246	0.4247	0.3121	0.4778	0.0652	0.1625
沙坪坝区	0.1180	0.2339	0.1836	0.7818	0.0598	0.0366
九龙坡区	0.1387	0.2570	0.2268	0.6465	0.0442	0.2293
南岸区	0.1297	0.2744	0.2111	0.5761	0.0692	0.1837
北碚区	0.0470	0.2364	0.1383	0.6035	0.0442	0.1422
渝北区	0.0403	0.0636	0.0834	0.6253	0.0566	0.0691
巴南区	0.0349	0.1405	0.1274	0.6233	0.0633	0.0243
涪陵区	0.0360	0.1257	0.1168	0.6510	0.0546	0.9563
长寿区	0.0269	0.1273	0.0928	0.6163	0.0489	0.0551
江津区	0.0292	0.0941	0.0789	0.5713	0.0422	0.0318

续表

区县名称	城镇居民消费支出指标	医疗卫生基础设施指标	医疗技术指标	普通中学在校人数指标	教育支出指标	便民利民服务网点指标
合川区	0.0265	0.0851	0.0684	0.6201	0.0342	0.0607
永川区	0.0406	0.1374	0.1012	0.6076	0.0418	0.0460
南川区	0.0270	0.1115	0.0977	0.6169	0.0454	0.0204
綦江区	0.0269	0.1498	0.1112	0.6004	0.0542	0.0216
大足区	0.0223	0.0886	0.0815	0.7728	0.0419	0.0032
潼南县	0.0196	0.0622	0.0671	0.8227	0.0451	0.0149
铜梁县	0.0273	0.0977	0.0962	0.7354	0.0437	0.0230
荣昌县	0.0234	0.0917	0.0956	0.6332	0.0415	0.0223
璧山县	0.0347	0.1085	0.1102	0.6035	0.0414	0.0542
万州区	0.0286	0.1242	0.1207	0.6944	0.0551	0.0348
梁平县	0.0184	0.0649	0.0614	0.6640	0.0413	0.0436
城口县	0.0129	0.0791	0.0884	0.5223	0.0783	0.2506
丰都县	0.0170	0.0784	0.0668	0.5984	0.0417	0.0127
垫江县	0.0201	0.0661	0.0673	0.8614	0.0422	0.0257
忠县	0.0167	0.0822	0.0826	0.6830	0.0386	0.0324
开县	0.0186	0.0459	0.0631	0.8015	0.0392	0.0340
云阳县	0.0141	0.0574	0.0709	0.6626	0.0311	0.0000
奉节县	0.0130	0.0641	0.0500	0.6893	0.0409	0.0000
巫山县	0.0139	0.0679	0.0508	0.6756	0.0528	0.0389
巫溪县	0.0114	0.0593	0.0756	0.6252	0.0550	0.0000
黔江区	0.0295	0.0953	0.0923	0.6887	0.0660	0.1895
武隆县	0.0244	0.0848	0.0807	0.5858	0.0516	0.0580
石柱县	0.0199	0.0879	0.0921	0.6764	0.0525	0.0075
秀山县	0.0185	0.0582	0.0581	0.6241	0.0432	0.0693
酉阳县	0.0107	0.0556	0.0764	0.6329	0.0595	0.0021
彭水县	0.0209	0.0697	0.0506	0.5982	0.0501	0.0143
秭归县	0.0209	0.0965	0.1069	0.6004	0.0542	0.0000
巴东县	0.0137	0.1071	0.1034	0.7714	0.0800	0.0000

表 A-2　2005 年各区县城镇服务功能三级指标值

区县名称	城镇居民消费支出指标	医疗卫生基础设施指标	医疗技术指标	普通中学在校人数指标	教育支出指标	便民利民服务网点指标
渝中区	0.3072	0.6067	0.5881	0.6553	0.0994	0.2084
大渡口区	0.0572	0.2418	0.2358	0.6897	0.0820	0.1873
江北区	0.1474	0.3898	0.3102	0.4816	0.0777	0.1190
沙坪坝区	0.1363	0.2464	0.1810	0.7842	0.0838	0.0000
九龙坡区	0.1570	0.2663	0.2072	0.6611	0.0486	0.3172
南岸区	0.1472	0.2451	0.2140	0.5869	0.0853	0.2546
北碚区	0.0549	0.2252	0.1433	0.6215	0.0455	0.1336
渝北区	0.0492	0.0706	0.0831	0.6259	0.0713	0.0290
巴南区	0.0413	0.1605	0.1282	0.6323	0.0725	0.0241
涪陵区	0.0413	0.1342	0.1183	0.6785	0.0600	1.0000
长寿区	0.0297	0.1314	0.0947	0.6241	0.0581	0.0547
江津区	0.0341	0.0952	0.0788	0.5767	0.0485	0.0772
合川区	0.0304	0.0786	0.0680	0.5886	0.0415	0.0673
永川区	0.0466	0.1436	0.1022	0.5936	0.0506	0.0745
南川区	0.0350	0.1274	0.0971	0.6277	0.0596	0.0000
綦江区	0.0308	0.1552	0.1121	0.6222	0.0631	0.0159
大足区	0.0254	0.0889	0.0810	0.7771	0.0474	0.0245
潼南县	0.0225	0.0596	0.0693	0.8225	0.0519	0.0153
铜梁县	0.0314	0.0991	0.0962	0.7530	0.0528	0.0230
荣昌县	0.0267	0.0927	0.1017	0.5910	0.0477	0.0221
璧山县	0.0399	0.1200	0.1111	0.6079	0.0472	0.0000
万州区	0.0328	0.1206	0.1287	0.7026	0.0654	0.1806
梁平县	0.0209	0.0712	0.0604	0.6560	0.0517	0.0436
城口县	0.0145	0.0748	0.0938	0.5357	0.0865	0.2980
丰都县	0.0192	0.0780	0.0650	0.5993	0.0459	0.0131
垫江县	0.0227	0.0716	0.0695	0.8183	0.0482	0.0263
忠县	0.0191	0.0851	0.0840	0.6645	0.0644	0.0239
开县	0.0211	0.0487	0.0610	0.8037	0.0506	0.0399
云阳县	0.0161	0.0560	0.0683	0.6810	0.0484	0.0000
奉节县	0.0148	0.0636	0.0501	0.7355	0.0564	0.0000
巫山县	0.0157	0.0623	0.0539	0.6889	0.0790	0.0516
巫溪县	0.0128	0.0604	0.0728	0.7033	0.0788	0.0185
黔江区	0.0332	0.0998	0.0981	0.7071	0.0887	0.2234
武隆县	0.0278	0.0786	0.0818	0.5888	0.0726	0.0010

续表

区县名称	城镇居民消费支出指标	医疗卫生基础设施指标	医疗技术指标	普通中学在校人数指标	教育支出指标	便民利民服务网点指标
石柱县	0.0233	0.0910	0.0921	0.7011	0.0719	0.0000
秀山县	0.0214	0.0555	0.0603	0.6386	0.0663	0.1195
酉阳县	0.0172	0.0516	0.0671	0.6492	0.0624	0.0000
彭水县	0.0222	0.0645	0.0521	0.6017	0.0617	0.0141
秭归县	0.0249	0.1045	0.1106	0.6185	0.0646	0.0000
巴东县	0.0155	0.1073	0.1025	0.7616	0.0964	0.0000

表 A-3 2006 年各区县城镇服务功能三级指标值

区县名称	城镇居民消费支出指标	医疗卫生基础设施指标	医疗技术指标	普通中学在校人数指标	教育支出指标	便民利民服务网点指标
渝中区	0.3435	0.6440	0.6062	0.6664	0.1143	0.4821
大渡口区	0.0662	0.2635	0.2462	0.7066	0.1128	0.1841
江北区	0.1899	0.4161	0.3058	0.5023	0.1494	0.2349
沙坪坝区	0.1604	0.2377	0.1710	0.7782	0.1112	0.0284
九龙坡区	0.1848	0.2567	0.2000	0.6853	0.0764	0.3151
南岸区	0.1713	0.2370	0.2180	0.6008	0.1225	0.2860
北碚区	0.0649	0.2340	0.1521	0.6360	0.0621	0.1727
渝北区	0.0652	0.0801	0.0885	0.6546	0.0831	0.0009
巴南区	0.0489	0.1628	0.1371	0.6344	0.0928	0.0240
涪陵区	0.0477	0.1420	0.1208	0.6997	0.0742	0.3441
长寿区	0.0337	0.1277	0.0964	0.6334	0.0824	0.0544
江津区	0.0392	0.1027	0.0772	0.5755	0.0686	0.0292
合川区	0.0348	0.0839	0.0667	0.5891	0.0600	0.0714
永川区	0.0534	0.1503	0.1017	0.5861	0.0856	0.0811
南川区	0.0401	0.1288	0.0924	0.6200	0.0605	0.0000
綦江区	0.0355	0.1560	0.1111	0.6710	0.0828	0.0105
大足区	0.0291	0.0901	0.0802	0.7901	0.0645	0.0252
潼南县	0.0256	0.0698	0.0757	0.8062	0.0583	0.0000
铜梁县	0.0359	0.0994	0.0944	0.7751	0.0641	0.0228
荣昌县	0.0306	0.0977	0.0955	0.5866	0.0755	0.0000
璧山县	0.0457	0.1290	0.1053	0.6023	0.0712	0.0000
万州区	0.0379	0.1236	0.1296	0.7241	0.0763	0.1797
梁平县	0.0238	0.0748	0.0595	0.6679	0.0583	0.0444

续表

区县名称	城镇居民消费支出指标	医疗卫生基础设施指标	医疗技术指标	普通中学在校人数指标	教育支出指标	便民利民服务网点指标
城口县	0.0163	0.0777	0.0828	0.5347	0.1416	0.3928
丰都县	0.0219	0.0737	0.0613	0.6185	0.0549	0.0000
垫江县	0.0259	0.0714	0.0675	0.7890	0.0703	0.0000
忠县	0.0218	0.0850	0.0822	0.6617	0.0576	0.0249
开县	0.0241	0.0588	0.0612	0.8077	0.0745	0.0000
云阳县	0.0184	0.0773	0.0632	0.7367	0.0682	0.0000
奉节县	0.0168	0.0751	0.0626	0.7892	0.0701	0.0000
巫山县	0.0177	0.0752	0.0570	0.7354	0.0734	0.0000
巫溪县	0.0145	0.0619	0.0704	0.7424	0.1028	0.0183
黔江区	0.0376	0.1264	0.1094	0.7686	0.0971	0.2256
武隆县	0.0315	0.0819	0.0781	0.6147	0.0736	0.0000
石柱县	0.0265	0.0904	0.0991	0.7481	0.0811	0.0000
秀山县	0.0241	0.0645	0.0641	0.6721	0.0811	0.1297
酉阳县	0.0192	0.0531	0.0661	0.6961	0.0879	0.0000
彭水县	0.0246	0.0627	0.0503	0.6239	0.0879	0.0137
秭归县	0.0284	0.1095	0.1145	0.5846	0.0852	0.0000
巴东县	0.0170	0.1182	0.1067	0.7428	0.1122	0.0000

表 A-4　2007 年各区县城镇服务功能三级指标值

区县名称	城镇居民消费支出指标	医疗卫生基础设施指标	医疗技术指标	普通中学在校人数指标	教育支出指标	便民利民服务网点指标
渝中区	0.3957	0.7156	0.6084	0.6413	0.1791	0.4812
大渡口区	0.0770	0.2454	0.2146	0.7638	0.1615	0.1893
江北区	0.2325	0.4145	0.3268	0.5055	0.3009	0.3216
沙坪坝区	0.1879	0.2253	0.1764	0.7740	0.1878	0.0281
九龙坡区	0.2132	0.2916	0.2253	0.7174	0.1148	0.2791
南岸区	0.1996	0.2345	0.2150	0.6166	0.1967	0.6514
北碚区	0.0773	0.2398	0.1910	0.6411	0.1297	0.1191
渝北区	0.1032	0.0833	0.0901	0.6610	0.1306	0.0108
巴南区	0.0575	0.1793	0.1484	0.6374	0.1531	0.0239
涪陵区	0.0560	0.1512	0.1317	0.7330	0.1254	0.1254

续表

区县名称	城镇居民消费支出指标	医疗卫生基础设施指标	医疗技术指标	普通中学在校人数指标	教育支出指标	便民利民服务网点指标
长寿区	0.0391	0.1333	0.1040	0.6297	0.1140	0.0564
江津区	0.0461	0.1231	0.0873	0.5802	0.1011	0.0316
合川区	0.0408	0.1411	0.0814	0.5971	0.0719	0.0795
永川区	0.0626	0.1698	0.1057	0.5746	0.1407	0.1278
南川区	0.0462	0.1294	0.0930	0.6272	0.1094	0.0199
綦江区	0.0411	0.1535	0.1184	0.6971	0.1117	0.0073
大足区	0.0334	0.1000	0.0791	0.7681	0.0926	0.0252
潼南县	0.0295	0.0667	0.0624	0.7962	0.0965	0.0333
铜梁县	0.0417	0.1060	0.0932	0.8024	0.0910	0.0269
荣昌县	0.0355	0.1126	0.0984	0.5836	0.0933	0.0116
璧山县	0.0532	0.1304	0.1013	0.6161	0.1069	0.0012
万州区	0.0445	0.1367	0.1401	0.7269	0.1037	0.0432
梁平县	0.0273	0.0824	0.0672	0.6771	0.0825	0.0437
城口县	0.0187	0.0897	0.0881	0.5377	0.1569	0.4034
丰都县	0.0252	0.0872	0.0621	0.6119	0.0786	0.0212
垫江县	0.0297	0.0783	0.0665	0.7449	0.1002	0.0000
忠县	0.0252	0.0863	0.0795	0.6449	0.0819	0.0282
开县	0.0282	0.0627	0.0590	0.7561	0.1036	0.0073
云阳县	0.0211	0.0860	0.0595	0.7804	0.1088	0.0009
奉节县	0.0193	0.0807	0.0634	0.8154	0.1058	0.0000
巫山县	0.0203	0.0681	0.0663	0.7316	0.1123	0.0238
巫溪县	0.0168	0.0646	0.0744	0.7853	0.1368	0.0000
黔江区	0.0442	0.1315	0.1099	0.8572	0.1723	0.2237
武隆县	0.0364	0.0849	0.0743	0.6343	0.1151	0.0028
石柱县	0.0305	0.0883	0.0993	0.7817	0.1115	0.1543
秀山县	0.0278	0.0730	0.0636	0.7151	0.1295	0.0006
酉阳县	0.0215	0.0587	0.0554	0.7144	0.1336	0.0141
彭水县	0.0281	0.0703	0.0515	0.6754	0.1167	0.0000
秭归县	0.0332	0.1209	0.1201	0.5481	0.1149	0.0000
巴东县	0.0197	0.1134	0.1041	0.7034	0.1277	0.0000

表 A-5 2008 年各区县城镇服务功能三级指标值

区县名称	城镇居民消费支出指标	医疗卫生基础设施指标	医疗技术指标	普通中学在校人数指标	教育支出指标	便民利民服务网点指标
渝中区	0.4763	0.7566	0.7559	0.6074	0.2369	0.3857
大渡口区	0.0967	0.2727	0.2431	0.7968	0.2232	0.4429
江北区	0.3051	0.3662	0.3154	0.6554	0.3478	0.4100
沙坪坝区	0.2331	0.2442	0.1823	0.7461	0.2203	0.1245
九龙坡区	0.2531	0.2954	0.2215	0.7693	0.1447	0.2074
南岸区	0.2460	0.2216	0.2145	0.6732	0.2901	0.5475
北碚区	0.0990	0.2642	0.2217	0.6579	0.1730	0.2721
渝北区	0.1384	0.0921	0.0952	0.6694	0.1595	0.0274
巴南区	0.0794	0.1759	0.1517	0.6331	0.1905	0.0274
涪陵区	0.0716	0.1784	0.1301	0.7603	0.1582	0.1009
长寿区	0.0488	0.1625	0.1135	0.6557	0.1281	0.0798
江津区	0.0577	0.1460	0.0909	0.5855	0.1220	0.0778
合川区	0.0513	0.1061	0.0773	0.6211	0.1071	0.0791
永川区	0.0785	0.1875	0.1230	0.5749	0.1984	0.1270
南川区	0.0576	0.1506	0.0927	0.6671	0.1402	0.0198
綦江区	0.0498	0.1696	0.1230	0.7199	0.1300	0.0199
大足区	0.0413	0.1232	0.0762	0.7546	0.1206	0.0220
潼南县	0.0357	0.0743	0.0629	0.7838	0.1157	0.0331
铜梁县	0.0505	0.1171	0.1100	0.8125	0.1273	0.0267
荣昌县	0.0440	0.1250	0.0996	0.5973	0.1429	0.0116
璧山县	0.0645	0.1468	0.1014	0.6381	0.1464	0.0019
万州区	0.0577	0.1578	0.1432	0.7511	0.1294	0.0433
梁平县	0.0331	0.0898	0.0678	0.6980	0.1152	0.0436
城口县	0.0222	0.1384	0.0929	0.5610	0.1443	0.3591
丰都县	0.0305	0.1099	0.0588	0.6526	0.1039	0.0720
垫江县	0.0358	0.0914	0.0716	0.7500	0.1144	0.0000
忠县	0.0312	0.0977	0.0786	0.6648	0.1081	0.0381
开县	0.0349	0.0816	0.0726	0.7857	0.1218	0.0072
云阳县	0.0254	0.1007	0.0592	0.7938	0.1014	0.0055
奉节县	0.0236	0.0951	0.0560	0.8454	0.1400	0.0000
巫山县	0.0243	0.0840	0.0709	0.7345	0.1398	0.0235
巫溪县	0.0204	0.0788	0.0770	0.7934	0.1364	0.0000
黔江区	0.0547	0.1381	0.1115	0.9578	0.1936	0.3103
武隆县	0.0444	0.1037	0.0858	0.6812	0.1286	0.0047

续表

区县名称	城镇居民消费支出指标	医疗卫生基础设施指标	医疗技术指标	普通中学在校人数指标	教育支出指标	便民利民服务网点指标
石柱县	0.0373	0.0973	0.1055	0.8208	0.1532	0.0224
秀山县	0.0337	0.0752	0.0615	0.7672	0.1700	0.1569
酉阳县	0.0253	0.0739	0.0530	0.7738	0.1381	0.0057
彭水县	0.0339	0.0774	0.0620	0.7451	0.1481	0.0160
秭归县	0.0416	0.1304	0.1233	0.5077	0.1549	0.0000
巴东县	0.0234	0.1374	0.1057	0.7197	0.1665	0.0000

表 A-6　2009 年各区县城镇服务功能三级指标值

区县名称	城镇居民消费支出指标	医疗卫生基础设施指标	医疗技术指标	普通中学在校人数指标	教育支出指标	便民利民服务网点指标
渝中区	0.5709	0.7779	0.7349	0.5688	0.3083	0.3927
大渡口区	0.1132	0.2484	0.2499	0.8031	0.3968	0.4423
江北区	0.3871	0.4413	0.3600	0.8120	0.4553	0.4032
沙坪坝区	0.2562	0.2650	0.2237	0.7382	0.2836	0.1236
九龙坡区	0.3074	0.3204	0.2724	0.7853	0.2148	0.2056
南岸区	0.3175	0.2218	0.2214	0.7172	0.3397	0.9364
北碚区	0.1217	0.2676	0.2190	0.6604	0.2413	0.2298
渝北区	0.2095	0.1885	0.1386	0.6445	0.1997	0.0317
巴南区	0.1100	0.1822	0.1617	0.6093	0.2592	0.0330
涪陵区	0.0870	0.2072	0.1507	0.7577	0.2027	0.0609
长寿区	0.0591	0.1831	0.1258	0.6605	0.1772	0.0796
江津区	0.0682	0.0400	0.0336	0.5503	0.1631	0.1499
合川区	0.0625	0.0356	0.0255	0.6220	0.1351	0.0790
永川区	0.0960	0.0771	0.0366	0.5755	0.2518	0.0000
南川区	0.0694	0.0851	0.0714	0.6780	0.1683	0.0197
綦江区	0.0596	0.2622	0.1632	0.7114	0.1656	0.0200
大足区	0.0487	0.1382	0.0679	0.7337	0.1562	0.0218
潼南县	0.0425	0.1944	0.1506	0.7414	0.1563	0.0355
铜梁县	0.0553	0.2739	0.1784	0.7956	0.1585	0.0266
荣昌县	0.0524	0.1850	0.1339	0.5901	0.1913	0.0116
璧山县	0.0759	0.1292	0.1024	0.6608	0.1680	0.0018
万州区	0.0706	0.1721	0.1660	0.7412	0.1799	0.0872
梁平县	0.0395	0.1221	0.1032	0.7157	0.1330	0.0436

续表

区县名称	城镇居民消费支出指标	医疗卫生基础设施指标	医疗技术指标	普通中学在校人数指标	教育支出指标	便民利民服务网点指标
城口县	0.0260	0.5253	0.2863	0.5859	0.1680	0.3638
丰都县	0.0363	0.1467	0.1073	0.6740	0.1499	0.0818
垫江县	0.0424	0.1014	0.0701	0.7435	0.1554	0.0082
忠县	0.0332	0.0362	0.0232	0.6664	0.1434	0.0376
开县	0.0412	0.0612	0.0363	0.7743	0.1521	0.0072
云阳县	0.0299	0.0837	0.0550	0.8111	0.1313	0.0055
奉节县	0.0277	0.0406	0.0336	0.8211	0.1638	0.0000
巫山县	0.0287	0.1874	0.1295	0.7317	0.1656	0.0306
巫溪县	0.0243	0.3031	0.2248	0.7578	0.1758	0.0000
黔江区	0.0651	0.1627	0.1325	1.0000	0.2752	0.3073
武隆县	0.0528	0.2464	0.1820	0.7094	0.1910	0.0047
石柱县	0.0441	0.2635	0.1812	0.8400	0.1997	0.0222
秀山县	0.0403	0.1672	0.0963	0.7491	0.1898	0.1672
酉阳县	0.0297	0.0644	0.0572	0.8153	0.1867	0.0057
彭水县	0.0396	0.0655	0.0585	0.7991	0.1878	0.0158
秭归县	0.0503	0.1423	0.1323	0.4852	0.1649	0.0000
巴东县	0.0292	0.1885	0.1029	0.7147	0.1736	0.0000

表 A-7 2010 年各区县城镇服务功能三级指标值

区县名称	城镇居民消费支出指标	医疗卫生基础设施指标	医疗技术指标	普通中学在校人数指标	教育支出指标	便民利民服务网点指标
渝中区	0.6907	0.8365	0.7969	0.5766	0.4671	0.1750
大渡口区	0.1278	0.2722	0.2659	0.7973	0.4507	0.4344
江北区	0.4859	0.4288	0.3428	0.8151	0.6414	0.3176
沙坪坝区	0.2909	0.2822	0.2438	0.7012	0.3284	0.0000
九龙坡区	0.3577	0.3298	0.3047	0.7741	0.3542	0.2109
南岸区	0.3903	0.2254	0.2492	0.7371	0.4671	0.9308
北碚区	0.1496	0.2950	0.2861	0.6632	0.2975	0.7284
渝北区	0.2577	0.1884	0.1692	0.6287	0.2525	0.0797
巴南区	0.1395	0.2269	0.1752	0.5776	0.3392	0.0000
涪陵区	0.1048	0.2147	0.1605	0.7276	0.2489	0.8242

续表

区县名称	城镇居民消费支出指标	医疗卫生基础设施指标	医疗技术指标	普通中学在校人数指标	教育支出指标	便民利民服务网点指标
长寿区	0.0706	0.1951	0.1312	0.6315	0.2907	0.0000
江津区	0.0825	0.1729	0.0970	0.5503	0.1944	0.1834
合川区	0.0757	0.1301	0.0991	0.6022	0.1661	0.0134
永川区	0.1144	0.2284	0.1432	0.5601	0.3062	0.1888
南川区	0.0830	0.2150	0.1125	0.6811	0.2161	0.0264
綦江区	0.0699	0.2037	0.1460	0.6990	0.2239	0.0203
大足区	0.0566	0.1499	0.0787	0.6765	0.1784	0.0189
潼南县	0.0492	0.0960	0.0701	0.6819	0.1964	0.0354
铜梁县	0.0643	0.1503	0.1220	0.7453	0.1980	0.0000
荣昌县	0.0609	0.1562	0.1150	0.5825	0.2793	0.0032
璧山县	0.0889	0.1544	0.1218	0.6408	0.2091	0.0006
万州区	0.0859	0.1940	0.1805	0.7374	0.1873	0.0981
梁平县	0.0467	0.1250	0.0893	0.6916	0.1611	0.0085
城口县	0.0306	0.1603	0.0963	0.6068	0.2154	0.0000
丰都县	0.0422	0.1380	0.0835	0.6861	0.1504	0.0695
垫江县	0.0465	0.1550	0.0957	0.7157	0.1676	0.0088
忠县	0.0389	0.1448	0.0915	0.6647	0.1464	0.0353
开县	0.0477	0.1245	0.0817	0.7773	0.1684	0.0092
云阳县	0.0345	0.1285	0.0799	0.8437	0.1588	0.0003
奉节县	0.0322	0.1276	0.0720	0.8198	0.1823	0.0000
巫山县	0.0336	0.0954	0.0822	0.7540	0.1932	0.0311
巫溪县	0.0290	0.0924	0.0888	0.7035	0.1963	0.0036
黔江区	0.0775	0.2349	0.1632	0.9988	0.3332	0.3020
武隆县	0.0623	0.1325	0.0835	0.7081	0.2171	0.0009
石柱县	0.0532	0.1473	0.0994	0.8347	0.2574	0.0279
秀山县	0.0468	0.1001	0.0800	0.7474	0.2582	0.0000
酉阳县	0.0345	0.1054	0.0567	0.8206	0.1870	0.0023
彭水县	0.0467	0.0984	0.0725	0.8342	0.2213	0.0147
秭归县	0.0570	0.1482	0.1371	0.4531	0.2243	0.0000
巴东县	0.0351	0.1608	0.0970	0.6973	0.2424	0.0000

表 A-8　2011 年各区县城镇服务功能三级指标值

区县名称	城镇居民消费支出指标	医疗卫生基础设施指标	医疗技术指标	普通中学在校人数指标	教育支出指标	便民利民服务网点指标
渝中区	0.8425	0.9250	0.9198	0.5656	0.5307	0.2153
大渡口区	0.1514	0.2816	0.2550	0.7902	0.5755	0.4228
江北区	0.5957	0.4672	0.3472	0.8103	0.7362	0.3094
沙坪坝区	0.3546	0.3420	0.2790	0.6943	0.3284	0.0000
九龙坡区	0.4357	0.3789	0.3441	0.7617	0.4932	0.1841
南岸区	0.4794	0.2276	0.2676	0.7248	0.6177	0.9592
北碚区	0.1868	0.3240	0.2944	0.6627	0.3827	0.7293
渝北区	0.3061	0.1916	0.1747	0.6090	0.3446	0.1232
巴南区	0.1778	0.2626	0.1905	0.5453	0.4053	0.0000
涪陵区	0.1283	0.2201	0.1730	0.6767	0.3073	0.8182
长寿区	0.0866	0.2034	0.1402	0.5852	0.2652	0.0000
江津区	0.0994	0.1877	0.1033	0.5301	0.2642	0.1819
合川区	0.0920	0.1318	0.1109	0.5565	0.1955	0.0131
永川区	0.1408	0.2385	0.1464	0.5358	0.3908	0.1878
南川区	0.1005	0.2145	0.1294	0.6646	0.2755	0.0261
綦江区	0.0830	0.2165	0.1621	0.6591	0.2961	0.0197
大足区	0.0664	0.1750	0.0849	0.6125	0.2478	0.0186
潼南县	0.0568	0.1047	0.0839	0.6174	0.2515	0.0000
铜梁县	0.0765	0.1704	0.1374	0.6891	0.2576	0.0000
荣昌县	0.0716	0.1725	0.1326	0.5632	0.2971	0.0032
璧山县	0.1084	0.1687	0.1278	0.6132	0.4307	0.0018
万州区	0.1053	0.2453	0.2004	0.7215	0.2582	0.0974
梁平县	0.0555	0.1311	0.1054	0.6540	0.2326	0.0084
城口县	0.0360	0.1947	0.1077	0.6061	0.2784	0.0000
丰都县	0.0510	0.1567	0.0938	0.6660	0.1716	0.0696
垫江县	0.0550	0.1558	0.1102	0.6787	0.2299	0.0088
忠县	0.0471	0.1483	0.1006	0.6355	0.2008	0.0353
开县	0.0567	0.1416	0.1021	0.7428	0.2092	0.0091
云阳县	0.0413	0.1396	0.0887	0.8034	0.2038	0.0003
奉节县	0.0386	0.1468	0.0887	0.7609	0.3023	0.0000
巫山县	0.0396	0.1069	0.0909	0.7319	0.2578	0.0750
巫溪县	0.0342	0.0991	0.0951	0.6686	0.2701	0.0000
黔江区	0.0934	0.2836	0.1724	0.9724	0.4194	0.2991
武隆县	0.0738	0.1846	0.0999	0.6831	0.2944	0.0009

续表

区县名称	城镇居民消费支出指标	医疗卫生基础设施指标	医疗技术指标	普通中学在校人数指标	教育支出指标	便民利民服务网点指标
石柱县	0.0634	0.1833	0.1158	0.7877	0.3309	0.0276
秀山县	0.0565	0.1124	0.0910	0.7192	0.3155	0.0071
酉阳县	0.0406	0.1282	0.0680	0.7953	0.2762	0.0023
彭水县	0.0552	0.1177	0.0754	0.8222	0.2712	0.0146
秭归县	0.0665	0.1484	0.1462	0.4309	0.2785	0.0000
巴东县	0.0417	0.1709	0.0981	0.6233	0.2329	0.0000

表 A-9　2012 年各区县城镇服务功能三级指标值

区县名称	城镇居民消费支出指标	医疗卫生基础设施指标	医疗技术指标	普通中学在校人数指标	教育支出指标	便民利民服务网点指标
渝中区	1.0000	1.0000	1.0000	0.5585	0.8394	0.2279
大渡口区	0.1692	0.3475	0.2933	0.7690	0.6235	0.4158
江北区	0.6826	0.5318	0.3852	0.8047	1.0000	0.0000
沙坪坝区	0.4035	0.3466	0.3193	0.6854	0.7059	0.0000
九龙坡区	0.4987	0.4862	0.3928	0.7543	0.7514	0.1891
南岸区	0.5556	0.2669	0.2806	0.7024	0.8556	0.9697
北碚区	0.2195	0.3413	0.3025	0.6291	0.5433	0.7366
渝北区	0.3530	0.2205	0.1855	0.6161	0.5851	0.0425
巴南区	0.2098	0.2832	0.2047	0.5232	0.4918	0.0000
涪陵区	0.1513	0.2468	0.1810	0.6287	0.5568	0.8409
长寿区	0.1000	0.2256	0.1458	0.5374	0.4381	0.0128
江津区	0.1151	0.2241	0.1194	0.5228	0.3399	0.0000
合川区	0.1063	0.1486	0.1190	0.5098	0.3547	0.0131
永川区	0.1647	0.2833	0.1705	0.5174	0.4596	0.2068
南川区	0.1170	0.2224	0.1298	0.6110	0.3866	0.0266
綦江区	0.0944	0.2514	0.1697	0.6159	0.4753	0.0016
大足区	0.0764	0.1009	0.0744	0.5524	0.4044	0.0186
潼南县	0.0661	0.1767	0.1320	0.5522	0.3506	0.0000
铜梁县	0.0897	0.2496	0.1198	0.6472	0.3603	0.0000
荣昌县	0.0834	0.1944	0.1484	0.5277	0.3967	0.0028
璧山县	0.1279	0.1853	0.1377	0.5690	0.5349	0.0018
万州区	0.1239	0.2779	0.2182	0.7162	0.4302	0.0971
梁平县	0.0649	0.1572	0.1182	0.6206	0.3463	0.0000

续表

区县名称	城镇居民消费支出指标	医疗卫生基础设施指标	医疗技术指标	普通中学在校人数指标	教育支出指标	便民利民服务网点指标
城口县	0.0405	0.1936	0.1116	0.5973	0.6363	0.0000
丰都县	0.0603	0.1962	0.1030	0.6656	0.3659	0.0701
垫江县	0.0642	0.1693	0.1193	0.6553	0.3370	0.0088
忠县	0.0552	0.1561	0.1104	0.5996	0.3191	0.0176
开县	0.0660	0.1562	0.1123	0.6699	0.3184	0.0091
云阳县	0.0482	0.1513	0.0966	0.7157	0.3272	0.0000
奉节县	0.0440	0.1622	0.1008	0.7209	0.4109	0.0000
巫山县	0.0460	0.1201	0.1000	0.6992	0.4244	0.0745
巫溪县	0.0397	0.1442	0.1053	0.6120	0.4085	0.0000
黔江区	0.1090	0.3131	0.1873	0.9322	0.6954	0.2970
武隆县	0.0863	0.1832	0.1055	0.6186	0.5085	0.0000
石柱县	0.0742	0.2023	0.1268	0.7300	0.5871	0.0254
秀山县	0.0642	0.1369	0.0932	0.6547	0.5314	0.0071
酉阳县	0.0461	0.1298	0.0742	0.7329	0.4446	0.0023
彭水县	0.0636	0.1311	0.0923	0.7853	0.4836	0.0162
秭归县	0.0779	0.1488	0.1646	0.4032	0.3394	0.0000
巴东县	0.0480	0.2238	0.1094	0.0000	0.2382	0.0000

注：重庆市酉阳县、彭水县，以及湖北省秭归县和巴东县一些年份的指标对应因素数据缺失

（2）服务功能二级指标

运用式（3.3），可计算得到城镇服务功能二级指标值（表 A-10）。

表 A-10　2004 ～ 2012 年各区县城镇服务功能二级指标值

区县名称	2004年				2005年			
	消费服务指标	医疗卫生指标	教育文化指标	利民设施指标	消费服务指标	医疗卫生指标	教育文化指标	利民设施指标
渝中区	0.2732	0.6333	0.6296	0.1795	0.3072	0.6061	0.6451	0.2084
大渡口区	0.0503	0.2506	0.6891	0.0271	0.0572	0.2416	0.6783	0.1873
江北区	0.1246	0.4211	0.4701	0.1625	0.1474	0.3872	0.4741	0.1190
沙坪坝区	0.1180	0.2323	0.7681	0.0366	0.1363	0.2443	0.7710	0.0000
九龙坡区	0.1387	0.2561	0.6351	0.2293	0.1570	0.2644	0.6494	0.3172
南岸区	0.1297	0.2723	0.5666	0.1837	0.1472	0.2441	0.5776	0.2546
北碚区	0.0470	0.2332	0.5929	0.1422	0.0549	0.2225	0.6106	0.1336
渝北区	0.0403	0.0827	0.6145	0.0691	0.0492	0.0827	0.6155	0.0290

续表

区县名称	2004年				2005年			
	消费服务指标	医疗卫生指标	教育文化指标	利民设施指标	消费服务指标	医疗卫生指标	教育文化指标	利民设施指标
巴南区	0.0349	0.1401	0.6128	0.0243	0.0413	0.1595	0.6218	0.0241
涪陵区	0.0360	0.1254	0.6397	0.9563	0.0413	0.1337	0.6668	1.0000
长寿区	0.0269	0.1262	0.6055	0.0551	0.0297	0.1302	0.6135	0.0547
江津区	0.0292	0.0936	0.5612	0.0318	0.0341	0.0947	0.5667	0.0772
合川区	0.0265	0.0846	0.6090	0.0607	0.0304	0.0782	0.5782	0.0673
永川区	0.0406	0.1363	0.5969	0.0460	0.0466	0.1423	0.5833	0.0745
南川区	0.0270	0.1110	0.6061	0.0204	0.0350	0.1265	0.6170	0.0000
綦江区	0.0269	0.1485	0.5901	0.0216	0.0308	0.1538	0.6116	0.0159
大足区	0.0223	0.0884	0.7589	0.0032	0.0254	0.0886	0.7632	0.0245
潼南县	0.0196	0.0669	0.8079	0.0149	0.0225	0.0690	0.8079	0.0153
铜梁县	0.0273	0.0976	0.7222	0.0230	0.0314	0.0990	0.7397	0.0230
荣昌县	0.0234	0.0955	0.6220	0.0223	0.0267	0.1014	0.5807	0.0221
璧山县	0.0347	0.1102	0.5928	0.0542	0.0399	0.1197	0.5973	0.0000
万州区	0.0286	0.1241	0.6823	0.0348	0.0328	0.1284	0.6906	0.1806
梁平县	0.0184	0.0647	0.6522	0.0436	0.0209	0.0709	0.6445	0.0436
城口县	0.0129	0.0881	0.5141	0.2506	0.0145	0.0932	0.5274	0.2980
丰都县	0.0170	0.0781	0.5878	0.0127	0.0192	0.0776	0.5888	0.0131
垫江县	0.0201	0.0672	0.8457	0.0257	0.0227	0.0715	0.8036	0.0263
忠县	0.0167	0.0826	0.6707	0.0324	0.0191	0.0850	0.6532	0.0239
开县	0.0186	0.0625	0.7869	0.0340	0.0211	0.0606	0.7894	0.0399
云阳县	0.0141	0.0705	0.6505	0.0000	0.0161	0.0679	0.6690	0.0000
奉节县	0.0130	0.0637	0.6770	0.0000	0.0148	0.0631	0.7226	0.0000
巫山县	0.0139	0.0674	0.6638	0.0389	0.0157	0.0620	0.6775	0.0516
巫溪县	0.0114	0.0751	0.6144	0.0000	0.0128	0.0724	0.6916	0.0185
黔江区	0.0295	0.0952	0.6770	0.1895	0.0332	0.0997	0.6956	0.2234
武隆县	0.0244	0.0846	0.5757	0.0580	0.0278	0.0817	0.5792	0.0010
石柱县	0.0199	0.0920	0.6646	0.0075	0.0233	0.0921	0.6893	0.0000
秀山县	0.0185	0.0582	0.6131	0.0693	0.0214	0.0601	0.6278	0.1195
酉阳县	0.0107	0.0757	0.6221	0.0021	0.0172	0.0666	0.6381	0.0000
彭水县	0.0209	0.0691	0.5878	0.0143	0.0222	0.0641	0.5916	0.0141
秭归县	0.0209	0.1065	0.5901	0.0000	0.0249	0.1104	0.6081	0.0000
巴东县	0.0137	0.1070	0.7584	0.0000	0.0155	0.1072	0.7492	0.0000

续表

区县名称	2006年				2007年			
	消费服务指标	医疗卫生指标	教育文化指标	利民设施指标	消费服务指标	医疗卫生指标	教育文化指标	利民设施指标
渝中区	0.3435	0.6428	0.6562	0.4821	0.3957	0.7121	0.6332	0.4812
大渡口区	0.0662	0.2630	0.6956	0.1841	0.0770	0.2444	0.7529	0.1893
江北区	0.1899	0.4125	0.4962	0.2349	0.2325	0.4116	0.5029	0.3216
沙坪坝区	0.1604	0.2355	0.7659	0.0284	0.1879	0.2237	0.7636	0.0281
九龙坡区	0.1848	0.2549	0.6739	0.3151	0.2132	0.2894	0.7063	0.2791
南岸区	0.1713	0.2363	0.5921	0.2860	0.1996	0.2339	0.6094	0.6514
北碚区	0.0649	0.2314	0.6252	0.1727	0.0773	0.2382	0.6318	0.1191
渝北区	0.0652	0.0882	0.6439	0.0009	0.1032	0.0899	0.6513	0.0108
巴南区	0.0489	0.1620	0.6243	0.0240	0.0575	0.1783	0.6288	0.0239
涪陵区	0.0477	0.1414	0.6880	0.3441	0.0560	0.1506	0.7218	0.1254
长寿区	0.0337	0.1267	0.6232	0.0544	0.0391	0.1323	0.6203	0.0564
江津区	0.0392	0.1019	0.5660	0.0292	0.0461	0.1220	0.5714	0.0316
合川区	0.0348	0.0834	0.5791	0.0714	0.0408	0.1391	0.5873	0.0795
永川区	0.0534	0.1487	0.5768	0.0811	0.0626	0.1677	0.5669	0.1278
南川区	0.0401	0.1276	0.6094	0.0000	0.0462	0.1282	0.6177	0.0199
綦江区	0.0355	0.1546	0.6600	0.0105	0.0411	0.1524	0.6863	0.0073
大足区	0.0291	0.0898	0.7763	0.0252	0.0334	0.0993	0.7555	0.0252
潼南县	0.0256	0.0755	0.7921	0.0000	0.0295	0.0665	0.7831	0.0333
铜梁县	0.0359	0.0993	0.7617	0.0228	0.0417	0.1056	0.7891	0.0269
荣昌县	0.0306	0.0977	0.5771	0.0000	0.0355	0.1121	0.5746	0.0116
璧山县	0.0457	0.1282	0.5924	0.0000	0.0532	0.1295	0.6068	0.0012
万州区	0.0379	0.1294	0.7120	0.1797	0.0445	0.1400	0.7154	0.0432
梁平县	0.0238	0.0743	0.6563	0.0444	0.0273	0.0819	0.6660	0.0437
城口县	0.0163	0.0826	0.5277	0.3928	0.0187	0.0897	0.5311	0.4034
丰都县	0.0219	0.0733	0.6078	0.0000	0.0252	0.0864	0.6019	0.0212
垫江县	0.0259	0.0713	0.7755	0.0000	0.0297	0.0779	0.7329	0.0000
忠县	0.0218	0.0849	0.6503	0.0249	0.0252	0.0861	0.6344	0.0282
开县	0.0241	0.0611	0.7939	0.0000	0.0282	0.0626	0.7439	0.0073
云阳县	0.0184	0.0769	0.7241	0.0000	0.0211	0.0851	0.7679	0.0009
奉节县	0.0168	0.0747	0.7756	0.0000	0.0193	0.0802	0.8022	0.0000
巫山县	0.0177	0.0746	0.7229	0.0000	0.0203	0.0680	0.7202	0.0238
巫溪县	0.0145	0.0701	0.7305	0.0183	0.0168	0.0741	0.7734	0.0000
黔江区	0.0376	0.1258	0.7560	0.2256	0.0442	0.1308	0.8448	0.2237

续表

区县名称	2006年				2007年			
	消费服务指标	医疗卫生指标	教育文化指标	利民设施指标	消费服务指标	医疗卫生指标	教育文化指标	利民设施指标
武隆县	0.0315	0.0817	0.6046	0.0000	0.0364	0.0845	0.6248	0.0028
石柱县	0.0265	0.0988	0.7356	0.0000	0.0305	0.0990	0.7692	0.1543
秀山县	0.0241	0.0645	0.6611	0.1297	0.0278	0.0727	0.7044	0.0006
酉阳县	0.0192	0.0657	0.6847	0.0000	0.0215	0.0586	0.7038	0.0141
彭水县	0.0246	0.0623	0.6140	0.0137	0.0281	0.0697	0.6651	0.0000
秭归县	0.0284	0.1143	0.5753	0.0000	0.0332	0.1209	0.5402	0.0000
巴东县	0.0170	0.1178	0.7311	0.0000	0.0197	0.1131	0.6929	0.0000

区县名称	2008年				2009年			
	消费服务指标	医疗卫生指标	教育文化指标	利民设施指标	消费服务指标	医疗卫生指标	教育文化指标	利民设施指标
渝中区	0.4763	0.7566	0.6013	0.3857	0.5709	0.7765	0.5652	0.3927
大渡口区	0.0967	0.2717	0.7867	0.4429	0.1132	0.2498	0.7971	0.4423
江北区	0.3051	0.3645	0.6511	0.4100	0.3871	0.4386	0.8072	0.4032
沙坪坝区	0.2331	0.2422	0.7369	0.1245	0.2562	0.2636	0.7308	0.1236
九龙坡区	0.2531	0.2930	0.7579	0.2074	0.3074	0.3189	0.7753	0.2056
南岸区	0.2460	0.2213	0.6672	0.5475	0.3175	0.2218	0.7115	0.9364
北碚区	0.0990	0.2629	0.6493	0.2721	0.1217	0.2660	0.6534	0.2298
渝北区	0.1384	0.0951	0.6603	0.0274	0.2095	0.1869	0.6369	0.0317
巴南区	0.0794	0.1751	0.6254	0.0274	0.1100	0.1815	0.6038	0.0330
涪陵区	0.0716	0.1769	0.7494	0.1009	0.0870	0.2054	0.7479	0.0609
长寿区	0.0488	0.1610	0.6461	0.0798	0.0591	0.1812	0.6520	0.0796
江津区	0.0577	0.1442	0.5771	0.0778	0.0682	0.0398	0.5436	0.1499
合川区	0.0513	0.1051	0.6116	0.0791	0.0625	0.0352	0.6133	0.0790
永川区	0.0785	0.1854	0.5686	0.1270	0.0960	0.0758	0.5704	0.0000
南川区	0.0576	0.1488	0.6576	0.0198	0.0694	0.0846	0.6689	0.0197
綦江区	0.0498	0.1680	0.7091	0.0199	0.0596	0.2590	0.7016	0.0200
大足区	0.0413	0.1217	0.7429	0.0220	0.0487	0.1359	0.7232	0.0218
潼南县	0.0357	0.0740	0.7714	0.0331	0.0425	0.1930	0.7308	0.0355
铜梁县	0.0505	0.1169	0.7999	0.0267	0.0553	0.2708	0.7840	0.0266
荣昌县	0.0440	0.1241	0.5892	0.0116	0.0524	0.1834	0.5832	0.0116
璧山县	0.0645	0.1453	0.6293	0.0019	0.0759	0.1283	0.6521	0.0018
万州区	0.0577	0.1574	0.7397	0.0433	0.0706	0.1719	0.7312	0.0872
梁平县	0.0331	0.0891	0.6873	0.0436	0.0395	0.1215	0.7051	0.0436
城口县	0.0222	0.1369	0.5536	0.3591	0.0260	0.5176	0.5787	0.3638

续表

区县名称	2008年				2009年			
	消费服务指标	医疗卫生指标	教育文化指标	利民设施指标	消费服务指标	医疗卫生指标	教育文化指标	利民设施指标
丰都县	0.0305	0.1082	0.6425	0.0720	0.0363	0.1454	0.6646	0.0818
垫江县	0.0358	0.0908	0.7383	0.0000	0.0424	0.1004	0.7329	0.0082
忠县	0.0312	0.0971	0.6545	0.0381	0.0332	0.0358	0.6569	0.0376
开县	0.0349	0.0813	0.7734	0.0072	0.0412	0.0604	0.7630	0.0072
云阳县	0.0254	0.0994	0.7809	0.0055	0.0299	0.0828	0.7985	0.0055
奉节县	0.0236	0.0939	0.8324	0.0000	0.0277	0.0404	0.8092	0.0000
巫山县	0.0243	0.0836	0.7237	0.0235	0.0287	0.1856	0.7216	0.0306
巫溪县	0.0204	0.0787	0.7813	0.0000	0.0243	0.3005	0.7474	0.0000
黔江区	0.0547	0.1372	0.9439	0.3103	0.0651	0.1618	0.9873	0.3073
武隆县	0.0444	0.1031	0.6711	0.0047	0.0528	0.2443	0.7003	0.0047
石柱县	0.0373	0.1053	0.8086	0.0224	0.0441	0.2608	0.8286	0.0222
秀山县	0.0337	0.0748	0.7565	0.1569	0.0403	0.1649	0.7392	0.1672
酉阳县	0.0253	0.0733	0.7621	0.0057	0.0297	0.0641	0.8041	0.0057
彭水县	0.0339	0.0769	0.7343	0.0160	0.0396	0.0653	0.7882	0.0158
秭归县	0.0416	0.1302	0.5016	0.0000	0.0503	0.1420	0.4798	0.0000
巴东县	0.0234	0.1363	0.7098	0.0000	0.0292	0.1857	0.7051	0.0000

区县名称	2010年				2011年			
	消费服务指标	医疗卫生指标	教育文化指标	利民设施指标	消费服务指标	医疗卫生指标	教育文化指标	利民设施指标
渝中区	0.6907	0.8352	0.5766	0.1750	0.8425	0.9248	0.5674	0.2153
大渡口区	0.1278	0.2720	0.7927	0.4344	0.1514	0.2808	0.7887	0.4228
江北区	0.4859	0.4260	0.8148	0.3176	0.5957	0.4634	0.8123	0.3094
沙坪坝区	0.2909	0.2809	0.6955	0.0000	0.3546	0.3400	0.6888	0.0000
九龙坡区	0.3577	0.3290	0.7676	0.2109	0.4357	0.3778	0.7588	0.1841
南岸区	0.3903	0.2485	0.7341	0.9308	0.4794	0.2663	0.7257	0.9592
北碚区	0.1496	0.2947	0.6576	0.7284	0.1868	0.3230	0.6590	0.7293
渝北区	0.2577	0.1878	0.6227	0.0797	0.3061	0.1911	0.6055	0.1232
巴南区	0.1395	0.2252	0.5746	0.0000	0.1778	0.2603	0.5445	0.0000
涪陵区	0.1048	0.2130	0.7195	0.8242	0.1283	0.2185	0.6710	0.8182
长寿区	0.0706	0.1931	0.6263	0.0000	0.0866	0.2014	0.5803	0.0000
江津区	0.0825	0.1704	0.5444	0.1834	0.0994	0.1850	0.5262	0.1819

续表

区县名称	2010年				2011年			
	消费服务指标	医疗卫生指标	教育文化指标	利民设施指标	消费服务指标	医疗卫生指标	教育文化指标	利民设施指标
合川区	0.0757	0.1291	0.5945	0.0134	0.0920	0.1311	0.5505	0.0131
永川区	0.1144	0.2257	0.5566	0.1888	0.1408	0.2355	0.5348	0.1878
南川区	0.0830	0.2116	0.6731	0.0264	0.1005	0.2118	0.6583	0.0261
綦江区	0.0699	0.2018	0.6909	0.0203	0.0830	0.2147	0.6535	0.0197
大足区	0.0566	0.1476	0.6677	0.0189	0.0664	0.1721	0.6067	0.0186
潼南县	0.0492	0.0952	0.6735	0.0354	0.0568	0.1041	0.6115	0.0000
铜梁县	0.0643	0.1494	0.7356	0.0000	0.0765	0.1694	0.6820	0.0000
荣昌县	0.0609	0.1549	0.5779	0.0032	0.0716	0.1712	0.5595	0.0032
璧山县	0.0889	0.1534	0.6334	0.0006	0.1084	0.1673	0.6117	0.0018
万州区	0.0859	0.1935	0.7277	0.0981	0.1053	0.2439	0.7137	0.0974
梁平县	0.0467	0.1238	0.6821	0.0085	0.0555	0.1302	0.6469	0.0084
城口县	0.0306	0.1582	0.6002	0.0000	0.0360	0.1919	0.6011	0.0000
丰都县	0.0422	0.1362	0.6764	0.0695	0.0510	0.1547	0.6573	0.0696
垫江县	0.0465	0.1530	0.7058	0.0088	0.0550	0.1543	0.6711	0.0088
忠县	0.0389	0.1431	0.6554	0.0353	0.0471	0.1468	0.6281	0.0353
开县	0.0477	0.1231	0.7663	0.0092	0.0567	0.1404	0.7335	0.0091
云阳县	0.0345	0.1269	0.8312	0.0003	0.0413	0.1380	0.7928	0.0003
奉节县	0.0322	0.1258	0.8084	0.0000	0.0386	0.1449	0.7535	0.0000
巫山县	0.0336	0.0950	0.7440	0.0311	0.0396	0.1064	0.7239	0.0750
巫溪县	0.0290	0.0923	0.6946	0.0036	0.0342	0.0990	0.6621	0.0000
黔江区	0.0775	0.2325	0.9875	0.3020	0.0934	0.2800	0.9637	0.2991
武隆县	0.0623	0.1309	0.6996	0.0009	0.0738	0.1819	0.6769	0.0009
石柱县	0.0532	0.1457	0.8248	0.0279	0.0634	0.1811	0.7804	0.0276
秀山县	0.0468	0.0995	0.7391	0.0000	0.0565	0.1118	0.7128	0.0071
酉阳县	0.0345	0.1038	0.8093	0.0023	0.0406	0.1263	0.7865	0.0023
彭水县	0.0467	0.0976	0.8233	0.0147	0.0552	0.1163	0.8128	0.0146
秭归县	0.0570	0.1479	0.4498	0.0000	0.0665	0.1484	0.4292	0.0000
巴东县	0.0351	0.1588	0.6896	0.0000	0.0417	0.1685	0.6169	0.0000

续表

区县名称	2012年			
	消费服务指标	医疗卫生指标	教育文化指标	利民设施指标
渝中区	1.0000	1.0000	0.8366	0.2279
大渡口区	0.1692	0.3457	0.7691	0.4158
江北区	0.6826	0.5270	1.0000	0.0000
沙坪坝区	0.4035	0.3457	0.7087	0.0000
九龙坡区	0.4987	0.4832	0.7577	0.1891
南岸区	0.5556	0.2802	0.8560	0.9697
北碚区	0.2195	0.3401	0.6300	0.7366
渝北区	0.3530	0.2194	0.6183	0.0425
巴南区	0.2098	0.2806	0.5249	0.0000
涪陵区	0.1513	0.2447	0.6300	0.8409
长寿区	0.1000	0.2230	0.5375	0.0128
江津区	0.1151	0.2208	0.5209	0.0000
合川区	0.1063	0.1477	0.5085	0.0131
永川区	0.1647	0.2796	0.5184	0.2068
南川区	0.1170	0.2194	0.6084	0.0266
綦江区	0.0944	0.2488	0.6154	0.0016
大足区	0.0764	0.1000	0.5514	0.0186
潼南县	0.0661	0.1753	0.5500	0.0000
铜梁县	0.0897	0.2454	0.6434	0.0000
荣昌县	0.0834	0.1929	0.5270	0.0028
璧山县	0.1279	0.1837	0.5708	0.0018
万州区	0.1239	0.2760	0.7127	0.0971
梁平县	0.0649	0.1559	0.6169	0.0000
城口县	0.0405	0.1909	0.6383	0.0000
丰都县	0.0603	0.1932	0.6615	0.0701
垫江县	0.0642	0.1677	0.6507	0.0088
忠县	0.0552	0.1547	0.5957	0.0176
开县	0.0660	0.1548	0.6646	0.0091
云阳县	0.0482	0.1495	0.7097	0.0000
奉节县	0.0440	0.1602	0.7169	0.0000
巫山县	0.0460	0.1195	0.6959	0.0745
巫溪县	0.0397	0.1430	0.6100	0.0000
黔江区	0.1090	0.3090	0.9308	0.2970
武隆县	0.0863	0.1807	0.6188	0.0000

续表

区县名称	2012年			
	消费服务指标	医疗卫生指标	教育文化指标	利民设施指标
石柱县	0.0742	0.1999	0.7300	0.0254
秀山县	0.0642	0.1355	0.6548	0.0071
酉阳县	0.0461	0.1280	0.7294	0.0023
彭水县	0.0636	0.1299	0.7818	0.0162
秭归县	0.0779	0.1641	0.4036	0.0000
巴东县	0.0480	0.2201	0.2336	0.0000

（3）城镇服务功能一级指标

运用 Eviews 软件求取各指标之间的相关系数矩阵，然后利用式（3.4）得到指标权重。相关系数及权重如表 A-11。

表 A-11　2004 ～ 2012 年城镇服务功能相关系数及相关系数总和与指标权重

年份	指标	消费服务指标	医疗卫生指标	教育文化指标	利民设施指标	相关系数总和	权重
2004	消费服务指标	0	0.9410	–0.1459	0.2341	1.0292	0.6108
	医疗卫生指标	0.9410	0	–0.2360	0.2227	0.9277	0.5506
	教育文化指标	–0.1459	–0.2360	0	–0.1735	–0.5554	–0.3296
	利民设施指标	0.2341	0.2227	–0.1735	0	0.2834	0.1682
2005	消费服务指标	0	0.9451	–0.1485	0.2462	1.0428	0.5322
	医疗卫生指标	0.9451	0	–0.2169	0.2538	0.9820	0.5012
	教育文化指标	–0.1485	–0.2169	0	–0.1000	–0.4654	–0.2375
	利民设施指标	0.2462	0.2538	–0.1000	0	0.4001	0.2042
2006	消费服务指标	0	0.9342	–0.1758	0.6597	1.4181	0.4329
	医疗卫生指标	0.9342	0	–0.2154	0.6753	1.3942	0.4256
	教育文化指标	–0.1758	–0.2154	0	–0.2402	–0.6313	–0.1927
	利民设施指标	0.6597	0.6753	–0.2402	0	1.0948	0.3342
2007	消费服务指标	0	0.9303	–0.1980	0.6948	1.4271	0.4477
	医疗卫生指标	0.9303	0	–0.2459	0.6572	1.3417	0.4209
	教育文化指标	–0.1980	–0.2459	0	–0.2447	–0.6886	–0.2160
	利民设施指标	0.6948	0.6572	–0.2447	0	1.1073	0.3474
2008	消费服务指标	0	0.9024	–0.1763	0.6427	1.3689	0.4028
	医疗卫生指标	0.9024	0	–0.2323	0.6286	1.2988	0.3822
	教育文化指标	–0.1763	–0.2323	0	–0.0659	–0.4745	–0.1396
	利民设施指标	0.6427	0.6286	–0.0659	0	1.2054	0.3547

续表

年份	指标	消费服务指标	医疗卫生指标	教育文化指标	利民设施指标	相关系数总和	权重
2009	消费服务指标	0	0.6889	–0.0936	0.6100	1.2052	0.3636
	医疗卫生指标	0.6889	0	–0.0964	0.4723	1.0648	0.3212
	教育文化指标	–0.0936	–0.0964	0	0.0764	–0.1137	–0.0343
	利民设施指标	0.6100	0.4723	0.0764	0	1.1586	0.3495
2010	消费服务指标	0	0.8981	–0.0552	0.4029	1.2458	0.3819
	医疗卫生指标	0.8981	0	–0.1050	0.3416	1.1348	0.3479
	教育文化指标	–0.0552	–0.1050	0	0.1485	–0.0117	–0.0036
	利民设施指标	0.4029	0.3416	0.1485	0	0.8930	0.2738
2011	消费服务指标	0	0.8950	0.0272	0.4243	1.3466	0.3589
	医疗卫生指标	0.8950	0	0.0035	0.3312	1.2298	0.3278
	教育文化指标	0.0272	0.0035	0	0.1945	0.2252	0.0600
	利民设施指标	0.4243	0.3312	0.1945	0	0.9500	0.2532
2012	消费服务指标	0	0.8968	0.4975	0.3374	1.7317	0.3177
	医疗卫生指标	0.8968	0	0.4296	0.2737	1.6002	0.2936
	教育文化指标	0.4975	0.4296	0	0.2901	1.2172	0.2233
	利民设施指标	0.3374	0.2737	0.2901	0	0.9012	0.1653

根据权重，运用公式 $\eta_y=\alpha_{1t}^*$ 消费服务指标 $_t$+ α_{2t}^* 医疗卫生指标 +α_{4t}^* 教育文化指标 +α_{4t}^* 利民设施指标得到城镇服务功能的合成指标。

2. 集聚功能指标

（1）集聚功能三级指标

利用式(3.1)和式(3.2)，可得到如下城镇集聚功能三级指标(表 A-12 ～表 A-20)。

表 A-12　2004 年各区县城镇集聚功能的 8 个三级指标值表

区县	第二产业集聚指标	第三产业集聚指标	公路客运指标	公路货运指标	城镇化指标	就业指标	城镇工资指标	社会保障指标
渝中区	0.111	0.182	0.025	0.059	1.000	1.000	0.305	0.101
大渡口区	0.413	0.037	0.273	0.415	1.000	0.837	0.309	0.103
江北区	0.250	0.047	0.086	0.050	1.000	0.884	0.275	0.152
沙坪坝区	0.208	0.059	0.085	0.046	1.000	0.866	0.285	0.164
九龙坡区	0.287	0.066	0.172	0.102	1.000	0.864	0.247	0.099
南岸区	0.231	0.042	0.428	0.090	1.000	0.844	0.261	0.132

续表

区县	第二产业集聚指标	第三产业集聚指标	公路客运指标	公路货运指标	城镇化指标	就业指标	城镇工资指标	社会保障指标
北碚区	0.128	0.038	0.117	0.068	0.636	0.623	0.240	0.063
渝北区	0.131	0.024	0.055	0.096	0.545	0.599	0.259	0.009
巴南区	0.093	0.020	0.332	0.049	0.594	0.623	0.203	0.069
涪陵区	0.104	0.026	0.122	0.030	0.475	0.481	0.205	0.024
长寿区	0.085	0.022	0.114	0.044	0.421	0.448	0.226	0.031
江津区	0.068	0.027	0.180	0.021	0.470	0.621	0.199	0.020
合川区	0.065	0.024	0.103	0.025	0.440	0.503	0.179	0.016
永川区	0.068	0.028	0.267	0.031	0.478	0.658	0.206	0.024
南川区	0.076	0.018	0.185	0.013	0.383	0.488	0.164	0.018
綦江区	0.064	0.019	0.106	0.038	0.477	0.571	0.191	0.036
大足区	0.063	0.020	0.249	0.041	0.570	0.513	0.229	0.013
潼南县	0.032	0.020	0.060	0.014	0.221	0.319	0.194	0.017
铜梁县	0.069	0.023	0.095	0.010	0.298	0.604	0.164	0.010
荣昌县	0.044	0.016	0.156	0.010	0.298	0.394	0.172	0.019
璧山县	0.103	0.023	0.261	0.044	0.311	0.708	0.211	0.010
万州区	0.062	0.018	0.271	0.026	0.445	0.603	0.176	0.033
梁平县	0.040	0.012	0.110	0.031	0.256	0.594	0.190	0.008
城口县	0.027	0.008	0.040	0.012	0.146	0.506	0.177	0.012
丰都县	0.031	0.012	0.191	0.021	0.226	0.261	0.184	0.009
垫江县	0.042	0.013	0.149	0.065	0.246	0.365	0.199	0.009
忠县	0.022	0.012	0.091	0.005	0.230	0.501	0.185	0.009
开县	0.028	0.011	0.068	0.024	0.254	0.427	0.173	0.012
云阳县	0.022	0.006	0.080	0.007	0.225	0.431	0.168	0.006
奉节县	0.016	0.012	0.023	0.007	0.223	0.323	0.174	0.015
巫山县	0.014	0.012	0.052	0.029	0.197	0.282	0.173	0.008
巫溪县	0.012	0.006	0.053	0.014	0.143	0.219	0.157	0.008
黔江区	0.055	0.013	0.238	0.028	0.264	0.285	0.244	0.016
武隆县	0.051	0.017	0.075	0.028	0.241	0.414	0.152	0.024
石柱县	0.026	0.011	0.064	0.014	0.172	0.285	0.175	0.012
秀山县	0.030	0.009	0.066	0.013	0.173	0.336	0.181	0.009
酉阳县	0.011	0.006	0.064	0.013	0.143	0.344	0.173	0.007
彭水县	0.024	0.009	0.111	0.007	0.153	0.214	0.189	0.009
秭归县	0.021	0.022	0.165	0.035	0.179	0.313	0.115	0.000
巴东县	0.010	0.012	0.000	0.000	0.114	0.392	0.173	0.000

表 A-13　2005 年各区县城镇集聚功能的 8 个三级指标值表

区县	第二产业集聚指标	第三产业集聚指标	公路客运指标	公路货运指标	城镇化指标	就业指标	城镇工资指标	社会保障指标
渝中区	0.090	0.272	0.028	0.055	1.000	0.880	0.349	0.022
大渡口区	0.489	0.048	0.207	0.404	1.000	0.893	0.336	0.062
江北区	0.280	0.094	0.162	0.073	1.000	0.885	0.330	0.031
沙坪坝区	0.222	0.076	0.117	0.055	1.000	0.880	0.317	0.086
九龙坡区	0.333	0.126	0.164	0.125	1.000	0.859	0.288	0.016
南岸区	0.244	0.062	0.447	0.158	1.000	0.636	0.307	0.029
北碚区	0.127	0.037	0.149	0.073	0.657	0.627	0.286	0.018
渝北区	0.149	0.058	0.127	0.120	0.590	0.640	0.299	0.011
巴南区	0.113	0.028	0.398	0.041	0.629	0.520	0.246	0.023
涪陵区	0.120	0.035	0.120	0.032	0.490	0.289	0.237	0.013
长寿区	0.098	0.024	0.219	0.039	0.437	0.503	0.270	0.012
江津区	0.074	0.025	0.191	0.020	0.487	0.513	0.220	0.009
合川区	0.065	0.027	0.103	0.024	0.457	0.660	0.204	0.007
永川区	0.079	0.035	0.314	0.045	0.495	0.490	0.223	0.009
南川区	0.087	0.023	0.173	0.017	0.399	0.381	0.190	0.012
綦江区	0.064	0.025	0.106	0.083	0.494	0.332	0.226	0.014
大足区	0.070	0.021	0.288	0.041	0.586	0.499	0.243	0.009
潼南县	0.039	0.022	0.060	0.014	0.238	0.619	0.211	0.006
铜梁县	0.079	0.024	0.102	0.010	0.315	0.497	0.179	0.007
荣昌县	0.054	0.019	0.158	0.011	0.315	0.708	0.198	0.004
璧山县	0.119	0.026	0.288	0.043	0.328	0.631	0.237	0.008
万州区	0.064	0.027	0.305	0.026	0.460	0.538	0.217	0.008
梁平县	0.050	0.012	0.108	0.024	0.272	0.506	0.214	0.005
城口县	0.034	0.012	0.040	0.013	0.161	0.265	0.190	0.009
丰都县	0.030	0.015	0.197	0.020	0.241	0.326	0.197	0.008
垫江县	0.054	0.012	0.148	0.048	0.261	0.455	0.216	0.006
忠县	0.026	0.014	0.108	0.007	0.245	0.458	0.210	0.006
开县	0.036	0.012	0.066	0.021	0.272	0.433	0.203	0.004
云阳县	0.022	0.009	0.090	0.009	0.240	0.326	0.186	0.006
奉节县	0.031	0.013	0.021	0.006	0.238	0.287	0.193	0.006
巫山县	0.014	0.012	0.050	0.028	0.212	0.214	0.194	0.006
巫溪县	0.010	0.009	0.058	0.015	0.158	0.311	0.186	0.006
黔江区	0.059	0.022	0.285	0.038	0.279	0.571	0.280	0.010

续表

区县	第二产业集聚指标	第三产业集聚指标	公路客运指标	公路货运指标	城镇化指标	就业指标	城镇工资指标	社会保障指标
武隆县	0.062	0.020	0.089	0.027	0.256	0.511	0.177	0.017
石柱县	0.031	0.015	0.061	0.014	0.187	0.329	0.212	0.006
秀山县	0.034	0.012	0.064	0.007	0.189	0.175	0.223	0.005
酉阳县	0.012	0.008	0.073	0.016	0.158	0.188	0.191	0.005
彭水县	0.029	0.013	0.111	0.007	0.170	0.215	0.208	0.005
秭归县	0.024	0.025	0.169	0.037	0.160	0.327	0.120	0.000
巴东县	0.011	0.014	0.000	0.000	0.090	0.396	0.200	0.000

表 A-14　2006 年各区县城镇集聚功能的 8 个三级指标值表

区县	第二产业集聚指标	第三产业集聚指标	公路客运指标	公路货运指标	城镇化指标	就业指标	城镇工资指标	社会保障指标
渝中区	0.074	0.281	0.043	0.054	1.000	1.000	0.396	0.036
大渡口区	0.531	0.054	0.201	0.404	1.000	0.895	0.381	0.070
江北区	0.277	0.118	0.461	0.117	1.000	0.907	0.380	0.069
沙坪坝区	0.257	0.092	0.164	0.068	1.000	0.897	0.377	0.112
九龙坡区	0.394	0.144	0.207	0.070	1.000	0.894	0.337	0.023
南岸区	0.265	0.070	0.463	0.182	1.000	0.864	0.366	0.042
北碚区	0.149	0.041	0.221	0.074	0.672	0.639	0.327	0.026
渝北区	0.211	0.061	0.184	0.075	0.614	0.651	0.346	0.014
巴南区	0.140	0.031	0.504	0.051	0.649	0.649	0.296	0.032
涪陵区	0.140	0.039	0.123	0.031	0.504	0.604	0.258	0.022
长寿区	0.121	0.027	0.406	0.051	0.451	0.574	0.328	0.024
江津区	0.086	0.029	0.210	0.026	0.502	0.638	0.247	0.015
合川区	0.076	0.030	0.115	0.030	0.472	0.604	0.242	0.009
永川区	0.091	0.041	0.392	0.078	0.510	0.664	0.251	0.014
南川区	0.102	0.026	0.155	0.017	0.414	0.488	0.227	0.014
綦江区	0.074	0.027	0.117	0.141	0.509	0.588	0.262	0.019
大足区	0.079	0.023	0.332	0.046	0.602	0.510	0.278	0.020
潼南县	0.041	0.023	0.061	0.015	0.253	0.559	0.236	0.008
铜梁县	0.090	0.020	0.132	0.011	0.330	0.535	0.235	0.009
荣昌县	0.067	0.021	0.174	0.011	0.330	0.403	0.236	0.009

续表

区县	第二产业集聚指标	第三产业集聚指标	公路客运指标	公路货运指标	城镇化指标	就业指标	城镇工资指标	社会保障指标
璧山县	0.141	0.029	0.381	0.051	0.343	0.710	0.261	0.012
万州区	0.069	0.032	0.305	0.028	0.475	0.535	0.262	0.014
梁平县	0.053	0.014	0.114	0.023	0.286	0.336	0.240	0.009
城口县	0.036	0.013	0.040	0.016	0.175	0.519	0.213	0.027
丰都县	0.031	0.016	0.216	0.019	0.255	0.320	0.240	0.010
垫江县	0.058	0.013	0.149	0.049	0.275	0.329	0.256	0.007
忠 县	0.036	0.016	0.109	0.007	0.259	0.557	0.246	0.010
开 县	0.037	0.013	0.066	0.021	0.286	0.358	0.247	0.009
云阳县	0.022	0.010	0.092	0.008	0.254	0.454	0.230	0.009
奉节县	0.034	0.015	0.021	0.006	0.252	0.448	0.225	0.017
巫山县	0.014	0.014	0.050	0.029	0.226	0.317	0.214	0.013
巫溪县	0.012	0.010	0.060	0.016	0.172	0.251	0.211	0.012
黔江区	0.066	0.024	0.253	0.019	0.293	0.294	0.312	0.015
武隆县	0.072	0.023	0.079	0.026	0.270	0.379	0.212	0.019
石柱县	0.035	0.016	0.062	0.022	0.201	0.456	0.239	0.013
秀山县	0.036	0.013	0.064	0.008	0.204	0.340	0.252	0.006
酉阳县	0.012	0.008	0.074	0.016	0.172	0.187	0.214	0.007
彭水县	0.030	0.014	0.110	0.007	0.184	0.219	0.236	0.007
秭归县	0.028	0.028	0.172	0.038	0.166	0.366	0.129	0.005
巴东县	0.012	0.015	0.000	0.000	0.091	0.398	0.000	0.000

表 A-15 2007 年各区县城镇集聚功能的 8 个三级指标值表

区县	第二产业集聚指标	第三产业集聚指标	公路客运指标	公路货运指标	城镇化指标	就业指标	城镇工资指标	社会保障指标
渝中区	0.082	0.324	0.047	0.058	1.000	1.000	0.473	0.318
大渡口区	0.638	0.062	0.219	0.453	1.000	0.898	0.456	0.313
江北区	0.315	0.139	0.571	0.142	1.000	0.916	0.444	0.257
沙坪坝区	0.307	0.108	0.185	0.076	1.000	0.914	0.433	0.302
九龙坡区	0.461	0.173	0.182	0.073	1.000	0.904	0.398	0.160
南岸区	0.322	0.080	0.504	0.210	1.000	0.892	0.429	0.245
北碚区	0.188	0.046	0.220	0.081	0.692	0.703	0.394	0.147
渝北区	0.314	0.066	0.231	0.071	0.638	0.664	0.414	0.146

续表

区县	第二产业集聚指标	第三产业集聚指标	公路客运指标	公路货运指标	城镇化指标	就业指标	城镇工资指标	社会保障指标
巴南区	0.176	0.037	0.626	0.064	0.670	0.671	0.352	0.155
涪陵区	0.178	0.044	0.226	0.035	0.521	0.624	0.314	0.153
长寿区	0.154	0.031	0.456	0.057	0.469	0.610	0.356	0.151
江津区	0.105	0.032	0.223	0.032	0.520	0.646	0.299	0.125
合川区	0.090	0.034	0.138	0.034	0.490	0.559	0.293	0.094
永川区	0.112	0.047	0.493	0.106	0.528	0.673	0.320	0.111
南川区	0.114	0.029	0.251	0.021	0.431	0.497	0.293	0.105
綦江区	0.088	0.031	0.158	0.205	0.435	0.627	0.625	0.143
大足区	0.095	0.024	0.387	0.051	0.360	0.603	0.668	0.086
潼南县	0.049	0.025	0.095	0.018	0.270	0.637	0.284	0.081
铜梁县	0.112	0.023	0.169	0.013	0.347	0.537	0.293	0.103
荣昌县	0.093	0.024	0.217	0.014	0.347	0.477	0.297	0.086
璧山县	0.171	0.033	0.440	0.062	0.361	0.726	0.303	0.125
万州区	0.092	0.037	0.380	0.038	0.492	0.546	0.304	0.141
梁平县	0.063	0.016	0.156	0.029	0.301	0.361	0.305	0.068
城口县	0.048	0.015	0.056	0.020	0.189	0.523	0.255	0.166
丰都县	0.038	0.018	0.268	0.010	0.270	0.336	0.284	0.095
垫江县	0.070	0.014	0.206	0.058	0.290	0.330	0.318	0.065
忠县	0.047	0.017	0.141	0.008	0.274	0.586	0.315	0.089
开县	0.047	0.015	0.078	0.021	0.303	0.417	0.297	0.083
云阳县	0.026	0.012	0.121	0.010	0.269	0.455	0.315	0.076
奉节县	0.043	0.017	0.064	0.007	0.266	0.476	0.289	0.095
巫山县	0.018	0.016	0.135	0.030	0.240	0.318	0.267	0.132
巫溪县	0.015	0.012	0.065	0.016	0.186	0.268	0.256	0.098
黔江区	0.084	0.028	0.300	0.020	0.309	0.304	0.376	0.125
武隆县	0.091	0.024	0.083	0.025	0.284	0.495	0.287	0.124
石柱县	0.045	0.019	0.079	0.025	0.215	0.462	0.288	0.090
秀山县	0.057	0.015	0.101	0.010	0.219	0.346	0.310	0.093
酉阳县	0.018	0.010	0.093	0.015	0.186	0.189	0.286	0.080
彭水县	0.036	0.017	0.113	0.007	0.198	0.225	0.313	0.090
秭归县	0.035	0.031	0.175	0.040	0.164	0.380	0.000	0.067
巴东县	0.016	0.017	0.000	0.000	0.169	0.433	0.000	0.021

表 A-16　2008 年各区县城镇集聚功能的 8 个三级指标值表

区县	第二产业集聚指标	第三产业集聚指标	公路客运指标	公路货运指标	城镇化指标	就业指标	城镇工资指标	社会保障指标
渝中区	0.092	0.383	0.055	0.080	1.000	1.000	0.557	0.363
大渡口区	1.000	0.075	0.192	0.519	1.000	0.934	0.497	0.322
江北区	0.376	0.166	0.709	0.177	1.000	0.926	0.510	0.291
沙坪坝区	0.363	0.125	0.190	0.082	1.000	0.922	0.506	0.257
九龙坡区	0.523	0.200	0.198	0.084	1.000	0.915	0.467	0.184
南岸区	0.509	0.094	0.507	0.216	1.000	0.902	0.486	0.283
北碚区	0.310	0.054	0.259	0.100	0.712	0.779	0.455	0.169
渝北区	0.384	0.077	0.249	0.118	0.664	0.702	0.479	0.165
巴南区	0.226	0.045	0.718	0.073	0.694	0.701	0.400	0.205
涪陵区	0.252	0.054	0.260	0.038	0.539	0.632	0.371	0.166
长寿区	0.177	0.037	0.468	0.069	0.487	0.640	0.416	0.190
江津区	0.146	0.036	0.236	0.042	0.538	0.648	0.346	0.142
合川区	0.116	0.040	0.153	0.046	0.508	0.585	0.340	0.107
永川区	0.156	0.055	0.498	0.132	0.546	0.675	0.367	0.133
南川区	0.153	0.034	0.289	0.027	0.449	0.499	0.344	0.126
綦江区	0.115	0.037	0.174	0.219	0.452	0.631	0.709	0.172
大足区	0.146	0.028	0.471	0.062	0.377	0.605	0.784	0.122
潼南县	0.061	0.029	0.099	0.020	0.287	0.636	0.350	0.099
铜梁县	0.151	0.027	0.187	0.018	0.364	0.547	0.355	0.114
荣昌县	0.131	0.030	0.236	0.016	0.364	0.486	0.368	0.122
璧山县	0.225	0.038	0.495	0.071	0.379	0.724	0.369	0.158
万州区	0.142	0.045	0.534	0.051	0.510	0.573	0.359	0.202
梁平县	0.077	0.019	0.198	0.036	0.317	0.361	0.356	0.088
城口县	0.085	0.018	0.062	0.021	0.204	0.526	0.316	0.180
丰都县	0.051	0.020	0.289	0.008	0.285	0.358	0.338	0.125
垫江县	0.089	0.017	0.216	0.061	0.306	0.340	0.374	0.085
忠县	0.064	0.021	0.169	0.010	0.289	0.588	0.351	0.101
开县	0.059	0.017	0.078	0.021	0.320	0.463	0.363	0.103
云阳县	0.034	0.014	0.122	0.010	0.284	0.455	0.359	0.099
奉节县	0.055	0.021	0.101	0.008	0.282	0.484	0.348	0.125
巫山县	0.027	0.019	0.170	0.030	0.255	0.317	0.317	0.144
巫溪县	0.021	0.015	0.078	0.018	0.201	0.332	0.321	0.123
黔江区	0.109	0.033	0.299	0.021	0.326	0.306	0.425	0.170
武隆县	0.114	0.032	0.081	0.025	0.299	0.524	0.379	0.156

续表

区县	第二产业集聚指标	第三产业集聚指标	公路客运指标	公路货运指标	城镇化指标	就业指标	城镇工资指标	社会保障指标
石柱县	0.062	0.023	0.084	0.040	0.230	0.475	0.351	0.125
秀山县	0.075	0.019	0.115	0.011	0.234	0.358	0.368	0.142
酉阳县	0.023	0.011	0.095	0.016	0.200	0.201	0.332	0.126
彭水县	0.064	0.019	0.113	0.009	0.213	0.253	0.373	0.134
秭归县	0.049	0.037	0.184	0.042	0.177	0.429	0.000	0.093
巴东县	0.049	0.019	0.000	0.000	0.122	0.470	0.000	0.038

表 A-17　2009 年各区县城镇集聚功能的 8 个三级指标值表

区县	第二产业集聚指标	第三产业集聚指标	公路客运指标	公路货运指标	城镇化指标	就业指标	城镇工资指标	社会保障指标
渝中区	0.069	0.586	0.438	0.168	1.000	1.000	0.629	0.840
大渡口区	0.824	0.161	0.297	0.788	1.000	0.936	0.574	1.000
江北区	0.456	0.281	0.585	0.294	1.000	0.947	0.591	0.367
沙坪坝区	0.429	0.173	0.350	0.132	1.000	0.934	0.560	0.388
九龙坡区	0.567	0.245	0.333	0.123	1.000	0.921	0.550	0.471
南岸区	0.611	0.148	0.654	0.422	1.000	0.905	0.552	0.702
北碚区	0.356	0.081	0.367	0.102	0.735	0.750	0.510	0.285
渝北区	0.495	0.148	0.352	0.114	0.691	0.743	0.555	0.204
巴南区	0.271	0.085	0.665	0.118	0.714	0.716	0.441	0.245
涪陵区	0.221	0.052	0.546	0.062	0.557	0.651	0.447	0.240
长寿区	0.185	0.071	0.495	0.147	0.505	0.640	0.473	0.284
江津区	0.165	0.047	0.308	0.074	0.556	0.668	0.389	0.210
合川区	0.068	0.020	0.298	0.047	0.526	0.615	0.388	0.160
永川区	0.107	0.039	0.512	0.129	0.564	0.741	0.422	0.194
南川区	0.089	0.048	0.358	0.037	0.467	0.523	0.371	0.169
綦江区	0.146	0.034	0.275	0.425	0.469	0.623	0.793	0.313
大足区	0.194	0.036	0.429	0.055	0.395	0.624	0.878	0.146
潼南县	0.116	0.035	0.155	0.031	0.305	0.666	0.441	0.142
铜梁县	0.163	0.035	0.261	0.023	0.382	0.532	0.406	0.145
荣昌县	0.458	0.121	0.354	0.027	0.382	0.546	0.423	0.154
璧山县	0.268	0.087	0.494	0.062	0.400	0.786	0.437	0.215
万州区	0.222	0.070	0.840	0.058	0.529	0.593	0.426	0.246
梁平县	0.076	0.033	0.305	0.057	0.334	0.342	0.428	0.122

续表

区县	第二产业集聚指标	第三产业集聚指标	公路客运指标	公路货运指标	城镇化指标	就业指标	城镇工资指标	社会保障指标
城口县	0.078	0.023	0.088	0.021	0.219	0.594	0.376	0.245
丰都县	0.059	0.024	0.275	0.009	0.301	0.382	0.403	0.181
垫江县	0.089	0.027	0.204	0.047	0.322	0.310	0.446	0.132
忠县	0.074	0.028	0.238	0.013	0.304	0.592	0.412	0.167
开县	0.061	0.022	0.097	0.018	0.336	0.400	0.421	0.134
云阳县	0.033	0.018	0.139	0.011	0.300	0.510	0.406	0.142
奉节县	0.051	0.028	0.141	0.012	0.298	0.501	0.394	0.134
巫山县	0.045	0.021	0.221	0.027	0.271	0.299	0.372	0.171
巫溪县	0.036	0.019	0.088	0.022	0.216	0.271	0.390	0.222
黔江区	0.142	0.046	0.354	0.027	0.343	0.314	0.501	0.331
武隆县	0.099	0.040	0.115	0.022	0.316	0.526	0.448	0.209
石柱县	0.107	0.032	0.108	0.049	0.247	0.530	0.404	0.148
秀山县	0.052	0.021	0.167	0.013	0.251	0.399	0.432	0.225
酉阳县	0.055	0.022	0.114	0.015	0.216	0.171	0.389	0.159
彭水县	0.057	0.033	0.184	0.015	0.229	0.260	0.441	0.152
秭归县	0.071	0.041	0.185	0.043	0.179	0.441	0.313	0.169
巴东县	0.058	0.023	0.000	0.000	0.125	0.446	0.000	0.061

表 A-18　2010 年各区县城镇集聚功能的 8 个三级指标值表

区县	第二产业集聚指标	第三产业集聚指标	公路客运指标	公路货运指标	城镇化指标	就业指标	城镇工资指标	社会保障指标
渝中区	0.097	0.702	0.519	0.217	1.000	1.000	0.724	0.571
大渡口区	0.996	0.174	0.266	1.000	0.932	0.949	0.649	0.468
江北区	0.549	0.328	0.694	0.348	0.911	0.960	0.682	0.394
沙坪坝区	0.527	0.193	0.380	0.160	0.901	0.943	0.633	0.395
九龙坡区	0.688	0.270	0.428	0.277	0.866	0.929	0.635	0.325
南岸区	0.690	0.165	0.675	0.469	0.900	0.914	0.597	0.375
北碚区	0.448	0.092	0.392	0.114	0.738	0.771	0.572	0.314
渝北区	0.639	0.162	0.344	0.117	0.733	0.773	0.642	0.225
巴南区	0.352	0.105	0.679	0.129	0.729	0.735	0.512	0.283

续表

区县	第二产业集聚指标	第三产业集聚指标	公路客运指标	公路货运指标	城镇化指标	就业指标	城镇工资指标	社会保障指标
涪陵区	0.287	0.057	0.618	0.076	0.558	0.674	0.527	0.227
长寿区	0.236	0.082	0.618	0.187	0.530	0.666	0.511	0.277
江津区	0.214	0.054	0.330	0.085	0.556	0.679	0.435	0.198
合川区	0.091	0.024	0.318	0.073	0.558	0.637	0.435	0.206
永川区	0.131	0.045	0.547	0.132	0.569	0.769	0.462	0.212
南川区	0.122	0.054	0.418	0.046	0.477	0.534	0.413	0.171
綦江区	0.176	0.040	0.290	0.492	0.486	0.637	0.927	0.233
大足区	0.236	0.042	0.493	0.063	0.437	0.650	1.000	0.165
潼南县	0.149	0.041	0.182	0.038	0.386	0.737	0.486	0.167
铜梁县	0.209	0.040	0.313	0.028	0.415	0.518	0.450	0.184
荣昌县	0.596	0.136	0.406	0.031	0.410	0.588	0.472	0.183
璧山县	0.381	0.099	0.555	0.077	0.420	0.810	0.511	0.212
万州区	0.306	0.085	0.865	0.066	0.550	0.608	0.480	0.246
梁平县	0.097	0.039	0.371	0.072	0.343	0.310	0.459	0.152
城口县	0.096	0.027	0.095	0.023	0.254	0.626	0.442	0.265
丰都县	0.070	0.027	0.312	0.011	0.345	0.426	0.461	0.181
垫江县	0.107	0.032	0.210	0.051	0.343	0.300	0.525	0.155
忠县	0.087	0.033	0.247	0.015	0.329	0.611	0.482	0.158
开县	0.077	0.026	0.123	0.024	0.359	0.393	0.476	0.156
云阳县	0.038	0.021	0.176	0.012	0.322	0.533	0.473	0.142
奉节县	0.066	0.033	0.151	0.015	0.323	0.531	0.417	0.141
巫山县	0.057	0.025	0.212	0.027	0.300	0.296	0.445	0.194
巫溪县	0.048	0.023	0.105	0.030	0.254	0.276	0.436	0.174
黔江区	0.193	0.051	0.391	0.031	0.391	0.320	0.558	0.260
武隆县	0.125	0.065	0.156	0.029	0.330	0.549	0.506	0.248
石柱县	0.094	0.036	0.118	0.064	0.323	0.588	0.456	0.123
秀山县	0.116	0.030	0.173	0.015	0.300	0.423	0.492	0.203
酉阳县	0.053	0.020	0.118	0.019	0.238	0.152	0.452	0.157
彭水县	0.075	0.030	0.195	0.017	0.252	0.278	0.497	0.164
秭归县	0.095	0.047	0.186	0.044	0.301	0.467	0.249	0.200
巴东县	0.074	0.028	0.000	0.000	0.260	0.589	0.000	0.124

表 A-19　2011 年各区县城镇集聚功能的 8 个三级指标值表

区县	第二产业集聚指标	第三产业集聚指标	公路客运指标	公路货运指标	城镇化指标	就业指标	城镇工资指标	社会保障指标
渝中区	0.128	0.854	0.571	0.266	1.000	1.000	0.841	0.770
大渡口区	0.672	0.206	0.239	0.697	0.949	0.962	0.689	0.548
江北区	0.609	0.462	0.802	0.410	0.929	0.971	0.722	0.505
沙坪坝区	0.776	0.225	0.330	0.208	0.918	0.952	0.679	0.415
九龙坡区	0.765	0.321	0.506	0.380	0.884	0.937	0.687	0.398
南岸区	0.850	0.189	0.699	0.532	0.918	0.923	0.713	0.561
北碚区	0.615	0.108	0.339	0.146	0.755	0.792	0.659	0.359
渝北区	0.867	0.188	0.412	0.225	0.751	0.801	0.672	0.349
巴南区	0.475	0.123	0.811	0.154	0.745	0.754	0.581	0.434
涪陵区	0.575	0.114	0.766	0.106	0.576	0.697	0.634	0.312
长寿区	0.412	0.082	0.794	0.246	0.550	0.692	0.598	0.324
江津区	0.297	0.050	0.355	0.110	0.574	0.689	0.480	0.282
合川区	0.182	0.056	0.333	0.097	0.575	0.658	0.481	0.327
永川区	0.375	0.085	0.555	0.132	0.586	0.798	0.534	0.275
南川区	0.238	0.064	0.453	0.061	0.494	0.545	0.566	0.253
綦江区	0.214	0.059	0.325	0.577	0.504	0.653	0.556	0.291
大足区	0.256	0.051	0.541	0.071	0.455	0.675	0.573	0.218
潼南县	0.125	0.043	0.220	0.047	0.402	0.814	0.601	0.182
铜梁县	0.256	0.054	0.372	0.037	0.431	0.503	0.602	0.255
荣昌县	0.287	0.047	0.507	0.038	0.427	0.630	0.548	0.239
璧山县	0.414	0.069	0.642	0.105	0.438	0.834	0.580	0.310
万州区	0.389	0.101	0.875	0.084	0.568	0.624	0.531	0.345
梁平县	0.136	0.035	0.432	0.088	0.359	0.273	0.476	0.216
城口县	0.173	0.031	0.106	0.026	0.270	0.660	0.538	0.321
丰都县	0.100	0.033	0.339	0.014	0.361	0.482	0.531	0.221
垫江县	0.150	0.038	0.227	0.061	0.359	0.291	0.619	0.169
忠县	0.114	0.040	0.272	0.019	0.345	0.632	0.632	0.232
开县	0.106	0.034	0.145	0.033	0.375	0.386	0.551	0.223
云阳县	0.054	0.025	0.214	0.014	0.338	0.557	0.607	0.198
奉节县	0.084	0.041	0.162	0.016	0.339	0.562	0.560	0.210
巫山县	0.068	0.032	0.219	0.030	0.316	0.291	0.555	0.263
巫溪县	0.062	0.027	0.116	0.058	0.269	0.281	0.523	0.220
黔江区	0.256	0.062	0.463	0.038	0.408	0.327	0.638	0.313
武隆县	0.149	0.077	0.200	0.037	0.345	0.572	0.616	0.342

续表

区县	第二产业集聚指标	第三产业集聚指标	公路客运指标	公路货运指标	城镇化指标	就业指标	城镇工资指标	社会保障指标
石柱县	0.123	0.041	0.122	0.083	0.340	0.652	0.537	0.178
秀山县	0.148	0.035	0.176	0.018	0.316	0.447	0.580	0.296
酉阳县	0.077	0.024	0.130	0.024	0.254	0.131	0.496	0.209
彭水县	0.087	0.033	0.215	0.020	0.268	0.298	0.580	0.213
秭归县	0.125	0.054	0.187	0.045	0.342	0.483	0.000	0.256
巴东县	0.090	0.032	0.000	0.000	0.281	0.593	0.000	0.212

表 A-20 2012 年各区县城镇集聚功能的 8 个三级指标值表

区县	第二产业集聚指标	第三产业集聚指标	公路客运指标	公路货运指标	城镇化指标	就业指标	城镇工资指标	社会保障指标
渝中区	0.140	1.000	0.625	0.329	1.000	1.000	0.959	0.750
大渡口区	0.441	0.218	0.244	0.752	0.963	0.974	0.703	0.521
江北区	0.621	0.458	0.882	0.414	0.941	0.983	0.792	0.518
沙坪坝区	0.958	0.247	0.364	0.252	0.933	0.960	0.666	0.495
九龙坡区	0.875	0.341	0.562	0.451	0.899	0.944	0.793	0.420
南岸区	0.880	0.205	0.674	0.483	0.932	0.931	0.771	0.503
北碚区	0.679	0.120	0.387	0.169	0.774	0.813	0.753	0.428
渝北区	0.967	0.211	0.432	0.225	0.770	0.829	0.779	0.344
巴南区	0.464	0.144	0.962	0.183	0.761	0.772	0.655	0.436
涪陵区	0.642	0.133	0.826	0.128	0.593	0.720	0.708	0.335
长寿区	0.427	0.089	1.000	0.308	0.570	0.718	0.683	0.393
江津区	0.329	0.056	0.380	0.134	0.591	0.699	0.560	0.283
合川区	0.210	0.062	0.359	0.120	0.593	0.680	0.558	0.268
永川区	0.381	0.095	0.589	0.148	0.603	0.827	0.604	0.263
南川区	0.237	0.069	0.508	0.073	0.512	0.557	0.645	0.278
綦江区	0.232	0.064	0.370	0.647	0.522	0.669	0.615	0.320
大足区	0.266	0.054	0.605	0.080	0.473	0.699	0.655	0.236
潼南县	0.138	0.047	0.264	0.056	0.420	0.900	0.728	0.200
铜梁县	0.304	0.060	0.424	0.045	0.449	0.487	0.660	0.275
荣昌县	0.318	0.051	0.600	0.045	0.445	0.673	0.655	0.235
璧山县	0.522	0.078	0.754	0.134	0.459	0.858	0.672	0.331
万州区	0.389	0.115	0.943	0.100	0.585	0.641	0.644	0.350
梁平县	0.166	0.041	0.477	0.103	0.377	0.233	0.583	0.217

续表

区县	第二产业集聚指标	第三产业集聚指标	公路客运指标	公路货运指标	城镇化指标	就业指标	城镇工资指标	社会保障指标
城口县	0.184	0.034	0.128	0.030	0.287	0.695	0.625	0.389
丰都县	0.111	0.037	0.357	0.018	0.379	0.556	0.675	0.247
垫江县	0.179	0.041	0.258	0.072	0.377	0.281	0.698	0.157
忠县	0.137	0.044	0.310	0.024	0.363	0.656	0.723	0.239
开县	0.124	0.038	0.176	0.040	0.393	0.380	0.655	0.216
云阳县	0.067	0.027	0.249	0.017	0.355	0.580	0.685	0.207
奉节县	0.092	0.046	0.168	0.015	0.357	0.594	0.653	0.181
巫山县	0.074	0.036	0.242	0.035	0.333	0.282	0.631	0.266
巫溪县	0.070	0.030	0.128	0.080	0.286	0.286	0.574	0.238
黔江区	0.295	0.069	0.533	0.047	0.425	0.335	0.701	0.325
武隆县	0.176	0.085	0.253	0.046	0.362	0.594	0.662	0.359
石柱县	0.150	0.046	0.127	0.103	0.357	0.724	0.634	0.192
秀山县	0.153	0.046	0.179	0.021	0.334	0.474	0.670	0.260
酉阳县	0.092	0.027	0.146	0.029	0.271	0.108	0.605	0.216
彭水县	0.099	0.036	0.229	0.023	0.285	0.320	0.677	0.217
秭归县	0.151	0.061	0.188	0.045	0.340	0.483	0.000	0.274
巴东县	0.104	0.037	0.000	0.000	0.301	0.793	0.000	0.211

（2）集聚功能二级指标

利用式（3.1）和式（3.2），可求出城镇集聚功能二级指标。结果如表 A-21。

表 A-21　2004 ～ 2012 年各区县城镇集聚功能的 3 个二级指标值表

区县	2004年			2005年			2006年		
	产业集聚指标	交通密集度指标	人口集聚指标	产业集聚指标	交通密集度指标	人口集聚指标	产业集聚指标	交通密集度指标	人口集聚指标
渝中区	0.234	0.063	0.662	0.298	0.062	0.659	0.294	0.069	0.689
大渡口区	0.382	0.495	0.651	0.456	0.450	0.661	0.496	0.446	0.679
江北区	0.249	0.099	0.648	0.307	0.175	0.653	0.322	0.447	0.680
沙坪坝区	0.221	0.096	0.651	0.245	0.127	0.655	0.287	0.174	0.683
九龙坡区	0.294	0.200	0.628	0.376	0.205	0.633	0.441	0.210	0.656
南岸区	0.228	0.405	0.636	0.254	0.458	0.624	0.277	0.485	0.667
北碚区	0.137	0.134	0.438	0.135	0.164	0.460	0.157	0.224	0.484
渝北区	0.129	0.110	0.415	0.169	0.172	0.453	0.225	0.194	0.479

续表

区县	2004年			2005年			2006年		
	产业集聚指标	交通密集度指标	人口集聚指标	产业集聚指标	交通密集度指标	人口集聚指标	产业集聚指标	交通密集度指标	人口集聚指标
巴南区	0.094	0.303	0.416	0.117	0.352	0.424	0.142	0.446	0.463
涪陵区	0.109	0.118	0.337	0.128	0.117	0.337	0.148	0.119	0.415
长寿区	0.089	0.120	0.327	0.101	0.203	0.367	0.123	0.365	0.425
江津区	0.077	0.161	0.397	0.081	0.169	0.356	0.095	0.188	0.425
合川区	0.073	0.099	0.333	0.075	0.098	0.414	0.087	0.112	0.405
永川区	0.078	0.238	0.418	0.093	0.285	0.350	0.107	0.368	0.439
南川区	0.078	0.161	0.316	0.091	0.152	0.285	0.106	0.138	0.343
綦江区	0.068	0.109	0.374	0.073	0.134	0.338	0.083	0.181	0.410
大足区	0.068	0.229	0.388	0.076	0.262	0.399	0.084	0.301	0.422
潼南县	0.042	0.057	0.239	0.049	0.057	0.380	0.052	0.059	0.364
铜梁县	0.075	0.084	0.360	0.085	0.090	0.319	0.091	0.115	0.359
荣昌县	0.050	0.135	0.271	0.060	0.137	0.421	0.073	0.150	0.301
璧山县	0.105	0.241	0.427	0.121	0.262	0.403	0.142	0.344	0.450
万州区	0.066	0.239	0.380	0.075	0.267	0.364	0.082	0.268	0.382
梁平县	0.043	0.108	0.362	0.052	0.103	0.333	0.055	0.107	0.268
城口县	0.028	0.040	0.309	0.037	0.040	0.207	0.040	0.042	0.333
丰都县	0.036	0.170	0.208	0.036	0.174	0.244	0.038	0.189	0.259
垫江县	0.045	0.160	0.262	0.056	0.149	0.310	0.059	0.150	0.271
忠县	0.027	0.078	0.317	0.032	0.093	0.308	0.042	0.094	0.368
开县	0.032	0.069	0.281	0.039	0.066	0.296	0.041	0.066	0.281
云阳县	0.023	0.070	0.278	0.025	0.079	0.239	0.026	0.081	0.315
奉节县	0.022	0.023	0.233	0.036	0.021	0.224	0.040	0.021	0.311
巫山县	0.021	0.060	0.211	0.021	0.057	0.189	0.022	0.058	0.246
巫溪县	0.015	0.052	0.172	0.015	0.057	0.226	0.017	0.058	0.211
黔江区	0.057	0.213	0.246	0.067	0.257	0.389	0.074	0.220	0.279
武隆县	0.055	0.078	0.268	0.067	0.089	0.321	0.078	0.080	0.277
石柱县	0.030	0.061	0.211	0.037	0.059	0.246	0.042	0.063	0.316
秀山县	0.032	0.062	0.237	0.038	0.057	0.186	0.040	0.058	0.268
酉阳县	0.014	0.061	0.234	0.016	0.070	0.172	0.017	0.071	0.182
彭水县	0.027	0.096	0.183	0.034	0.096	0.192	0.036	0.095	0.206
秭归县	0.034	0.157	0.200	0.038	0.160	0.206	0.044	0.164	0.229
巴东县	0.018	0.000	0.252	0.020	0.000	0.263	0.022	0.000	0.186

续表

区县	2007年			2008年			2009年		
	产业集聚指标	交通密集度指标	人口集聚指标	产业集聚指标	交通密集度指标	人口集聚指标	产业集聚指标	交通密集度指标	人口集聚指标
渝中区	0.337	0.074	0.755	0.396	0.097	0.794	0.555	0.456	0.938
大渡口区	0.594	0.497	0.740	0.917	0.537	0.760	0.824	0.818	0.988
江北区	0.369	0.552	0.729	0.441	0.686	0.760	0.591	0.649	0.803
沙坪坝区	0.341	0.195	0.731	0.401	0.203	0.754	0.492	0.363	0.793
九龙坡区	0.519	0.192	0.698	0.592	0.211	0.729	0.661	0.345	0.799
南岸区	0.334	0.535	0.720	0.506	0.540	0.748	0.631	0.777	0.867
北碚区	0.195	0.228	0.544	0.306	0.270	0.607	0.364	0.361	0.631
渝北区	0.317	0.231	0.530	0.385	0.272	0.577	0.531	0.355	0.632
巴南区	0.178	0.554	0.513	0.226	0.635	0.553	0.293	0.617	0.583
涪陵区	0.184	0.207	0.464	0.256	0.237	0.493	0.227	0.487	0.542
长寿区	0.155	0.410	0.470	0.179	0.426	0.514	0.210	0.492	0.549
江津区	0.113	0.203	0.465	0.151	0.218	0.488	0.175	0.296	0.524
合川区	0.102	0.134	0.417	0.128	0.153	0.450	0.073	0.273	0.490
永川区	0.130	0.468	0.484	0.173	0.486	0.507	0.120	0.496	0.568
南川区	0.119	0.220	0.386	0.156	0.255	0.410	0.110	0.317	0.439
綦江区	0.098	0.258	0.578	0.126	0.278	0.619	0.149	0.505	0.675
大足区	0.099	0.349	0.571	0.146	0.425	0.630	0.193	0.386	0.683
潼南县	0.060	0.089	0.429	0.073	0.093	0.458	0.124	0.146	0.513
铜梁县	0.112	0.147	0.396	0.149	0.165	0.428	0.165	0.229	0.446
荣昌县	0.097	0.188	0.369	0.134	0.204	0.407	0.480	0.309	0.461
璧山县	0.171	0.399	0.489	0.221	0.449	0.519	0.292	0.444	0.583
万州区	0.106	0.336	0.422	0.154	0.471	0.464	0.241	0.728	0.506
梁平县	0.066	0.145	0.314	0.080	0.184	0.338	0.089	0.284	0.366
城口县	0.052	0.057	0.370	0.085	0.063	0.398	0.084	0.085	0.462
丰都县	0.046	0.227	0.295	0.058	0.244	0.331	0.068	0.232	0.377
垫江县	0.071	0.203	0.304	0.089	0.213	0.334	0.096	0.196	0.366
忠县	0.052	0.121	0.419	0.070	0.146	0.437	0.083	0.204	0.472
开县	0.051	0.076	0.338	0.064	0.076	0.388	0.068	0.091	0.388
云阳县	0.031	0.106	0.358	0.039	0.107	0.379	0.041	0.121	0.429
奉节县	0.049	0.057	0.360	0.062	0.088	0.392	0.064	0.124	0.419
巫山县	0.026	0.129	0.283	0.037	0.158	0.305	0.054	0.198	0.326
巫溪县	0.022	0.063	0.247	0.028	0.075	0.306	0.044	0.085	0.327

续表

区县	2007年			2008年			2009年		
	产业集聚指标	交通密集度指标	人口集聚指标	产业集聚指标	交通密集度指标	人口集聚指标	产业集聚指标	交通密集度指标	人口集聚指标
黔江区	0.092	0.260	0.328	0.117	0.259	0.363	0.154	0.308	0.427
武隆县	0.096	0.083	0.373	0.120	0.081	0.427	0.113	0.108	0.463
石柱县	0.053	0.080	0.348	0.069	0.092	0.384	0.115	0.117	0.434
秀山县	0.060	0.090	0.305	0.078	0.102	0.341	0.060	0.145	0.399
酉阳县	0.022	0.085	0.226	0.028	0.088	0.258	0.063	0.103	0.292
彭水县	0.043	0.098	0.254	0.068	0.099	0.299	0.073	0.160	0.335
秭归县	0.052	0.167	0.210	0.069	0.176	0.243	0.090	0.177	0.356
巴东县	0.026	0.000	0.216	0.056	0.000	0.236	0.066	0.000	0.234

区县	2010年			2011年			2012年		
	产业集聚指标	交通密集度指标	人口集聚指标	产业集聚指标	交通密集度指标	人口集聚指标	产业集聚指标	交通密集度指标	人口集聚指标
渝中区	0.674	0.551	0.886	0.827	0.621	0.957	0.962	0.701	1.000
大渡口区	0.982	0.976	0.815	0.724	0.711	0.848	0.533	0.759	0.856
江北区	0.704	0.769	0.821	0.849	0.892	0.858	0.857	0.961	0.892
沙坪坝区	0.590	0.404	0.794	0.828	0.389	0.820	1.000	0.442	0.830
九龙坡区	0.784	0.509	0.776	0.885	0.631	0.811	0.994	0.717	0.859
南岸区	0.712	0.820	0.764	0.867	0.875	0.839	0.904	0.827	0.859
北碚区	0.451	0.388	0.669	0.607	0.362	0.719	0.671	0.414	0.776
渝北区	0.666	0.350	0.685	0.881	0.466	0.727	0.982	0.483	0.782
巴南区	0.377	0.634	0.625	0.496	0.758	0.681	0.502	0.899	0.720
涪陵区	0.287	0.555	0.582	0.577	0.693	0.647	0.647	0.755	0.690
长寿区	0.262	0.616	0.576	0.413	0.794	0.629	0.431	1.000	0.685
江津区	0.223	0.321	0.545	0.291	0.355	0.579	0.323	0.389	0.616
合川区	0.095	0.303	0.527	0.196	0.330	0.572	0.225	0.364	0.605
永川区	0.144	0.526	0.598	0.383	0.533	0.649	0.396	0.570	0.689
南川区	0.143	0.372	0.461	0.251	0.409	0.538	0.253	0.461	0.582
綦江区	0.180	0.569	0.729	0.227	0.658	0.588	0.245	0.742	0.623
大足区	0.234	0.444	0.753	0.257	0.488	0.591	0.267	0.545	0.637
潼南县	0.157	0.172	0.573	0.138	0.208	0.655	0.152	0.250	0.746
铜梁县	0.209	0.275	0.465	0.258	0.328	0.533	0.304	0.376	0.556
荣昌县	0.610	0.353	0.504	0.281	0.441	0.561	0.311	0.522	0.623
璧山县	0.398	0.503	0.624	0.406	0.590	0.676	0.506	0.699	0.726
万州区	0.324	0.753	0.536	0.407	0.772	0.577	0.416	0.837	0.631

续表

区县	2010年			2011年			2012年		
	产业集聚指标	交通密集度指标	人口集聚指标	产业集聚指标	交通密集度指标	人口集聚指标	产业集聚指标	交通密集度指标	人口集聚指标
梁平县	0.111	0.347	0.382	0.142	0.407	0.403	0.172	0.452	0.454
城口县	0.102	0.091	0.508	0.171	0.103	0.569	0.183	0.123	0.628
丰都县	0.080	0.265	0.423	0.109	0.289	0.483	0.122	0.306	0.581
垫江县	0.115	0.202	0.411	0.156	0.222	0.460	0.183	0.254	0.499
忠县	0.098	0.213	0.509	0.126	0.236	0.587	0.149	0.271	0.639
开县	0.084	0.115	0.414	0.115	0.138	0.455	0.133	0.168	0.502
云阳县	0.047	0.153	0.468	0.064	0.185	0.541	0.077	0.216	0.587
奉节县	0.081	0.134	0.445	0.101	0.143	0.524	0.112	0.148	0.575
巫山县	0.067	0.190	0.364	0.082	0.198	0.428	0.089	0.220	0.468
巫溪县	0.057	0.104	0.345	0.072	0.129	0.392	0.082	0.150	0.421
黔江区	0.203	0.341	0.461	0.264	0.405	0.511	0.303	0.468	0.548
武隆县	0.154	0.145	0.502	0.182	0.187	0.572	0.211	0.235	0.605
石柱县	0.107	0.134	0.483	0.135	0.148	0.552	0.161	0.162	0.625
秀山县	0.122	0.152	0.435	0.153	0.156	0.498	0.164	0.160	0.544
酉阳县	0.059	0.108	0.327	0.083	0.121	0.358	0.099	0.137	0.413
彭水县	0.086	0.171	0.371	0.098	0.189	0.423	0.111	0.202	0.477
秭归县	0.114	0.179	0.357	0.146	0.180	0.344	0.173	0.181	0.351
巴东县	0.083	0.000	0.334	0.100	0.000	0.371	0.116	0.000	0.462

（3）集聚功能一级指标

城镇集聚功能一级指标制作方法与城镇服务功能一级指标制作方法完全一样，此处不再赘述。运用 Eviews 软件对各二级指标进行相关性分析，得到如下相关系数表（表 A-22）。

表 A-22　2004 ～ 2012 年集聚功能相关系数及相关系数总和与指标权重

年份	指标	产业集聚指标	交通密集度指标	人口集聚指标	相关系数总和	权重
2004	产业集聚指标	0	0.5827	0.9200	1.5027	0.3739
	交通密集度指标	0.5827	0	0.5069	1.0896	0.2711
	人口集聚指标	0.9200	0.5069	0	1.4269	0.3550
2005	产业集聚指标	0	0.5534	0.9032	1.4566	0.3624
	交通密集度指标	0.5534	0	0.5530	1.1064	0.2753
	人口集聚指标	0.9032	0.5530	0	1.4562	0.3623

续表

年份	指标	产业集聚指标	交通密集度指标	人口集聚指标	相关系数总和	权重
2006	产业集聚指标	0	0.5853	0.9044	1.4897	0.3521
	交通密集度指标	0.5853	0	0.6258	1.2111	0.2862
	人口集聚指标	0.9044	0.6258	0	1.5303	0.3617
2007	产业集聚指标	0	0.5332	0.8657	1.3989	0.3524
	交通密集度指标	0.5332	0	0.5861	1.1193	0.2819
	人口集聚指标	0.8657	0.5861	0	1.4518	0.3657
2008	产业集聚指标	0	0.5472	0.8318	1.3791	0.3509
	交通密集度指标	0.5472	0	0.5858	1.1330	0.2883
	人口集聚指标	0.8318	0.5858	0	1.4176	0.3607
2009	产业集聚指标	0	0.7072	0.8726	1.5797	0.3371
	交通密集度指标	0.7072	0	0.7633	1.4704	0.3138
	人口集聚指标	0.8726	0.7633	0	1.6359	0.3491
2010	产业集聚指标	0	0.7466	0.8173	1.5639	0.3366
	交通密集度指标	0.7466	0	0.7594	1.5059	0.3241
	人口集聚指标	0.8173	0.7594	0	1.5767	0.3393
2011	产业集聚指标	0	0.7479	0.8896	1.6375	0.3488
	交通密集度指标	0.7479	0	0.7097	1.4577	0.3105
	人口集聚指标	0.8896	0.7097	0	1.5993	0.3407
2012	产业集聚指标	0	0.6736	0.8462	1.5198	0.3467
	交通密集度指标	0.6736	0	0.6719	1.3455	0.3070
	人口集聚指标	0.8462	0.6719	0	1.5181	0.3463

根据权重，运用公式 $\eta_j=\beta_{1t}^*$ 产业集聚指标 $_t+\beta_{2t}^*$ 交通密集度指标 $+\beta_{3t}^*$ 人口集聚指标得到城镇集聚功能的合成指标。

3. 发展环境指标

（1）发展环境三级指标

财政收支环境指标的基础数据是地区财政收支之和的人均值；存贷环境指标的基础数据是地区金融机构的存款和贷款之和的人均值；非农人口指标的基础数据是地区非农业总人口数。在这些基础数据的基础上，重复城镇服务功能中指标形成过程的运算方法，最后得到相应的指标值。

由于政策环境指标及自然环境指标不能从已有的统计资料中获得，因此本书只能通过多次实地调研、问卷调查、查阅文献等方法获取信息，然后根据获取的信息（如重庆五大功能区的划分）加以总结，得出指标值。

（2）发展环境二级指标（表 A-23 ～表 A-31）

表 A-23　2004 年城镇发展环境二级指标值表

区县名称	财政收支环境指标	金融存贷环境指标	非农人口指标	主营业务发展环境指标	政策环境指标	自然环境指标
渝中区	0.1450	0.3051	1.0000	0.1129	1	1
大渡口区	0.1018	0.0364	0.7230	0.3810	1	1
江北区	0.1305	0.0711	0.8081	0.2616	1	1
沙坪坝区	0.1024	0.0499	0.7110	0.1576	1	1
九龙坡区	0.0741	0.0679	0.6976	0.2312	1	1
南岸区	0.1143	0.0507	0.7724	0.1802	1	1
北碚区	0.0515	0.0202	0.4581	0.0627	0.9	0.9
渝北区	0.0694	0.0278	0.3455	0.1005	0.9	1
巴南区	0.0574	0.0149	0.2953	0.0871	0.9	0.9
涪陵区	0.0709	0.0145	0.2731	0.0429	0.8	0.8
长寿区	0.0403	0.0124	0.2030	0.0341	0.8	0.8
江津区	0.0362	0.0088	0.2530	0.0302	0.7	0.8
合川区	0.0270	0.0086	0.1804	0.0067	0.7	0.8
永川区	0.0318	0.0092	0.2473	0.0219	0.7	0.8
南川区	0.0407	0.0072	0.1446	0.0256	0.7	0.8
綦江区	0.0403	0.0080	0.2678	0.0247	0.6	0.8
大足区	0.0307	0.0059	0.1803	0.0326	0.6	0.8
潼南县	0.0270	0.0051	0.1174	0.0048	0.6	0.8
铜梁县	0.0368	0.0089	0.1634	0.0136	0.6	0.7
荣昌县	0.0363	0.0068	0.1947	0.0157	0.6	0.7
璧山县	0.0424	0.0114	0.2284	0.0485	0.6	0.8
万州区	0.0504	0.0129	0.2686	0.0158	0.8	0.7
梁平县	0.0263	0.0070	0.1209	0.0033	0.6	0.7
城口县	0.0718	0.0050	0.1105	0.0147	0.5	0.5
丰都县	0.0291	0.0061	0.1510	0.0035	0.6	0.6
垫江县	0.0303	0.0061	0.1402	0.0097	0.6	0.7
忠县	0.0304	0.0075	0.1388	0.0025	0.6	0.6
开县	0.0286	0.0064	0.1056	0.0043	0.6	0.7
云阳县	0.0262	0.0043	0.1153	0.0015	0.6	0.6
奉节县	0.0294	0.0038	0.1008	0.0018	0.6	0.6

续表

区县名称	财政收支环境指标	金融存贷环境指标	非农人口指标	主营业务发展环境指标	政策环境指标	自然环境指标
巫山县	0.0369	0.0053	0.1144	0.0014	0.6	0.5
巫溪县	0.0374	0.0033	0.0989	0.0014	0.6	0.5
黔江区	0.0884	0.0091	0.1463	0.0233	0.75	0.7
武隆县	0.0551	0.0066	0.1310	0.0107	0.6	0.7
石柱县	0.0415	0.0060	0.1409	0.0070	0.6	0.6
秀山县	0.0384	0.0035	0.1216	0.0151	0.6	0.6
酉阳县	0.0394	0.0033	0.0937	0.0026	0.6	0.6
彭水县	0.0353	0.0042	0.0911	0.0027	0.6	0.6
秭归县	0.0333	0.0050	0.1583	0.0000	0.5	0.5
巴东县	0.0359	0.0048	0.1076	0.0000	0.5	0.5

表 A-24　2005 年城镇发展环境二级指标值表

区县名称	财政收支环境指标	金融存贷环境指标	非农人口指标	主营业务发展环境指标	政策环境指标	自然环境指标
渝中区	0.1528	0.3448	0.9998	0.1153	1	1
大渡口区	0.1209	0.0411	0.7265	0.4537	1	1
江北区	0.1300	0.0748	0.8152	0.2459	1	1
沙坪坝区	0.1185	0.0554	0.7206	0.1848	1	1
九龙坡区	0.0807	0.0753	0.7112	0.2872	1	1
南岸区	0.1173	0.0575	0.7892	0.1820	1	1
北碚区	0.0538	0.0227	0.4643	0.1037	0.9	0.9
渝北区	0.0836	0.0341	0.3773	0.1431	0.9	1
巴南区	0.0586	0.0165	0.3024	0.0938	0.9	0.9
涪陵区	0.0739	0.0153	0.2840	0.0614	0.8	0.8
长寿区	0.0537	0.0137	0.2129	0.0454	0.8	0.8
江津区	0.0434	0.0103	0.2559	0.0371	0.7	0.8
合川区	0.0319	0.0099	0.1854	0.0099	0.7	0.8
永川区	0.0396	0.0110	0.2500	0.0263	0.7	0.8
南川区	0.0461	0.0085	0.1476	0.0302	0.7	0.8
綦江区	0.0439	0.0090	0.2724	0.0274	0.6	0.8
大足区	0.0349	0.0069	0.1885	0.0280	0.6	0.8
潼南县	0.0272	0.0059	0.1201	0.0058	0.6	0.8
铜梁县	0.0437	0.0105	0.1702	0.0180	0.6	0.7

续表

区县名称	财政收支环境指标	金融存贷环境指标	非农人口指标	主营业务发展环境指标	政策环境指标	自然环境指标
荣昌县	0.0314	0.0079	0.1989	0.0190	0.6	0.7
璧山县	0.0471	0.0132	0.2366	0.0578	0.6	0.8
万州区	0.0526	0.0148	0.2759	0.0158	0.8	0.7
梁平县	0.0324	0.0081	0.1212	0.0060	0.6	0.7
城口县	0.0756	0.0059	0.1130	0.0104	0.5	0.5
丰都县	0.0329	0.0070	0.1614	0.0049	0.6	0.6
垫江县	0.0321	0.0069	0.1435	0.0122	0.6	0.7
忠县	0.0348	0.0087	0.1463	0.0029	0.6	0.6
开县	0.0287	0.0076	0.1124	0.0067	0.6	0.7
云阳县	0.0301	0.0053	0.1247	0.0019	0.6	0.6
奉节县	0.0351	0.0045	0.1120	0.0019	0.6	0.6
巫山县	0.0473	0.0062	0.1305	0.0022	0.6	0.5
巫溪县	0.0454	0.0042	0.1051	0.0017	0.6	0.5
黔江区	0.0995	0.0091	0.1554	0.0256	0.75	0.7
武隆县	0.0638	0.0070	0.1324	0.0121	0.6	0.7
石柱县	0.0474	0.0073	0.1476	0.0078	0.6	0.6
秀山县	0.0474	0.0040	0.1275	0.0136	0.6	0.6
酉阳县	0.0409	0.0040	0.0990	0.0035	0.6	0.6
彭水县	0.0399	0.0065	0.0937	0.0030	0.6	0.6
秭归县	0.0437	0.0059	0.1615	0.0000	0.5	0.5
巴东县	0.0423	0.0054	0.1097	0.0001	0.5	0.5

表 A-25　2006 年城镇发展环境二级指标值表

区县名称	财政收支环境指标	金融存贷环境指标	非农人口指标	主营业务发展环境指标	政策环境指标	自然环境指标
渝中区	0.1758	0.4214	1.0000	0.1500	1	1
大渡口区	0.1659	0.0480	0.7398	0.5015	1	1
江北区	0.1909	0.0895	0.8339	0.2433	1	1
沙坪坝区	0.1548	0.0617	0.7267	0.2209	1	1
九龙坡区	0.0995	0.0820	0.7163	0.3711	1	1
南岸区	0.1488	0.0627	0.7999	0.2325	1	1
北碚区	0.0717	0.0259	0.4665	0.1321	0.9	0.9
渝北区	0.1082	0.0403	0.4142	0.2303	0.9	1

续表

区县名称	财政收支环境指标	金融存贷环境指标	非农人口指标	主营业务发展环境指标	政策环境指标	自然环境指标
巴南区	0.0752	0.0195	0.3126	0.1243	0.9	0.9
涪陵区	0.0870	0.0174	0.2865	0.0754	0.8	0.8
长寿区	0.0667	0.0159	0.2160	0.0540	0.8	0.8
江津区	0.0534	0.0120	0.2586	0.0424	0.7	0.8
合川区	0.0412	0.0115	0.1923	0.0123	0.7	0.8
永川区	0.0583	0.0134	0.2548	0.0315	0.7	0.8
南川区	0.0539	0.0097	0.1515	0.0414	0.7	0.8
綦江区	0.0555	0.0104	0.2757	0.0296	0.6	0.8
大足区	0.0468	0.0079	0.1946	0.0402	0.6	0.8
潼南县	0.0355	0.0067	0.1226	0.0082	0.6	0.8
铜梁县	0.0534	0.0121	0.1730	0.0249	0.6	0.7
荣昌县	0.0465	0.0095	0.2027	0.0297	0.6	0.7
璧山县	0.0657	0.0156	0.2379	0.0783	0.6	0.8
万州区	0.0628	0.0173	0.2834	0.0185	0.8	0.7
梁平县	0.0411	0.0094	0.1239	0.0073	0.6	0.7
城口县	0.1027	0.0073	0.1193	0.0119	0.5	0.5
丰都县	0.0397	0.0082	0.1705	0.0059	0.6	0.6
垫江县	0.0414	0.0081	0.1455	0.0160	0.6	0.7
忠县	0.0419	0.0104	0.1524	0.0036	0.6	0.6
开县	0.0414	0.0091	0.1190	0.0094	0.6	0.7
云阳县	0.0379	0.0071	0.1294	0.0024	0.6	0.6
奉节县	0.0438	0.0059	0.1200	0.0024	0.6	0.6
巫山县	0.0539	0.0073	0.1553	0.0021	0.6	0.5
巫溪县	0.0544	0.0053	0.1078	0.0022	0.6	0.5
黔江区	0.1140	0.0095	0.1696	0.0296	0.75	0.7
武隆县	0.0759	0.0093	0.1354	0.0143	0.6	0.7
石柱县	0.0568	0.0088	0.1551	0.0107	0.6	0.6
秀山县	0.0565	0.0050	0.1294	0.0170	0.6	0.6
酉阳县	0.0533	0.0053	0.1017	0.0025	0.6	0.6
彭水县	0.0549	0.0077	0.0955	0.0035	0.6	0.6
秭归县	0.0530	0.0076	0.1660	0.0000	0.5	0.5
巴东县	0.0440	0.0064	0.1112	0.0000	0.5	0.5

表 A-26　2007 年城镇发展环境二级指标值表

区县名称	财政收支环境指标	金融存贷环境指标	非农人口指标	主营业务发展环境指标	政策环境指标	自然环境指标
渝中区	0.2193	0.4981	1.0000	0.0457	1	1
大渡口区	0.2014	0.0578	0.7696	0.6374	1	1
江北区	0.2823	0.1019	0.8562	0.2930	1	1
沙坪坝区	0.2103	0.0697	0.7571	0.2906	1	1
九龙坡区	0.1273	0.0943	0.7274	0.4565	1	1
南岸区	0.1967	0.0728	0.8070	0.3058	1	1
北碚区	0.0996	0.0301	0.4683	0.1808	0.9	0.9
渝北区	0.1582	0.0547	0.4433	0.3520	0.9	1
巴南区	0.1005	0.0228	0.3216	0.1648	0.9	0.9
涪陵区	0.1028	0.0211	0.2875	0.1010	0.85	0.8
长寿区	0.0803	0.0201	0.2297	0.0785	0.8	0.8
江津区	0.0681	0.0139	0.2631	0.0613	0.85	0.8
合川区	0.0565	0.0136	0.1996	0.0203	0.85	0.8
永川区	0.0796	0.0153	0.2605	0.0484	0.85	0.8
南川区	0.0784	0.0118	0.1583	0.0520	0.75	0.8
綦江区	0.0728	0.0119	0.2812	0.0411	0.6	0.8
大足区	0.0591	0.0096	0.1996	0.0600	0.6	0.8
潼南县	0.0517	0.0075	0.1259	0.0109	0.6	0.8
铜梁县	0.0666	0.0140	0.1774	0.0350	0.6	0.7
荣昌县	0.0625	0.0112	0.2166	0.0520	0.6	0.7
璧山县	0.0784	0.0178	0.2450	0.1133	0.6	0.8
万州区	0.0699	0.0187	0.2883	0.0254	0.85	0.7
梁平县	0.0517	0.0106	0.1261	0.0203	0.6	0.7
城口县	0.1164	0.0095	0.1210	0.0251	0.5	0.5
丰都县	0.0546	0.0097	0.1757	0.0094	0.6	0.6
垫江县	0.0505	0.0094	0.1477	0.0224	0.6	0.7
忠县	0.0538	0.0120	0.1565	0.0070	0.6	0.6
开县	0.0507	0.0102	0.1257	0.0120	0.6	0.7
云阳县	0.0477	0.0081	0.1330	0.0032	0.6	0.6
奉节县	0.0492	0.0069	0.1240	0.0033	0.6	0.6
巫山县	0.0709	0.0084	0.1612	0.0042	0.6	0.5
巫溪县	0.0685	0.0064	0.1129	0.0029	0.6	0.5
黔江区	0.1336	0.0098	0.1749	0.0378	0.8	0.7
武隆县	0.1027	0.0119	0.1371	0.0194	0.6	0.7

续表

区县名称	财政收支环境指标	金融存贷环境指标	非农人口指标	主营业务发展环境指标	政策环境指标	自然环境指标
石柱县	0.0772	0.0106	0.1605	0.0152	0.6	0.6
秀山县	0.0786	0.0067	0.1316	0.0304	0.6	0.6
酉阳县	0.0664	0.0065	0.1045	0.0061	0.6	0.6
彭水县	0.0678	0.0097	0.0976	0.0055	0.6	0.6
秭归县	0.0711	0.0092	0.1690	0.0000	0.5	0.5
巴东县	0.0706	0.0078	0.1126	0.0000	0.5	0.5

表 A-27　2008 年城镇发展环境二级指标值表

区县名称	财政收支环境指标	金融存贷环境指标	非农人口指标	主营业务发展环境指标	政策环境指标	自然环境指标
渝中区	0.2794	0.6037	1.0000	0.0220	1	1
大渡口区	0.2863	0.0729	0.8034	0.8008	1	1
江北区	0.4191	0.1116	0.8720	0.3236	1	1
沙坪坝区	0.2615	0.0796	0.7636	0.3467	1	1
九龙坡区	0.1581	0.1049	0.7367	0.4789	1	1
南岸区	0.2548	0.0818	0.8271	0.3735	1	1
北碚区	0.1376	0.0404	0.4820	0.2459	0.9	0.9
渝北区	0.2049	0.0800	0.4615	0.3689	0.9	1
巴南区	0.1599	0.0278	0.3311	0.2289	0.9	0.9
涪陵区	0.1263	0.0266	0.2903	0.1475	0.85	0.8
长寿区	0.1076	0.0233	0.2388	0.0974	0.8	0.8
江津区	0.0958	0.0163	0.2692	0.0910	0.85	0.8
合川区	0.0719	0.0162	0.2082	0.0333	0.85	0.8
永川区	0.1164	0.0192	0.2697	0.0710	0.85	0.8
南川区	0.1106	0.0139	0.1772	0.0647	0.75	0.8
綦江区	0.1045	0.0151	0.2907	0.0560	0.6	0.8
大足区	0.0910	0.0103	0.2053	0.0828	0.6	0.8
潼南县	0.0704	0.0089	0.1286	0.0144	0.6	0.8
铜梁县	0.0950	0.0162	0.1814	0.0506	0.6	0.7
荣昌县	0.0858	0.0146	0.2228	0.0836	0.6	0.7
璧山县	0.1190	0.0219	0.2562	0.1425	0.6	0.8
万州区	0.1042	0.0223	0.2959	0.0485	0.85	0.7
梁平县	0.0811	0.0126	0.1297	0.0284	0.6	0.7
城口县	0.1454	0.0119	0.1222	0.0363	0.5	0.5
丰都县	0.0800	0.0114	0.1826	0.0140	0.6	0.6

续表

区县名称	财政收支环境指标	金融存贷环境指标	非农人口指标	主营业务发展环境指标	政策环境指标	自然环境指标
垫江县	0.0692	0.0109	0.1536	0.0316	0.6	0.7
忠县	0.0761	0.0142	0.1614	0.0165	0.6	0.6
开县	0.0715	0.0118	0.1333	0.0151	0.6	0.7
云阳县	0.0687	0.0098	0.1377	0.0043	0.6	0.6
奉节县	0.0807	0.0082	0.1262	0.0054	0.6	0.6
巫山县	0.0926	0.0096	0.1650	0.0076	0.6	0.5
巫溪县	0.0923	0.0080	0.1175	0.0064	0.6	0.5
黔江区	0.1798	0.0122	0.1986	0.0494	0.8	0.7
武隆县	0.1371	0.0207	0.1444	0.0225	0.6	0.7
石柱县	0.1112	0.0125	0.1655	0.0205	0.6	0.6
秀山县	0.1150	0.0081	0.1340	0.0377	0.6	0.6
酉阳县	0.0898	0.0080	0.1059	0.0078	0.6	0.6
彭水县	0.0987	0.0164	0.0990	0.0176	0.6	0.6
秭归县	0.0964	0.0125	0.1724	0.0000	0.5	0.5
巴东县	0.0979	0.0096	0.1145	0.0000	0.5	0.5

表 A-28　2009 年城镇发展环境二级指标值表

区县名称	财政收支环境指标	金融存贷环境指标	非农人口指标	主营业务发展环境指标	政策环境指标	自然环境指标
渝中区	0.4186	0.8529	1.0000	0.0187	1	1
大渡口区	0.3822	0.1138	0.8135	0.6196	1	1
江北区	0.4150	0.2378	0.8827	0.4000	1	1
沙坪坝区	0.3214	0.1088	0.7735	0.3625	1	1
九龙坡区	0.2203	0.1422	0.7439	0.4605	1	1
南岸区	0.3500	0.1169	0.8386	0.4543	1	1
北碚区	0.2012	0.0514	0.4913	0.3156	0.9	0.9
渝北区	0.2272	0.1143	0.4915	0.5210	0.9	1
巴南区	0.2031	0.0397	0.3411	0.2640	0.9	0.9
涪陵区	0.1828	0.0333	0.3072	0.1600	0.85	0.8
长寿区	0.1509	0.0316	0.2516	0.0857	0.8	0.8
江津区	0.1300	0.0223	0.2771	0.0874	0.85	0.8
合川区	0.1042	0.0215	0.2221	0.0283	0.85	0.8
永川区	0.1516	0.0253	0.2754	0.0608	0.85	0.8
南川区	0.1444	0.0189	0.1870	0.0294	0.75	0.8
綦江区	0.1649	0.0201	0.3015	0.0741	0.6	0.8

续表

区县名称	财政收支环境指标	金融存贷环境指标	非农人口指标	主营业务发展环境指标	政策环境指标	自然环境指标
大足区	0.1133	0.0131	0.2202	0.1555	0.6	0.8
潼南县	0.1000	0.0115	0.1333	0.0750	0.6	0.8
铜梁县	0.1257	0.0203	0.1888	0.1248	0.6	0.7
荣昌县	0.1253	0.0173	0.2345	0.2611	0.6	0.7
璧山县	0.1459	0.0274	0.2618	0.1710	0.6	0.8
万州区	0.1359	0.0284	0.3159	0.0840	0.85	0.7
梁平县	0.1003	0.0161	0.1437	0.0357	0.6	0.7
城口县	0.1920	0.0138	0.1297	0.0342	0.5	0.5
丰都县	0.1112	0.0148	0.1956	0.0204	0.6	0.6
垫江县	0.0985	0.0143	0.1581	0.0392	0.6	0.7
忠县	0.0945	0.0170	0.1685	0.0188	0.6	0.6
开县	0.0857	0.0139	0.1383	0.0193	0.6	0.7
云阳县	0.0918	0.0120	0.1474	0.0055	0.6	0.6
奉节县	0.0985	0.0100	0.1439	0.0084	0.6	0.6
巫山县	0.1126	0.0115	0.1683	0.0080	0.6	0.5
巫溪县	0.1363	0.0097	0.1277	0.0083	0.6	0.5
黔江区	0.2360	0.0187	0.2225	0.0592	0.8	0.7
武隆县	0.1942	0.0225	0.1636	0.0374	0.6	0.7
石柱县	0.1361	0.0170	0.1751	0.0476	0.6	0.6
秀山县	0.1422	0.0107	0.1452	0.0135	0.6	0.6
酉阳县	0.1283	0.0103	0.1083	0.0151	0.6	0.6
彭水县	0.1361	0.0121	0.1094	0.0133	0.6	0.6
秭归县	0.1460	0.0152	0.1754	0.0387	0.5	0.5
巴东县	0.1452	0.0119	0.1118	0.0000	0.5	0.5

表 A-29　2010 年城镇发展环境二级指标值表

区县名称	财政收支环境指标	金融存贷环境指标	非农人口指标	主营业务发展环境指标	政策环境指标	自然环境指标
渝中区	0.5344	0.9925	1.0000	0.0205	1	1
大渡口区	0.3815	0.1368	0.8383	0.5953	1	1
江北区	0.4952	0.3142	0.9006	0.4954	1	1
沙坪坝区	0.2898	0.1234	0.8022	0.4721	1	1
九龙坡区	0.3197	0.1635	0.7597	0.5719	1	1
南岸区	0.4188	0.1366	0.8547	0.5661	1	1

续表

区县名称	财政收支环境指标	金融存贷环境指标	非农人口指标	主营业务发展环境指标	政策环境指标	自然环境指标
北碚区	0.2551	0.0644	0.5077	0.3457	0.95	0.9
渝北区	0.3249	0.1542	0.5212	0.7047	0.95	1
巴南区	0.2592	0.0476	0.4071	0.3459	0.9	0.9
涪陵区	0.2239	0.0412	0.3581	0.2566	0.85	0.8
长寿区	0.2222	0.0370	0.3060	0.2556	0.8	0.8
江津区	0.1707	0.0265	0.3472	0.1778	0.85	0.8
合川区	0.1324	0.0263	0.3249	0.0712	0.85	0.8
永川区	0.2051	0.0323	0.2884	0.1845	0.85	0.8
南川区	0.1969	0.0244	0.2243	0.0890	0.75	0.8
綦江区	0.1955	0.0250	0.3186	0.1030	0.6	0.8
大足区	0.1615	0.0168	0.2545	0.1502	0.6	0.8
潼南县	0.1295	0.0151	0.1532	0.0348	0.6	0.8
铜梁县	0.1625	0.0254	0.1999	0.1088	0.6	0.7
荣昌县	0.1962	0.0207	0.2491	0.1819	0.6	0.7
璧山县	0.2205	0.0375	0.4152	0.2587	0.6	0.8
万州区	0.1768	0.0353	0.3228	0.1164	0.85	0.7
梁平县	0.1480	0.0205	0.1667	0.0551	0.6	0.7
城口县	0.2361	0.0215	0.1513	0.0429	0.5	0.5
丰都县	0.1265	0.0183	0.2099	0.0245	0.6	0.6
垫江县	0.1236	0.0181	0.1689	0.0478	0.6	0.7
忠县	0.1310	0.0213	0.2052	0.0292	0.6	0.6
开县	0.1157	0.0167	0.2764	0.0283	0.6	0.7
云阳县	0.1222	0.0155	0.1611	0.0077	0.6	0.6
奉节县	0.1239	0.0127	0.1619	0.0116	0.6	0.6
巫山县	0.1567	0.0151	0.1760	0.0118	0.6	0.5
巫溪县	0.1763	0.0139	0.1526	0.0131	0.6	0.5
黔江区	0.3056	0.0232	0.4170	0.0928	0.8	0.7
武隆县	0.2600	0.0288	0.2491	0.0367	0.6	0.7
石柱县	0.1873	0.0205	0.2609	0.0372	0.6	0.6
秀山县	0.1917	0.0139	0.1701	0.0537	0.6	0.6
酉阳县	0.1494	0.0124	0.2376	0.0171	0.6	0.6
彭水县	0.1610	0.0153	0.1425	0.0230	0.6	0.6
秭归县	0.1955	0.0198	0.1764	0.0639	0.5	0.5
巴东县	0.2048	0.0144	0.1131	0.0339	0.5	0.5

表 A-30 2011 年城镇发展环境二级指标值表

区县名称	财政收支环境指标	金融存贷环境指标	非农人口指标	主营业务发展环境指标	政策环境指标	自然环境指标
渝中区	0.7012	0.8193	1.0000	0.0163	1	1
大渡口区	0.4785	0.1612	0.8646	0.5230	1	1
江北区	0.8219	0.6801	0.9415	0.4916	1	1
沙坪坝区	0.3739	0.1336	0.8382	0.6634	1	1
九龙坡区	0.5489	0.1783	0.7705	0.6822	1	1
南岸区	0.6403	0.1500	0.8816	0.6582	1	1
北碚区	0.3731	0.0759	0.5462	0.5045	0.95	0.9
渝北区	0.7481	0.1938	0.5862	0.8023	0.95	1
巴南区	0.3599	0.0521	0.4143	0.3868	0.9	0.9
涪陵区	0.3180	0.0443	0.4110	0.3542	0.85	0.8
长寿区	0.2817	0.0401	0.3198	0.3864	0.8	0.8
江津区	0.2294	0.0306	0.3694	0.2320	0.85	0.8
合川区	0.1722	0.0299	0.3173	0.0966	0.85	0.8
永川区	0.2746	0.0370	0.3193	0.2131	0.85	0.8
南川区	0.2631	0.0259	0.2565	0.0750	0.75	0.8
綦江区	0.2724	0.0282	0.4185	0.1502	0.6	0.8
大足区	0.2434	0.0189	0.3155	0.1787	0.6	0.8
潼南县	0.1713	0.0176	0.1600	0.0412	0.6	0.8
铜梁县	0.1928	0.0290	0.2286	0.1396	0.6	0.7
荣昌县	0.2432	0.0250	0.4584	0.2569	0.6	0.7
璧山县	0.3842	0.0439	0.4231	0.3758	0.6	0.8
万州区	0.2474	0.0413	0.4417	0.1627	0.85	0.7
梁平县	0.1737	0.0235	0.2007	0.0493	0.6	0.7
城口县	0.3326	0.0233	0.2589	0.0484	0.5	0.5
丰都县	0.1719	0.0223	0.2637	0.0268	0.6	0.6
垫江县	0.1623	0.0210	0.2206	0.0482	0.6	0.7
忠县	0.1822	0.0254	0.2229	0.0323	0.6	0.6
开县	0.1551	0.0209	0.2955	0.0406	0.6	0.7
云阳县	0.1479	0.0181	0.2562	0.0158	0.6	0.6
奉节县	0.1964	0.0159	0.1972	0.0144	0.6	0.6
巫山县	0.2154	0.0180	0.2295	0.0140	0.6	0.5
巫溪县	0.2312	0.0167	0.2207	0.0144	0.6	0.5
黔江区	0.3868	0.0292	0.4255	0.1282	0.8	0.7

续表

区县名称	财政收支环境指标	金融存贷环境指标	非农人口指标	主营业务发展环境指标	政策环境指标	自然环境指标
武隆县	0.3595	0.0321	0.2737	0.0344	0.6	0.7
石柱县	0.2391	0.0235	0.2889	0.0562	0.6	0.6
秀山县	0.2667	0.0158	0.3318	0.0404	0.6	0.6
酉阳县	0.2179	0.0147	0.2621	0.0214	0.6	0.6
彭水县	0.2072	0.0172	0.2349	0.0258	0.6	0.6
秭归县	0.2360	0.0244	0.1763	0.0000	0.5	0.5
巴东县	0.2490	0.0183	0.1203	0.0000	0.5	0.5

表 A-31　2012 年城镇发展环境二级指标值表

区县名称	财政收支环境指标	金融存贷环境指标	非农人口指标	主营业务发展环境指标	政策环境指标	自然环境指标
渝中区	0.8452	1.0000	1.0000	0.0227	1	1
大渡口区	0.4364	0.1870	0.8811	0.3567	1	1
江北区	1.0000	0.8152	0.9492	0.5623	1	1
沙坪坝区	0.5616	0.1663	0.8404	1.0000	1	1
九龙坡区	0.5989	0.1926	0.7837	0.6772	1	1
南岸区	0.7503	0.1676	0.8891	0.6767	1	1
北碚区	0.4722	0.0849	0.5568	0.5252	0.95	0.9
渝北区	0.8282	0.2677	0.6074	0.9847	0.95	1
巴南区	0.3666	0.0626	0.4243	0.3026	0.9	0.9
涪陵区	0.3801	0.0517	0.4130	0.4263	0.85	0.8
长寿区	0.3128	0.0454	0.3352	0.3616	0.8	0.8
江津区	0.2422	0.0363	0.3753	0.2803	0.85	0.8
合川区	0.2303	0.0325	0.3226	0.1109	0.85	0.8
永川区	0.2929	0.0406	0.3285	0.2604	0.85	0.8
南川区	0.3103	0.0306	0.2664	0.1013	0.75	0.8
綦江区	0.3287	0.0330	0.4218	0.1473	0.7	0.8
大足区	0.2634	0.0229	0.3241	0.1467	0.7	0.8
潼南县	0.2062	0.0210	0.1649	0.0378	0.6	0.8
铜梁县	0.2384	0.0343	0.2489	0.1755	0.6	0.7
荣昌县	0.2568	0.0277	0.4661	0.2585	0.6	0.7
璧山县	0.4275	0.0506	0.4338	0.5084	0.6	0.8
万州区	0.3444	0.0465	0.4441	0.1678	0.85	0.7
梁平县	0.2179	0.0275	0.2088	0.0602	0.6	0.7

续表

区县名称	财政收支环境指标	金融存贷环境指标	非农人口指标	主营业务发展环境指标	政策环境指标	自然环境指标
城口县	0.5429	0.0281	0.2713	0.0510	0.5	0.5
丰都县	0.2384	0.0271	0.2813	0.0428	0.6	0.6
垫江县	0.1874	0.0243	0.2281	0.0646	0.6	0.7
忠县	0.2147	0.0304	0.2289	0.0239	0.6	0.6
开县	0.1829	0.0238	0.3062	0.0541	0.6	0.7
云阳县	0.1889	0.0216	0.2699	0.0219	0.6	0.6
奉节县	0.2290	0.0174	0.2067	0.0107	0.6	0.6
巫山县	0.2664	0.0212	0.2373	0.0150	0.6	0.5
巫溪县	0.2855	0.0201	0.2410	0.0144	0.6	0.5
黔江区	0.4381	0.0335	0.4333	0.1551	0.8	0.7
武隆县	0.4145	0.0370	0.2801	0.0482	0.6	0.7
石柱县	0.3223	0.0268	0.3066	0.0654	0.6	0.6
秀山县	0.3092	0.0187	0.3357	0.0376	0.6	0.6
酉阳县	0.2686	0.0171	0.2736	0.0293	0.6	0.6
彭水县	0.2633	0.0208	0.2779	0.0339	0.6	0.6
秭归县	0.2807	0.0299	0.1759	0.1008	0.5	0.5
巴东县	0.2653	0.0207	0.0000	0.0000	0.5	0.5

（3）发展环境一级指标

城镇发展环境一级指标制作方法与城镇服务功能一级指标制作方法完全一样，此处不再赘述。运用 Eviews 软件对各二级指标进行相关性分析，得到如下相关系数及权重表（表 A-32）。

表 A-32　2004～2012 年发展环境相关系数及相关系数总和与指标权重

年份	指标	财政收支环境指标	金融存贷环境指标	非农人口指标	主营业务发展环境指标	政策环境指标	自然环境指标
2004	财政收支环境指标	0	0.7176	0.8796	0.7557	0.7954	0.6501
	金融存贷环境指标	0.7176	0	0.7555	0.4133	0.5623	0.4974
	非农人口指标	0.8796	0.7555	0	0.8465	0.8870	0.8110
	主营业务发展环境指标	0.7557	0.4133	0.8465	0	0.8161	0.7488
	政策环境指标	0.7954	0.5623	0.8870	0.8161	0	0.8806
	自然环境指标	0.6501	0.4974	0.8110	0.7488	0.8806	0
	相关系数总和	3.7984	2.9461	4.1795	3.5803	3.9413	3.5878
	权重	0.1724	0.1337	0.1897	0.1625	0.1789	0.1628

续表

年份	指标	财政收支环境指标	金融存贷环境指标	非农人口指标	主营业务发展环境指标	政策环境指标	自然环境指标
2005	财政收支环境指标	0	0.6948	0.8699	0.7341	0.7969	0.6417
	金融存贷环境指标	0.6948	0	0.7451	0.3762	0.5566	0.4932
	非农人口指标	0.8699	0.7451	0	0.8242	0.8917	0.8141
	主营业务发展环境指标	0.7341	0.3762	0.8242	0	0.8171	0.7532
	政策环境指标	0.7969	0.5566	0.8917	0.8171	0	0.8806
	自然环境指标	0.6417	0.4932	0.8141	0.7532	0.8806	0
	相关系数总和	3.7374	2.8659	4.1449	3.5048	3.9428	3.5829
	权重	0.1716	0.1316	0.1903	0.1609	0.1810	0.1645
2006	财政收支环境指标	0	0.6224	0.8839	0.7693	0.8052	0.6722
	金融存贷环境指标	0.6224	0	0.7236	0.3742	0.5385	0.4768
	非农人口指标	0.8839	0.7236	0	0.8336	0.8958	0.8158
	主营业务发展环境指标	0.7693	0.3742	0.8336	0	0.8356	0.7815
	政策环境指标	0.8052	0.5385	0.8958	0.8356	0	0.8806
	自然环境指标	0.6722	0.4768	0.8158	0.7815	0.8806	0
	相关系数总和	3.7530	2.7355	4.1528	3.5943	3.9557	3.6270
	权重	0.1720	0.1254	0.1903	0.1647	0.1813	0.1662
2007	财政收支环境指标	0	0.5931	0.8904	0.7027	0.7401	0.6886
	金融存贷环境指标	0.5931	0	0.7090	0.2128	0.4898	0.4754
	非农人口指标	0.8904	0.7090	0	0.7608	0.8419	0.8206
	主营业务发展环境指标	0.7027	0.2128	0.7608	0	0.7275	0.7526
	政策环境指标	0.7401	0.4898	0.8419	0.7275	0	0.8708
	自然环境指标	0.6886	0.4754	0.8206	0.7526	0.8708	0
	相关系数总和	3.6148	2.4800	4.0226	3.1564	3.6700	3.6080
	权重	0.1759	0.1207	0.1957	0.1536	0.1786	0.1756
2008	财政收支环境指标	0	0.5426	0.8729	0.6797	0.7233	0.6802
	金融存贷环境指标	0.5426	0	0.6877	0.1625	0.4817	0.4699
	非农人口指标	0.8729	0.6877	0	0.7470	0.8470	0.8260
	主营业务发展环境指标	0.6797	0.1625	0.7470	0	0.7205	0.7397
	政策环境指标	0.7233	0.4817	0.8470	0.7205	0	0.8708
	自然环境指标	0.6802	0.4699	0.8260	0.7397	0.8708	0
	相关系数总和	3.4987	2.3445	3.9806	3.0494	3.6434	3.5868
	权重	0.1740	0.1166	0.1980	0.1517	0.1812	0.1784

续表

年份	指标	财政收支环境指标	金融存贷环境指标	非农人口指标	主营业务发展环境指标	政策环境指标	自然环境指标
2009	财政收支环境指标	0	0.6887	0.9135	0.6570	0.7458	0.6945
	金融存贷环境指标	0.6887	0	0.7120	0.1806	0.5044	0.4914
	非农人口指标	0.9135	0.7120	0	0.7490	0.8529	0.8313
	主营业务发展环境指标	0.6570	0.1806	0.7490	0	0.7018	0.7731
	政策环境指标	0.7458	0.5044	0.8529	0.7018	0	0.8708
	自然环境指标	0.6945	0.4914	0.8313	0.7731	0.8708	0
	相关系数总和	3.6994	2.5771	4.0587	3.0614	3.6756	3.6611
	权重	0.1784	0.1243	0.1958	0.1477	0.1773	0.1766
2010	财政收支环境指标	0	0.7535	0.8937	0.6354	0.7230	0.6893
	金融存贷环境指标	0.7535	0	0.7009	0.1902	0.5055	0.4999
	非农人口指标	0.8937	0.7009	0	0.7439	0.8625	0.8487
	主营业务发展环境指标	0.6354	0.1902	0.7439	0	0.7762	0.8044
	政策环境指标	0.7230	0.5055	0.8625	0.7762	0	0.8744
	自然环境指标	0.6893	0.4999	0.8487	0.8044	0.8744	0
	相关系数总和	3.6948	2.6500	4.0496	3.1500	3.7416	3.7167
	权重	0.1759	0.1262	0.1928	0.1500	0.1781	0.1770
2011	财政收支环境指标	0	0.7851	0.8505	0.6941	0.7173	0.7166
	金融存贷环境指标	0.7851	0	0.7593	0.2853	0.5694	0.5633
	非农人口指标	0.8505	0.7593	0	0.7256	0.8414	0.8264
	主营业务发展环境指标	0.6941	0.2853	0.7256	0	0.7756	0.8068
	政策环境指标	0.7173	0.5694	0.8414	0.7756	0	0.8744
	自然环境指标	0.7166	0.5633	0.8264	0.8068	0.8744	0
	相关系数总和	3.7636	2.9625	4.0032	3.2873	3.7781	3.7875
	权重	0.1744	0.1373	0.1855	0.1523	0.1751	0.1755
2012	财政收支环境指标	0	0.7992	0.8296	0.6490	0.6791	0.6596
	金融存贷环境指标	0.7992	0	0.7401	0.2803	0.5607	0.5595
	非农人口指标	0.8296	0.7401	0	0.6833	0.8501	0.8297
	主营业务发展环境指标	0.6490	0.2803	0.6833	0	0.7216	0.7544
	政策环境指标	0.6791	0.5607	0.8501	0.7216	0	0.8970
	自然环境指标	0.6596	0.5595	0.8297	0.7544	0.8970	0
	相关系数总和	3.6164	2.9399	3.9328	3.0887	3.7085	3.7002
	权重	0.1723	0.1401	0.1874	0.1472	0.1767	0.1763

根据权重，运用公式 $\eta_3=\gamma_1\times$ 财政收支环境指标$_t$+$\gamma_2\times$ 金融存贷环境指标$_t$+$\gamma_3\times$ 非农人口指标$_t$+$\gamma_4\times$ 主营业务发展环境指标$_t$+$\gamma_5\times$ 政策环境指标$_t$+$\gamma_6\times$ 自然环境指标$_t$可得到城镇发展环境的合成指标值表。

4. 创新功能指标

（1）城镇创新功能二级指标值

利用式（3.1）和式（3.2），可得到如下城镇创新功能二级指标值（表 A-33）。

表 A-33　2004～2006 年城镇创新功能二级指标值表

区县名称	2004年			2005年			2006年		
	利润水平指标	劳动生产率指标	总资产贡献率指标	水平总额指标	全员劳动生产率指标	总资产贡献率指标	利润水平指标	劳动生产率指标	总资产贡献率指标
渝中区	0.0593	0.1853	0.1509	0.0696	0.2574	0.1607	0.0962	0.2898	0.1753
大渡口区	0.6387	0.1669	0.3530	0.3811	0.1546	0.2605	0.4105	0.1512	0.2653
江北区	0.5148	0.1161	0.2799	0.2189	0.1035	0.1534	0.2949	0.1068	0.1704
沙坪坝区	0.0644	0.0983	0.1607	0.1289	0.1427	0.2191	0.1498	0.1750	0.2337
九龙坡区	0.1262	0.1282	0.1582	0.1422	0.1398	0.1655	0.1972	0.1457	0.1728
南岸区	0.1655	0.1433	0.3067	0.1681	0.1469	0.3213	0.1957	0.1775	0.3335
北碚区	0.0488	0.0747	0.1972	0.1074	0.1417	0.3311	0.1462	0.1574	0.3043
渝北区	0.1655	0.1941	0.5745	0.1204	0.1841	0.3846	0.3312	0.2684	0.4260
巴南区	0.0786	0.1035	0.2897	0.0641	0.1147	0.2240	0.1375	0.1392	0.3700
涪陵区	0.0353	0.1147	0.2799	0.0616	0.2107	0.2799	0.0697	0.2253	0.2556
长寿区	0.1036	0.1718	0.3944	0.1501	0.2487	0.4601	0.1351	0.2031	0.3700
江津区	0.0534	0.1686	0.3213	0.0684	0.2069	0.2970	0.0617	0.2330	0.2410
合川区	0.0050	0.0758	0.2702	0.0188	0.0806	0.3359	0.0266	0.0889	0.2580
永川区	0.0555	0.0925	0.4284	0.0545	0.1191	0.5355	0.0407	0.1470	0.3749
南川区	0.0382	0.0991	0.3359	0.0503	0.1300	0.3603	0.0765	0.1943	0.3992
綦江区	0.0207	0.0563	0.3152	0.0183	0.0636	0.2252	0.0149	0.0632	0.1947
大足区	0.0174	0.1097	0.3225	0.0074	0.0793	0.2033	0.0087	0.1086	0.2507
潼南县	0.0037	0.1051	0.1680	0.0049	0.1280	0.1899	0.0063	0.1408	0.2313
铜梁县	0.0167	0.1044	0.3140	0.0175	0.1333	0.3286	0.0107	0.1348	0.2264
荣昌县	–0.0184	0.0521	0.1874	0.0092	0.0916	0.2678	0.0214	0.1110	0.3408
璧山县	0.0371	0.0985	0.2556	0.0599	0.1091	0.3140	0.0959	0.1172	0.3505
万州区	0.0103	0.0823	0.1850	0.0103	0.1085	0.1607	0.0121	0.1302	0.1607
梁平县	0.0005	0.0285	0.1923	0.0039	0.0295	0.3359	0.0024	0.0363	0.2848

续表

区县名称	2004年			2005年			2006年		
	利润水平指标	劳动生产率指标	总资产贡献率指标	水平总额指标	全员劳动生产率指标	总资产贡献率指标	利润水平指标	劳动生产率指标	总资产贡献率指标
城口县	0.0280	0.1145	0.8228	–0.0023	0.0881	0.1461	–0.0080	0.0980	0.1144
丰都县	0.0011	0.1109	0.1412	0.0017	0.1330	0.1461	0.0025	0.1362	0.1266
垫江县	0.0103	0.1290	0.2897	0.0153	0.1489	0.3627	0.0167	0.1278	0.3165
忠县	–0.0012	0.0431	0.1071	–0.0022	0.0515	0.0560	0.0030	0.0802	0.1777
开县	0.0009	0.0673	0.1315	0.0016	0.1087	0.1509	0.0098	0.1397	0.2653
云阳县	0.0005	0.0373	0.1485	–0.0015	0.0683	0.0414	0.0005	0.0568	0.1168
奉节县	0.0005	0.0404	0.1534	0.0004	0.0521	0.1607	0.0019	0.0547	0.1826
巫山县	–0.0003	0.0268	0.0803	–0.0002	0.0444	0.1412	–0.0013	0.0431	0.1388
巫溪县	–0.0048	0.0412	–0.0268	–0.0045	0.0409	0.0049	–0.0017	0.0458	0.0633
黔江区	0.0199	0.4123	0.4382	0.0289	0.5452	0.4649	0.0277	0.6007	0.4844
武隆县	0.0445	0.1676	0.2556	0.0230	0.1633	0.1631	0.0150	0.1199	0.1485
石柱县	0.0080	0.0593	0.2361	0.0123	0.0629	0.2069	0.0106	0.0814	0.2045
秀山县	0.0161	0.0986	0.5112	–0.0009	0.0683	0.2045	–0.0091	0.0839	0.1266
酉阳县	0.0088	0.2490	0.5648	0.0048	0.1046	0.3019	0.0022	0.1005	0.1388
彭水县	0.0025	0.0734	0.2288	0.0030	0.0812	0.2069	0.0033	0.0847	0.1972
秭归县	0.0017	0.0000	0.1278	0.0031	0.0000	0.1417	0.0034	0.0000	0.1629
巴东县	0.0000	0.0000	0.0969	0.0013	0.0000	0.2191	0.0020	0.0000	0.2561

区县名称	2007年			2008年			2009年		
	利润水平指标	劳动生产率指标	总资产贡献率指标	水平总额指标	全员劳动生产率指标	总资产贡献率指标	利润水平指标	劳动生产率指标	总资产贡献率指标
渝中区	0.0403	0.3923	0.1655	0.0075	0.5304	0.1315	0.0154	0.3902	0.1339
大渡口区	0.6264	0.2576	0.2751	0.8131	0.3574	0.3043	0.3935	0.3100	0.1388
江北区	0.2742	0.1836	0.1607	0.1824	0.2369	0.1241	0.4525	0.3504	0.2459
沙坪坝区	0.2280	0.2427	0.2799	0.2572	0.2988	0.2459	0.3482	0.2913	0.2726
九龙坡区	0.3140	0.2445	0.2702	0.3408	0.2846	0.1947	0.3762	0.2707	0.2020
南岸区	0.2978	0.2493	0.3189	0.3671	0.3307	0.3238	0.4984	0.3667	0.3919
北碚区	0.1978	0.2005	0.2872	0.2517	0.2699	0.2970	0.2750	0.2817	0.3213
渝北区	0.3936	0.3597	0.4869	0.3349	0.3376	0.3457	0.6081	0.3799	0.4114
巴南区	0.1756	0.2019	0.3286	0.1774	0.2891	0.3140	0.2009	0.2666	0.2970
涪陵区	0.1197	0.3213	0.2848	0.1236	0.4104	0.2726	0.2721	0.4290	0.2872
长寿区	0.2263	0.3029	0.4357	0.1514	0.2978	0.2629	0.1926	0.2781	0.1241

续表

区县名称	2007年			2008年			2009年		
	利润水平指标	劳动生产率指标	总资产贡献率指标	水平总额指标	全员劳动生产率指标	总资产贡献率指标	利润水平指标	劳动生产率指标	总资产贡献率指标
江津区	0.0904	0.3174	0.2872	0.0611	0.3599	0.1801	0.1629	0.3821	0.3238
合川区	0.0341	0.1251	0.2921	0.0531	0.1577	0.3286	0.0268	0.2071	0.4576
永川区	0.0812	0.1722	0.4284	0.1379	0.2452	0.3968	0.0340	0.2593	0.4844
南川区	0.0907	0.2434	0.3530	0.1166	0.2495	0.3895	0.0227	0.2487	0.2191
綦江区	0.0278	0.1165	0.1801	0.0110	0.1419	0.1570	0.0397	0.1660	0.1960
大足区	0.0378	0.2924	0.4223	0.0533	0.3491	0.3822	0.1178	0.3424	0.4564
潼南县	0.0101	0.1784	0.2264	0.0117	0.2071	0.2142	0.1339	0.2225	0.2142
铜梁县	0.0314	0.1812	0.3092	0.0447	0.2178	0.4041	0.1327	0.2431	0.3067
荣昌县	0.0468	0.1657	0.3578	0.0838	0.2111	0.4163	0.1954	0.2094	0.4260
璧山县	0.1767	0.1485	0.4138	0.1554	0.1931	0.3384	0.0940	0.2056	0.2994
万州区	0.0240	0.1509	0.1753	0.0652	0.2878	0.2702	0.1012	0.3728	0.3189
梁平县	0.1028	0.1831	0.6962	0.0605	0.2240	0.5477	0.0196	0.3606	0.2507
城口县	0.0772	0.1753	0.7278	0.0689	0.3912	0.5891	0.0670	0.3625	0.4382
丰都县	0.0123	0.1731	0.2118	0.0359	0.2765	0.3140	0.0301	0.2372	0.2605
垫江县	0.0264	0.2246	0.4017	0.0319	0.3517	0.3432	0.0347	0.3125	0.4844
忠县	0.0120	0.1449	0.2507	0.0201	0.2408	0.3749	0.0329	0.2579	0.2945
开县	0.0157	0.1433	0.2921	0.0050	0.1401	0.2215	0.0188	0.1512	0.2994
云阳县	0.0015	0.0782	0.1193	0.0005	0.0938	0.1193	0.0002	0.1204	0.0852
奉节县	0.0020	0.0659	0.1996	0.0088	0.0817	0.3797	0.0196	0.0927	0.4917
巫山县	0.0007	0.0661	0.2167	0.0054	0.0907	0.3140	–0.0013	0.0928	0.1704
巫溪县	0.0011	0.0804	0.1071	0.0067	0.0957	0.1899	0.0090	0.1107	0.1363
黔江区	0.0745	0.7484	0.5501	0.1166	0.7322	0.7473	0.1059	0.5386	0.6159
武隆县	0.0452	0.2111	0.2215	0.0095	0.1948	0.1582	0.0599	0.1874	0.1412
石柱县	0.0209	0.1158	0.2653	0.0246	0.1522	0.2921	0.0848	0.1806	0.3919
秀山县	0.0501	0.2253	0.5550	0.0589	0.2484	0.4284	0.0309	0.2102	0.3116
酉阳县	0.0025	0.2611	0.1461	0.0025	0.2424	0.0828	0.0368	0.2327	0.2069
彭水县	0.0059	0.1008	0.1826	0.0635	0.2986	0.1972	0.0025	0.3083	0.1607
秭归县	0.0078	0.0000	0.0536	0.0161	0.0000	0.0000	0.0138	0.0000	0.0000
巴东县	0.0084	0.0000	0.1845	0.1172	0.0000	0.0000	0.0000	0.0000	0.0000

续表

区县名称	2010年			2011年			2012年		
	利润水平指标	劳动生产率指标	总资产贡献率指标	水平总额指标	全员劳动生产率指标	总资产贡献率指标	利润水平指标	劳动生产率指标	总资产贡献率指标
渝中区	0.0091	0.3485	0.1168	0.0128	0.4611	0.1336	0.0221	0.5770	0.1614
大渡口区	0.2697	0.2671	0.1509	0.3059	0.1921	0.1653	0.2870	0.2212	0.1833
江北区	0.5012	0.3958	0.2760	0.6169	0.3244	0.2558	0.6663	0.3724	0.2305
沙坪坝区	0.3928	0.3392	0.2865	0.4832	0.3866	0.3160	0.3639	0.4912	0.1848
九龙坡区	0.4788	0.3014	0.2120	0.4743	0.3466	0.1906	0.3673	0.4265	0.1670
南岸区	0.4244	0.3680	0.3457	0.4560	0.4292	0.3505	0.7155	0.5414	0.4929
北碚区	0.2826	0.2476	0.2941	0.5198	0.3573	0.3379	0.5346	0.4012	0.2799
渝北区	0.7825	0.4258	0.4494	0.9739	0.3651	0.3800	1.0000	0.4872	0.3272
巴南区	0.3188	0.3025	0.3479	0.3177	0.2424	0.3160	0.1976	0.2378	0.2016
涪陵区	0.3279	0.5347	0.3630	0.6291	0.6255	0.5365	0.5182	0.6114	0.5645
长寿区	0.0988	0.3510	0.1339	0.1091	0.3824	0.1185	0.0138	0.3822	0.0847
江津区	0.3015	0.4082	0.3440	0.4204	0.3917	0.3486	0.4867	0.4567	0.3525
合川区	0.1951	0.2536	0.5567	0.1955	0.1837	0.4467	0.1508	0.3279	0.2887
永川区	0.4210	0.3067	0.5930	0.4628	0.2068	0.5538	0.2751	0.3157	0.3836
南川区	0.0882	0.2825	0.1609	0.1029	0.1691	0.1882	0.0630	0.3343	0.1551
綦江区	0.1631	0.1909	0.2899	0.1129	0.2141	0.2230	0.0767	0.2882	0.2145
大足区	0.2229	0.3614	0.5929	0.2464	0.1924	0.6317	0.1866	0.3451	0.5489
潼南县	0.0492	0.2155	0.3997	0.0536	0.1914	0.3481	0.0372	0.2517	0.3028
铜梁县	0.1206	0.2650	0.5039	0.1267	0.1194	0.4245	0.2311	0.2658	0.5178
荣昌县	0.2678	0.2708	0.6760	0.4614	0.1451	0.8264	0.4691	0.2308	0.6256
璧山县	0.2391	0.2544	0.3172	0.4009	0.2986	0.3776	0.6083	0.4902	0.5019
万州区	0.1352	0.4166	0.3291	0.2112	0.3973	0.4160	0.2128	0.4306	0.4012
梁平县	0.0278	0.3799	1.0000	0.1134	0.1499	0.9360	0.1333	0.3663	0.9903
城口县	0.0676	0.4357	0.3242	0.0692	0.1605	0.3150	0.0092	0.3008	0.1714
丰都县	0.0362	0.2775	0.1850	0.0285	0.1550	0.1383	0.0304	0.3110	0.0789
垫江县	0.0416	0.4150	0.3362	0.0436	0.3763	0.2885	0.0506	0.4098	0.3836
忠县	0.0514	0.3124	0.2079	0.0585	0.3115	0.2042	0.0316	0.3701	0.1782
开县	0.0168	0.1607	0.2977	0.0458	0.1829	0.4572	0.0512	0.2543	0.4275
云阳县	–0.0030	0.1266	0.0443	0.0061	0.1706	0.1636	0.0154	0.3545	0.3048
奉节县	0.0171	0.1102	0.4182	0.0289	0.0613	0.4859	0.0158	0.1415	0.2578
巫山县	0.0044	0.1063	0.2471	0.0059	0.0569	0.3503	–0.0049	0.1460	0.1887
巫溪县	0.0120	0.1381	0.0691	0.0168	0.0782	0.0723	0.0158	0.1376	0.0621

续表

区县名称	2010年			2011年			2012年		
	利润水平指标	劳动生产率指标	总资产贡献率指标	水平总额指标	全员劳动生产率指标	总资产贡献率指标	利润水平指标	劳动生产率指标	总资产贡献率指标
黔江区	0.2343	0.6112	0.7296	0.1889	0.8150	0.7712	0.2739	1.0000	0.9265
武隆县	0.0448	0.2627	0.2743	0.0481	0.2619	0.1127	0.1346	0.5492	0.2624
石柱县	0.0434	0.1702	0.2549	0.0876	0.1491	0.4460	0.1283	0.2957	0.4832
秀山县	0.0835	0.2274	0.2994	0.0054	0.1446	0.1166	–0.0057	0.2530	0.1005
酉阳县	0.0415	0.2711	0.3323	0.0423	0.2134	0.2235	0.0405	0.5587	0.1835
彭水县	0.0664	0.3150	0.2025	0.0100	0.3777	0.1658	0.1056	0.4839	0.2945
秭归县	0.0364	0.0000	0.0000	0.0345	0.0000	0.0000	0.0000	0.0000	0.0000
巴东县	0.0534	0.0000	0.0000	0.0000	0.0000	0.0000	0.0000	0.0000	0.0000

（2）创新功能一级指标

运用 Eviews 软件对城镇创新功能指标之下的 3 个二级指标进行相关性分析，得到如下相关系数及权重（表 A-34）。

表 A-34　2004 ～ 2012 年创新功能相关系数及相关系数总和与指标权重

年份	指标	利润水平指标	劳动生产率指标	总资产贡献率指标	相关系数总和	权重
2004	利润水平指标	0	0.2409	0.1796	0.4205	0.2209
	劳动生产率指标	0.2409	0	0.5312	0.7721	0.4057
	总资产贡献率指标	0.1796	0.5312	0	0.7108	0.3734
2005	利润水平指标	0	0.2771	0.2431	0.5202	0.2554
	劳动生产率指标	0.2771	0	0.4981	0.7752	0.3806
	总资产贡献率指标	0.2431	0.4981	0	0.7411	0.3639
2006	利润水平指标	0	0.2858	0.3457	0.6315	0.2604
	劳动生产率指标	0.2858	0	0.5813	0.8671	0.3575
	总资产贡献率指标	0.3457	0.5813	0	0.9270	0.3822
2007	利润水平指标	0	0.3134	0.2025	0.5159	0.2730
	劳动生产率指标	0.3134	0	0.4289	0.7423	0.3929
	总资产贡献率指标	0.2025	0.4289	0	0.6313	0.3341
2008	利润水平指标	0	0.2788	0.0800	0.3587	0.2059
	劳动生产率指标	0.2788	0	0.5124	0.7911	0.4541
	总资产贡献率指标	0.0800	0.5124	0	0.5923	0.3400
2009	利润水平指标	0	0.4533	0.1458	0.5991	0.2744
	劳动生产率指标	0.4533	0	0.4927	0.9460	0.4332
	总资产贡献率指标	0.1458	0.4927	0	0.6386	0.2924

续表

年份	指标	利润水平指标	劳动生产率指标	总资产贡献率指标	相关系数总和	权重
2010	利润水平指标	0	0.4552	0.2445	0.6996	0.2961
	劳动生产率指标	0.4552	0	0.4816	0.9368	0.3965
	总资产贡献率指标	0.2445	0.4816	0	0.7260	0.3073
2011	利润水平指标	0	0.4283	0.3103	0.7386	0.3817
	劳动生产率指标	0.4283	0	0.2289	0.6572	0.3396
	总资产贡献率指标	0.3103	0.2289	0	0.5392	0.2787
2012	利润水平指标	0	0.3908	0.3369	0.7277	0.2979
	劳动生产率指标	0.3908	0	0.4939	0.8847	0.3621
	总资产贡献率指标	0.3369	0.4939	0	0.8308	0.3400

根据上表的权重，运用公式 $\eta_4=\delta_1$* 利润水平指标 $_t$ + δ_2* 劳动生产率指标 $_t$ + δ_3* 总资产贡献率指标 $_t$ 可得到城镇创新功能指标值（表 5-5）。

5. 综合指标的形成

根据上面四个公式，可以得出各年份各区县的服务功能、集聚功能、发展环境、创新功能的指标值（表 A-35 ～表 A-38）。

表 A-35　2004 ～ 2012 年各区县服务功能指标值

区县名称	2004年	2005年	2006年	2007年	2008年
渝中区	0.3382	0.3566	0.4569	0.5073	0.5338
大渡口区	–0.0539	0.0287	0.0681	0.0405	0.1900
江北区	0.1803	0.1841	0.2407	0.2805	0.3167
沙坪坝区	–0.0470	0.0119	0.0316	0.0231	0.1277
九龙坡区	0.0549	0.1265	0.1639	0.1616	0.1817
南岸区	0.0733	0.1155	0.1562	0.2824	0.2847
北碚区	–0.0144	0.0230	0.0638	0.0397	0.1462
渝北区	–0.1208	–0.0726	–0.0580	–0.0529	0.0097
巴南区	–0.0994	–0.0408	–0.0222	–0.0267	0.0213
涪陵区	0.0410	0.1348	0.0632	–0.0239	0.0276
长寿区	–0.1044	–0.0535	–0.0334	–0.0412	0.0193
江津区	–0.1103	–0.0532	–0.0390	–0.0405	0.0254
合川区	–0.1277	–0.0682	–0.0372	–0.0224	0.0035
永川区	–0.0892	–0.0272	0.0024	0.0206	0.0681
南川区	–0.1187	–0.0645	–0.0458	–0.0519	–0.0047

续表

区县名称	2004年	2005年	2006年	2007年	2008年
綦江区	–0.0926	–0.0485	–0.0426	–0.0632	–0.0076
大足区	–0.1873	–0.1183	–0.0904	–0.0977	–0.0328
潼南县	–0.2149	–0.1422	–0.1094	–0.1164	–0.0533
铜梁县	–0.1637	–0.1046	–0.0814	–0.0980	–0.0372
荣昌县	–0.1344	–0.0684	–0.0564	–0.0570	–0.0130
璧山县	–0.1044	–0.0606	–0.0398	–0.0523	–0.0057
万州区	–0.1332	–0.0453	–0.0057	–0.0607	–0.0045
梁平县	–0.1607	–0.0975	–0.0697	–0.0819	–0.0331
城口县	–0.0709	–0.0100	0.0718	0.0715	0.1114
丰都县	–0.1383	–0.0880	–0.0765	–0.0750	–0.0105
垫江县	–0.2251	–0.1375	–0.1079	–0.1122	–0.0540
忠县	–0.1599	–0.0974	–0.0714	–0.0797	–0.0282
开县	–0.2079	–0.1377	–0.1165	–0.1192	–0.0603
云阳县	–0.1670	–0.1163	–0.0988	–0.1203	–0.0589
奉节县	–0.1801	–0.1321	–0.1104	–0.1309	–0.0708
巫山县	–0.1667	–0.1109	–0.0999	–0.1096	–0.0510
巫溪县	–0.1542	–0.1174	–0.0985	–0.1284	–0.0708
黔江区	–0.1208	–0.0519	–0.0005	–0.0299	0.0527
武隆县	–0.1185	–0.0816	–0.0681	–0.0821	–0.0347
石柱县	–0.1550	–0.1052	–0.0883	–0.0572	–0.0497
秀山县	–0.1471	–0.0832	–0.0462	–0.1089	–0.0078
酉阳县	–0.1565	–0.1090	–0.0957	–0.1129	–0.0662
彭水县	–0.1405	–0.0937	–0.0766	–0.1018	–0.0538
秭归县	–0.1231	–0.0758	–0.0500	–0.0510	–0.0035
巴东县	–0.1827	–0.1160	–0.0834	–0.0932	–0.0376

区县名称	2009年	2010年	2011年	2012年
渝中区	0.5749	0.6002	0.6941	0.8359
大渡口区	0.2486	0.2595	0.3008	0.3958
江北区	0.3949	0.4178	0.4928	0.5949
沙坪坝区	0.1960	0.2063	0.2801	0.3880
九龙坡区	0.2594	0.3061	0.3724	0.5008
南岸区	0.4896	0.4877	0.5458	0.6103
北碚区	0.1876	0.3567	0.3972	0.4321

续表

区县名称	2009年	2010年	2011年	2012年
渝北区	0.1254	0.1834	0.2401	0.3217
巴南区	0.0891	0.1296	0.1818	0.2663
涪陵区	0.0932	0.3372	0.3652	0.3996
长寿区	0.0852	0.0919	0.1319	0.2194
江津区	0.0713	0.1391	0.1740	0.2177
合川区	0.0406	0.0754	0.1124	0.1929
永川区	0.0397	0.1719	0.2074	0.2844
南川区	0.0364	0.1101	0.1516	0.2419
綦江区	0.0878	0.1000	0.1444	0.2407
大足区	0.0442	0.0758	0.1214	0.1799
潼南县	0.0648	0.0592	0.0912	0.1953
铜梁县	0.0895	0.0739	0.1239	0.2442
荣昌县	0.0620	0.0759	0.1162	0.2013
璧山县	0.0471	0.0852	0.1309	0.2224
万州区	0.0863	0.1244	0.1853	0.2956
梁平县	0.0444	0.0608	0.1036	0.2042
城口县	0.2830	0.0646	0.1119	0.2115
丰都县	0.0657	0.0801	0.1261	0.2352
垫江县	0.0254	0.0709	0.1128	0.2164
忠县	0.0142	0.0720	0.1116	0.1989
开县	0.0107	0.0608	0.1127	0.2163
云阳县	0.0120	0.0544	0.1077	0.2177
奉节县	–0.0047	0.0532	0.1066	0.2211
巫山县	0.0560	0.0518	0.1115	0.2174
巫溪县	0.0797	0.0417	0.0845	0.1908
黔江区	0.1492	0.1897	0.2589	0.3823
武隆县	0.0753	0.0671	0.1270	0.2187
石柱县	0.0792	0.0757	0.1360	0.2495
秀山县	0.1007	0.0498	0.1015	0.2076
酉阳县	0.0058	0.0470	0.1038	0.2155
彭水县	0.0138	0.0528	0.1104	0.2356
秭归县	0.0474	0.0716	0.0983	0.1631
巴东县	0.0461	0.0662	0.1072	0.1320

表 A-36　2004 ～ 2012 年各区县集聚功能指标值

区县名称	2004年	2005年	2006年	2007年	2008年
渝中区	0.3396	0.3637	0.3725	0.4159	0.4531
大渡口区	0.5083	0.5286	0.5481	0.6201	0.7505
江北区	0.3501	0.3960	0.4870	0.5527	0.6267
沙坪坝区	0.3398	0.3611	0.3977	0.4422	0.4710
九龙坡区	0.3872	0.4220	0.4527	0.4923	0.5315
南岸区	0.4211	0.4441	0.4778	0.5317	0.6031
北碚区	0.2430	0.2608	0.2946	0.3319	0.4040
渝北区	0.2256	0.2727	0.3080	0.3705	0.4217
巴南区	0.2651	0.2927	0.3454	0.4062	0.4621
涪陵区	0.1924	0.2006	0.2362	0.2931	0.3360
长寿区	0.1818	0.2258	0.3016	0.3418	0.3707
江津区	0.2135	0.2051	0.2410	0.2668	0.2917
合川区	0.1725	0.2042	0.2092	0.2260	0.2511
永川区	0.2421	0.2392	0.3018	0.3547	0.3838
南川区	0.1850	0.1784	0.2008	0.2450	0.2762
綦江区	0.1879	0.1858	0.2293	0.3188	0.3477
大足区	0.2254	0.2442	0.2685	0.3423	0.4007
潼南县	0.1157	0.1714	0.1669	0.2029	0.2176
铜梁县	0.1788	0.1714	0.1952	0.2261	0.2544
荣昌县	0.1513	0.2119	0.1775	0.2221	0.2526
璧山县	0.2561	0.2620	0.3112	0.3518	0.3947
万州区	0.2242	0.2326	0.2440	0.2862	0.3573
梁平县	0.1739	0.1677	0.1473	0.1789	0.2030
城口县	0.1313	0.0996	0.1467	0.1700	0.1918
丰都县	0.1333	0.1494	0.1612	0.1882	0.2101
垫江县	0.1532	0.1735	0.1617	0.1933	0.2132
忠县	0.1438	0.1487	0.1746	0.2058	0.2242
开县	0.1304	0.1396	0.1352	0.1630	0.1842
云阳县	0.1262	0.1176	0.1462	0.1717	0.1813
奉节县	0.0971	0.1001	0.1327	0.1648	0.1882
巫山县	0.0986	0.0918	0.1131	0.1491	0.1683
巫溪县	0.0806	0.1028	0.0990	0.1159	0.1418
黔江区	0.1665	0.2359	0.1898	0.2256	0.2467
武隆县	0.1369	0.1650	0.1505	0.1937	0.2196
石柱县	0.1027	0.1188	0.1470	0.1684	0.1895

续表

区县名称	2004年	2005年	2006年	2007年	2008年
秀山县	0.1127	0.0970	0.1277	0.1579	0.1800
酉阳县	0.1046	0.0873	0.0919	0.1144	0.1284
彭水县	0.1012	0.1083	0.1144	0.1357	0.1604
秭归县	0.1261	0.1328	0.1450	0.1423	0.1625
巴东县	0.0962	0.1024	0.0750	0.0884	0.1047

区县名称	2009年	2010年	2011年	2012年
渝中区	0.6577	0.7060	0.8073	0.8950
大渡口区	0.8794	0.9235	0.7621	0.7142
江北区	0.6832	0.7646	0.8654	0.9012
沙坪坝区	0.5565	0.5990	0.6888	0.7699
九龙坡区	0.6097	0.6922	0.7811	0.8624
南岸区	0.7591	0.7646	0.8599	0.8648
北碚区	0.4564	0.5047	0.5693	0.6284
渝北区	0.5109	0.5698	0.6996	0.7597
巴南区	0.4957	0.5446	0.6402	0.6991
涪陵区	0.4187	0.4741	0.6368	0.6951
长寿区	0.4167	0.4833	0.6051	0.6937
江津区	0.3349	0.3637	0.4090	0.4450
合川区	0.2813	0.3091	0.3655	0.3990
永川区	0.3945	0.4222	0.5202	0.5510
南川区	0.2898	0.3251	0.3978	0.4308
綦江区	0.4443	0.4923	0.4836	0.5283
大足区	0.4246	0.4778	0.4422	0.4806
潼南县	0.2667	0.3031	0.3360	0.3880
铜梁县	0.2832	0.3173	0.3735	0.4136
荣昌县	0.4195	0.4909	0.4262	0.4838
璧山县	0.4412	0.5087	0.5553	0.6414
万州区	0.4864	0.5348	0.5781	0.6196
梁平县	0.2468	0.2794	0.3132	0.3558
城口县	0.2161	0.2363	0.2851	0.3189
丰都县	0.2273	0.2563	0.2924	0.3371
垫江县	0.2215	0.2437	0.2798	0.3142
忠县	0.2569	0.2748	0.3175	0.3559
开县	0.1868	0.2059	0.2380	0.2719
云阳县	0.2018	0.2242	0.2639	0.2962
奉节县	0.2068	0.2215	0.2581	0.2833
巫山县	0.1940	0.2077	0.2358	0.2606
巫溪县	0.1557	0.1698	0.1988	0.2204

续表

区县名称	2009年	2010年	2011年	2012年
黔江区	0.2978	0.3355	0.3921	0.4386
武隆县	0.2334	0.2690	0.3166	0.3551
石柱县	0.2268	0.2432	0.2809	0.3223
秀山县	0.2051	0.2377	0.2713	0.2944
酉阳县	0.1554	0.1659	0.1886	0.2192
彭水县	0.1920	0.2099	0.2372	0.2655
秭归县	0.2103	0.2175	0.2240	0.2372
巴东县	0.1037	0.1412	0.1614	0.2002

表 A-37　2004 ～ 2012 年各区县发展环境指标值

区县名称	2004年	2005年	2006年	2007年	2008年
渝中区	0.6156	0.6260	0.6457	0.6556	0.6800
大渡口区	0.1596	0.1644	0.1754	0.1930	0.2174
江北区	0.1853	0.1873	0.2028	0.2295	0.2586
沙坪坝区	0.1592	0.1648	0.1727	0.1936	0.2060
九龙坡区	0.1542	0.1591	0.1637	0.1761	0.1856
南岸区	0.1730	0.1779	0.1857	0.2013	0.2176
北碚区	0.0985	0.1006	0.1044	0.1128	0.1241
渝北区	0.0812	0.0906	0.1025	0.1212	0.1364
巴南区	0.0679	0.0698	0.0749	0.0834	0.0966
涪陵区	0.0660	0.0688	0.0717	0.0769	0.0826
长寿区	0.0471	0.0515	0.0546	0.0615	0.0687
江津区	0.0554	0.0575	0.0599	0.0652	0.0719
合川区	0.0400	0.0421	0.0451	0.0506	0.0556
永川区	0.0536	0.0558	0.0602	0.0668	0.0759
南川区	0.0354	0.0371	0.0393	0.0462	0.0560
綦江区	0.0588	0.0606	0.0633	0.0693	0.0775
大足区	0.0403	0.0428	0.0461	0.0506	0.0577
潼南县	0.0276	0.0283	0.0303	0.0346	0.0387
铜梁县	0.0385	0.0413	0.0436	0.0481	0.0543
荣昌县	0.0441	0.0443	0.0478	0.0547	0.0608
璧山县	0.0522	0.0548	0.0585	0.0639	0.0740
万州区	0.0614	0.0635	0.0669	0.0710	0.0793
梁平县	0.0284	0.0297	0.0318	0.0351	0.0413
城口县	0.0340	0.0352	0.0413	0.0453	0.0509

续表

区县名称	2004年	2005年	2006年	2007年	2008年
丰都县	0.0345	0.0373	0.0403	0.0452	0.0514
垫江县	0.0326	0.0337	0.0358	0.0389	0.0437
忠县	0.0326	0.0350	0.0375	0.0415	0.0468
开县	0.0258	0.0273	0.0309	0.0348	0.0402
云阳县	0.0270	0.0296	0.0320	0.0354	0.0404
奉节县	0.0247	0.0279	0.0311	0.0338	0.0400
巫山县	0.0288	0.0338	0.0398	0.0450	0.0499
巫溪县	0.0257	0.0284	0.0305	0.0349	0.0403
黔江区	0.0442	0.0478	0.0531	0.0589	0.0720
武隆县	0.0352	0.0371	0.0400	0.0463	0.0549
石柱县	0.0347	0.0372	0.0404	0.0463	0.0536
秀山县	0.0301	0.0329	0.0350	0.0404	0.0475
酉阳县	0.0250	0.0264	0.0292	0.0329	0.0375
彭水县	0.0239	0.0255	0.0286	0.0322	0.0387
秭归县	0.0364	0.0390	0.0417	0.0467	0.0524
巴东县	0.0272	0.0289	0.0295	0.0354	0.0408

区县名称	2009年	2010年	2011年	2012年
渝中区	0.7331	0.7702	0.7732	0.8295
大渡口区	0.2416	0.2460	0.2659	0.2665
江北区	0.2764	0.3004	0.4113	0.4644
沙坪坝区	0.2223	0.2212	0.2390	0.2776
九龙坡区	0.2026	0.2234	0.2631	0.2771
南岸区	0.2411	0.2557	0.2958	0.3194
北碚区	0.1385	0.1509	0.1768	0.1976
渝北区	0.1510	0.1771	0.2658	0.2940
巴南区	0.1080	0.1301	0.1468	0.1514
涪陵区	0.0969	0.1136	0.1378	0.1501
长寿区	0.0801	0.1027	0.1139	0.1231
江津区	0.0802	0.1003	0.1127	0.1172
合川区	0.0648	0.0893	0.0930	0.1047
永川区	0.0841	0.0958	0.1122	0.1177
南川区	0.0647	0.0810	0.0970	0.1077
綦江区	0.0909	0.0990	0.1290	0.1403
大足区	0.0649	0.0796	0.1036	0.1093
潼南县	0.0454	0.0542	0.0620	0.0694
铜梁县	0.0619	0.0703	0.0800	0.0925

续表

区县名称	2009年	2010年	2011年	2012年
荣昌县	0.0704	0.0852	0.1309	0.1355
璧山县	0.0807	0.1236	0.1515	0.1620
万州区	0.0896	0.0978	0.1308	0.1491
梁平县	0.0480	0.0608	0.0707	0.0805
城口县	0.0614	0.0734	0.1092	0.1484
丰都县	0.0600	0.0650	0.0820	0.0976
垫江县	0.0503	0.0566	0.0721	0.0785
忠县	0.0520	0.0653	0.0766	0.0841
开县	0.0441	0.0758	0.0847	0.0922
云阳县	0.0467	0.0545	0.0758	0.0862
奉节县	0.0470	0.0546	0.0730	0.0806
巫山县	0.0545	0.0634	0.0826	0.0933
巫溪县	0.0505	0.0622	0.0835	0.0972
黔江区	0.0880	0.1371	0.1504	0.1614
武隆县	0.0695	0.0974	0.1179	0.1291
石柱县	0.0607	0.0858	0.0985	0.1168
秀山县	0.0551	0.0683	0.1102	0.1188
酉阳县	0.0454	0.0737	0.0886	0.0999
彭水县	0.0472	0.0577	0.0821	0.1004
秭归县	0.0623	0.0709	0.0772	0.0855
巴东县	0.0493	0.0596	0.0683	0.0486

表 A-38　2004 ～ 2012 年各区县创新功能指标值

区县名称	2004年	2005年	2006年	2007年	2008年
渝中区	0.1446	0.1742	0.1956	0.2204	0.2871
大渡口区	0.3406	0.2510	0.2623	0.3641	0.4332
江北区	0.2654	0.1511	0.1801	0.2007	0.1874
沙坪坝区	0.1141	0.1670	0.1909	0.2511	0.2722
九龙坡区	0.1390	0.1498	0.1695	0.2721	0.2656
南岸区	0.2092	0.2158	0.2419	0.2858	0.3359
北碚区	0.1147	0.2019	0.2106	0.2287	0.2754
渝北区	0.3298	0.2408	0.3450	0.4114	0.3398
巴南区	0.1675	0.1415	0.2270	0.2371	0.2746
涪陵区	0.1589	0.1978	0.1964	0.2541	0.3045
长寿区	0.2398	0.3005	0.2492	0.3264	0.2558

续表

区县名称	2004年	2005年	2006年	2007年	2008年
江津区	0.2002	0.2043	0.1915	0.2453	0.2373
合川区	0.1328	0.1577	0.1373	0.1561	0.1943
永川区	0.2098	0.2542	0.2064	0.2330	0.2746
南川区	0.1741	0.1934	0.2419	0.2383	0.2697
綦江区	0.1451	0.1108	0.1009	0.1136	0.1201
大足区	0.1688	0.1060	0.1369	0.2663	0.2994
潼南县	0.1062	0.1191	0.1404	0.1485	0.1693
铜梁县	0.1633	0.1748	0.1375	0.1831	0.2455
荣昌县	0.0871	0.1347	0.1755	0.1974	0.2546
璧山县	0.1436	0.1711	0.2008	0.2448	0.2347
万州区	0.1048	0.1024	0.1111	0.1244	0.2360
梁平县	0.0835	0.1345	0.1224	0.3326	0.3004
城口县	0.3599	0.0861	0.0767	0.3331	0.3921
丰都县	0.0979	0.1042	0.0977	0.1421	0.2397
垫江县	0.1628	0.1926	0.1710	0.2296	0.2830
忠县	0.0572	0.0394	0.0974	0.1440	0.2409
开县	0.0766	0.0967	0.1539	0.1582	0.1400
云阳县	0.0707	0.0407	0.0651	0.0710	0.0832
奉节县	0.0738	0.0784	0.0898	0.0931	0.1680
巫山县	0.0408	0.0682	0.0681	0.0985	0.1490
巫溪县	0.0057	0.0162	0.0401	0.0677	0.1094
黔江区	0.3353	0.3841	0.4071	0.4982	0.6106
武隆县	0.1733	0.1274	0.1035	0.1693	0.1442
石柱县	0.1140	0.1024	0.1100	0.1399	0.1735
秀山县	0.2345	0.1002	0.0760	0.2876	0.2706
酉阳县	0.3139	0.1509	0.0895	0.1521	0.1387
彭水县	0.1158	0.1070	0.1065	0.1022	0.2157
秭归县	0.0481	0.0524	0.0631	0.0200	0.0033
巴东县	0.0362	0.0801	0.0984	0.0640	0.0241

区县名称	2009年	2010年	2011年	2012年
渝中区	0.2124	0.1768	0.1987	0.2704
大渡口区	0.2828	0.2322	0.2281	0.2279
江北区	0.3479	0.3902	0.4169	0.4117
沙坪坝区	0.3014	0.3389	0.4038	0.3491
九龙坡区	0.2796	0.3264	0.3519	0.3207

续表

区县名称	2009年	2010年	2011年	2012年
南岸区	0.4102	0.3778	0.4175	0.5768
北碚区	0.2914	0.2722	0.4139	0.3997
渝北区	0.4517	0.5387	0.6016	0.5855
巴南区	0.2575	0.3213	0.2917	0.2135
涪陵区	0.3445	0.4207	0.6021	0.5677
长寿区	0.2096	0.2096	0.2046	0.1713
江津区	0.3049	0.3569	0.3906	0.4302
合川区	0.2309	0.3294	0.2615	0.2618
永川区	0.2633	0.4285	0.4012	0.3267
南川区	0.1780	0.1876	0.1491	0.1925
綦江区	0.1401	0.2131	0.1780	0.2001
大足区	0.3142	0.3915	0.3354	0.3672
潼南县	0.1958	0.2229	0.1825	0.2052
铜梁县	0.2314	0.2957	0.2072	0.3411
荣昌县	0.2689	0.3944	0.4557	0.4360
璧山县	0.2024	0.2691	0.3597	0.5294
万州区	0.2825	0.3064	0.3315	0.3557
梁平县	0.2349	0.4662	0.3550	0.5091
城口县	0.3036	0.2924	0.1687	0.1699
丰都县	0.1872	0.1776	0.1021	0.1485
垫江县	0.2866	0.2802	0.2248	0.2939
忠县	0.2069	0.2030	0.1851	0.2040
开县	0.1582	0.1602	0.2070	0.2527
云阳县	0.0771	0.0629	0.1058	0.2366
奉节县	0.1893	0.1773	0.1672	0.1436
巫山县	0.0897	0.1194	0.1192	0.1156
巫溪县	0.0903	0.0796	0.0531	0.0756
黔江区	0.4425	0.5360	0.5638	0.7587
武隆县	0.1389	0.2017	0.1387	0.3282
石柱县	0.2161	0.1587	0.2083	0.3096
秀山县	0.1906	0.2069	0.0836	0.1241
酉阳县	0.1714	0.2219	0.1509	0.2768
彭水县	0.1812	0.2068	0.1783	0.3068
秭归县	0.0038	0.0108	0.0132	0.0000
巴东县	0.0000	0.0158	0.0000	0.0000

运用 Eviews 软件对各一级指标进行相关性分析并获取权重，得到的如下相关系数和指标权重（表 A-39）。

表 A-39　2004 ～ 2012 年城镇功能相关系数及相关系数总和与指标权重

年份	指标	服务功能	集聚功能	发展环境	创新功能	相关系数总和	权重（λ）
2004	服务功能	0	0.6717	0.8714	0.2472	1.7903	0.3073
	集聚功能	0.6717	0	0.6132	0.3801	1.6649	0.2858
	发展环境	0.8714	0.6132	0	0.1290	1.6135	0.2770
	创新功能	0.2472	0.3801	0.1290	0	0.7562	0.1298
2005	服务功能	0	0.6947	0.8623	0.3157	1.8727	0.2904
	集聚功能	0.6947	0	0.6114	0.5232	1.8293	0.2836
	发展环境	0.8623	0.6114	0	0.2173	1.6909	0.2622
	创新功能	0.3157	0.5232	0.2173	0	1.0562	0.1638
2006	服务功能	0	0.6943	0.8965	0.3237	1.9145	0.2852
	集聚功能	0.6943	0	0.5899	0.5731	1.8573	0.2767
	发展环境	0.8965	0.5899	0	0.2787	1.7652	0.2630
	创新功能	0.3237	0.5731	0.2787	0	1.1756	0.1751
2007	服务功能	0	0.6770	0.8947	0.2803	1.8520	0.2944
	集聚功能	0.6770	0	0.5982	0.4889	1.7642	0.2805
	发展环境	0.8947	0.5982	0	0.2059	1.6988	0.2701
	创新功能	0.2803	0.4889	0.2059	0	0.9751	0.1550
2008	服务功能	0	0.7147	0.9174	0.3620	1.9942	0.3042
	集聚功能	0.7147	0	0.5984	0.4485	1.7616	0.2688
	发展环境	0.9174	0.5984	0	0.2362	1.7520	0.2673
	创新功能	0.3620	0.4485	0.2362	0	1.0468	0.1597
2009	服务功能	0	0.7173	0.8534	0.4282	1.9989	0.2838
	集聚功能	0.7173	0	0.6777	0.5846	1.9796	0.2811
	发展环境	0.8534	0.6777	0	0.2601	1.7911	0.2543
	创新功能	0.4282	0.5846	0.2601	0	1.2729	0.1807
2010	服务功能	0	0.7656	0.8455	0.3196	1.9308	0.3039
	集聚功能	0.7656	0	0.6593	0.4599	1.8848	0.2967
	发展环境	0.8455	0.6593	0	0.1264	1.6313	0.2568
	创新功能	0.3196	0.4599	0.1264	0	0.9060	0.1426
2011	服务功能	0	0.8188	0.8877	0.4666	2.1731	0.2849
	集聚功能	0.8188	0	0.7343	0.6257	2.1788	0.2856
	发展环境	0.8877	0.7343	0	0.2813	1.9034	0.2495
	创新功能	0.4666	0.6257	0.2813	0	1.3737	0.1801

续表

年份	指标	服务功能	集聚功能	发展环境	创新功能	相关系数总和	权重（λ）
2012	服务功能	0	0.7892	0.9166	0.3908	2.0966	0.2943
	集聚功能	0.7892	0	0.7341	0.4824	2.0057	0.2815
	发展环境	0.9166	0.7341	0	0.2494	1.9001	0.2667
	创新功能	0.3908	0.4824	0.2494	0	1.1227	0.1576

根据权重，运用公式 $\eta=\lambda_1$* 服务功能指标 $_t+\lambda_2$* 集聚功能指标 $_t+\lambda_3$* 发展环境指标 $_t+\lambda_4$* 创新功能指标 $_t$ 可得到城镇功能综合指标（表 A-40）。

表 A-40　2004 ～ 2012 年各区县城镇功能指标值表

区县名称	2004年	2005年	2006年	2007年	2008年
渝中区	0.3903	0.3994	0.4374	0.4772	0.5118
大渡口区	0.2171	0.2425	0.2631	0.2944	0.3868
江北区	0.2412	0.2397	0.2882	0.3307	0.3638
沙坪坝区	0.1416	0.1764	0.1979	0.2220	0.2640
九龙坡区	0.1883	0.2227	0.2448	0.2754	0.2901
南岸区	0.2180	0.2415	0.2679	0.3310	0.3605
北碚区	0.1072	0.1401	0.1640	0.1707	0.2302
渝北区	0.0927	0.1195	0.1560	0.1848	0.2070
巴南区	0.0858	0.1126	0.1487	0.1653	0.2004
涪陵区	0.1065	0.1465	0.1366	0.1353	0.1694
长寿区	0.0640	0.1112	0.1319	0.1509	0.1647
江津区	0.0685	0.0913	0.1048	0.1185	0.1432
合川区	0.0384	0.0750	0.0832	0.0946	0.1145
永川区	0.0839	0.1162	0.1362	0.1597	0.1880
南川区	0.0488	0.0733	0.0952	0.1029	0.1308
綦江区	0.0604	0.0726	0.0856	0.1071	0.1310
大足区	0.0399	0.0635	0.0846	0.1222	0.1610
潼南县	–0.0115	0.0343	0.0475	0.0550	0.0796
铜梁县	0.0327	0.0577	0.0663	0.0759	0.1108
荣昌县	0.0255	0.0739	0.0763	0.0909	0.1209
璧山县	0.0742	0.0991	0.1253	0.1385	0.1616
万州区	0.0537	0.0862	0.1029	0.1009	0.1535
梁平县	0.0190	0.0491	0.0507	0.0871	0.1035
城口县	0.0719	0.0487	0.0854	0.1326	0.1617
丰都县	0.0179	0.0437	0.0505	0.0649	0.1053

续表

区县名称	2004年	2005年	2006年	2007年	2008年
垫江县	0.0048	0.0497	0.0533	0.0673	0.0978
忠县	0.0084	0.0295	0.0549	0.0678	0.1027
开县	–0.0095	0.0226	0.0393	0.0445	0.0643
云阳县	0.0014	0.0140	0.0321	0.0333	0.0549
奉节县	–0.0112	0.0102	0.0291	0.0312	0.0666
巫山县	–0.0098	0.0139	0.0252	0.0370	0.0669
巫溪县	–0.0165	0.0052	0.0143	0.0146	0.0448
黔江区	0.0662	0.1273	0.1376	0.1476	0.1991
武隆县	0.0350	0.0537	0.0509	0.0689	0.0861
石柱县	0.0061	0.0297	0.0454	0.0645	0.0778
秀山县	0.0258	0.0284	0.0447	0.0677	0.1019
酉阳县	0.0295	0.0247	0.0215	0.0313	0.0466
彭水县	0.0074	0.0277	0.0360	0.0326	0.0715
秭归县	0.0146	0.0344	0.0479	0.0406	0.0571
巴东县	–0.0164	0.0160	0.0220	0.0168	0.0315

区县名称	2009年	2010年	2011年	2012年
渝中区	0.5729	0.6149	0.6570	0.7617
大渡口区	0.4303	0.4491	0.4107	0.4245
江北区	0.4373	0.4866	0.5652	0.6175
沙坪坝区	0.3231	0.3456	0.4088	0.4599
九龙坡区	0.3471	0.4023	0.4581	0.5145
南岸区	0.4878	0.4946	0.5500	0.5991
北碚区	0.2694	0.3357	0.3944	0.4197
渝北区	0.2992	0.3471	0.4428	0.4792
巴南区	0.2386	0.2802	0.3238	0.3492
涪陵区	0.2311	0.3323	0.4287	0.4428
长寿区	0.1996	0.2276	0.2757	0.3196
江津区	0.1899	0.2268	0.2648	0.2883
合川区	0.1488	0.1845	0.2067	0.2383
永川区	0.1911	0.2632	0.3079	0.3217
南川区	0.1404	0.1775	0.2078	0.2515
綦江区	0.1983	0.2322	0.2435	0.2885
大足区	0.2052	0.2411	0.2471	0.2753
潼南县	0.1403	0.1536	0.1703	0.2175
铜梁县	0.1626	0.1768	0.1993	0.2667

续表

区县名称	2009年	2010年	2011年	2012年
荣昌县	0.2020	0.2468	0.2695	0.3002
璧山县	0.1945	0.2469	0.2984	0.3726
万州区	0.2351	0.2653	0.3102	0.3572
梁平县	0.1367	0.1834	0.2005	0.2619
城口县	0.2115	0.1503	0.1709	0.2183
丰都县	0.1316	0.1424	0.1583	0.2135
垫江县	0.1341	0.1483	0.1705	0.2194
忠县	0.1269	0.1491	0.1749	0.2133
开县	0.0953	0.1219	0.1585	0.2046
云阳县	0.0860	0.1060	0.1440	0.2077
奉节县	0.1030	0.1212	0.1524	0.1890
巫山县	0.1005	0.1107	0.1412	0.1804
巫溪县	0.0956	0.0903	0.1113	0.1560
黔江区	0.2284	0.2688	0.3248	0.3986
武隆县	0.1298	0.1540	0.1810	0.2504
石柱县	0.1407	0.1398	0.1810	0.2441
秀山县	0.1347	0.1327	0.1490	0.1952
酉阳县	0.0878	0.1141	0.1327	0.1954
彭水县	0.1027	0.1227	0.1518	0.2192
秭归县	0.0891	0.1060	0.1136	0.1376
巴东县	0.0548	0.0796	0.0937	0.1082

附录 B：第三产业可持续发展指标体系的建立及赋值

1. 衡量第三产业可持续发展的指标

根据第三产业发展原理和已有的原始数据，初步选取人均第三产业就业人数、人均第三产业增加值、第三产业就业人数占总就业人数比重、第三产业增加值占 GDP 比重、第三产业就业密度和第三产业增加值密度 6 个变量，其中

$$第三产业就业密度=\frac{第三产业就业人数}{辖区面积}$$

$$第三产业增加值密度=\frac{第三产业增加值}{辖区面积}$$

对上述 6 个变量进行去量纲处理，形成 6 个二级指标（表 B-1 ～表 B-9）。

表 B-1 2004 年第三产业可持续发展二级指标

区县	人均第三产业就业人数	人均第三产业增加值	第三产业就业人数占总就业人数比重	第三产业增加值占GDP比重	第三产业就业密度指标	第三产业增加值密度
渝中区	0.4695	0.1816	0.7811	0.8433	0.5056	0.1956
大渡口区	0.2791	0.0370	0.3890	0.1880	0.0228	0.0030
江北区	0.2828	0.0473	0.4668	0.3326	0.0247	0.0041
沙坪坝区	0.2459	0.0588	0.4334	0.4204	0.0178	0.0043
九龙坡区	0.2850	0.0663	0.3740	0.3714	0.0196	0.0046
南岸区	0.1836	0.0417	0.3809	0.3166	0.0144	0.0033
北碚区	0.1191	0.0382	0.2263	0.4193	0.0041	0.0013
渝北区	0.2421	0.0238	0.3782	0.2903	0.0056	0.0006
巴南区	0.1414	0.0205	0.2283	0.2910	0.0026	0.0004
涪陵区	0.1779	0.0265	0.2917	0.3573	0.0028	0.0004
长寿区	0.1471	0.0221	0.2246	0.3398	0.0036	0.0005
江津区	0.1688	0.0268	0.3141	0.4101	0.0030	0.0005
合川区	0.2089	0.0243	0.3321	0.4022	0.0053	0.0006
永川区	0.1556	0.0277	0.3596	0.4310	0.0042	0.0007
南川区	0.1174	0.0180	0.2042	0.2995	0.0011	0.0002
綦江区	0.1377	0.0129	0.2915	0.2975	0.0030	0.0003
大足区	0.2032	0.0186	0.3543	0.4046	0.0056	0.0005
潼南县	0.1009	0.0199	0.1505	0.4527	0.0023	0.0004

续表

区县	人均第三产业就业人数	人均第三产业增加值	第三产业就业人数占总就业人数比重	第三产业增加值占GDP比重	第三产业就业密度指标	第三产业增加值密度
铜梁县	0.1928	0.0227	0.3021	0.3820	0.0046	0.0005
荣昌县	0.1081	0.0161	0.2099	0.3592	0.0032	0.0005
璧山县	0.2059	0.0230	0.3138	0.3310	0.0055	0.0006
万州区	0.1561	0.0183	0.3440	0.3877	0.0030	0.0004
梁平县	0.1348	0.0117	0.3120	0.3315	0.0025	0.0002
城口县	0.1012	0.0078	0.1915	0.3132	0.0003	0.0000
丰都县	0.0981	0.0122	0.1553	0.3850	0.0011	0.0001
垫江县	0.0562	0.0127	0.1057	0.3523	0.0013	0.0003
忠县	0.2144	0.0120	0.3631	0.4133	0.0037	0.0002
开县	0.1560	0.0109	0.2922	0.3715	0.0024	0.0002
云阳县	0.1298	0.0061	0.2413	0.2863	0.0018	0.0001
奉节县	0.0954	0.0115	0.1858	0.4640	0.0009	0.0001
巫山县	0.1055	0.0116	0.1760	0.4880	0.0008	0.0001
巫溪县	0.0872	0.0061	0.1521	0.3394	0.0004	0.0000
黔江区	0.0979	0.0128	0.1899	0.3040	0.0008	0.0001
武隆县	0.1471	0.0167	0.2184	0.3546	0.0008	0.0001
石柱县	0.0794	0.0105	0.1197	0.3626	0.0005	0.0001
秀山县	0.0659	0.0087	0.1271	0.3105	0.0006	0.0001
酉阳县	0.0535	0.0060	0.0834	0.3483	0.0003	0.0000
彭水县	0.0794	0.0088	0.1202	0.3194	0.0005	0.0001
秭归县	0.1052	0.0224	0.1952	0.5067	0.0007	0.0001
巴东县	0.1735	0.0114	0.3385	0.3400	0.0010	0.0001

表 B-2 2005 年第三产业可持续发展二级指标

区县	人均第三产业就业人数	人均第三产业增加值	第三产业就业人数占总就业人数比重	第三产业增加值占GDP比重	第三产业就业密度指标	第三产业增加值密度
渝中区	0.6175	0.2724	0.7766	0.9260	0.6652	0.2934
大渡口区	0.2316	0.0485	0.3170	0.2049	0.0192	0.0040
江北区	0.2512	0.0935	0.4055	0.4733	0.0223	0.0083
沙坪坝区	0.2372	0.0763	0.3889	0.4717	0.0175	0.0056
九龙坡区	0.3280	0.1259	0.4177	0.4982	0.0233	0.0089
南岸区	0.1906	0.0616	0.3998	0.3968	0.0155	0.0050
北碚区	0.1332	0.0368	0.2484	0.4093	0.0046	0.0013
渝北区	0.2194	0.0577	0.3382	0.4756	0.0052	0.0014
巴南区	0.1286	0.0275	0.2041	0.3209	0.0024	0.0005

续表

区县	人均第三产业就业人数	人均第三产业增加值	第三产业就业人数占总就业人数比重	第三产业增加值占GDP比重	第三产业就业密度指标	第三产业增加值密度
涪陵区	0.2059	0.0346	0.3259	0.3911	0.0033	0.0005
长寿区	0.1550	0.0243	0.2293	0.3352	0.0038	0.0006
江津区	0.1721	0.0253	0.3175	0.3773	0.0031	0.0005
合川区	0.2160	0.0269	0.3372	0.4230	0.0055	0.0007
永川区	0.1576	0.0353	0.3669	0.4580	0.0043	0.0010
南川区	0.1176	0.0228	0.2041	0.3238	0.0012	0.0002
綦江区	0.1392	0.0195	0.2890	0.4003	0.0031	0.0004
大足区	0.1997	0.0195	0.3474	0.3835	0.0055	0.0005
潼南县	0.0986	0.0216	0.1446	0.4392	0.0022	0.0005
铜梁县	0.2027	0.0245	0.3158	0.3710	0.0048	0.0006
荣昌县	0.1059	0.0190	0.2117	0.3650	0.0032	0.0006
璧山县	0.2098	0.0261	0.3157	0.3304	0.0056	0.0007
万州区	0.1605	0.0271	0.3088	0.4728	0.0031	0.0005
梁平县	0.1668	0.0125	0.2759	0.3081	0.0031	0.0002
城口县	0.1002	0.0117	0.1915	0.3665	0.0003	0.0000
丰都县	0.1077	0.0146	0.1669	0.4302	0.0012	0.0002
垫江县	0.0575	0.0123	0.0967	0.3001	0.0014	0.0003
忠县	0.2204	0.0140	0.3698	0.4222	0.0039	0.0002
开县	0.1607	0.0119	0.2989	0.3557	0.0025	0.0002
云阳县	0.1348	0.0091	0.2482	0.3699	0.0019	0.0001
奉节县	0.0969	0.0130	0.1870	0.4001	0.0010	0.0001
巫山县	0.0837	0.0124	0.1892	0.4956	0.0007	0.0001
巫溪县	0.0843	0.0094	0.1463	0.4528	0.0004	0.0000
黔江区	0.0989	0.0221	0.1932	0.4172	0.0008	0.0002
武隆县	0.1351	0.0196	0.2001	0.3584	0.0007	0.0001
石柱县	0.0913	0.0145	0.1371	0.4075	0.0006	0.0001
秀山县	0.0660	0.0118	0.1273	0.3654	0.0007	0.0001
酉阳县	0.0561	0.0078	0.1108	0.3993	0.0003	0.0000
彭水县	0.0649	0.0131	0.1120	0.3869	0.0004	0.0001
秭归县	0.1059	0.0246	0.2005	0.5770	0.0007	0.0002
巴东县	0.1814	0.0116	0.3525	0.3873	0.0010	0.0001

表 B-3　2006 年第三产业可持续发展二级指标

区县	人均第三产业就业人数	人均第三产业增加值	第三产业就业人数占总就业人数比重	第三产业增加值占GDP比重	第三产业就业密度指标	第三产业增加值密度
渝中区	0.6608	0.2807	0.7767	0.9474	0.7141	0.3034
大渡口区	0.2421	0.0540	0.3320	0.2096	0.0204	0.0046
江北区	0.2773	0.1183	0.4389	0.5358	0.0249	0.0106
沙坪坝区	0.2461	0.0918	0.3941	0.4848	0.0183	0.0068
九龙坡区	0.3332	0.1443	0.4247	0.4930	0.0238	0.0103
南岸区	0.2031	0.0699	0.4209	0.4095	0.0169	0.0058
北碚区	0.1347	0.0409	0.2504	0.3974	0.0046	0.0014
渝北区	0.2272	0.0614	0.3593	0.4129	0.0056	0.0015
巴南区	0.1501	0.0311	0.2552	0.3163	0.0028	0.0006
涪陵区	0.2141	0.0387	0.3618	0.3860	0.0034	0.0006
长寿区	0.1189	0.0271	0.2185	0.3272	0.0029	0.0007
江津区	0.1759	0.0291	0.3205	0.3903	0.0032	0.0005
合川区	0.2774	0.0296	0.4097	0.4316	0.0071	0.0008
永川区	0.1577	0.0407	0.3685	0.4775	0.0043	0.0011
南川区	0.1160	0.0257	0.2042	0.3280	0.0011	0.0003
綦江区	0.1413	0.0215	0.2921	0.4086	0.0031	0.0005
大足区	0.1919	0.0207	0.3393	0.3779	0.0053	0.0006
潼南县	0.1508	0.0234	0.2786	0.4580	0.0034	0.0005
铜梁县	0.1346	0.0200	0.2862	0.3095	0.0032	0.0005
荣昌县	0.1113	0.0214	0.2271	0.3642	0.0034	0.0006
璧山县	0.2141	0.0290	0.3184	0.3225	0.0057	0.0008
万州区	0.1606	0.0321	0.3092	0.4937	0.0032	0.0006
梁平县	0.1061	0.0137	0.2131	0.3200	0.0020	0.0003
城口县	0.1036	0.0133	0.1892	0.3840	0.0003	0.0000
丰都县	0.0696	0.0162	0.2043	0.4458	0.0008	0.0002
垫江县	0.0604	0.0126	0.1018	0.2914	0.0014	0.0003
忠县	0.1740	0.0156	0.3845	0.4132	0.0031	0.0003
开县	0.0758	0.0131	0.2037	0.3709	0.0012	0.0002
云阳县	0.1261	0.0102	0.2867	0.3896	0.0018	0.0001
奉节县	0.1025	0.0151	0.2194	0.4168	0.0010	0.0002
巫山县	0.0858	0.0137	0.2069	0.5031	0.0007	0.0001

续表

区县	人均第三产业就业人数	人均第三产业增加值	第三产业就业人数占总就业人数比重	第三产业增加值占GDP比重	第三产业就业密度指标	第三产业增加值密度
巫溪县	0.0840	0.0103	0.1683	0.4609	0.0004	0.0001
黔江区	0.0999	0.0244	0.1967	0.4281	0.0008	0.0002
武隆县	0.1164	0.0228	0.1754	0.3756	0.0006	0.0001
石柱县	0.0979	0.0165	0.1958	0.4057	0.0007	0.0001
秀山县	0.0655	0.0130	0.1306	0.3785	0.0007	0.0001
酉阳县	0.0585	0.0084	0.1175	0.3984	0.0003	0.0000
彭水县	0.0637	0.0144	0.1257	0.4185	0.0004	0.0001
秭归县	0.1197	0.0280	0.2159	0.5835	0.0008	0.0002
巴东县	0.2010	0.0131	0.3833	0.4032	0.0012	0.0001

表 B-4　2007 年第三产业可持续发展二级指标

区县	人均第三产业就业人数	人均第三产业增加值	第三产业就业人数占总就业人数比重	第三产业增加值占GDP比重	第三产业就业密度指标	第三产业增加值密度
渝中区	0.7021	0.3238	0.8350	0.9516	0.7591	0.3502
大渡口区	0.2546	0.0621	0.3345	0.2023	0.0219	0.0053
江北区	0.2809	0.1391	0.4418	0.5442	0.0259	0.0128
沙坪坝区	0.2607	0.1077	0.4048	0.4828	0.0196	0.0081
九龙坡区	0.3373	0.1729	0.4206	0.5004	0.0242	0.0124
南岸区	0.2404	0.0803	0.4757	0.3957	0.0203	0.0068
北碚区	0.1583	0.0465	0.2896	0.3746	0.0054	0.0016
渝北区	0.2357	0.0663	0.3677	0.3422	0.0060	0.0017
巴南区	0.1593	0.0369	0.2675	0.3080	0.0030	0.0007
涪陵区	0.2178	0.0442	0.3672	0.3557	0.0035	0.0007
长寿区	0.1398	0.0313	0.2542	0.3054	0.0035	0.0008
江津区	0.1792	0.0316	0.3230	0.3621	0.0033	0.0006
合川区	0.2219	0.0335	0.3715	0.4181	0.0057	0.0009
永川区	0.1697	0.0473	0.4001	0.4623	0.0047	0.0013
南川区	0.1176	0.0291	0.2053	0.3242	0.0012	0.0003
綦江区	0.1491	0.0244	0.3024	0.3944	0.0033	0.0005
大足区	0.2078	0.0221	0.3814	0.3508	0.0059	0.0006
潼南县	0.1569	0.0246	0.3247	0.4241	0.0036	0.0006
铜梁县	0.1338	0.0228	0.2865	0.2910	0.0032	0.0006
荣昌县	0.1208	0.0244	0.2565	0.3245	0.0037	0.0007

续表

区县	人均第三产业就业人数	人均第三产业增加值	第三产业就业人数占总就业人数比重	第三产业增加值占GDP比重	第三产业就业密度指标	第三产业增加值密度
璧山县	0.2271	0.0326	0.3317	0.3047	0.0061	0.0009
万州区	0.1641	0.0368	0.3142	0.4561	0.0032	0.0007
梁平县	0.1064	0.0156	0.2167	0.3055	0.0020	0.0003
城口县	0.1034	0.0150	0.1900	0.3546	0.0003	0.0000
丰都县	0.0753	0.0175	0.2155	0.4084	0.0008	0.0002
垫江县	0.0594	0.0144	0.1014	0.2745	0.0014	0.0003
忠县	0.1821	0.0170	0.3965	0.3695	0.0032	0.0003
开县	0.0900	0.0146	0.2358	0.3449	0.0014	0.0002
云阳县	0.1252	0.0118	0.2884	0.3820	0.0018	0.0002
奉节县	0.1026	0.0171	0.2198	0.3922	0.0010	0.0002
巫山县	0.0856	0.0158	0.2086	0.4872	0.0007	0.0001
巫溪县	0.0895	0.0122	0.1794	0.4516	0.0005	0.0001
黔江区	0.1058	0.0279	0.2069	0.4009	0.0009	0.0002
武隆县	0.1740	0.0243	0.2549	0.3384	0.0010	0.0001
石柱县	0.0985	0.0189	0.2008	0.3855	0.0007	0.0001
秀山县	0.0693	0.0153	0.1357	0.3347	0.0007	0.0002
酉阳县	0.0594	0.0095	0.1220	0.3735	0.0004	0.0001
彭水县	0.0626	0.0167	0.1286	0.4010	0.0004	0.0001
秭归县	0.1254	0.0314	0.2225	0.5600	0.0008	0.0002
巴东县	0.1970	0.0172	0.3661	0.4187	0.0011	0.0001

表 B-5　2008 年第三产业可持续发展二级指标

区县	人均第三产业就业人数	人均第三产业增加值	第三产业就业人数占总就业人数比重	第三产业增加值占GDP比重	第三产业就业密度指标	第三产业增加值密度
渝中区	0.78080	0.37452	0.90304	0.95572	0.85572	0.41045
大渡口区	0.26392	0.07408	0.35437	0.16563	0.02363	0.00663
江北区	0.26357	0.14874	0.46398	0.54535	0.02775	0.01566
沙坪坝区	0.26473	0.12316	0.40967	0.47929	0.02043	0.00951
九龙坡区	0.33750	0.18776	0.44941	0.50689	0.02604	0.01449
南岸区	0.29121	0.09018	0.53381	0.32878	0.02620	0.00811
北碚区	0.19966	0.05644	0.34079	0.30458	0.00646	0.00183
渝北区	0.30009	0.08959	0.40633	0.33269	0.00671	0.00200
巴南区	0.20684	0.05068	0.30113	0.30238	0.00343	0.00084

续表

区县	人均第三产业就业人数	人均第三产业增加值	第三产业就业人数占总就业人数比重	第三产业增加值占GDP比重	第三产业就业密度指标	第三产业增加值密度
涪陵区	0.28238	0.06986	0.36426	0.33063	0.00350	0.00087
长寿区	0.19124	0.05019	0.24897	0.31147	0.00349	0.00092
江津区	0.24575	0.04865	0.32539	0.33100	0.00332	0.00066
合川区	0.26843	0.05550	0.37128	0.40900	0.00495	0.00102
永川区	0.22331	0.07568	0.38214	0.42906	0.00448	0.00152
南川区	0.16608	0.04829	0.20611	0.30826	0.00119	0.00034
綦江区	0.22574	0.04965	0.29179	0.38922	0.00295	0.00065
大足区	0.31441	0.03866	0.38080	0.34050	0.00588	0.00072
潼南县	0.23651	0.04359	0.32493	0.42323	0.00360	0.00066
铜梁县	0.20829	0.04139	0.29276	0.27328	0.00331	0.00066
荣昌县	0.17818	0.04410	0.26028	0.30737	0.00367	0.00091
璧山县	0.30748	0.05308	0.32413	0.28768	0.00601	0.00104
万州区	0.22978	0.05903	0.33192	0.41347	0.00345	0.00089
梁平县	0.14956	0.02828	0.20475	0.31264	0.00191	0.00036
城口县	0.15575	0.02634	0.19185	0.29696	0.00030	0.00005
丰都县	0.12761	0.03044	0.24868	0.39673	0.00095	0.00023
垫江县	0.09645	0.02634	0.10727	0.27225	0.00155	0.00042
忠县	0.28504	0.03265	0.39848	0.36337	0.00327	0.00037
开县	0.16906	0.02822	0.25887	0.34346	0.00167	0.00028
云阳县	0.19113	0.02157	0.28811	0.38364	0.00180	0.00020
奉节县	0.14829	0.02965	0.22467	0.39174	0.00105	0.00021
巫山县	0.12390	0.02806	0.20865	0.48228	0.00070	0.00016
巫溪县	0.14467	0.02091	0.21818	0.45471	0.00053	0.00008
黔江区	0.14728	0.04601	0.20733	0.38793	0.00091	0.00028
武隆县	0.25370	0.04444	0.28438	0.35841	0.00102	0.00018
石柱县	0.15151	0.03364	0.21266	0.38374	0.00073	0.00016
秀山县	0.11155	0.02825	0.14330	0.32684	0.00076	0.00019
酉阳县	0.12059	0.01836	0.14993	0.37204	0.00045	0.00007
彭水县	0.10276	0.02783	0.14964	0.34865	0.00048	0.00013
秭归县	0.15403	0.00000	0.23064	0.53336	0.00081	0.00000
巴东县	0.25321	0.00000	0.34039	0.35934	0.00112	0.00000

表 B-6　2009 年第三产业可持续发展二级指标

区县	人均第三产业就业人数	人均第三产业增加值	第三产业就业人数占总就业人数比重	第三产业增加值占GDP比重	第三产业就业密度指标	第三产业增加值密度
渝中区	0.77161	0.55730	0.92454	1.00000	0.92894	0.61661
大渡口区	0.23938	0.15755	0.33264	0.34160	0.06601	0.01437
江北区	0.26717	0.25254	0.47489	0.63218	0.06041	0.02696
沙坪坝区	0.27851	0.16966	0.41252	0.52185	0.05313	0.01327
九龙坡区	0.36348	0.22863	0.45860	0.53928	0.06233	0.01787
南岸区	0.25650	0.14084	0.51709	0.39259	0.04563	0.01288
北碚区	0.18522	0.08183	0.32253	0.36397	0.01901	0.00269
渝北区	0.30344	0.17465	0.41441	0.43414	0.01678	0.00398
巴南区	0.19837	0.09518	0.27848	0.41546	0.01207	0.00160
涪陵区	0.30111	0.06732	0.38328	0.32592	0.00987	0.00084
长寿区	0.18607	0.09690	0.23277	0.42937	0.01479	0.00178
江津区	0.25835	0.06350	0.33964	0.38939	0.01037	0.00086
合川区	0.33122	0.02821	0.39628	0.36969	0.01554	0.00052
永川区	0.24513	0.05437	0.43766	0.42150	0.01134	0.00109
南川区	0.17405	0.06732	0.22436	0.45391	0.00560	0.00048
綦江区	0.24368	0.04098	0.25497	0.31630	0.01261	0.00054
大足区	0.36241	0.04916	0.41046	0.34601	0.01668	0.00092
潼南县	0.25411	0.05299	0.33018	0.37557	0.01183	0.00081
铜梁县	0.20248	0.05403	0.27804	0.30616	0.01172	0.00086
荣昌县	0.19291	0.17801	0.28585	0.38648	0.01405	0.00368
璧山县	0.31490	0.11826	0.33569	0.41868	0.01872	0.00235
万州区	0.24041	0.09200	0.38488	0.42950	0.00950	0.00139
梁平县	0.12302	0.04943	0.18482	0.44717	0.00858	0.00063
城口县	0.11414	0.03530	0.13872	0.37305	0.00161	0.00007
丰都县	0.13028	0.03651	0.24821	0.41715	0.00396	0.00027
垫江县	0.04358	0.04158	0.04801	0.37128	0.01473	0.00067
忠县	0.26715	0.04459	0.38145	0.41350	0.00812	0.00051
开县	0.10636	0.03516	0.17088	0.38608	0.00619	0.00035
云阳县	0.23385	0.02750	0.32529	0.43715	0.00683	0.00026
奉节县	0.14574	0.04094	0.22742	0.47833	0.00457	0.00029
巫山县	0.12227	0.03053	0.22949	0.42428	0.00306	0.00017
巫溪县	0.10680	0.02678	0.16140	0.44471	0.00246	0.00010
黔江区	0.13495	0.06387	0.20604	0.41432	0.00408	0.00040

续表

区县	人均第三产业就业人数	人均第三产业增加值	第三产业就业人数占总就业人数比重	第三产业增加值占GDP比重	第三产业就业密度指标	第三产业增加值密度
武隆县	0.22412	0.05493	0.24357	0.41161	0.00373	0.00022
石柱县	0.15586	0.04684	0.21682	0.38032	0.00351	0.00023
秀山县	0.09240	0.03210	0.13068	0.39188	0.00487	0.00022
酉阳县	0.07954	0.03596	0.10548	0.41413	0.00284	0.00013
彭水县	0.09576	0.04906	0.14154	0.52208	0.00318	0.00023
秭归县	0.15731	0.00000	0.23670	0.49100	0.00351	0.00000
巴东县	0.24909	0.00000	0.32496	0.37119	0.00342	0.00000

表 B-7　2010 年第三产业可持续发展二级指标

区县	人均第三产业就业人数	人均第三产业增加值	第三产业就业人数占总就业人数比重	第三产业增加值占GDP比重	第三产业就业密度指标	第三产业增加值密度
渝中区	0.92998	0.74459	0.95104	0.99245	0.90248	0.72257
大渡口区	0.21980	0.16000	0.32682	0.31792	0.02176	0.01584
江北区	0.26365	0.28338	0.48625	0.62509	0.02983	0.03206
沙坪坝区	0.26621	0.17839	0.41427	0.49741	0.02278	0.01526
九龙坡区	0.35851	0.23924	0.47060	0.51476	0.03014	0.02011
南岸区	0.25508	0.15407	0.53602	0.38979	0.02477	0.01496
北碚区	0.20973	0.09972	0.33748	0.34156	0.00642	0.00305
渝北区	0.23188	0.14404	0.42874	0.39521	0.00728	0.00452
巴南区	0.20478	0.11747	0.28604	0.40895	0.00349	0.00200
涪陵区	0.48877	0.20028	0.39627	0.35660	0.00391	0.00160
长寿区	0.24316	0.12557	0.23200	0.37649	0.00341	0.00176
江津区	0.31963	0.07181	0.34610	0.29574	0.00361	0.00081
合川区	0.56904	0.11223	0.40678	0.41348	0.00630	0.00124
永川区	0.19289	0.07697	0.46006	0.37005	0.00512	0.00204
南川区	0.07594	0.03308	0.23158	0.34856	0.00128	0.00056
綦江区	0.20172	0.05697	0.24555	0.40825	0.00322	0.00091
大足区	0.46230	0.07023	0.42678	0.36261	0.00721	0.00110
潼南县	0.36571	0.07897	0.36423	0.42265	0.00415	0.00090
铜梁县	0.15058	0.05119	0.27211	0.31941	0.00306	0.00104
荣昌县	0.22296	0.06467	0.30502	0.28386	0.00420	0.00122
璧山县	0.25582	0.06574	0.33923	0.33790	0.00638	0.00164
万州区	0.24622	0.11020	0.41172	0.40290	0.00377	0.00169

续表

区县	人均第三产业就业人数	人均第三产业增加值	第三产业就业人数占总就业人数比重	第三产业增加值占GDP比重	第三产业就业密度指标	第三产业增加值密度
梁平县	0.10856	0.05999	0.16487	0.43423	0.00134	0.00074
城口县	0.10055	0.03977	0.12347	0.35908	0.00020	0.00008
丰都县	0.13124	0.04142	0.27698	0.40791	0.00100	0.00031
垫江县	0.02768	0.05049	0.02918	0.36541	0.00044	0.00079
忠县	0.25465	0.05169	0.38213	0.41527	0.00297	0.00060
开县	0.08091	0.04203	0.13617	0.38214	0.00080	0.00042
云阳县	0.27690	0.03621	0.34506	0.45087	0.00236	0.00031
奉节县	0.15074	0.04934	0.23393	0.46771	0.00104	0.00034
巫山县	0.12098	0.03651	0.24445	0.42034	0.00069	0.00021
巫溪县	0.10541	0.03391	0.15547	0.43698	0.00037	0.00012
黔江区	0.13132	0.07219	0.20842	0.37534	0.00083	0.00045
武隆县	0.22471	0.08918	0.24717	0.50568	0.00092	0.00037
石柱县	0.16950	0.05421	0.23486	0.40617	0.00079	0.00025
秀山县	0.08854	0.04604	0.12959	0.35589	0.00061	0.00032
酉阳县	0.07178	0.03324	0.09978	0.38648	0.00027	0.00013
彭水县	0.09481	0.04384	0.14771	0.42108	0.00045	0.00021
秭归县	0.17864	0.05787	0.24410	0.45901	0.00089	0.00029
巴东县	0.35466	0.03756	0.43461	0.37567	0.00151	0.00016

表 B-8　2011 年第三产业可持续发展二级指标

区县	人均第三产业就业人数	人均第三产业增加值	第三产业就业人数占总就业人数比重	第三产业增加值占GDP比重	第三产业就业密度指标	第三产业增加值密度
渝中区	0.96658	0.87928	0.97616	0.98798	0.95124	0.86533
大渡口区	0.20889	0.18311	0.32117	0.45143	0.02170	0.01902
江北区	0.26157	0.38882	0.49714	0.68389	0.03114	0.04630
沙坪坝区	0.26622	0.20073	0.41588	0.43737	0.02377	0.01792
九龙坡区	0.36824	0.28135	0.48185	0.53206	0.03187	0.02435
南岸区	0.25838	0.17515	0.55426	0.37274	0.02609	0.01769
北碚区	0.20795	0.11134	0.35224	0.30991	0.00675	0.00361
渝北区	0.23638	0.17056	0.44258	0.36026	0.00765	0.00552
巴南区	0.20987	0.13642	0.29334	0.37755	0.00364	0.00236
涪陵区	0.30989	0.14363	0.40909	0.32667	0.00406	0.00188
长寿区	0.18147	0.11097	0.23122	0.31992	0.00340	0.00208

续表

区县	人均第三产业就业人数	人均第三产业增加值	第三产业就业人数占总就业人数比重	第三产业增加值占GDP比重	第三产业就业密度指标	第三产业增加值密度
江津区	0.28125	0.06998	0.35241	0.26645	0.00372	0.00093
合川区	0.34329	0.07703	0.41724	0.38606	0.00648	0.00145
永川区	0.23622	0.10762	0.48300	0.34585	0.00531	0.00242
南川区	0.18684	0.09511	0.23891	0.35444	0.00131	0.00067
綦江区	0.19329	0.07762	0.23689	0.36947	0.00324	0.00130
大足区	0.42831	0.08374	0.44249	0.30567	0.00762	0.00149
潼南县	0.32399	0.07314	0.40046	0.37417	0.00442	0.00100
铜梁县	0.18927	0.08754	0.26577	0.31460	0.00289	0.00134
荣昌县	0.21066	0.06927	0.32473	0.26037	0.00441	0.00145
璧山县	0.29431	0.08620	0.34269	0.28840	0.00651	0.00191
万州区	0.25376	0.13037	0.44024	0.38512	0.00391	0.00201
梁平县	0.08952	0.05574	0.14272	0.33921	0.00110	0.00068
城口县	0.09078	0.04659	0.10859	0.27906	0.00018	0.00009
丰都县	0.13573	0.05037	0.31179	0.37768	0.00101	0.00038
垫江县	0.01070	0.06031	0.01103	0.33534	0.00017	0.00094
忠县	0.24629	0.06231	0.38286	0.39845	0.00286	0.00072
开县	0.05595	0.05557	0.09837	0.37771	0.00056	0.00055
云阳县	0.29473	0.04251	0.36462	0.41463	0.00250	0.00036
奉节县	0.15497	0.06152	0.24068	0.45906	0.00105	0.00042
巫山县	0.12029	0.04872	0.26209	0.44022	0.00068	0.00027
巫溪县	0.09862	0.04197	0.14910	0.42520	0.00034	0.00014
黔江区	0.12925	0.08793	0.21092	0.35536	0.00082	0.00055
武隆县	0.23058	0.10616	0.25074	0.49985	0.00094	0.00043
石柱县	0.17872	0.06344	0.25420	0.38095	0.00083	0.00029
秀山县	0.08611	0.05376	0.12843	0.33468	0.00059	0.00037
酉阳县	0.06522	0.04070	0.09362	0.35551	0.00025	0.00015
彭水县	0.09581	0.04929	0.15441	0.40747	0.00045	0.00023
秭归县	0.18551	0.06742	0.24976	0.42420	0.00093	0.00034
巴东县	0.35787	0.04344	0.43530	0.37265	0.00152	0.00019

表 B-9 2012 年第三产业可持续发展二级指标

区县	人均第三产业就业人数	人均第三产业增加值	第三产业就业人数占总就业人数比重	第三产业增加值占GDP比重	第三产业就业密度指标	第三产业增加值密度
渝中区	1.00000	1.00000	1.00000	0.99158	1.00000	1.00000
大渡口区	0.20144	0.19064	0.31568	0.57298	0.02164	0.02048
江北区	0.26129	0.37785	0.50758	0.67859	0.03246	0.04694
沙坪坝区	0.26778	0.21284	0.41738	0.40885	0.02476	0.01968
九龙坡区	0.37760	0.29633	0.49240	0.51251	0.03360	0.02637
南岸区	0.26317	0.18745	0.57185	0.38369	0.02741	0.01952
北碚区	0.21090	0.11908	0.36680	0.31010	0.00707	0.00399
渝北区	0.23966	0.18956	0.45593	0.36144	0.00802	0.00634
巴南区	0.21581	0.15908	0.30041	0.41840	0.00379	0.00279
涪陵区	0.31715	0.16426	0.42175	0.33475	0.00422	0.00218
长寿区	0.17995	0.11986	0.23045	0.32810	0.00339	0.00226
江津区	0.28861	0.07831	0.35856	0.26954	0.00383	0.00104
合川区	0.35178	0.08573	0.42764	0.37979	0.00666	0.00162
永川区	0.24325	0.11931	0.50651	0.36414	0.00550	0.00270
南川区	0.18947	0.10143	0.24636	0.36545	0.00134	0.00072
綦江区	0.19396	0.08320	0.22892	0.36623	0.00325	0.00140
大足区	0.44895	0.08869	0.45764	0.30838	0.00802	0.00159
潼南县	0.34306	0.07979	0.43909	0.36935	0.00470	0.00109
铜梁县	0.17705	0.09648	0.25896	0.30129	0.00271	0.00148
荣昌县	0.21977	0.07521	0.34499	0.25640	0.00462	0.00158
璧山县	0.27958	0.09053	0.34608	0.26802	0.00665	0.00215
万州区	0.26092	0.14906	0.47061	0.41645	0.00405	0.00231
梁平县	0.07036	0.06435	0.11797	0.32652	0.00086	0.00078
城口县	0.07846	0.05200	0.09406	0.28807	0.00016	0.00010
丰都县	0.14062	0.05749	0.35476	0.38060	0.00103	0.00042
垫江县	–0.00645	0.06581	–0.00649	0.31774	–0.00010	0.00102
忠县	0.23885	0.06942	0.38365	0.38427	0.00275	0.00080
开县	0.03099	0.06274	0.05707	0.37142	0.00031	0.00062
云阳县	0.31345	0.04723	0.38398	0.39575	0.00265	0.00040
奉节县	0.16016	0.07198	0.24770	0.46608	0.00106	0.00048
巫山县	0.12113	0.05632	0.28321	0.44813	0.00066	0.00031
巫溪县	0.09184	0.04739	0.14225	0.42187	0.00031	0.00016
黔江区	0.12677	0.09829	0.21355	0.34902	0.00080	0.00062
武隆县	0.23403	0.11714	0.25427	0.48700	0.00096	0.00048

续表

区县	人均第三产业就业人数	人均第三产业增加值	第三产业就业人数占总就业人数比重	第三产业增加值占GDP比重	第三产业就业密度指标	第三产业增加值密度
石柱县	0.18611	0.07058	0.27496	0.36548	0.00086	0.00033
秀山县	0.08339	0.07053	0.12722	0.38483	0.00057	0.00048
酉阳县	0.05887	0.04688	0.08697	0.34900	0.00022	0.00017
彭水县	0.09787	0.05527	0.16172	0.39982	0.00045	0.00025
秭归县	0.19489	0.07574	0.25018	0.40539	0.00098	0.00038
巴东县	0.36306	0.05079	0.57105	0.38360	0.00155	0.00022

2. 消除共线性 —— 指标凝炼

分析发现，人均第三产业就业人数指标和第三产业就业人数占总就业人数的比重指标具有严重的共线性；人均第三产业增加值指标和第三产业增加值占GDP 比重指标具有较强的共线性；第三产业就业密度与第三产业增加值密度之间也具有严重的共线性。这里采用与城镇服务功能二级指标合成法同样的运算方法，消除共线性问题，获得第三产业可持续发展一级指标（B-10）。

表 B-10　2004 ～ 2012 年第三产业可持续发展一级指标

区县	2004年			2005年		
	就业指标	增加值指标	密度指标	就业指标	增加值指标	密度指标
渝中区	0.7582	0.6560	0.4900	0.7649	0.7412	0.6465
大渡口区	0.3809	0.1453	0.0218	0.3108	0.1606	0.0185
江北区	0.4533	0.2518	0.0237	0.3941	0.3657	0.0216
沙坪坝区	0.4196	0.3180	0.0172	0.3777	0.3597	0.0169
九龙坡区	0.3675	0.2850	0.0189	0.4111	0.3929	0.0225
南岸区	0.3664	0.2388	0.0139	0.3844	0.3019	0.0150
北碚区	0.2184	0.3113	0.0039	0.2399	0.3037	0.0044
渝北区	0.3682	0.2147	0.0053	0.3294	0.3572	0.0050
巴南区	0.2219	0.2143	0.0025	0.1985	0.2378	0.0023
涪陵区	0.2833	0.2635	0.0027	0.3170	0.2901	0.0031
长寿区	0.2189	0.2497	0.0034	0.2238	0.2470	0.0037
江津区	0.3034	0.3015	0.0029	0.3068	0.2775	0.0030
合川区	0.3231	0.2950	0.0050	0.3283	0.3107	0.0052
永川区	0.3446	0.3166	0.0040	0.3515	0.3382	0.0041
南川区	0.1978	0.2197	0.0011	0.1978	0.2385	0.0011
綦江区	0.2802	0.2168	0.0029	0.2780	0.2923	0.0029

续表

区县	2004年			2005年		
	就业指标	增加值指标	密度指标	就业指标	增加值指标	密度指标
大足区	0.3432	0.2952	0.0054	0.3366	0.2803	0.0053
潼南县	0.1468	0.3300	0.0022	0.1412	0.3208	0.0021
铜梁县	0.2940	0.2801	0.0044	0.3075	0.2728	0.0046
荣昌县	0.2024	0.2619	0.0031	0.2039	0.2669	0.0030
璧山县	0.3058	0.2437	0.0052	0.3079	0.2441	0.0053
万州区	0.3301	0.2829	0.0029	0.2979	0.3464	0.0030
梁平县	0.2989	0.2408	0.0024	0.2679	0.2243	0.0029
城口县	0.1848	0.2266	0.0003	0.1848	0.2659	0.0003
丰都县	0.1511	0.2793	0.0010	0.1625	0.3123	0.0011
垫江县	0.1020	0.2560	0.0013	0.0938	0.2185	0.0013
忠县	0.3521	0.2995	0.0036	0.3588	0.3065	0.0037
开县	0.2822	0.2692	0.0023	0.2887	0.2582	0.0024
云阳县	0.2331	0.2068	0.0017	0.2399	0.2676	0.0018
奉节县	0.1791	0.3357	0.0009	0.1804	0.2903	0.0009
巫山县	0.1708	0.3529	0.0008	0.1815	0.3586	0.0006
巫溪县	0.1473	0.2449	0.0004	0.1417	0.3270	0.0004
黔江区	0.1832	0.2214	0.0008	0.1863	0.3051	0.0008
武隆县	0.2132	0.2588	0.0008	0.1953	0.2623	0.0007
石柱县	0.1167	0.2628	0.0005	0.1337	0.2960	0.0006
秀山县	0.1226	0.2249	0.0006	0.1228	0.2652	0.0006
酉阳县	0.0812	0.2512	0.0003	0.1068	0.2882	0.0003
彭水县	0.1172	0.2313	0.0005	0.1086	0.2809	0.0004
秭归县	0.1886	0.3694	0.0006	0.1935	0.4203	0.0006
巴东县	0.3263	0.2468	0.0009	0.3399	0.2807	0.0010

区县	2006年			2007年		
	就业指标	增加值指标	密度指标	就业指标	增加值指标	密度指标
渝中区	0.7681	0.7590	0.6935	0.8252	0.7743	0.7386
大渡口区	0.3254	0.1656	0.0196	0.3286	0.1626	0.0211
江北区	0.4270	0.4177	0.0242	0.4299	0.4296	0.0252
沙坪坝区	0.3832	0.3736	0.0178	0.3942	0.3766	0.0191
九龙坡区	0.4180	0.3944	0.0231	0.4145	0.4079	0.0236
南岸区	0.4048	0.3133	0.0163	0.4584	0.3064	0.0196
北碚区	0.2419	0.2963	0.0045	0.2799	0.2816	0.0052
渝北区	0.3496	0.3133	0.0054	0.3580	0.2641	0.0057

续表

区县	2006年			2007年		
	就业指标	增加值指标	密度指标	就业指标	增加值指标	密度指标
巴南区	0.2474	0.2355	0.0027	0.2595	0.2312	0.0029
涪陵区	0.3509	0.2875	0.0033	0.3562	0.2674	0.0033
长寿区	0.2112	0.2421	0.0028	0.2458	0.2277	0.0034
江津区	0.3099	0.2879	0.0031	0.3125	0.2684	0.0031
合川区	0.3999	0.3176	0.0068	0.3605	0.3091	0.0055
永川区	0.3530	0.3537	0.0041	0.3832	0.3447	0.0045
南川区	0.1977	0.2423	0.0011	0.1989	0.2406	0.0011
綦江区	0.2810	0.2988	0.0030	0.2911	0.2895	0.0032
大足区	0.3285	0.2766	0.0051	0.3686	0.2576	0.0056
潼南县	0.2692	0.3348	0.0033	0.3124	0.3108	0.0034
铜梁县	0.2751	0.2274	0.0031	0.2752	0.2150	0.0031
荣昌县	0.2186	0.2670	0.0032	0.2465	0.2394	0.0035
璧山县	0.3107	0.2393	0.0055	0.3240	0.2276	0.0058
万州区	0.2982	0.3628	0.0030	0.3032	0.3372	0.0031
梁平县	0.2052	0.2332	0.0019	0.2086	0.2233	0.0019
城口县	0.1829	0.2788	0.0003	0.1836	0.2583	0.0003
丰都县	0.1944	0.3239	0.0007	0.2051	0.2976	0.0008
垫江县	0.0987	0.2123	0.0014	0.0983	0.2007	0.0014
忠县	0.3690	0.3004	0.0029	0.3808	0.2696	0.0031
开县	0.1943	0.2694	0.0011	0.2250	0.2512	0.0014
云阳县	0.2749	0.2820	0.0017	0.2764	0.2770	0.0017
奉节县	0.2108	0.3029	0.0010	0.2112	0.2858	0.0010
巫山县	0.1980	0.3643	0.0007	0.1996	0.3535	0.0007
巫溪县	0.1621	0.3331	0.0004	0.1728	0.3270	0.0004
黔江区	0.1895	0.3136	0.0008	0.1994	0.2952	0.0009
武隆县	0.1711	0.2756	0.0006	0.2490	0.2493	0.0009
石柱县	0.1886	0.2953	0.0006	0.1933	0.2816	0.0007
秀山县	0.1258	0.2749	0.0006	0.1308	0.2441	0.0007
酉阳县	0.1132	0.2878	0.0003	0.1174	0.2703	0.0003
彭水县	0.1211	0.3039	0.0004	0.1237	0.2920	0.0004
秭归县	0.2088	0.4260	0.0007	0.2153	0.4101	0.0008
巴东县	0.3699	0.2925	0.0011	0.3537	0.3048	0.0011

续表

区县	2008年			2009年		
	就业指标	增加值指标	密度指标	就业指标	增加值指标	密度指标
渝中区	0.8954	0.7943	0.8334	0.9163	0.8841	0.8418
大渡口区	0.3481	0.1402	0.0228	0.3261	0.2907	0.0215
江北区	0.4515	0.4382	0.0271	0.4618	0.5333	0.0284
沙坪坝区	0.3993	0.3791	0.0199	0.4031	0.4234	0.0214
九龙坡区	0.4428	0.4204	0.0255	0.4535	0.4564	0.0279
南岸区	0.5170	0.2625	0.0253	0.4989	0.3235	0.0229
北碚区	0.3299	0.2337	0.0062	0.3122	0.2838	0.0059
渝北区	0.3954	0.2603	0.0065	0.4029	0.3534	0.0068
巴南区	0.2924	0.2293	0.0033	0.2710	0.3218	0.0033
涪陵区	0.3535	0.2523	0.0034	0.3722	0.2483	0.0036
长寿区	0.2409	0.2336	0.0034	0.2256	0.3278	0.0033
江津区	0.3147	0.2473	0.0032	0.3286	0.2923	0.0034
合川区	0.3581	0.3043	0.0048	0.3845	0.2706	0.0058
永川区	0.3659	0.3230	0.0043	0.4185	0.3132	0.0047
南川区	0.1996	0.2306	0.0011	0.2170	0.3388	0.0012
綦江区	0.2801	0.2872	0.0028	0.2469	0.2335	0.0031
大足区	0.3680	0.2512	0.0056	0.3977	0.2571	0.0065
潼南县	0.3125	0.3114	0.0035	0.3182	0.2790	0.0037
铜梁县	0.2812	0.2035	0.0032	0.2673	0.2294	0.0031
荣昌县	0.2500	0.2287	0.0035	0.2744	0.3113	0.0040
璧山县	0.3167	0.2171	0.0058	0.3279	0.3247	0.0060
万州区	0.3204	0.3090	0.0033	0.3701	0.3278	0.0035
梁平县	0.1971	0.2294	0.0018	0.1773	0.3298	0.0015
城口县	0.1854	0.2178	0.0003	0.1341	0.2739	0.0002
丰都县	0.2366	0.2900	0.0009	0.2363	0.3058	0.0009
垫江县	0.1040	0.2000	0.0015	0.0466	0.2738	0.0007
忠县	0.3826	0.2663	0.0031	0.3658	0.3043	0.0029
开县	0.2475	0.2510	0.0016	0.1631	0.2827	0.0010
云阳县	0.2760	0.2788	0.0017	0.3125	0.3182	0.0021
奉节县	0.2157	0.2865	0.0010	0.2181	0.3507	0.0010
巫山县	0.1995	0.3509	0.0007	0.2187	0.3098	0.0007
巫溪县	0.2096	0.3299	0.0005	0.1550	0.3239	0.0004
黔江区	0.1998	0.2873	0.0009	0.1980	0.3098	0.0008
武隆县	0.2768	0.2659	0.0010	0.2375	0.3062	0.0009

续表

区县	2008年			2009年		
	就业指标	增加值指标	密度指标	就业指标	增加值指标	密度指标
石柱县	0.2047	0.2815	0.0007	0.2087	0.2816	0.0007
秀山县	0.1382	0.2394	0.0007	0.1256	0.2868	0.0006
酉阳县	0.1443	0.2697	0.0004	0.1012	0.3028	0.0003
彭水县	0.1438	0.2552	0.0005	0.1359	0.3835	0.0004
秭归县	0.2231	0.3928	0.0008	0.2290	0.3635	0.0008
巴东县	0.3295	0.2629	0.0011	0.3151	0.2723	0.0011

区县	2010年			2011年		
	就业指标	增加值指标	密度指标	就业指标	增加值指标	密度指标
渝中区	0.9456	0.9118	0.8934	0.9734	0.9519	0.9469
大渡口区	0.3204	0.2776	0.0215	0.3148	0.3823	0.0216
江北区	0.4729	0.5416	0.0320	0.4834	0.6219	0.0455
沙坪坝区	0.4050	0.4116	0.0224	0.4072	0.3776	0.0235
九龙坡区	0.4658	0.4461	0.0296	0.4773	0.4731	0.0315
南岸区	0.5167	0.3264	0.0243	0.5340	0.3212	0.0257
北碚区	0.3268	0.2709	0.0063	0.3412	0.2530	0.0066
渝北区	0.4164	0.3295	0.0071	0.4292	0.3119	0.0075
巴南区	0.2784	0.3229	0.0034	0.2856	0.3055	0.0036
涪陵区	0.3847	0.2835	0.0038	0.3972	0.2667	0.0040
长寿区	0.2249	0.2897	0.0033	0.2241	0.2527	0.0033
江津区	0.3350	0.2244	0.0035	0.3412	0.2051	0.0036
合川区	0.3946	0.3098	0.0060	0.4048	0.2924	0.0062
永川区	0.4396	0.2858	0.0050	0.4612	0.2721	0.0052
南川区	0.2237	0.2653	0.0012	0.2306	0.2723	0.0013
綦江区	0.2382	0.3042	0.0031	0.2303	0.2815	0.0031
大足区	0.4137	0.2706	0.0069	0.4290	0.2334	0.0073
潼南县	0.3506	0.3138	0.0040	0.3849	0.2803	0.0043
铜梁县	0.2612	0.2408	0.0030	0.2548	0.2408	0.0028
荣昌县	0.2927	0.2148	0.0041	0.3114	0.2001	0.0043
璧山县	0.3313	0.2591	0.0061	0.3349	0.2264	0.0063
万州区	0.3954	0.3130	0.0037	0.4223	0.3046	0.0038
梁平县	0.1579	0.3221	0.0013	0.1364	0.2531	0.0011
城口县	0.1193	0.2648	0.0002	0.1050	0.2087	0.0002
丰都县	0.2630	0.3000	0.0010	0.2953	0.2799	0.0010

续表

区县	2010年			2011年		
	就业指标	增加值指标	密度指标	就业指标	增加值指标	密度指标
垫江县	0.0283	0.2708	0.0008	0.0107	0.2509	0.0009
忠县	0.3660	0.3069	0.0028	0.3662	0.2968	0.0028
开县	0.1298	0.2810	0.0008	0.0936	0.2802	0.0006
云阳县	0.3316	0.3290	0.0023	0.3504	0.3041	0.0024
奉节县	0.2242	0.3446	0.0010	0.2305	0.3405	0.0010
巫山县	0.2324	0.3081	0.0007	0.2486	0.3245	0.0007
巫溪县	0.1492	0.3195	0.0004	0.1429	0.3124	0.0003
黔江区	0.2000	0.2835	0.0008	0.2021	0.2723	0.0008
武隆县	0.2410	0.3808	0.0009	0.2445	0.3800	0.0009
石柱县	0.2258	0.3012	0.0008	0.2440	0.2846	0.0008
秀山县	0.1244	0.2636	0.0006	0.1231	0.2498	0.0006
酉阳县	0.0956	0.2825	0.0003	0.0895	0.2615	0.0002
彭水县	0.1416	0.3102	0.0004	0.1478	0.3014	0.0004
秭归县	0.2367	0.3421	0.0009	0.2424	0.3194	0.0009
巴东县	0.4218	0.2770	0.0014	0.4225	0.2760	0.0015

区县	就业指标	增加值指标	密度指标
渝中区	1.0000	1.0000	1.0000
大渡口区	0.3094	0.4728	0.0216
江北区	0.4935	0.6172	0.0462
沙坪坝区	0.4095	0.3635	0.0245
九龙坡区	0.4881	0.4645	0.0332
南岸区	0.5510	0.3336	0.0270
北碚区	0.3554	0.2564	0.0069
渝北区	0.4420	0.3191	0.0079
巴南区	0.2927	0.3409	0.0037
涪陵区	0.4095	0.2777	0.0041
长寿区	0.2233	0.2605	0.0033
江津区	0.3474	0.2091	0.0037
合川区	0.4149	0.2898	0.0064
永川区	0.4835	0.2880	0.0054
南川区	0.2377	0.2816	0.0013
綦江区	0.2230	0.2805	0.0032
大足区	0.4440	0.2363	0.0077

续表

区县	就业指标	增加值指标	密度指标
潼南县	0.4215	0.2779	0.0045
铜梁县	0.2479	0.2329	0.0027
荣昌县	0.3307	0.1984	0.0045
璧山县	0.3384	0.2143	0.0064
万州区	0.4509	0.3313	0.0040
梁平县	0.1126	0.2455	0.0009
城口县	0.0910	0.2162	0.0002
丰都县	0.3353	0.2832	0.0010
垫江县	0.0063	0.2392	0.0010
忠县	0.3665	0.2878	0.0027
开县	0.0542	0.2768	0.0006
云阳县	0.3691	0.2913	0.0025
奉节县	0.2370	0.3471	0.0010
巫山县	0.2681	0.3313	0.0006
巫溪县	0.1361	0.3109	0.0003
黔江区	0.2044	0.2699	0.0008
武隆县	0.2481	0.3731	0.0009
石柱县	0.2636	0.2748	0.0008
秀山县	0.1218	0.2887	0.0006
酉阳县	0.0831	0.2577	0.0002
彭水县	0.1546	0.2968	0.0004
秭归县	0.2434	0.3079	0.0010
巴东县	0.5485	0.2854	0.0015

3. 第三产业可持续发展综合指标——指标体系的整合

对指标体系中的3个一级指标求相关系数，然后求其权重，结果如下（表B-11）。

表B-11　2004～2012年第三产业可持续发展相关系数及相关系数总和与指标权重

年份	指标	就业指标	增加值指标	密度指标	相关系数总和	权重
2004	就业指标	0	0.5089	0.6846	1.1935	0.2990
	增加值指标	0.5089	0	0.8024	1.3113	0.3285
	密度指标	0.6846	0.8024	0	1.4870	0.3725
2005	就业指标	0	0.6527	0.7014	1.3541	0.3110
	增加值指标	0.6527	0	0.8232	1.4758	0.3389
	密度指标	0.7014	0.8232	0	1.5246	0.3501

续表

年份	指标	就业指标	增加值指标	密度指标	相关系数总和	权重
2006	就业指标	0	0.6733	0.6911	1.3644	0.3135
	增加值指标	0.6733	0	0.8114	1.4847	0.3412
	密度指标	0.6911	0.8114	0	1.5026	0.3453
2007	就业指标	0	0.7046	0.7198	1.4244	0.3179
	增加值指标	0.7046	0	0.8162	1.5208	0.3394
	密度指标	0.7198	0.8162	0	1.5360	0.3428
2008	就业指标	0	0.7081	0.7488	1.4570	0.3202
	增加值指标	0.7081	0	0.8178	1.5259	0.3354
	密度指标	0.7488	0.8178	0	1.5666	0.3443
2009	就业指标	0	0.7026	0.7137	1.4163	0.3108
	增加值指标	0.7026	0	0.8625	1.5651	0.3434
	密度指标	0.7137	0.8625	0	1.5762	0.3458
2010	就业指标	0	0.7085	0.6920	1.4005	0.3081
	增加值指标	0.7085	0	0.8726	1.5811	0.3478
	密度指标	0.6920	0.8726	0	1.5646	0.3442
2011	就业指标	0	0.6939	0.6788	1.3727	0.3101
	增加值指标	0.6939	0	0.8408	1.5347	0.3467
	密度指标	0.6788	0.8408	0	1.5196	0.3433
2012	就业指标	0	0.6652	0.6472	1.3124	0.3040
	增加值指标	0.6652	0	0.8465	1.5117	0.3501
	密度指标	0.6472	0.8465	0	1.4937	0.3459

根据上表的权重，运用公式 $s_t = \theta_1 \times$ 就业指标 $_t + \theta_2 \times$ 增加值指标 $_t + \theta_3 \times$ 密度指标 $_t$ 可得到第三产业可持续发展综合指标值（表 B-12）。

表 B-12　2004 ～ 2012 年各区县城镇第三产业可持续发展综合指标值表

区县	2004年	2005年	2006年	2007年	2008年
渝中区	0.6247	0.7154	0.7392	0.7782	0.8401
大渡口区	0.1697	0.1575	0.1653	0.1669	0.1664
江北区	0.2271	0.2541	0.2847	0.2911	0.3009
沙坪坝区	0.2363	0.2453	0.2537	0.2597	0.2619
九龙坡区	0.2105	0.2689	0.2736	0.2783	0.2916
南岸区	0.1932	0.2271	0.2395	0.2564	0.2623
北碚区	0.1690	0.1791	0.1785	0.1863	0.1862

续表

区县	2004年	2005年	2006年	2007年	2008年
渝北区	0.1826	0.2253	0.2184	0.2054	0.2162
巴南区	0.1377	0.1431	0.1588	0.1619	0.1717
涪陵区	0.1723	0.1980	0.2092	0.2051	0.1990
长寿区	0.1487	0.1546	0.1498	0.1565	0.1566
江津区	0.1908	0.1905	0.1964	0.1915	0.1848
合川区	0.1954	0.2092	0.2361	0.2213	0.2184
永川区	0.2085	0.2253	0.2328	0.2403	0.2270
南川区	0.1317	0.1427	0.1450	0.1452	0.1417
綦江区	0.1561	0.1866	0.1911	0.1919	0.1870
大足区	0.2016	0.2015	0.1991	0.2065	0.2040
潼南县	0.1531	0.1534	0.1997	0.2059	0.2057
铜梁县	0.1816	0.1897	0.1649	0.1615	0.1594
荣昌县	0.1477	0.1549	0.1608	0.1608	0.1580
璧山县	0.1734	0.1804	0.1810	0.1822	0.1762
万州区	0.1927	0.2111	0.2183	0.2119	0.2074
梁平县	0.1694	0.1603	0.1445	0.1427	0.1407
城口县	0.1298	0.1477	0.1526	0.1461	0.1325
丰都县	0.1373	0.1568	0.1717	0.1665	0.1734
垫江县	0.1151	0.1037	0.1039	0.0998	0.1009
忠县	0.2050	0.2167	0.2192	0.2136	0.2129
开县	0.1737	0.1781	0.1532	0.1573	0.1640
云阳县	0.1383	0.1659	0.1830	0.1824	0.1825
奉节县	0.1642	0.1548	0.1698	0.1645	0.1655
巫山县	0.1673	0.1782	0.1866	0.1836	0.1818
巫溪县	0.1246	0.1551	0.1646	0.1660	0.1779
黔江区	0.1278	0.1616	0.1667	0.1639	0.1607
武隆县	0.1490	0.1499	0.1479	0.1641	0.1782
石柱县	0.1214	0.1421	0.1601	0.1572	0.1602
秀山县	0.1108	0.1283	0.1334	0.1247	0.1248
酉阳县	0.1069	0.1310	0.1338	0.1292	0.1368
彭水县	0.1112	0.1291	0.1418	0.1386	0.1318
秭归县	0.1780	0.2029	0.2111	0.2079	0.2035
巴东县	0.1790	0.2012	0.2162	0.2162	0.1941

续表

区县	2009年	2010年	2011年	2012年
渝中区	0.8795	0.9159	0.9569	1.0000
大渡口区	0.2086	0.2026	0.2375	0.2670
江北区	0.3365	0.3451	0.3811	0.3821
沙坪坝区	0.2780	0.2756	0.2652	0.2602
九龙坡区	0.3073	0.3088	0.3228	0.3225
南岸区	0.2741	0.2810	0.2857	0.2936
北碚区	0.1965	0.1970	0.1958	0.2002
渝北区	0.2489	0.2453	0.2438	0.2488
巴南区	0.1958	0.1992	0.1957	0.2096
涪陵区	0.2022	0.2184	0.2170	0.2231
长寿区	0.1838	0.1712	0.1582	0.1603
江津区	0.2037	0.1825	0.1781	0.1801
合川区	0.2144	0.2314	0.2290	0.2298
永川区	0.2393	0.2365	0.2391	0.2497
南川区	0.1842	0.1616	0.1664	0.1713
綦江区	0.1580	0.1803	0.1701	0.1671
大足区	0.2141	0.2239	0.2165	0.2203
潼南县	0.1960	0.2185	0.2180	0.2270
铜梁县	0.1629	0.1652	0.1634	0.1578
荣昌县	0.1936	0.1663	0.1674	0.1715
璧山县	0.2155	0.1943	0.1845	0.1801
万州区	0.2288	0.2319	0.2379	0.2544
梁平县	0.1689	0.1611	0.1304	0.1205
城口县	0.1358	0.1289	0.1050	0.1034
丰都县	0.1788	0.1857	0.1890	0.2014
垫江县	0.1087	0.1032	0.0906	0.0860
忠县	0.2192	0.2205	0.2174	0.2131
开县	0.1481	0.1380	0.1263	0.1136
云阳县	0.2071	0.2174	0.2149	0.2150
奉节县	0.1886	0.1893	0.1899	0.1939
巫山县	0.1746	0.1790	0.1898	0.1977
巫溪县	0.1595	0.1572	0.1527	0.1503
黔江区	0.1682	0.1605	0.1574	0.1569
武隆县	0.1793	0.2070	0.2079	0.2064
石柱县	0.1618	0.1746	0.1746	0.1766

续表

区县	2009年	2010年	2011年	2012年
秀山县	0.1377	0.1302	0.1250	0.1383
酉阳县	0.1355	0.1278	0.1185	0.1156
彭水县	0.1741	0.1517	0.1505	0.1510
秭归县	0.1963	0.1922	0.1862	0.1821
巴东县	0.1918	0.2268	0.2272	0.2672